Nikolaus Reinhuber

Grundbegriffe und internationaler Anwendungsbereich von Währungsrecht

RiWV 15

Recht des internationalen Wirtschaftsverkehrs

herausgegeben von

Norbert Horn, Köln

in Verbindung mit

Ulrich Drobnig, Hamburg

Rolf Herber, Hamburg

Rolf A. Schütze, Stuttgart

und der Forschungsstelle für Vertragsrecht der internationalen Wirtschaft an der Universität zu Köln

Band 15

Walter de Gruyter · Berlin · New York

Grundbegriffe und internationaler Anwendungsbereich von Währungsrecht

von

Nikolaus Reinhuber

1995

Walter de Gruyter · Berlin · New York

Dr. Nikolaus Reinhuber, LL. B., Rechtsanwalt in Leipzig

♾ Gedruckt auf säurefreiem Papier, das die US-ANSI-Norm über Haltbarkeit erfüllt.

Die Deutsche Bibliothek – CIP-Einheitsaufnahme

Reinhuber, Nikolaus:
Grundbegriffe und internationaler Anwendungsbereich von Währungsrecht / Nikolaus Reinhuber. – Berlin ; New York : de Gruyter, 1995
(Recht des internationalen Wirtschaftsverkehrs ; Bd. 15)
Zugl.: Hamburg, Univ., Diss., 1995
ISBN 3-11-014745-9
NE: GT

Printed in Germany
Druck: W. Hildebrandt, Berlin
Buchbinderische Verarbeitung: Lüderitz & Bauer, Berlin.

Vorwort

Diese Darstellung untersucht auf rechtsvergleichender Basis für das deutsche und englische Recht die internationale Reichweite von Währungsrecht. Sie geht auf ein Forschungsprojekt des Hamburger Max-Planck-Instituts für Ausländisches und Internationales Privatrecht über die exterritoriale Anwendung von Wirtschaftsrecht zurück.

Die sehr wechselvolle deutsche Währungsgeschichte hat in diesem Jahrhundert immer wieder zu praktischen Schwierigkeiten bei der Anwendung nationalen Währungsrechts auf internationale Sachverhalte und der Berücksichtigung ausländischen Währungsrechts geführt - unter anderem deswegen, weil Grundbegriffe unklar waren und es an einem brauchbaren System zur Lösung der Fragen fehlte. Diese Arbeit entwickelt - nach einer Erläuterung und Präzisierung einiger wesentlicher Grundbegriffe - auf der Grundlage einer systematischen Erfassung des vorhandenen Materials Grundsätze für die Reichweite und den internationalen Anwendungsbereich von nationalem Währungsrecht und Kriterien für die Berücksichtigung ausländischen Währungsrechts. Wegen der in jüngster Vergangenheit durch die Auflösung von Staatengebilden entstandenen zahlreichen neuen Währungen ist die praktische Bedeutung international-währungsrechtlicher Probleme erheblich.

Die Untersuchung entwickelt ferner eine Abgrenzung zwischen Währungs- und Devisenrecht: Dies ist wegen des Fehlens internationaler Abkommen im internationalen Währungsrecht einerseits und der Geltung des Bretton-Woods-Abkommens im internationalen Devisenrecht andererseits für die Praxis relevant. Schließlich liefert die Arbeit neue, für die praktische Rechtsanwendung bedeutsame Erkenntnisse zum Anwendungsbereich von § 244 BGB über die Erfüllung von in fremder Währung ausgedrückten Geldschulden im Inland.

Die Arbeit wurde Mitte 1992 abgeschlossen. Es gibt seitdem keine grundlegende neue Rechtsprechung zu den hier behandelten Fragen.

Leipzig, im August 1995 Nikolaus Reinhuber

Inhaltsübersicht

Inhaltsverzeichnis IX
Abkürzungsverzeichnis XVI
Register englischer Entscheidungen XXV
Literaturverzeichnis XXX

Einleitung 1

1. Kapitel: Grundbegriffe des Währungsrechts 5

§ 1: Beschreibung von Währungsrecht 5
I. Währung 5
II. Währungsrecht 25
III. Währungsänderung 31

§ 2: Abgrenzungen 45
I. Geldrecht 45
II. Geldschuldrecht 50
III. Devisenrecht 51

2. Kapitel: Währungsrecht aus kollisionsrechtlicher Sicht 69

§ 3: Währungskollisionsrechtliche Grundlagen 69
I. Kollisionsrechtliche Einordnung 69
II. Fallkonstellationen 70
III. Grundbegriffe und -regeln des internationalen Währungsrechts 71
IV. Währungsrecht als Eingriffsrecht 78

§ 4: Anwendungsbereich des Währungsrechts der lex fori 103
I. Interessenneutrales Währungsrecht 104
II. Wirtschaftspolitisches Währungsrecht 109
III. Ordnungspolitisches Schuldrecht mit Währungsbezug 131
IV. Zusammenfassung 166

§ 5: Berücksichtigung ausländischen Währungsrechts 167
I. Interessenneutrales Währungsrecht 168
II. Wirtschaftspolitisches Währungsrecht 179
III. Ordnungspolitisches Schuldrecht mit Währungsbezug 200
IV. Zusammenfassung 206

§ 6: Kollisionsrechtlicher Ausblick 207
I. Interessenneutrales Währungsrecht 207
II. Wirtschaftspolitisches Währungsrecht 210
III. Ordnungspolitisches Schuldrecht mit Währungsbezug 220
IV. Folgerungen für den Inhalt des Währungsstatuts 223

Zusammenfassung der Ergebnisse 224
Anhang 230
Sachverzeichnis 235

Inhaltsverzeichnis

Abkürzungsverzeichnis XVI

Register englischer Entscheidungen XXV

Literaturverzeichnis XXXI

Einleitung 1

1. Kapitel: Grundbegriffe des Währungsrechts 5

§ 1: Beschreibung von Währungsrecht 5

I. Währung 5

1. Begriff 5
2. Geltende Währung in Deutschland und England 7
   a) Nominalismus 7
      (1) Historische Grundlagen und Metallismus 8
      (2) Valorismus 11
      (3) Nominalismus im geltenden Recht 12
   b) Währungsgeschichtlicher Überblick 15
      (1) Deutschland 15
      (2) England 18
   c) Heutige Währung 20
   d) Europäisches Währungssystem und European Currency Unit 24

II. Währungsrecht 25

1. Rechtsnatur 26
2. Organisationsnormen 27
3. Funktionelle Normen 28
4. Schutznormen 31

III. **Währungsänderung** ... 31

1. Begriff der Währungsänderung ... 32
2. Definition einer Währungseinheit ... 32
3. Rekurrenter Anschluß ... 33
4. Änderung der Identität der Währungseinheit ... 34
5. Rekurrentes Anschlußverhältnis und Umstellungsverhältnis ... 39
6. Änderung des Währungscharakters oder ihres Namens ... 41
7. Inflation und Deflation ... 42
8. Aufwertung und Abwertung ... 44

§ 2: **Abgrenzungen** ... 45

I. **Geldrecht** ... 45

II. **Geldschuldrecht** ... 50

III. **Devisenrecht** ... 51

1. Devisen ... 52
2. Devisenrecht ... 52
3. Devisenrecht: Recht der Kapitalverkehrskontrolle ... 53
4. Devisenrecht der lex fori ... 55
5. Devisenrecht und Bretton-Woods-Abkommen ... 56
   a) Auslegung ... 57
   b) "Exchange control regulation" ... 58
      (1) IWF, Gold und Gianviti ... 58
      (2) Deutsche und englische Auffassung ... 60
      (3) Bedeutung des Zwecks einer Regel ... 61
      (4) Abkommenskonformität ... 62
      (5) Zwischenergebnis: Form der Regel ... 63
   c) Differenzierung zwischen Devisenkontrollbestimmung und Währungsrecht ... 64
      (1) Zweck ... 64
      (2) Regelungsinhalt ... 64
      (3) Regelungsgegenstand ... 65

6. Autonomes ausländisches Devisenrecht 67
7. Zusammenfassung 68

2. Kapitel: Währungsrecht aus kollisionsrechtlicher Sicht 69

§ 3: Währungskollisionsrechtliche Grundlagen 69

I. Kollisionsrechtliche Einordnung 69

II. Fallkonstellationen 70

III. Grundbegriffe und -regeln des internationalen Währungsrechts 71

1. Schuld- und Zahlungswährung 72
2. Bestimmung der Schuldwährung 72
3. Bestimmung der Zahlungswährung 73
4. Währungsstatut 75

IV. Währungsrecht als Eingriffsrecht 78

1. Interessenneutrales Währungsrecht 79
2. Wirtschaftspolitisches Währungsrecht 81
3. Ordnungspolitisches Schuldrecht mit Währungsbezug 83
4. Schuldrecht mit Währungsbezug 87
   a) Grundsatz 87
   b) § 244 BGB als währungsrechtliche Kollisionsnorm? 87
      (1) Wortlaut und systematische Stellung im Gesetz 89
      (2) Entstehungsgeschichte der Norm 89
      (3) Substitutionsbefugnis des Geldschuldners: Vergleichender rechtshistorischer Rückblick 94
      (4) Zwischenergebnis: Kein Währungsrecht 96

c) Substitutionsbefugnis in England 96
d) § 244 BGB und Substitutionsbefugnis: Zwingendes Recht? 101

§ 4: Anwendungsbereich des Währungsrechts der lex fori 103

I. Interessenneutrales Währungsrecht 104

1. Heimisches Schuldstatut 104
2. Fremdes Schuldstatut 106
3. Würdigung 108

II. Wirtschaftspolitisches Währungsrecht 109

1. Beschränkungen von Fremdwährungsschulden 110
2. Beschränkungen von Wertsicherungsklauseln 117
   a) Überblick 117
   b) Wertsicherung bis 1945 - insbesondere Goldklauselverbote 119
   c) Wertsicherung nach 1945 - insbesondere § 3 Satz 2 WährungsG 122
      (1) Entstehung und Vorläufer - Bedeutung 122
      (2) Internationaler Anwendungsbereich von § 3 Satz 2 WährungsG 125
      (3) Einschränkungen des internationalen Anwendungsbereichs durch EG-Recht 126
      (4) Wertsicherung in England 129
3. Würdigung 130

III. Ordnungspolitisches Schuldrecht mit Währungsbezug 131

1. Abwertung: Verordnung vom 28.9.1914 132
2. Aufwertung 134
   a) Deutsches Schuldstatut 138
      (1) Deutsche Währung 138

(a) Forderung in Deutschland belegen 138
(b) Hypothek, persönliche Forderung und Souveränitätswechsel 138
(c) Anleihen 142
(d) Versicherungsansprüche 143
(2) Ausländische Währung 144
b) Fremdes Schuldstatut 147
(1) Deutsche Währung 148
(2) Ausländische Währung 150
c) Würdigung der Rechtsprechung zum Aufwertungsrecht 151
3. Umstellung 152
a) Währungsreform 1948, UmstellungsG und Londoner Schuldenabkommen 153
(1) Deutsches Schuldstatut 156
(a) Deutsche Währung 156
(b) Ausländische Währung 161
(2) Fremdes Schuldstatut 163
(a) Deutsche Währung 163
(b) Fremde Währung 164
(3) Würdigung der Rechtsprechung zur Umstellung 1948 165
b) Deutsch-Deutsche Währungsunion 1990 165

IV. Zusammenfassung 166

§ 5: Berücksichtigung ausländischen Währungsrechts 167

I. Interessenneutrales Währungsrecht 168

1. Inländisches Schuldstatut und ausländische Währung 169
a) Anerkennung der Währungshoheit 169
b) Anerkennung der gesetzlichen Zahlungsmittel 172
c) Abrücken vom Goldstandard 173
d) Nominalismus 174
2. Fremdes Schuldstatut und identische Währung 176

3. Fremdes Schuldstatut und nicht identische Währung ... 177
4. Würdigung ... 178

II. Wirtschaftspolitisches Währungsrecht ... 179

1. Grundzüge der Beachtung ausländischer Eingriffsnormen ... 180
a) Deutschland ... 180
b) England ... 180
(1) Keine Durchsetzung ausländischer "fiscal, penal and otherpublic laws" ... 180
(2) Berücksichtigung von Eingriffsnormen ... 186
2. Schuldstatut und Währungsrecht desselben fremden Staates ... 188
a) Zahlungsmoratorien und ähnliche Eingriffe ... 188
b) Goldklauselverbote ... 190
(1) Deutschland ... 191
(2) England ... 193
c) Verbot von Fremdwährungsverbindlichkeiten ... 196
d) Verbot von Wertsicherungsklauseln ... 198
3. Schuldstatut und Währungsrecht verschiedener Staaten ... 198
4. Würdigung ... 199

III. Ordnungspolitisches Schuldrecht mit Währungsbezug ... 200

1. Schuldstatut und Eingriffsrecht desselben Staates ... 200
2. Schuldstatut und Eingriffsrecht verschiedener Staaten ... 203
3. Würdigung ... 204

IV. Zusammenfassung ... 206

§ 6: Kollisionsrechtlicher Ausblick ... 207

I. Interessenneutrales Währungsrecht ... 207

II. Wirtschaftspolitisches Währungsrecht ... 210

1. Wirtschaftspolitisches Währungsrecht der lex fori ... 210
2. Ausländisches wirtschaftspolitisches Währungsrecht ... 211
   a) Ablehnung der Einheitsanknüpfung ... 212
   b) Kriterien der Sonderanknüpfung ausländischen wirtschaftspolitischen Währungsrechts ... 214
      (1) Grundsatz ... 214
      (2) Wahl der Währung als Anknüpfungspunkt? ... 216
      (3) Ort der Wertbewegung ... 216
      (4) Auswirkungsprinzip ... 217
      (5) Anwendungsinteresse der lex fori ... 218
   c) Ergebnis ... 219

III. Ordnungspolitisches Schuldrecht mit Währungsbezug ... 220

1. Recht der lex fori ... 220
2. Ausländisches ordnungspolitisches Schuldrecht mit Währungsbezug ... 220

IV. Folgerungen für den Inhalt des Währungsstatuts ... 223

Zusammenfassung der Ergebnisse ... 224

Anhang ... 230

Sachwortverzeichnis ... 235

Abkürzungsverzeichnis

£	Pfund Sterling
A	Assembly
a.A.	anderer Ansicht
a.a.O.	am angegebenen Ort
abgedr.	abgedruckt
AcP	Archiv für die civilistische Praxis
A.C.	Appeal Cases
a.F.	alte Fassung
A.L.R.	Allgemeines Preußisches Landrecht
A.L.R.	Australian Law Reports
ABlAmMilReg	Amtsblatt der Amerikanischen Militärregierung
AblBrMilReg	Amtsblatt der Britischen Militärregierung
ABlEG	Amtsblatt der Europäischen Gemeinschaften
Abs.	Absatz
AcP	Archiv für die civilistische Praxis
AG	Aktiengesellschaft
AK	Kommentar zum Bürgerlichen Gesetzbuch, Reihe Alternativkommentare
AktG	Aktiengesetz
All E.R.	All England Law Reports
Am.J.Int.L.	American Journal of International Law
Amtl.	amtlich
Amtsbl.	Amtsblatt
Anh.	Anhang
AnleiheablösungsG	Anleiheablösungsgesetz
Anm.	Anmerkung
Art.	Artikel
Ass.	Assurance
Att.-Gen.	Attorney-General
Aufl.	Auflage
AufwertungsG	Aufwertungsgesetz

AusführungsG	Ausführungsgesetz
AußenwirtschaftsG	Außenwirtschaftsgesetz
AWD BB	Außenwirtschaftsdienst des Betriebsberaters
AWG	Außenwirtschaftsgesetz
BaFÖG	Bundesausbildungsförderungsgesetz
BAGE	Entscheidungen des Bundesarbeitsgerichts
BankG	Bankgesetz
BAnz.	Bundesanzeiger
Bay.	Bayerisch(es)
BayObLG	Bayerisches Oberstes Landesgericht
BB	Betriebsberater
Bd.	Band
bearb.	bearbeitet
begr.	begründet
BerDtGesVR	Berichte der Deutschen Gesellschaft für Völkerrecht
BFH	Bundesfinanzhof
BFHE	Entscheidungen des Bundesfinanzhofs
BGB	Bürgerliches Gesetzbuch
BGBl.	Bundesgesetzblatt
BGH	Bundesgerichtshof
BGHSt	Entscheidungen des Bundesgerichtshofs in Strafsachen
BGHZ	Entscheidungen des Bundesgerichtshofs in Zivilsachen
BKGG	Bundeskindergeldgesetz
BörsenG	Börsengesetz
Bretton-Woods-Abkommen	IWF-Abkommen von Bretton Woods (Articles of Agreement of the International Monetary Fund vom 22.7.1944; Gesetz vom 28.7.1952 (BGBl. 1952 II 637) und Bekanntmachung vom 26.8.1952 (BGBl. 1952 II 728) sowie Neufassung von 1976, BGBl. 1978 II 13)
BStBl.	Bundessteuerblatt
BundesbankG	Bundesbankgesetz
BundesversorungsG	Bundesversorgungsgesetz
BVerfG	Bundesverfassungsgericht

BVerfGE	Entscheidungen des Bundesverfassungsgerichts
BVerwG	Bundesverwaltungsgericht
BVerwGE	Entscheidungen des Bundesverwaltungsgerichts
bzw.	beziehungsweise
c.	Chapter
C.A.	Court of Appeal
C.B. (N.S.)	Common Bench Reports (New Series)
C.J.	Chief Justice
C.L.J.	Cambridge Law Journal
C.M.L.R.	Common Market Law Review
Ch.	Chancery Division
Co.	Company, Corporation
Conf.	Conference
d.	Penny, Pennies
D-MarkbilanzG	D-Markbilanzgesetz
Dallas	Dallas Law Reports
Davis	Davis' Reports
DAVorm	Der Amtsvormund, Rundbrief des Deutschen Instituts für Vormundschaftswesen
DDR	Deutsche Demokratische Republik
De G. F. & J.	De Gex, Fisher & Jones (Law Reports)
ders.	derselbe
Diss.	Dissertation
DM	Deutsche Mark
Doc.	Documents
DtZ.	Deutsch-Deutsche Rechts-Zeitschrift
ECU	European Currency Unit
EEC	European Economic Communities
EG	Europäische Gemeinschaften (Gemeinschafts-)
EGBGB	Einführungsgesetz zum Bürgerlichen Gesetzbuch

Einigungsvertrag	Vertrag zwischen der Bundesrepublik Deutschland und der Deutschen Demokratischen Republik über die Herstellung der Einheit Deutschlands vom 31.8.1990 (BGBl. 1990 II 889)
Eliz. 2	Königin Elisabeth II. von England
ESZB	Europäisches System der Zentralbanken
EuGH	Europäischer Gerichtshof
Europ.L.R.	European Law Review
EuZW	Europäische Zeitschrift für Wirtschaftsrecht
EVÜ	Römisches EWG-Übereinkommen über das auf vertragliche Schuldverhältnisse anzuwendende Recht vom 19.6.1980, ABl. EG L 266 vom 9.10.1980
EGV	Vertrag zur Gründung der Europäischen Wirtschaftsgemeinschaft vom 25.3.1957
EWS	Europäisches Währungssystem, Europäisches Wirtschafts- & Steuerrecht
EZB	Europäische Zentralbank
f.	folgende
FAZ	Frankfurter Allgemeine Zeitung
FestkontoG	Festkontogesetz
ff.	folgende (zwei oder mehr folgende Seiten)
fl.	Florin, Gulden
FS	Festschrift
g	Gramm
Geo. III	König Georg III. von England
Geo. IV	König Georg IV. von England
Geo. V	König Georg V. von England
GG	Grundgesetz
GmbH	Gesellschaft mit beschränkter Haftung
GVBl.	Gesetz- und Verordnungsblatt
GWB	Gesetz gegen Wettbewerbsbeschränkungen
H.L.	House of Lords
Hdb.	Handbuch
HdbStR	Handbuch des Staatsrechts

Hess.	Hessisch(es)
HGB	Handelsgesetzbuch
hrsg.	herausgegeben
Hrsg.	Herausgeber
I.B.L.	International Business Lawyer
I.C.L.Q.	International and Comparative Law Quarterly
IMF	International Monetary Fund
insb.	insbesondere
Int.Enc.Comp.L.	International Encyclopedia of Comparative Law
IPR	Internationales Privatrecht
IPrax	Praxis des internationalen Privat- und Verfahrensrechts
IPRspr.	Die Deutsche Rechtsprechung auf dem Gebiet des internationalen Privatrechts
i.V.m.	In Verbindung mit
IWF	Internationaler Währungsfonds
IzRspr.	Sammlung der deutschen Entscheidungen zum interzonalen Privatrecht
J.	Justice
J.I.B.L.	Journal of International Banking Law
JJ.	Justices
JO	Journal Officiel
Jura	Juristische Ausbildung
JW	Juristische Wochenschrift
JZ	Juristenzeitung
Kap.	Kapitel
kg	Kilogramm
KG	Kammergericht
Kontrolkomm.	Kontrollkommission
kr.	Kreuzer
KreditwesenG	Kreditwesengesetz
KrG	Kreisgericht
L.C.	Lord Chancellor
L.J.	Lord Justice
L.JJ.	Lord Justices

L.Q.R.	The Law Quarterly Review
L.T.	Law Times Reports
Landeskomm.	Landeskommandatur
Law Com.	Law Commission
Leon.	Leonard's Reports
LG	Landgericht
Ll.L.R.	Lloyd's Law Reports
Londoner Schuldenabkommen	Abkommen vom 27. Februar 1953 über deutsche Auslandsschulden
Ltd.	Limited
M	Mark der Deutschen Demokratischen Republik
MDN	Mark der Deutschen Notenbank
M.L.R.	Modern Law Review
M.R.	Master of the Rolls
m.w.N.	mit weiteren Nachweisen
MDR	Monatsschrift für deutsches Recht
Mich.L.R.	Michigan Law Review
MittBl.	Mitteilungsblatt
MRG	Militärregierungsgesetz
MRVO	Militärregierungsverordnung
MünchKomm	Münchener Kommentar zum Bürgerlichen Gesetzbuch
MünzG	Münzgesetz
N.	Fußnote
n.Chr.	nach Christus
N.Z.L.R.	New Zealand Law Reports
NJW	Neue juristische Wochenschrift
No.	number
Nr.	Nummer
Nrn.	Nummern
NWB	Neue Wirtschaftsbriefe
OGH	Oberster Gerichtshof für die Britische Zone
OGHZ	Entscheidungen des Obersten Gerichtshofs für die Britische Zone in Zivilsachen
OLG	Oberlandesgericht

OR	Obligationenrecht
OVG	Oberverwaltungsgericht
P.	Probate Division
P.	President
P.C.	Privy Council
PIL	Private International Law
Pty.	Property
Q.B.	Queen's Bench
Q.B.D.	Queen's Bench Division
R.	Rex, Regina
RabelsZ	Rabels Zeitschrift für ausländisches und internationales Privatrecht
Reg.	Regulation
Rev.crit.dr.int.pr.	Revue critique de droit international privé
RFH	Reichsfinanzhof
RG	Reichsgericht
RGZ	Entscheidungen des Reichsgerichts in Zivilsachen
RGBl.	Reichsgesetzblatt
RGRK	Das Bürgerliche Gesetzbuch mit besonderer Berücksichtigung der Rechtsprechung des Reichsgerichts und des Bundesgerichtshofs, Kommentar
RIW	Recht der Internationalen Wirtschaft
Rn.	Randnummer
ROHG	Reichsoberhandelsgericht
ROHGE	Entscheidungen des Reichsoberhandelsgerichts
Rs.	Rechtssache
s.	Schilling
S.	Seite
S.; s.	Section
S.I.	Statutory Instrument
Sch.	Schedule
SchwJbIntR	Schweizerisches Jahrbuch für internationales Recht

scil.	scilicet
SGB	Sozialgesetzbuch
Slg.	Sammlung der Entscheidungen des Gerichtshofs
SS.; ss.	Subsection
Staatsvertrag	Vertrag über die Schaffung einer Währungs-, Wirtschafts- und Sozialunion zwischen der Bundesrepublik Deutschland und der Deutschen Demokratischen Republik vom 18.5.1990 (BGBl. 1990 II 537)
Stat.	Statutes at Large (Federal Enactments)
Suppl.	Supplement
T.L.R.	The Times Law Reports
U.K.	United Kingdom
UmstellungsG	Umstellungsgesetz
UN	United Nations
U.S.C.	United States Code
US-$	US-Dollar
v.	versus, von
VG	Verwaltungsgericht
Vgl.	vergleiche
Vict.	Königin Victoria von England
viz.	videlicet
VO	Verordnung
VOBl.	Verordnungsblatt
Vorbem.	Vorbemerkung
W. & M.	König William und Königin Mary von England
W.L.R.	Weekly Law Reports
WährungsG	Währungsgesetz
WM	Zeitschrift für Wirtschafts- und Bankrecht, Wertpapiermitteilungen
WuB	Entscheidungen zum Wirschafts- und Bankrecht
Württ.	Württemberg

Yb.Eur.L.	Yearbook of European Law
z.B.	zum Beispiel
ZHR	Zeitschrift für das gesamte Handels- und Wirtschaftsrecht
ZIP	Zeitschrift für Wirtschaftsrecht
ZKredW	Zeitschrift für das gesamte Kreditwesen
ZVglRwiss	Zeitschrift für Vergleichende Rechtswissenschaft
ZwangskursVO	Zwangskursverordnung
ZZP	Zeitschrift für Zivilprozeß

Hinweis zur Zitierweise: Beiträge in Zeitschriften werden immer mit dem Verfassernamen und der Fundstelle zitiert. Eigenständige Veröffentlichungen werden lediglich mit dem Verfassernamen und der Seitenzahl zitiert, soweit im Literaturverzeichnis nicht anders angegeben. Im übrigen werden Beiträge so zitiert, wie es im Literaturverzeichnis angegeben ist.

Entscheidungen deutscher Gerichte werden überwiegend nach der Fundstelle in den Sammlungen IPRspr. und IZRspr. zitiert. Entscheidungen des Reichsoberhandelsgerichts, des Reichsgerichts und der obersten Gerichtshöfe des Bundes werden so weit wie möglich nach der Fundstelle in der jeweiligen amtlichen Sammlung zitiert. Englische Urteile und Urteile des Privy Council des House of Lords werden in erster Linie nach den von den jeweiligen Richtern autorisierten Sammlungen A.C., Q.B., K.B., P., Ch. zitiert. Befindet sich bei den Fundstellen oder im Text kein Hinweis auf das jeweilige Gericht, so bedeutet A.C. eine Entscheidung des House of Lords, Q.B. eine Entscheidung der Queen's Bench Division, K.B. der King's Bench Division, P. der Probate and Admiralty Division und Ch. der Chancery Division des High Court.

Register englischer Entscheidungen

Adelaide Electric Supply Co. Ltd. v. Prudential Assurance Co. Ltd. [1934] A.C. 122 (C.A. und H.L.)

Anderson v. Equitable Assurance Society of the United States (1926) 134 L.T. 557 (C.A.)

Att.-Gen. v. Heinemann Publishers Australia Pty. Ltd. and Wright (1988) 62 A.L.J.R. 344 (Australien)

Att.-Gen. of New Zealand v. Ortiz [1982] 3 All E.R. 436 (Q.B.D.)

Att.-Gen. of New Zealand v. Ortiz [1984] A.C. 1 (C.A. und H.L.)

Att.-Gen. (U.K.) v. Wellington Newspapers Ltd. [1988] 1 N.Z.L.R. 129 (Neuseeland)

Auckland Corporation v. Alliance Assurance Co. Ltd. [1937] A.C. 537

The Baarn (No. 1) [1933] P. 251

Barclays Bank International Ltd. v. Levin Bros. (Bradford) Ltd. [1977], Q.B. 270

Boissevain v. Weil [1949] 1 K.B. 482 (C.A.); [1950] A.C. 327 (H.L.)

Bonython v. Commonwealth of Australia [1951] A.C. 201 (P.C.)

The Brimnes [1975] Q.B. 929 (C.A.)

British Bank for Foreign Trade, Ltd. v. Russian Commercial and Industrial Bank (No. 2) (1921) 38 T.L.R. 65 (Ch.D.)

Broken Hill Proprietary Co., Ltd. v. Latham [1933] 1 Ch. 373 (Ch.D. & C.A.)

Buerger v. New York Life Ass. Co. (1927) 43 T.L.R. 601 (C.A.)

In re Chesterman's Trusts [1923] 2 Ch. 466

Re Collings, Jones v. Collings [1933] Ch. 920 (Ch.D.)

Dynamit A.G. v. Rio Tinto Co. [1918] A.C. 260

Emperor of Austria v. Day (1861) 3 De G.F. & J. 217; 45 Eng.Rep. 861 (1861)

De Beéche v. South American Stores (Gath & Chaves) Ltd. [1935] A.C. 148

Deering v. Parker (1760), 4 Dallas 23

Fothergill v. Monarch Airlines [1981] A.C. 251

Foster v. Driscoll [1929] 1 K.B. 470 (C.A.)

Frankman v. Prague Credit Bank [1948] 1 K.B. 730

George Veflings Rederi A/S v. President of India [1978] 1 W.L.R. 982 (Q.B.D.); [1979] 1 W.L.R. 59 (C.A.).

Gilbert v. Brett (Case de Mixt Moneys) (1604) Davies 18

Grell v. Levy (1864) 10 C.B. (N.S.) 73

Heisler v. Anglo-Dal Ltd. [1954] 1 W.L.R. 1273 (C.A.)

In re Claim by Helbert Wagg & Co. Ltd. [1956] Ch. 323

The Hollandia [1982] 2 Q.B. 872 (C.A.) [1982] 3 W.L.R. 1111 (H.L.)

Hopkins v. Compagnie Internationale des Wagon-Lits (1927) (K.B.), unveröffentlicht, abgedruckt bei Mann, Appendix I, 560

Huntigdon v. Attrill [1893] A.C. 150 (P.C.)

Jean Kraut A.G. v. Albany Fabrics Ltd. [1977] Q.B. 182

Kahler v. Midland Bank [1950] A.C. 24 (H.L.)

Kingdom of Spain v. Christie, Manson & Woods Ltd. [1986] 1 W.L.R. 1120 (Ch.D.)

Kingdom of Spain v. Christie, Manson & Woods Ltd. [1986] 1 W.L.R. 1120 (Ch.D.)

King of the Hellenes v. Brostrom (1923) 16 Ll.L.R. 167 (K.B.)

Kleinwort, Sons & Co. v. Ungarische Baumwolle Industrie Aktiengesellschaft [1939] 2 K.B. 678 (C.A.)

Kornatzki v. Oppenheimer [1937] 4 All E.R. 133 (Ch.D.)

Kricorian v. Ottoman Bank (1932) 48 T.L.R. 247 (K.B.)

In re Lines Brothers Ltd. [1983] Ch. 1

Lively & Co. v. City of Munich (1976) 1 W.L.R. 1004 (Q.B.D.)

Libyan Arab Foreign Bank v. Bankers Trust Co. [1989] 1 Q.B. 728

In re Lord Cable [1977] 1 W.L.R. 7 (Ch.D.)

Marrache v. Ashton [1943] A.C. 311, (P.C.)

Miliangos v. George Frank (Textiles) Ltd. [1976] A.C. 443

Modiano Bros. & Sons v. Bailey & Sons, Ltd. (1933) 47 Ll.L.R. 134 (K.B.)

Mount Albert Borough Council V. Australasian Temperance and General Mutual Life Assurance Society Ltd. [1938] A.C. 224.

Multiservice Bookbinding Ltd. v. Marden [1979] 1 Ch. 84

National Mutual Life Association of Australasia v. Att.-Gen. for New Zealand [1956] A.C. 369

New Brunswick Railway Co. v. British and French Trust Corp., Ltd. [1939] A.C. 1

Ottoman Bank of Nicosia v. Chakarian [1938] A.C. 260 (P.C.)

Perrin v. Morgan [1943] A.C. 399 (H.L.)

President of India v. Lips Maritime Corporation. The Lips [1987] W.L.R. 572

Pyrmont Ltd. v. Schott [1939] A.C. 145 (P.C.)

Ralli Brothers v. Compañia Naviera Sota y Aznar [1920] 2 K.B. 287 (C.A.)

R. v. Governor of Pentonville Prison, ex parte Budlong [1980] 1 W.L.R. 1110

R. v. International Trustee for the Protection of Bondholders Aktiengesellschaft [1937] A.C. 500 (C.A. und H.L.)

Regazzoni v. K.C. Sethia [1958] A.C. 301

Rhokana Corporation Ltd. v. Inland Revenue Commissioners [1937] 1 K.B. 737 (C.A.); [1938] A.C. 380 (H.L.)

Rossano v. Manufacturers' Life Insurance Co. [1963] 2 Q.B. 352

Rousillon v. Rousillon (1880) 14 Ch.D. 351

Russian Commercial and Industrial Bank v. British Bank for Foreign Trade, Ltd. [1921] 2 A.C. 438 (H.L.)

St. Pierre v. South American Stores (Gath & Chaves) Ltd. [1937] 3 All E.R. 349

Salomon v. A. Salomon & Co. Ltd. [1897] A.C. 22 (H.L.)

Re Schnapper, Westminster Bank Ltd. v. Schnapper [1936] 1 Ch. 322

Sforza v. Ottoman Bank of Nicosia [1937] A.C. 282

Sharif v. Azad [1967] 1 Q.B. 605

Re Smith, Henderson-Roe v. Hitchins (1889) 42 Ch. 302 (Ch.D.)

In re State of Norway's Application [1987] Q.B. 433 (C.A.)

In re State of Norway's Application (No.1 and No.2) [1989] 2 W.L.R. 458 (H.L.)

Treseder-Griffin v. Co-Operative Insurance Society [1956] 2 Q.B. 127

Toprak Mahsulleri Ofisi v. Finagrain Compagnie Commerciale Agricole et Financière S.A. [1979] 2 Ll.L.R. 98 (C.A.)

United City Merchants (Investments) Ltd. v. Royal Bank of Canada [1983] A.C. 168

Re United Railways of Havana and Regla Warehouses Ltd. [1961] A.C. 1007

United States of America v. Inkley [1989] Q.B. 255 (C.A.)

Webb v. Stenton (1882-3) 11 Q.B.D. 518

Williams & Humbert Ltd. v. W. & H. Trade Marks (Jersey) Ltd. [1986] A.C. 368 (C.A. und H.L.)

Willshalge v. Davidge (1586) 1 Leon. 41

Wilson, Smithett & Cope Ltd. v. Terruzzi (1976) Q.B. 683 (C.A.)

Woodhouse A.C. Israel Cocoa Ltd. v. Nigerian Produce Marketing Co. Ltd. [1972] 2 Q.B. 23 (C.A.); [1972] A.C. 741 (H.L.)

Zivnostenska Banka National Corp. v. Frankman [1950] A.C. 57 (H.L.)

Literaturverzeichnis

Alberts, Michael, Der Einfluß von Währungsschwankungen auf Zahlungsansprüche nach deutschem und englischem Recht (Europäische Hochschulschriften - Reihe II Rechtswissenschaften Band 545), Frankfurt am Main, Bern, New York 1986

Allan, T.R.S., Pragmatism and Theory in Public Law, in: L.Q.R. 104(1988)422-447

Altmann, Jörn, Volkswirtschaftslehre - Einführende Theorie mit praktischen Bezügen, Stuttgart 1988

Anderegg, Kirsten, Die Anwendung ausländischer Eingriffsnormen - Diskussionsbericht zum Symposium "Extraterritoriale Anwendung von Wirtschaftsrecht", Hamburg 1986, in: RabelsZ 52(1988)260-270

Anderegg, Kirsten, Ausländische Eingriffsnormen im internationalen Vertragsrecht (Projektstudie II zum Internationalen Wirtschaftsrecht - Studien zum ausländischen und internationalen Privatrecht 21), Tübingen 1989

Arend, Friedrich, Zahlungsverbindlichkeiten in fremder Währung (Europäische Hochschulschriften - Reihe II Rechtswissenschaft 820), Frankfurt, Bern, New York, Paris 1989

Asam, Herbert, Instrumente des Inflationsausgleichs im italienischen und deutschen Privatrecht - eine rechtsvergleichende Untersuchung (Rechtswissenschaftliche Forschung und Entwicklung 42), München 1984

Ascarelli, Tullio, Besprechung von Arthur Nußbaum, Die Bilanz der Aufwertungstheorie 1929, in: RabelsZ 3(1929)712-713

Ascarelli, Tullio, I debiti di moneta estera e l'art. 39 cod. di comm., in: Rivista del diritto commerciale e del diritto generale delle obbligazioni 21 (1923-I) 444-469 (auch abgedruckt in Ascarelli, Studi giuridici sulla Moneta, Mailand 1952,175-202)

Ascarelli, Tullio, La Moneta - Considerazioni di Diritto privato, Padua 1928 (Zitiert: Ascarelli, La Moneta)

Atiyah, Patrick Selim, The Rise and Fall of Freedom of Contract, Oxford 1979

Balfour, Patrick, Extraterritorial Recognition of Exchange Control Regulations - The Eng- lish Viewpoint, in: The Law of International Trade Finance, hrsg. von Norbert Horn (Studies in Transnational Economic Law 6), Deventer, Boston 1989,125-142

Bar, Carl-Ludwig von, Theorie und Praxis des internationalen Privatrechts, 2. Band, 2. Auflage Hannover 1889 (Zitiert: L. v. Bar II)

Bar, Christian von, Internationales Privatrecht, 1. Band, Allgemeine Lehren, München 1987 (Zitiert: v. Bar I)

Basedow, Jürgen, Bespr. von Karl Kreuzer, Ausländisches Wirtschaftskollisionsrecht vor deutschen Gerichten - Zum Einfluß fremdstaatlicher Eingriffsnormen auf private Rechtsgeschäfte, 1986, in: JZ 1986,1053-1054

Basedow, Jürgen, Entwicklungslinien des internationalen Kartellrechts - Ausbau und Differenzierung des Auswirkungsprinzips, in: NJW 1989,627-638

Basedow, Jürgen, Wirtschaftskollisionsrecht - Theoretischer Versuch über die ordnungspolitischen Normen des Forumsstaates, in: RabelsZ 52(1988) 8-40

Bauer, Ekkehard, Die Freigabe der privaten Verwendung von ECU, in: Die Bank 1987, 602-606

Baumbach, Adolf/Duden, Konrad/Hopt, Klaus J., Handelsgesetzbuch 28. Auflage München 1989

Beatson, J., "Public" and "Private" in English Administrative Law, in: L.Q.R. 103 (1987)34-65

Behrend, Charlotte, Die Wirkung der Aufhebung der Goldklauseln, Borna 1936

Benda, Ernst, Geld und Währung in der Rechtsprechung des Bundesverfassungsgerichts, in: Hahn, Das Geld im Recht - Würzburger Universitätsreden 1983-1985 - Publikumsveranstaltungen des Seminars für Währungsrecht und Außenwirtschaftsrecht (Schriften zur moneären Ökonomie 25), Baden-Baden 1986,9-21 (Zitiert: Benda, in: Hahn, Das Geld im Recht)

Berg, Heyo, Der Anwendungsbereich inländischer Eingriffsnormen - Diskussionsbericht zum Symposium "Extraterritoriale Anwendung von Wirtschaftsrecht" Hamburg 1986, in: RabelsZ 52(1988)257-260

Bergmann, Hans, Die Umstellung der Reichsmarkverbindlichkeiten aus allgemeinen Schuldverhältnissen, in: NJW 1948,405-409

Birk, Rolf, Die Umrechnungsbefugnis bei Fremdwährungsforderungen im Internationalen Privatrecht, in: AWD BB 1973,425-440

Bishop, W. D./ Hindley, B. V., Multiservice Bookbinding v. Marden: Mortgages, Contracts and Indexation, in: Modern Law Review 42(1979)338-342

Blackstone, William, Commentaries on the Laws of England in four Books, Band 1, 12. Auflage London 1793

Boesebeck, Ernst, 10 : 1 oder 1 : 1? (Versuch einer Analyse des § 18 UmstellungsG), in: NJW 1948,509-512

Böhlhoff, Klaus/Baumanns, Axel, Extraterritorial Recognition of Exchange Control Regulations - A German Viewpoint, in: The Law of International Trade Finance, hrsg. von Norbert Horn (Studies in Transnational Economic Law 6), Deventer, Boston 1989,107-116

Braun, Wilfried, Vertragliche Geldwertsicherung im grenzüberschreitenden Wirtschaftsverkehr (Studien aus dem Institut für Internationales Recht an der Universität Kiel), Berlin 1982

Bürger, Siegfried, Anm. zu BGH 8.12.1983, WM 1984,222, in: WuB I L 6. Falschgeld 1.84

Bürger, Siegfried, Zur Verwendung von ECU nach deutschem Währungsrecht, in: Die Bank 1984,265-267

Bürger, Siegfried, Überlegungen zur Verwendung von Rechnungseinheiten nach deut- schem Geld- und Währungsrecht, in: FS für Winfried Werner zum 65. Geburtstag am 17. Oktober 1984 - Handels und Wirtschaftsrecht in der Bankpraxis, hrsg. von Walther Hadding, Ulrich Immenga, Hans-Joachim Mertens, Klemens Pleyer, Uwe H. Schneider; Berlin, New York 1984,67-80 (Zitiert: Bürger, FS Winfried Werner)

Bürgerliche Gesetzbuch, Das, mit besonderer Berücksichtigung der Rechtsprechung der Reichsgerichts und des Bundesgerichtshofes - Kommentar hrsg. von Mitgliedern des Bundesgerichtshofs, 12. Auflage Band II, 1. Teil, §§ 241-413, Berlin, New York 1976 (Zitiert: RGRK-Bearbeiter)

Budde, Julius/Flüh, John, Transferrubelgeschäfte und DM-Forderungen - Der ostdeutsche Außenhandel mit RGW-Ländern im Jahre 1990, in: ZIP 1992,369-378

Burke, John, Jowitt's Dictionary of English Law, Band 1 (A-K), London 1977

Caemmerer, Ernst von, Referat auf dem 40. Deutschen Juristentag, in: Verhandlungen des vierzigsten Deutschen Juristentages Hamburg 1953, Band II (Sitzungsberichte), Tübingen 1954,D 5-D 27 (Zitiert: von Caemmerer, Referat)

Caemmerer, Ernst von, Umstellungsfragen - 1. Teil, in: ders., Gesammelte Schriften, Band II, Gesellschaftsrecht, Währung und Kredit, hrsg. von Hans G. Leser, Tübingen 1968,239-264 (Zitiert: von Caemmerer, Umstellungsfragen I)

Caemmerer, Ernst von, Umstellungsfragen - 2. Teil, in: ders., Gesammelte Schriften, Band II, Gesellschaftsrecht, Währung und Kredit, hrsg. von Hans G. Leser, Tübingen 1968,265-284 (Zitiert: von Caemmerer, Umstellungsfragen II)

Caemmerer, Ernst von, Währungsgesetzgebung und Schuldverhältnisse, in: ders., Gesammelte Schriften, Band II, Gesellschaftsrecht, Währung und Kredit, hrsg. von Hans G. Leser, Tübingen 1968,198-238 (Zitiert: von Caemmerer, Währungsgesetzgebung)

Caemmerer, Ernst von, Wertsicherungs- und Valutaklauseln, in: ders., Gesammelte Schriften, Band II, Gesellschaftsrecht, Währung und Kredit, hrsg.

von Hans G. Leser, Tübingen 1968,310-329 (Zitiert: von Caemmerer, Wertsicherungsklauseln)

Carter, P.B., Transnational Recognition and Enforcement of Foreign Public Laws, in: C.L.J. 48(1989)417-435

Cezanne, Wolfgang/Franke, Jürgen, Volkswirtschaftslehre - Eine Einführung, 4. Auflage München, Wien 1988

Cheshire, G. C./North, Peter M., Private International Law, hrsg. von P.M. North und J.J. Fawcett, 11. Auflage 1987 (Zitiert: Cheshire & North)

Chitty, Joseph, The Law of Contracts, Band 1: General Principles (The Common Law Library 1), hrsg. von A. G. Guest, bearb. von A. G. Guest, H. G. Beale, D. R. Harris, P. M. North, D. D. Prentice, G. H. Treitel, S. J. Whittaker, 26. Auflage London 1989 (Zitiert: Chitty(-Bearbeiter) Rn.)

Clarke, W. S., The Privy Council and Precedent in the Asia-Pacific Region, in: International and Comparative Law Quarterly 39(1990)741-756

Coester, Michael, Die Berücksichtigung fremden zwingenden Rechts neben dem Vertragsstatut, in: ZVglRwiss 82(1983)1-30

Coing, Helmut, Europäisches Privatrecht, Band I, Älteres Gemeines Recht (1500 bis 1800), München 1985, Band II, 19. Jahrhundert - Überblick über die Entwicklung des Privatrechts in den ehemals gemeinrechtlichen Ländern, München 1989 (Zitiert: Coing, Europäisches Privatrecht I und II)

Coke, Edward, The First Part of the Institutes of the Laws of England. Or, a Commentary upon Littleton, Not the Name of the Author only, but of the Law itself, 9. Auflage London 1684

Collier, John Greenwood, Conflict of Laws (Cambridge Studies in International and Comparative Law), Cambridge, New York, New Rochelle, Melbourne, Sydney 1987

Collier, John Greenwood, Conflict of Laws and Enforcement of Foreign Public Laws: Antipodean Attitudes, in: Cambridge Law Journal 1989,33-36

Cranston, Ross, The Libyan Assets Case: Limits to Extraterritorial Claims, in: J.I.B.L. 3(1987)177-180

Dawson, John P., Effects of Inflation on Private Contracts: Germany, 1914-1924, in: Michigan Law Review 33(1934) 171-238

Deutsche Bundesbank, Die Beschlüsse von Maastricht zur Europäischen Wirtschafts- und Währungsunion, in: Monatsberichte der Deutschen Bundesbank 44(1992) Nr. 2 (Feburar), 45-54

Deutsche Bundesbank, Geschäftsbericht für das Jahr 1991, Frankfurt 1992

Deutsche Bundesbank, Ein Jahr deutsche Währungs-, Wirtschafts- und Sozialunion, in: Monatsberichte der Deutschen Bundesbank 43(1991) Nr. 7 (Juli), 18-30

Deutsche Bundesbank, Technische und organisatorische Aspekte der Währungsunion mit der Deutschen Demokratischen Republik, in: Monatsberichte der Deutschen Bundesbank 42(1990) Nr. 10 (Oktober), 25-32

Deutsche Bundesbank, Die Währungsunion mit der Deutschen Demokratischen Republik, in: Monatsberichte der Deutschen Bundesbank 42(1990) Nr. 7 (Juli), 14-29

Deutsche Bundesbank, Zur Weitergeltung der D-Mark und ihrer späteren Ablösung durch eine europäische Einheitswährung, in: Monatsberichte der Deutschen Bundesbank 44(1992) Nr. 2 (Februar), 55-56

Dicey, Albert Venn/Morris, J.H.C., on the Conflict of Laws, hrsg. von Lawrence Collins, Trevor C. Hartley, J.D. McLean, C.G.J. Morse, 11. Auflage London 1987 (Zitiert Dicey & Morris); 4. Ergänzungslieferung zur 11. Auflage, London 1991 (Zitiert: Dicey & Morris (Suppl.))

Drobnig, Ulrich, American-German Private International Law (Bilateral Studies in Private International Law 4), New York 1972

Drobnig, Ulrich, Die Anwendung des Devisenrechts der Sowjetzone durch westdeutsche Gerichte, in: NJW 1960,1088-1093

Drobnig, Ulrich, Die Beachtung von ausländischen Eingriffsgesetzen - eine Interessenanalyse, in: FS Karl H. Neumayer zum 65. Geburtstag, hrsg. von Werner Barfuß, Bernard Dutoit, Hans Forkel, Ulrich Immenga, Ferenc Majoros, Baden-Baden 1985,159-179 (Zitiert: Drobnig, FS Neumayer)

Drobnig, Ulrich, Besprechung von Kreuzer, Karl, Ausländisches Wirtschaftsrecht vor deutschen Gerichten, Zum Einfluß fremdstaatlicher Eingriffsnormen auf private Rechtsgeschäfte, in: RabelsZ 52(1988) 380-382

Drobnig, Ulrich, Das Profil des Wirtschaftskollisionsrechts - Einführende Bemerkungen zum Symposium "Extraterritoriale Anwendung von Wirtschaftsrecht" Hamburg 1986, in: RabelsZ 52(1988)1-7

Duden, Konrad, Besprechung von Nussbaum, Arthur, Money in the Law National and International, 2. Auflage 1950 und von Mann, F.A., The Legal Aspect of Money, 22. Auflage 1953, in: RabelsZ 20(1955)709-715

Duden, Konrad, Empfehlen sich unter Berücksichtigung der rechtlichen Regelung in anderen europäischen Staaten gesetzliche Bestimmungen über die Wertsicherung? Soll unter diesem Gesichtspunkt § 3 des Währungsgesetzes aufgehoben oder geändert werden? Gutachten für den 40. Deutschen Juristentag, in: Verhandlungen des vierzigsten Deutschen Juristentages Hamburg 1953, Band I (Gutachten), Tübingen 1953,1-64 (Zitiert: Duden, Gutachten)

Duden, Konrad, Neue Gesetze und Urteile über Währung und Goldklauseln, in: RabelsZ 10(1936)666-683

Duden, Konrad, Der Gestaltwandel des Geldes und seine rechtlichen Folgen, Karlsruhe 1968 (Zitiert: Duden, Gestaltwandel)

Duden, Konrad, Die internationalrechtliche Tragweite des amerikanischen Gesetzes über die Aufhebung von Goldklauseln, in: RabelsZ 9(1935)615-632

Duden, Konrad/Würdinger, Hans, Schulden in entwerteter Währung, in: Deutsche Landesreferate zum III. Internationalen Kongreß für Rechtsvergleichung in London 1950, hrsg. von Ernst Wolff, Berlin, Tübingen 1950,309-342 (Zitiert: Duden, Landesreferate)

Dürkes, Werner, Wertsicherungsklauseln - Möglichkeiten einer Wertsicherung auf der Grundlage der Genehmigungsrichtlinien der Deutschen Bundesbank zu § 3 Satz 2 WährG und der Rechtsprechung insbes. des Bundesgerichtshofes - mit Beispielen, 9. Auflage Heidelberg 1982

Ebke, Werner F., Article VIII, Section 2(b), International Monetary Cooperation and the Courts, in: Festschrift in Honour of Sir Joseph Gold, hrsg. von Werner F. Ebke und Joseph J. Norton, Heidelberg 1990,63- 100 (Zitiert: Ebke, FS Gold)

Ebke, Werner F., Internationales Devisenrecht, Heidelberg 1991

Eckstein, Felix, Geldschuld und Geldwert im materiellen und internationalen Privatrecht, Berlin 1932

Edwards, Richard W. Jr., Extraterritorial Application of the U.S. Iranian Assets Control Regulations, in: Am. J. Int. L. 75(1981)870-902

Edwards, Richard W. Jr., International Monetary Collaboration, Dobbs Ferry, New York, 1985

Ehlers-Munz, Karen, Die Beachtung ausländischen Devisenrechts: Bretton Woods und autonomes nationales Recht, Hamburg 1991

Erman, Walter, Handkommentar zum Bürgerlichen Gesetzbuch ... in 2 Bänden, hrsg. von Harm Peter Westermann, 8. Auflage Münster 1989 (Zitiert: Erman/Bearbeiter)

Ernst, Klaus-Alfred, Die Bedeutung des Gesetzeszwecks im internationalen Währungs- und Devisenrecht (Neue Kölner rechtswissenschaftliche Abhandlungen 26), Berlin 1963

Fentiman, Richard, Foreign Law in English Courts, in: L.Q.R. 108(1992) 142-156

Feldman, David, Public Law Values in the House of Lords, in: L.Q.R. 106 (1990)246-276

Fikentscher, Wolfgang, Schuldrecht, 7. Auflage Berlin New York 1985 (Zitiert: Fikentscher, Schuldrecht)

Fikentscher, Wolfgang, Wirtschaftsrecht, Band 2: Deutsches Wirtschaftsrecht, München 1983 (Zitiert: Fikentscher, Wirtschaftsrecht II)

Fögen, Hermann, Geld- und Währungsrecht, München 1969

Frankenstein, Ernst, Internationales Privatrecht (Grenzrecht), 2. Band Berlin 1929

Frölicher, Max, Das Währungsstatut im internationalen Privatrecht (Abhandlungen zum schweizerischen Recht 179), Bern 1941

Fülbier, Andreas, Zur Fremdwährung als bewegliche Sache und Ware und zur Geldschuld als Stückschuld, in: NJW 1990,2797-2799

gb. [Gerald Braunberger], Die Bundesbank ist gegen neue Goldmünzen - Ungeliebte Konkurrenz zu Banknoten/Kein Einwand gegen Medaillen, in: FAZ 5.12.1990

Geiler, Karl/Stehlik, Arnold/Veit, Hans Joachim, D-Markbilanzgesetz mit einem Anhang aller einschlägigen Vorschriften insbesondere solcher aus dem Umstellungsrecht - Kommentar, München, Berlin 1950 (Zitiert: Geiler/Stehlik/Veith, D-MarkbilanzG)

Gernhuber, Joachim, Die Erfüllung und ihre Surrogate sowie das Erlöschen der Schuldverhältnisse aus anderen Gründen (Handbuch des Schuldrechts in Einzeldarstellungen 3) Tübingen 1983 (Zitiert: Gernhuber, Erfüllung)

Gernhuber, Joachim, Das Schuldverhältnis - Begründung und Änderung; Pflichten und Strukturen; Drittwirkungen (Handbuch des Schuldrechts in Einzeldarstellungen 8), Tübingen 1989 (Zitiert: Gernhuber, Schuldverhältnis)

Gianviti, Francois, Le blocage des avoirs officiels iraniens par les Etats-Unis (executive order du 14 novembre 1979), in: Rev.crit.dr.int.pr. 69(1980) 279-303

Gianviti, Francois, Le controle des changes étranger devant le juge national, in: Rev.crit.dr.int.pr. 69(1980)479-502 und 659-703

Gianviti, Francois, The International Monetary Fund and External Debt, in: Académie de Droit International, Recueil des Cours 215(1989-III), Dordrecht, Boston, London 1990,205-286 (Zitiert: Gianviti, Recueil)

Gold, Joseph, Article VIII, Section 2 (b) of the IMF Articles in its International Setting, in: The Law of International Trade Finance, hrsg. von Norbert Horn (Studies in Transnational Economic Law 6), Deventer, Boston 1989,65-106 (Zitiert: Gold Article VIII 2 (b) of the IMF's Articles in its International Setting)

Gold, Joseph, Das Währungsabkommen von Bretton Woods vom 22.7.1944 in der Rechtsprechung, in: RabelsZ 19(1954)601-642

Gold, Joseph, "Exchange Contracts", Exchange Control, and the IMF Articles of Agreement: Some Animadversions on Wilson, Smithett & Cope Ltd. v. Terruzzi, in: I.C.L.Q. 33(1984)777-810

Gold, Joseph, The Fund Agreement in the Courts, 1.- 3. Band, Washington 1962, 1982 und 1986 (Zitiert: Gold I - III)

Gold, Joseph, The International Monetary Fund and Private Business Transactions (International Monetary Fund Pamphlet Series 3), Washington 1965

Goldschmidt, Levin, Handbuch des Handelsrechts. 1. Band, 2. Abteilung. Enthaltend die Lehre von der Waare, Erlangen 1868

Goodhart, Note, in: 72(1956) L.Q.R. 311-314

Grabitz, Eberhard, (Hrsg.), Kommentar zum EWG-Vertrag, Stand: 4. Ergänzungslieferung Juni 1990, 2. Auflage München 1990 (Zitiert: Grabitz-Bearbeiter, EGV)

Gränicher, Dieter, Die kollisionsrechtliche Anknüpfung ausländischer Devisenmaßnahmen (Juristische Fakultät der Universität Basel - Schriftenreihe des Instituts für internationales Recht und internationale Beziehungen 35), Basel, Frankfurt 1984

Gramlich, Ludwig, Bundesbankgesetz, Währungsgesetz, Münzgesetz - Kommentar (Heymanns Taschenkommentare zum öffentlichen Wirtschaftsrecht),

Köln, Berlin, Bonn, München 1988 (Zitiert: Gramlich B [für Bundesbankgesetz] bzw. W [für Währungsgesetz] oder M [für Münzgesetz])

Grimm, Jacob, Deutsche Rechtsaltertümer, Nachdruck der 4. durch Andreas Heusler und Rudolf Hübner besorgten Auflage von 1899, Band 2, Darmstadt 1955

Groeben, Hans von der/Thiesing, Jochen/Ehlermann, Claus-Dieter (Hrsg.), Kommentar zum EWG-Vertrag, 4. Auflage Baden-Baden 1991 (Zitiert: Bearbeiter in: Groeben/Thiesing/Ehlermann, EGV)

Gruchot, J. A., Die Lehre von der Zahlung der Geldschuld nach heutigem deutschem Rechte, Berlin 1871

Grundmann, Stefan, Nationales Währungsrecht und EG-Kapitalverkehrsfreiheit, in: EWS 1990,214-220

Gutzwiller, Peter Christoph, Vertragliche Abreden zur Sicherung des Geldwerts, insbesondere Gleitklauseln - Eine vergleichende Darstellung der Rechtslage in Frankreich, Deutschland und der Schweiz (Juristische Fakultät der Universität Basel - Schriftenreihe des Instituts für internationales Recht und internationale Beziehungen 17), Basel, Stuttgart 1972 (Zitiert: Gutzwiller, Gleitklauseln)

Gutzwiller, Max, Der Geltungsbereich der Währungsvorschriften - Umrisse eines Internationalrechts der Geldverfassungen (Iuiliaria Friburgensia 1889-1939 - Festschrift zur Fünfzigjahrfeier der Universität Freiburg), Freiburg (Schweiz) 1940 (Zitiert: Gutzwilller)

Häde, Ulrich, Die Europäische Wirtschafts- und Währungsunion, in: EuZW 1992,171-178

Häuser, Franz, Giroverhältnis - Empfiehlt es sich, die Beziehungen des Kunden zum Kreditinstitut - insbesondere die bankmäßige Vermittlung des bargeldlosen Zahlungsverkehrs (Giroverhältnis) - im BGB besonders zu regeln? in: Gutachten und Vorschläge zur Überarbeitung des Schuldrechts, hrsg. vom Bundesminister der Justiz, 2. Band Köln 1981, 1317-1426 (Zitiert: Häuser, Giroverhältnis)

Haferkamp, Dieter, Die deutsche Währungsunion - bereits Rechtsgeschichte?, in: DtZ 1991,201-205

Haferkamp, Dieter, Stellung und Aufgaben der Deutschen Bundesbank in der Deutschen Demokratischen Republik, in: DtZ 1990,151-155

Hafke, Heinz-Christian, Fremdwährungs- und Kursklauseln im Geld- und Kapitalverkehr, in: ZKredW 1981,458-460

Hafke, Heinz-Christian, Die private Verwendung von ECU, in: NWB Nr. 46 vom 9.11.1987, S.3297-3310

Hafke, Heinz-Christian, Die private Verwendung von ECU nach dem Recht der Bundesrepublik Deutschland, in: Problemi Giuridici Dell'ECU - Atti del Convegno Internazionale organizzato dal Centro di Ricerca Applicata per il Diritto d'Impresa (C.E.R.A.D.I.), Roma, 30 gennaio 1987, hrsg. von Giuseppe Guarino, Mailand 1988,81-93 (Zitiert: Hafke, Problemi Giuridici Dell'ECU)

Hafke, Heinz-Christian, Rechnungseinheit und Formenstrenge - Zur wechsel- und scheckrechtlichen Verwendung der Europäischen Währungseinheit ECU, in: WM 1987, 1409-1416

Hahn, Hugo J., Währungsrecht, München 1990 (Zitiert: Hahn)

Hahn, Hugo J., Das Währungsrecht der Euro-Devisen (Schriftenreihe Europäische Wirtschaft 59), Baden-Baden 1973 (Zitiert: Hahn, Euro-Devisen)

Handelsgesetzbuch, Großkommentar; begr. von Hermann Staub, hrsg. von Claus-Wilhelm Canaris, Wolfgang Schilling, Peter Ulmer, 3. Auflage, 3. Band, 3. Teil: Bankvertragsrecht, 2. Bearbeitung, Berlin, New York 1981 (Zitiert: Canaris Bankvertragsrecht 1981); 4. Auflage, 10. Lieferung: Bankvertragsrecht, 1. Teil, Berlin, New York 1988 (Zitiert: Canaris, Bankvertragsrecht)

Harmening, Rudolf, Die Neuordnung des Geldwesens in den westlichen Besatzungszonen, in: NJW 1948,401-405

Harmening, Rudolf, Währungsgesetze - Vorschriften zur Neuordnung des Geldwesens in der Bundesrepublik und in Berlin (West), Textsammlung, München, Berlin 1955 (Zitiert: Harmening, Währungsgesetze Nr.)

Harmening, Rudolf/Duden, Konrad, Die Währungsgesetze - Handausgabe mit ausführlicher Erläuterung der Umstellungsvorschriften nebst Durchführungsverordnung und Nebenbestimmungen, München, Berlin 1949 (Zitiert: Harmening/Duden, Währungsgesetze)

Harmening, Rudolf/Duden, Konrad, Die Währungsgesetze - Ergänzungsband zur Handausgabe 1949 mit einer Übersicht über die neuere Gesetzgebung, dem Text aller Durchführungsvorschriften seit Erscheinen des Hauptbandes und Erläuterung der 28. und 40. Durchführungsverordnung (Vertragshilfe und Umstellung von Grundpfandrechten), München, Berlin 1950 (Zitiert: Harmening/Duden, Währungsgesetze (Ergänzungsband))

Hayton, David J., Megarry's Manual of the Law of Real Property, London 1982

Hecke, G. van, Currency, in: Int.Enc.Comp.L. III: Private International Law, Kap. 36 (Stand 31.12.1970), Tübingen, Den Haag, Paris, New York 1971 (Zitiert: van Hecke, Currency Nr. xy)

Helfferich, K., Geld und Banken, Leipzig 1910

Henn, Günter, Das Londoner Schuldenabkommen - Rechtsfragen der zwischenstaatlichen Anwendung, in: RabelsZ 20(1955)270-290

Hentzen, Mathias K., Zur Anwendung fremden Eingriffsrechts seit der IPR-Reform, in: RIW 1988,508-511

Heymann, Ernst, Handelsgesetzbuch (ohne Seerecht), Kommentar von Volker Emmerich, Harald Herrmann, Thomas Honsell, Norbert Horn, Willi Jung, Rudolf J. Niehus, Harro Otto, Jürgen Sonnenschein, Band 4, Viertes Buch, §§ 343-460; Anhang, Berlin, New York 1990 (Zitiert: Heymann-Bearbeiter, HGB)

Hirschberg, Eliyahu, The Impact of Inflation and Devaluation on Private Legal Obligations - Legal Aspects of Contemporary Monetary Problems, Ramat-Gan 1976

Hocke, Ernst/Berwald, Siegfried/Maurer, Heinz Dieter/Günther Görtz, Außenwirtschaftsrecht - Gesetze, Verordnungen und Erlasse zum Außenwirtschaftsrecht mit Kommentar, Loseblatt, Stand: 49. Lieferung Dezember 1991 Heidelberg (Zitiert: Bearbeiter in Hoke/Berwald/Maurer, AWG)

Höpker-Aschoff, Hermann, Geld und Währungen, Stuttgart 1948,167-195

Hoffmann, Bernd von, Deliktischer Schadensersatz im internationalen Währungsrecht - Zugleich ein Beitrag zum Währungsrecht der Wertschulden, in: FS für Karl Firsching zum 70. Geburtstag, hrsg. von Dieter Henrich, Bernd von Hoffmann, München 1985,125-141

Hoffmann, Bernd von, Inländische Sachnormen mit zwingendem internationalem Anwendungsbereich, in: IPRax 1989,261-271

Hoffmann, Bernd von/Pauli, Gerhard, Kollisions- und Währungsrechtliches zur Diskontierung von DM-Wechseln durch eine ausländische Bank, in: IPRax 1985,13-15

Horn, Norbert, Geldwertveränderungen, Privatrecht und Wirtschaftsordnung (Juristische Studiengesellschaft Karlsruhe 122), Karlsruhe 1975 (Zitiert: Horn, Geldwertveränderungen)

Horn, Norbert, Das Recht der Internationalen Anleihen (Wirtschaftsrecht und Wirtschaftspolitik, 27), Frankfurt 1972 (Zitiert: Horn, Anleihen)

Hubernagel, G., Die umstellungsfreien Geldschulden nach dem Usmtellungsgesetz, in: NJW 1948,409-411

Immenga, Ulrich/Mestmäcker, Ernst-Joachim (Hrsg.), Gesetz gegen Wettbewerbsbeschränkungen, Kommentar von Volker Emmerich, Ulrich Immenga, Alfred Kellermann, Siegfried Klaue, Kurt Markert, Ernst-Joachim Mestmäker, Wernhard Möschel, Ekad Rehbinder, Herbert Sauter, Karsten Schmidt, Klaus Tiedemann, 2. Auflage München 1992 (Zitiert: Bearbeiter in Immenga/Mestmäker)

Inzitari, Bruno, Geldschulden im Inflationszeitalter - Zu einigen Auswirkungen der Geldentwertung im Schuldrecht, in: RabelsZ 45(1981)705-735

Isele, Hellmut, Geldschuld und bargeldloser Zahlungsverkehr, in: AcP 129 (1928)129-185

Jacob, Giles, A New Law-Dictionary: Containing the Interpretation and Definition of Words and Terms used in the Law; as also the Whole Law and Practice thereof, under all the Proper Heads and Titles, together with such Informations relating thereto, as explain the History and Antiquitiy of the Law, and our Manners, Customs, and Original Government. 8. Auflage London 1762 (Zitiert: Jacobs, Law-Dictionary)

Jauernig, Othmar, (Hrsg.), Bürgerliches Gesetzbuch mit Gesetz zur Regelung des Rechts der Allgemeinen Geschäftsbedingungen, 5. Auflage München 1990 (Zitiert: Jauernig/Bearbeiter)

Jayme, Erik/Hausmann, Rainer, Internationales Privat- und Verfahrensrecht - Textausgabe, 5. Auflage München 1990 (Zitiert: Jayme/Hausmann Nr.)

Kägi, Walter, Der Einfluss des Devisenrechts auf internationale schuldrechtliche Verträge (Sammlung Schweizerischer Dissertationen - Rechts- und staatswissenschaftliche Reihe 33), Winterthur 1961

Kahn-Freund, Otto, General Problems of Private International Law, Alphen aan den Rijn, Rockville 1980

Kegel, Gerhard, Internationales Privatrecht (Kurzlehrbücher für das juristische Studium), 6. Auflage München 1987

Kegel, Gerhard, Probleme des internationalen Enteignungs- und Währungsrechts (Arbeitsgemeinschaft für Forschung des Landes Nordrhein-Westfalen - Geisteswissenschaften 40), Köln, Opladen 1956 (Zitiert: Kegel, Probleme)

Kern, Tyll-Dietrich, Der Internationale Währungsfonds und die Berücksichtigung ausländischen Devisenrecht (Schriftenreihe zum Handbuch für Europäische Wirtschaft 39), Baden-Baden 1968

Klein, Franz, Geld und Währung in der Rechtsprechung des Bundesfinanzhofs, in: Hahn, Das Geld im Recht - Würzburger Universitätsreden 1983-1985 - Publikumsveranstaltungen des Seminars für Währungsrecht und Außenwirtschaftsrecht (Schriften zur moneären Ökonomie 25), Baden-Baden 1986,87-101 (Zitiert: Klein, in: Hahn, Das Geld im Recht)

Kleiner, Beat, Internationales Devisen-Schuldrecht - Fremdwährungs-, Euro- und Rechnungseinheitsschulden, mit Mustertexten, Zürich 1985

Kluge, Friedrich, Etymologisches Wörterbuch der deutschen Sprache (bearbeitet von Walther Mitzka), 18. Auflage Berlin 1960

Knapp, Georg Friedrich, Staatliche Theorie des Geldes, 4. Auflage München, Leipzig 1923

Köhler, Claus, Geldwirtschaft, 1. Band: Geldversorgung und Kreditpolitik, 2. Auflage Berlin 1977; 2. Band: Zahlungsbilanz und Wechselkurs, Berlin 1979 (Zitiert: Köhler, Geldwirtschaft I und II)

Kohl, Berthold J., Zur Anwendbarkeit von Art. VIII Abschnitt 2 (b) des Abkommens von Bretton Woods, in: IPrax 1986,285-287

Kommentar zum Bürgerlichen Gesetzbuch - In sechs Bänden. Bearbeitet von Gert Brüggemeier u.a. (Reihe Alternativkommentare), Band 2 - Allgemeines Schuldrecht, Neuwied, Darmstadt 1980

Krauskopf, Bernd, Anm. zu KrG Leipzig-Stadt 20.3.1991, WM 1991, 1216, in: WuB I L 6. - 1.91

Krauskopf, Bernd, Anm. zu KrG Chemnitz 19.6.1991, WM 1991,1832, in: WuB I L 6. - 1.92

Krauskopf, Bernd, Anm. zu KrG Dresden, 26.7.1991, WM 1991,1835, in: WuB I L 6. - 1.92

Kreuzer, Karl F., Ausländisches Wirtschaftsrecht vor deutschen Gerichten - Zum Einfluß fremdstaatlicher Eingriffsnormen auf private Rechtsgeschäfte (Schriftenreihe der Juristischen Studiengesellschaft Karlsruhe 172), Heidelberg 1986 (Zitiert: Kreuzer, Ausländisches Wirtschaftsrecht)

Kreuzer, Karl F., Erklärung eines generellen Vorbehalts zu Art. 7 Abs. 1 des Übereinkommens vom 19.6.1980 über das auf vertragliche Schuldverhältnisse anzuwendende Recht? - Kritische Bemerkungen zu dem entsprechenden Vorschlag des Bundesrats, in: IPRax 1984,293-295

Kreuzer, Karl F., Parteiautonomie und fremdes Außenwirtschaftsrecht, in: Zum Deutschen Internationalen Schuldrecht - Kolloquium aus Anlaß des 75. Geburtstages von Ernst von Caemmerer, hrsg. von Peter Schlechtriem, Hans G. Leser, Tübingen 1983,89-111 (Zitiert: Kreuzer, Parteiautonomie)

Krispis, Elias, Money in Private International Law, in: Hague Academy of International Law, Receuil des Cours 120(1967-I)191-318 (Zitiert: Krispis)

Kroog, Werner, Luther, Martin, Zur Regelung der privaten Auslandsschulden nach dem Londoner Schuldenabkommen (II), in: NJW 1953,1692-1695

Kropholler, Jan, Internationales Einheitsrecht - Allgemeine Lehren (Beiträge zum ausländischen und internationalen Privatrecht, hrsg. vom Max-Planck-Institut für ausländisches und internationales Privatrecht 39), Tübingen 1975 (Zitiert: Kropholler, Internationales Einheitsrecht)

Kropholler, Jan, Internationales Privatrecht (Auf der Grundlage des Werkes von Paul Heinrich Neuhaus: Die Grundbegriffe des Internationalen Privatrechts), Tübingen 1990

Kühne, Rudolf, Handbuch des Devisenrechts, München, Berlin 1952

Küng, Joseph, Zahlung und Zahlungsort im internationalen Privatrecht - Ein Beitrag zur Vereinheitlichung des Geldrechts (Arbeiten aus dem juristischen Seminar der Universität Freiburg Schweiz 38), Freiburg 1970

Lando, Ole, The EEC Convention on the Law Applicable to Contractual Obligations, in: Common Market Law Review 24(1987)159-214

Langen, Eugen, Devisenrecht der Westzonen Deutschlands (MRG 53 - franz. Zone: VO Nr. 38 - und zugehörige Texte einschließlich einschlägiger JEIA-Anweisungen und ND-Rundschreiben) mit Erläuterungen, Heidelberg 1950

Larenz, Karl, Lehrbuch des Schuldrechts, 1. Band: Allgemeiner Teil, 14. Auflage München 1987 (Zitiert: Larenz Schuldrecht I)

Larenz, Karl, Methodenlehre der Rechtswissenschaft (Enzyklopädie der Rechts- und Staatswissenschaft: Abteilung Rechtswissenschaft, begr. von F. von Liszt und W. Kaskel, hrsg. von H. Albach, E. Helmstädter, H. Honsell, P. Lerche, D. Nörr), 6. Auflage Berlin, Heidelberg, New York, London, Paris, Tokyo, Hong Kong, Barcelona, Budapest 1991 (Zitiert: Larenz, Methodenlehre)

Law Commission, The, (Law Com. No. 124) Private International Law - Foreign Money Liabilities, London 1983

Leverkuehn, Paul, Die Stellung des Londoner Schuldenabkommens im internationalen Recht, in: MDR 1953,521-523

Leverkuehn, Paul, Die Stellung des Londoner Schuldenabkommens im deutschen Recht, in: MDR 1953,705-707

Lewald, Hans, Das deutsche internationale Privatrecht auf der Grundlage der Rechtsprechung, Leipzig 1931

Liesecke, Rudolf, Das Bankguthaben in Gesetzgebung und Rechtsprechung, in: WM 1975, 214-230,238-248,286-303,314-324

Lowe, A. Vaughan, Extraterritorial Jurisdiction - The British Practice, in: RabelsZ 52(1988)157-204

Maier-Reimer, Georg, Fremdwährungsverbindlichkeiten, in: NJW 1985,2049-2055

Malaurie, Philippe, Le droit monétaire dans les relations privées internationales, in: Rec. des Cours 160(1978-II)265-333 (Zitiert: Malaurie, Recueil)

Mann, Frederick A., Anmerkung zu BGH 18.2.1965, BGHZ 43,162 = IPRspr. 1964- 1965 Nr. 193 S. 579 = JZ 1965,448, in: JZ 1965,450-452

Mann, Frederick A., "Any Civil or Commercial Matter", in: L.Q.R. 102 (1986) 505-509

Mann, Frederick A., Die Behandlung von Reichsmarkverbindlichkeiten bei ausländischem Schuldstatut, in: FS Fritz Schulz II, Weimar 1951,298-307 (Zitiert: Mann, FS Schulz)

Mann, Frederick A., The Binding Character of the Gold Parity Standard, in: Ius Privatum Gentium, FS für Max Rheinstein zum 70. Geburtstag am 5. Juli 1969, Band I, Rechtsmethodik und Internationales Recht, hrsg. von Ernst von Caemmerer, Soia Mentschikoff, Konrad Zweigert, Tübingen 1969, 483-492 (Zitiert: Mann, FS Rheinstein I)

Mann, Frederick A., The Effect in England of the Compulsory Acquisition by a Foreign State of the Shares in a Foreign Company, in: L.Q.R. 102(1986) 191-197 und L.Q.R. 103(1987)26-28

Mann, Frederick A., Eingriffsgesetze und Internationales Privatrecht, in: FS für Eduard Wahl zum 70. Geburtstag, hrsg. von Klaus Müller und Hermann Soell, Heidelberg 1973,139-160 (Zitiert: Mann, FS Wahl)

Mann, Frederick A., Fiscal Matters as Civil Matters, in: L.Q.R. 105 (1989)341-344

Mann, Frederick A., The Gold Clause in Domestic Contracts, in: L.Q.R. 73 (1957)181- 193

Mann, Frederick A., The International Enforcement of Public Rights, in: Further Studies in International Law, Oxford 1990,352-376

Mann, Frederick A., Der Internationale Währungsfonds und das Internationale Privatrecht, in: JZ 1981,327-331

Mann, Frederick A., Korreferat auf dem 40. Deutschen Juristentag, in: Verhandlungen des vierzigsten Deutschen Juristentages Hamburg 1953, Band II (Sitzungsberichte), Tübingen 1954,D 29-D 43 (Zitiert: Mann, Korreferat)

Mann, Frederick A., The Legal Aspect of Money, 4. Auflage Oxford 1982 (Zitiert: Mann)

Mann, Frederick A., Spycatcher in the High Court of Australia, in: L.Q.R. 104 (1988)497-501

Mann, Frederick A., Zahlungsprobleme bei Fremdwährungsschulden, in: Schweizerisches Jahrbuch für internationales Recht 36(1980)93-108 (Zitiert: Mann, SchwJbIntR)

Martin, Lawrence (Hrsg.), The Treaties of Peace 1919 - 1923, 2 Bände, New York 1924 (Zitiert: The Treaties of Peace)

Martiny, Dieter, Der deutsche Vorbehalt gegen Art. 7 Abs. 1 des EG-Schuldvertragsübereinkommens vom 19.6.1980 - seine Folgen für die Anwendung ausländischen zwingenden Rechts, in: IPRax 1987,277-280

Mathar, Hubert, Wertsicherungsverbot und Grundgesetz - Zur Verfassungsmäßigkeit von § 3 WährG (Diss. Würzburg), 1988

Maunz/Dürig, Grundgesetz - Kommentar von Theodor Maunz, Günter Dürig, Roman Herzog, Rupert Scholz, Peter Lerche, Hans-Jürgen Papier, Albrecht Randelzhofer, Eberhard Schmidt-Assmann, Lieferungen 1 bis 28, München 1990 (Zitiert: Bearbeiter in Maunz/Dürig)

Maydell, Bernd von, Geldschuld und Geldwert - Die Bedeutung von Änderungen des Geldwertes für die Geldschulden (Schriften des Instituts für Arbeits- und Wirtschaftsrecht der Universität zu Köln 32), München 1974

Mayer, Wolfgang, Die Valutaschuld nach deutschem Recht (Wirtschaftsrechtliche Abhandlungen 14), Mannheim, Berlin, Leipzig 1934

Melchior, George, Die Grundlagen des deutschen internationalen Privatrechts, Berlin, Leipzig 1932

Mittelbach, Rolf, Wertsicherungsklauseln in Zivil- und Steuerrecht, 4. Auflage Kiehl 1980

Möschel, Wernhard, Dogmatische Strukturen des bargeldlosen Zahlungsverkehrs, in: AcP 186(1986)187-236

Morse, C. G. J., The EEC Convention on the Law Applicable to Contractual Obligations, in: Yearbook of European Law 2(1982)107-171

Mügel, Oskar, Das gesamte Aufwertungsrecht, 5. Auflage Berlin 1927

Münch, Christof, Das Giralgeld in der Rechtsordnung der Bundesrepublik Deutschland (Schriften zum Bank- und Börsenrecht 20), Baden-Baden 1990

Münchener Kommentar zum Bürgerlichen Gesetzbuch; hrsg. von Kurt Rebmann und Franz Jürgen Säer; Band 2: Schuldrecht Allgemeiner Teil (§§ 241-432); Redakteur: Helmut Heinrichs; Band 7: Einführungsgesetz zum Bürgerlichen Gesetzbuche - Internationales Privatrecht; Redakteur: Hans Jürgen Sonnenberger; 2. Auflage München 1985 (Band 2) und 1990 (Band 7) (Zitiert: MünchKomm-Bearbeiter)

Mugdan, B., Die gesamten Materialien zum Bürgerlichen Gesetzbuch für das Deutsche Reich, 2. Band, Recht der Schuldverhältnisse, Berlin 1899 (Zitiert: Mugdan II)

Natermann, Eberhard, Der Eurodollarmarkt in rechtlicher Sicht - Institutioneller Rahmen und Regelungsmöglichkeiten (Schriftenreihe Europäische Wirtschaft 87), Baden-Baden 1977

Neumeyer, Karl, Die Aufwertung im internationalen Privatrecht, in: JW 1928, 137-146

Neumeyer, Karl, Internationales Verwaltungsrecht, 3. Band, 2. Abteilung, Innere Verwaltung. III, München, Berlin, Leipzig 1930 (Zitiert: Neumeyer)

Nies, Ludwig, Geldwertsicherungsklauseln (Das Recht der Wirtschaft 159), 3. Auflage 1984

North, Peter M., The E.E.C. Convention on the Law Applicable to contractual Obligations (1980): Its History and Main Features, in: Contract Conflicts - The E.E.C. Convention on the Law Applicable to Contractual Obligations: A Comparative Study, hrsg. von Peter M. North, Amsterdam, New York, Oxford 1982,3-30 (Zitiert: North, in: Contract Conflicts)

Nussbaum, Arthur, Anmerkung zu RG 3.12.1924, JW 1925,1483, in: JW 1925, 1483,1484

Nussbaum, Arthur, Anmerkung zu RG 6.4.1925, JW 1925,1986, in: JW 1925, 1986-1987

Nussbaum, Arthur, Aufwertung im internationalen Privatrecht, in: JW 1928,327

Nussbaum, Arthur, Das Geld in Theorie und Praxis des deutschen und ausländischen Rechts, Tübingen 1925 (Zitiert: Nussbaum, Geld)

Nussbaum, Arthur, Money in the Law - National and International - A comparative study in the borderline of law and economics, Brooklyn 1950 (Zitiert: Nussbaum, Money)

Oliver, Peter, Free Movement of Capital between Member States: Article 67 (1) EEC and the Implementing Directives, in: Europ. L. R. 1984,401-421

Oliver, Peter/Baché, Jean-Pierre, Free movement of capital between the Member States: Recent Developments, in: C.M.L.R. 26(1989)61-81

O'Malley, Stephen/Layton, Alexander, European Civil Practice, London 1989 (Zitiert: O'Malley & Layton, Rn.)

Oxford English Dictionary, The, Being a corrected re-issue with an introduction, supplement, and bibliography of A New English Dictionary on Historical Principles, founded mainly on the materials collected by the Philological Society, Oxford 1933, Nachdruck 1978

Palandt, Otto, Bürgerliches Gesetzbuch mit Einführungsgesetz, Gesetz zur Regelung des Rechts der Allgemeinen Geschäftsbedingungen, Verbraucherkreditgesetz, Gesetz über den Widerruf von Haustürgeschäften und ähnlichen Geschäften, Gesetz zur Regelung der Miethöhe (Art. 3 des 2. WKSchG), Produkthaftungsgesetz, Erbbaurechtsverordnung, Wohnungseigentumsgesetz, Ehegesetz, Hausratsverordnung; bearbeitet von Peter Bassenge, Uwe Diederichsen, Wolfgang Edenhofer, Helmut Heinrichs, Andreas Heldrich, Hans Putzo, Heinz Thomas, 51. Auflage München 1992 (Zitiert: Palandt-Bearbeiter)

Palgrave, The New, - A Dictionary of Economics, hrsg. von John Eatwell, Murray Milgate, Peter Newman, London Basingstoke 1987, Band 1

Palmer, Francis Beaufort, Palmer's Company Law, hrsg. von Clive M. Schmitthoff, Band 1, 24. Auflage London, Edinburgh 1987 (Zitiert: Palmer's Company Law I)

Pfundtner, Hans, Neubert, Reinhard, Das neue Deutsche Reichsrecht (Loseblattsammlung, Stand: November 1944), Berlin (Zitiert: Pfundter/Neubert, Reichsrecht)

Philip, Allan, Mandatory Rules, Public Law (Political Rules) and Choice of Law in the E.E.C. Convention on the Law Applicable to Contractual Obligations, in: Contract Conflicts - The E.E.C. Convention on the Law Applicable to Contractual Obligations: A Comparative Study, hrsg. von Peter M. North, Amsterdam, New York, Oxford 1982,81-110 (Zitiert: Philip, in: Contract Conflicts)

Pikart, Heinz, Die sachenrechtliche Behandlung von Geld und Wertpapieren in der neueren Rechtsprechung, in: WM 1980,510-520

Pirrung, Jörg, Internationales Privat- und Verfahrensrecht nach dem Inkrafttreten der Neuregelung des IPR - Texte Materialien Hinweise, Köln 1987

Raape, Leo, Internationales Privatrecht, 5. Auflage Berlin, Frankfurt 1961

Rabel, Ernst, The Conflict of Laws - A Comparative Study, Band 3, Special Obligations: Modification and Discharge of Obligations, 2. Auflage, hergerichtet von Herbert Bernstein, Ann Arbor 1964 (Zitiert: Rabel III)

Rabel, Ernst, Golddollar-Anleihen mit Vereinbarung des New Yorker Rechts - Ein Rückblick auf die Anwendung des internationalen Privatrechts, in: RabelsZ 10(1936)492-522

Reichel, Hans, Anmerkung zu BG [Schweizer Bundesgericht] 3.7.1928, JW 1928,3145, in: JW 1928,3146-3148

Reichert-Facilides, Fritz, Geldwertschwankungen und Privatrecht, in: JZ 1969, 617-623

Reinhardt, Rudolf, Vom Wesen des Geldes und seiner Einfügung in die Güterordnung des Privatrechts, in: FS Gustav Böhmer, Bonn 1954,60-98 (Zitiert: Reinhardt, FS Böhmer)

Reithmann, Christoph/Martiny, Dieter, Internationales Vertragsrecht - Das internationale Privatrecht der Schuldverträge; unter Mitarbeit von Frerich van Dieken, Rainer Hausmann, Bernd Joch, Peter Kleinschmidt, Franz Merz, 4. Auflage Köln 1988 (Zitiert: Reithmann bzw. Reithmann-Martiny)

Remien, Oliver, Außenwirtschaftsrecht in kollisionsrechtlicher Sicht - Zur internationalen Reichweite von Aus- und Einfuhrverboten, in: RabelsZ 54 (1990)431-480

Remien, Oliver, Die Währung von Schaden und Schadensersatz - Grundlagen und vertragsrechtliche Besonderheiten, in: RabelsZ 53(1989)245-292

Rittner, Fritz, Wirtschaftsrecht - Ein Lehrbuch, 2. Auflage Heidelberg 1987

Reuter, Dieter, Geldschuld und Geldwert, in: ZHR 140(1976)73-84

Robertz, Franz-Joachim, Wertsicherungs- und Preisanpassungsklauseln im Außenwirtschaftsverkehr - Vertragspraxis, Modelle, Zulässigkeit - (Bankrechtliche Sonderveröffentlichungen des Insituts für Bankwirtschaft und Bankrecht an der Universität zu Köln 36), Köln 1985

Rosenn, Keith S., Law and Inflation, Philadelphia 1982

Roth, Alfons, Umwertung und Aufwertung (Geldwertschulden und Geldschulden), Berlin 1927 (Zitiert: Alfons Roth, Umwertung und Aufwertung)

Roth, Günter H., Aufwertung und Abwertung im internationalen Privatrecht, in: Fragen des Rechtes der Auf- und Abwertung, Berichte der Deutschen Gesellschaft für Völkerrecht 20,87-135 (Zitiert: Roth, BerDtGesVR 20 (1979))

Roth, Günter H., Diskussionsbeitrag, in: Fragen des Rechtes der Auf- und Abwertung, BerDtGesVR 20(1979)163-164 (Zitiert: Roth, Diskussionsbeitrag, BerDtGesVR 20(1979))

Rutz, Aloys, Die Schuldwährung der Ansprüche aus Immaterialgüterverletzungen - Ein Beitrag zur Rechtsvereinheitlichung im Geldrecht (Arbeiten aus dem Juristischen Seminar der Universität Freiburg Schweiz 25), Freiburg 1962

Samm, Carl-Theodor/Hafke, Heinz Christian, Grundbesitz und Wertsicherungsklauseln - Rechtsgrundlagen, Rechtsprechung, Genehmigungsgrundsätze und Formulierungsbeispiele, Berlin 1981

Sandrock, Otto, (Hrsg.) Handbuch der Internationalen Vertragsgestaltung - Ein Leitfaden für den Abschluß von Verträgen im internationalen Wirtschaftsverkehr, Band 1, bearbeitet von Klaus F. Beckmann, Harald Jung, Peter Müller, Otto Sandrock, Fritz-Peter Steinschulte, Heidelberg 1980 (Zitiert: Sandrock-Bearbeiter)

Savigny, Friedrich Carl von, Das Obligationenrecht als Theil des heutigen Römischen Rechts, 1. Band, Berlin 1851 (Zitiert: v. Savigny, Obligationenrecht)

Savigny, Friedrich Carl von, System des heutigen Römischen Rechts, Band VIII, Berlin 1849 (Zitiert: Savigny, System)

Scaccia, Sigismundi, tractatus de comerciis, et cambio, Frankfurt 1648

Schlegelberger, Franz, Die Aufwertung im internationalen Privatrecht, in: RabelsZ 3(1929)869-879

Schlegelberger, Franz, Handelsgesetzbuch, Kommentar von Ernst Geßler, Wolfgang Hefermehl, Wolfgang Hildebrandt, Georg Schröder, 5. Auflage, 4. Band, §§ 343-372, München 1976 (Zitiert: Schlegelberger-Bearbeiter)

Schmalz, Ernst Werner, Die Stabilität des Geldwertes als Problem des Privatrechts (Rechtswissenschaftliche Forschung und Entwicklung 79), München 1986

Schmidt, Karsten, Fremdwährungsschuld und Fremdwährungsklage - Prozeßfragen um die Fremdwährungsschuld -, in: ZZP 1985,32-49

Schmidt, Reiner, Geld und Währung, in: Handbuch des Staatsrechts der Bundesrepublik Deutschland, hrsg. von Josef Isensee und Paul Kirchhof; Band 3: Das Handeln des Staates, Heidelberg 1988,1121-1139 (Zitiert: Reiner Schmidt, HdbStR III)

Schmidt, Reiner, Öffentliches Wirtschaftsrecht - Allgemeiner Teil. Unter Mitarbeit von Hartmut Bauer und Rudolf Mögele (Enzyklopädie der Rechts- und Staatswissenschaft: Abteilung Rechtswissenschaft, begr. von F. von Liszt und W. Kaskel, hrsg. von H. Albach, E. Helmstädter, H. Honsell, P. Lerche, D. Nörr); Berlin, Heidelberg, New York, London, Paris, Tokyo, Hong Kong 1990 (Zitiert: Reiner Schmidt, Wirtschaftsrecht)

Schmitthoff, Clive M., Export Trade - The Law and Practice of International Trade, 9. Auflage London 1990 (Zitiert: Schmitthoff, Export Trade)

Schmitthoff, Clive M., The Limit of Party Autonomy, in: Clive M. Schmitthoff's Select Essays on International Trade Law, hrsg. von Chia-Jui Cheng, Dordrecht, Boston, London 1990,584-595 (Zitiert: Schmitthoff, Select Essays)

Schmölders, Günter, Enzyklopädisches Lexikon für das Geld-, Bank- und Börsenwesen, 3. Auflage, Band II, I - Z, Frankfurt 1968, Stichwort: Währung

Schneider, Erich, Zahlungsbilanz und Wechselkurs - Eine Einführung in die monetären Probleme internationaler Wirtschaftsbeziehungen, Tübingen 1968

Schneider, Hannes, Problems of Recognition of the Carter Freeze Order by the German Courts, in: I.B.L. 9(1981)103-104

Schönle, Herbert, Bank- und Börsenrecht, 2. Auflage München 1986

Scholz, Rupert, Der Staatsvertrag zur Währungs-, Wirtschafts- und Sozialunion, in: BB 1990, Beilage 23,1-9

Schütz, Wilhelm, Widerruf bei Zahlungen und Überweisungen, in: AcP 160 (1961)17-29

Schulze, Johannes, Genehmigungsbedürftigkeit von Wertsicherungsklauseln und Fremdwährungsverbindlichkeiten bei Sachverhalten mit Auslandsbeziehungen, in: AWD BB 1962,89-94

Schurig, Klaus, Zwingendes Recht, "Eingriffsnormen" und neues IPR, in: RabelsZ 54(1990)217-250

Seetzen, Uwe, Zur innerstaatlichen und internationalen Zulässigkeit von Fremdwährungsschulden- und -klauseln, in: AWD BB 1969,253-257

Seidel, Karl-Dieter, Die deutsche Geldgesetzgebung seit 1871 - Münzen, Papiergeld und Notenbanken mit den Münzverträgen der deutschen Staaten im 19. Jahrhundert, München 1973

Seuß, Melanie, Exterritoriale Geltung von Devisenkontrollen - Art. VIII 2 b) S. 1 des Übereinkommens über den Internationalen Währungsfonds (Beiträge zum Privat- und Wirtschaftsrecht 68), Karlsruhe 1990

Shuster, M. R., The Public International Law of Money, Oxford 1973

Siebelt, Johannes, Der juristische Verhaltensspielraum der Zentralbank - "Vorrechtliches Gesamtbild" und Verfassungsauftrag an den Gesetzgeber (Studien zum Bank- und Börsenrecht 19), Baden-Baden 1988

Siebelt, Johannes/Häde, Ulrich, Die ECU im deutschen Recht, in: NJW 1992, 10-18

Siehr, Kurt, Ausländische Eingriffsnormen im internationalen Wirtschaftskollisionsrecht, in: RabelsZ 52(1988)41-103

Siehr, Kurt, Normen mit eigener Bestimmung ihres räumlichen Anwendungsbereichs, in: RabelsZ 42(1982)357-383

Silard, Stephen A., Money and Foreign Exchange, in: Int. Enc. Comp. L. XVII: State and Economy, Kap. 20, Tübingen, Paris 1975 (Zitiert: Silard, Money Nr. xy)

Simitis, Spiros, Bemerkungen zur rechtlichen Sonderstellung des Geldes, in: AcP 159(1960)406-466

Smith, Adam, Lectures on Jurisprudence, hrsg. von Ronald Lindley Meek und David Daiches Raphael, Peter Gonville Stein, Oxford 1978

Staudinger, Julius v., Kommentar zum Bürgerlichen Gesetzbuch mit Einführungsgesetz und Nebengesetzen, 10. Auflage, § 242, 19. Lieferung Berlin 1940; 10./11. Auflage, Einführungsgesetz zum Bürgerlichen Gesetzbuch, Teil 2b, Internationales Schuldrecht I, Berlin 1978 (Zitiert: Staudinger-Bearbeiter [10./11. Auflage]); 11. Auflage, 2. Band, Recht der Schuldverhältnisse, Teil 1a, §§ 241,243-248, Berlin 1967, Teil 1b, § 242, Berlin 1961 (Zitiert: Staudinger-Bearbeiter [11. Auflage]); 12. Auflage, 2. Buch, Recht der Schuldverhältnisse, §§ 243-254, Berlin 1983 (Zitiert: Staudinger-Bearbeiter)

Stebut, Dietrich von, Geld als Zahlungsmittel und Rechtsbegriff, in: Jura 1982, 561-572

Stebut, Dietrich von, Die Sicherung des Geldwerts und der Währung, in: Jura 1983, 449-460

Stoll, Hans, Anwendungsbereich der westdeutschen Umstellungsgesetze, in: RabelsZ 21(1955)575-609

Stützel, Wolfgang, Das Mark-gleich-Mark-Prinzip und unsere Wirtschaftsordnung - Über den sogenannten Nominalismus, insbesondere im Schuld- und Steuerrecht (Schriften zur monetären Ökonomie 7), Baden-Baden 1979

Sunt, Chris, Legal Aspects of the Ecu, London, Edinburgh 1989

Thywissen, Johann Heinrich, Sind Bankguthaben Geld im Rechtssinne? in: BB 1971,1347-1351

Tietmeyer, Hans, Die deutsche Vereinigung und die D-Mark, Vortrag am 10. Januar 1992 anläßlich des Neujahresempfangs der Industrie- und Handelskammer Berlin, in: Deutsche Bundesbank, Auszüge aus Presseartikeln 1992 Nr. 4 vom 14. Januar 1992

Tilmann, Winfried, Wirtschaftsrecht (Enzyklopädie der Rechts- und Staatswissenschaft: Abteilung Rechtswissenschaft, begr. von F. von Liszt und W. Kaskel, hrsg. von A. Albach, E. Helmstädter, H. Honsell, P. Lerche, D. Nörr); Berlin, Heidelberg, New York, Tokyo 1986

Unger, J., Gold Clauses in Domestic Transactions, in: Modern Law Review 20 (1957)266-270

Verwaltung für Finanzen des Vereinigten Wirtschaftsgebiets, Bad Homburg v.d.H., Entwurf eines Gesetzes zur Neuordnung des Geldwesens (Homburger Plan), Heidelberg, Berlin, Göttingen 1948.

Vogel, Klaus, Anm. zu BVerfG 19.12.1978, BVerfGE 50,57 = NJW 1979,1151, in: NJW 1979,1158-1159

Vogel, Klaus, Der Finanz- und Steuerstaat, in: Handbuch des Staatsrechts der Bundesrepublik Deutschland, hrsg. von Josef Isensee und Paul Kirchhof; Band 1: Grundlagen von Staat und Verfassung, Heidelberg 1987,1151-1186 (zitiert: Vogel, HdbStR I)

Wahlig, Bertold, Permitting the private use of the ECU in the Federal Republic of Germany, in: ECU Banking Association News Letter 1987 Nr. 2 S. 9-11

Wahlig, Bertold, Rechtliche Aspekte zur Verwendung der "privaten" ECU (Referat im Seminar für Währungsrecht und Außenwirtschaftsrecht an der Universität Würzburg am 8.12.1987), maschinenschriftlich, 23 S. (Zitiert: Wahlig, Referat)

Wahlig, Bertold, Rechtsfragen zu privaten Verwendung der ECU in der Bundesrepublik Deutschland, in: WM 1985,1053-1057

Wengler, Wilhelm, Die Anknüpfung des zwingenden Schuldrechts im internationalen Privatrecht - Eine rechtsvergleichende Studie, in: ZvglRWiss 54(1941) 168-212

Westphalen, Friedrich Graf von, Rechtsprobleme der Exportfinanzierung (Schriftenreihe Recht der Internationalen Wirtschaft 11), 3. Auflage Heidelberg 1987

Westrick, Klaus, The Legality and the Extra-Territorial Effect of Foreign Freeze Orders in Germany in the Light of the Iraninan Events, in: I.B.L. 9 (1981)105-108

Wolff, Bernhard, Grundsätze der internationalen Regelung der deutschen äußeren Vorkriegsschulden, in: NJW 1953,1409-1412

Wolff, Martin, Das Geld, in: Handbuch des gesamten Handelsrechts mit Einschluß des Wechsel-, Scheck-, See- und Binnenschiffahrtsrechts, des Versicherungsrechts sowie des Post- und Telegraphenrechts, hrsg. von Victor Ehrenberg, Band 4, 1. Abteilung, Leipzig 1917 S. 563-649 (Zitiert: Wolff, Geld)

Wolff, Martin, Das internationale Privatrecht Deutschlands (Enzyklopädie der Rechts- und Staatswissenschaft - Abteilung Rechtswissenschaft), 3. Auflage Berlin, Göttingen, Heidelberg 1954 (Zitiert: Wolff, IPR)

Wolff, Martin, Private International Law, 2. Auflage Oxford 1950 (Zitiert: Wolff, PIL)

Woll, Artur, Allgemeine Volkswirtschaftslehre, 10. Auflage München 1990

Zehetner, Franz, Geldwertklauseln im grenzüberschreitenden Wirtschaftsverkehr (Beiträge zum ausländischen und internationalen Privatrecht 41), Tübingen 1976

Ziehm, Holger, Die Wertsicherungsklausel im Deutschen Recht, Hamburg 1966

Zweigert, Konrad, Nichterfüllung auf Grund ausländischer Leistungsverbote, in: RabelsZ 14(1942)283-307

Zweigert, Konrad, Internationales Privatrecht und öffentliches Recht, in: Fünfzig Jahre Institut für Internationales Recht and der Universität Kiel (Veröffentlichungen des Instituts für Internationales Recht an der Universität Kiel 51), Hamburg 1965,124-141 (Zitiert: Zweigert, 50 Jahre Institut)

Einleitung

Auf dem weiten Feld der extraterritorialen Anwendung von Wirtschaftsrecht auf Verträge befaßt sich diese Arbeit mit dem internationalen Anwendungsbereich von Währungsrecht. Dies soll aus der Sicht des deutschen und englischen Rechts geschehen, um festzustellen, ob sich dem englischen Recht trotz oder gerade wegen seiner grundlegenden methodologischen und materiellen Unterschiede zum deutschen Recht Anregungen entnehmen und für das deutsche Recht fruchtbar machen lassen. Zu untersuchen ist einerseits die Anwendung deutschen beziehungsweise englischen Währungsrechts durch die jeweils nationalen Gerichte auf internationale Sachverhalte und andererseits die Beachtung ausländischen Währungsrechts in Deutschland und England.

Das deutsche Recht bietet sich für eine solche Untersuchung vor allem deswegen an, weil es in der verhältnismäßig jungen Geschichte der einheitlichen Währung in Deutschland seit 1871 mehr schwerwiegende Änderungen der Währung und des Währungsrechts gegeben hat als in den meisten anderen Industriestaaten[1]. In wenig mehr als hundert Jahren fanden vier nationale Währungsreformen statt: 1871, 1924, 1948 und 1990, und die Europäische Währungsunion soll bis Ende des Jahrzehnts hergestellt sein. In der ersten Hälfte des Jahrhunderts sorgten eine bis dahin unvorstellbare und in ihren Wirkungen katastrophale Inflation und nicht lange danach eine weitere Inflation zusammen mit den wirtschaftlichen Folgen des 2. Weltkrieg jeweils für den Zusammenbruch des nationalen Währungssystems. In beiden Fällen waren gleichzeitig mit der Einführung einer neuen Währung auch Privatrechtsverhältnisse neu zu gestalten: Wer zum Beispiel vor 1914 ein Goldmarkdarlehen zum Erwerb eines Grundstücks erhalten hatte, konnte es 1922 mit völlig wertlosem Papiergeld zurückzahlen.

---

1 Das Inhaltsverzeichnis von Seidel, Die deutsche Geldgesetzgebung seit 1871, listet allein auf 28 Seiten die Flut der verschiedenen Gesetze und Verordnungen des deutschen Geld- und Währungswesens von 1871 bis 1971 auf.

Im Gegensatz zu den deutschen Erfahrungen blickt England[2] auf eine über tausendjährige ungebrochene (Politik- und) Währungsgeschichte zurück; die Pfundwährung stammt aus angelsächsischer Zeit. Starke Inflationen, die ein Eingreifen des Gesetzgebers erfordert hätten, sind in England unbekannt. Die bevorstehende Europäische Währungsunion wird also der erste fundamentale Eingriff in das bestehende englische Währungssystem seit "time immemorial" und dem Beginn des "legal memory" des englischen Rechts[3] sein.

Aus der Geschichte folgt, daß sich deutsche Gerichte ungleich öfter als englische mit der Bewältigung international-währungsrechtlicher Probleme zu befassen hatten: Hieraus ergibt sich ein natürlicher Schwerpunkt und eine Einschränkung der Darstellung des englischen sich ein natürlicher Schwerpunkt und eine Einschränkung der Darstellung des englischen Rechts. Darüber hinaus sind eine Reihe weiterer inhaltlicher Beschränkungen notwendig, um nicht vollkommen im Dornengestrüpp[4] hängenzubleiben: Der Schwerpunkt der Arbeit liegt auf dem Einfluß von Währungsrecht auf Verträge. Dabei bleiben geldschuldrechtliche Probleme im Regelfall ausgeklammert. Dazu gehören die Fragen nach der Ermittlung der Schuld- sowie der Zahlungswährung, der Währung des Schadenersatzes und der Währung von Unterhaltsansprüchen. Ebenfalls nicht behandelt werden prozessuale Fragen, also die Probleme der Währungsumrechnung von Urteilen und Kostenentscheidungen, der Fremdwährungsurteile und der Zwangsvollstrekung von Fremdwährungstiteln, sowie währungsrechtliche Fragen des Insolvenzrechts. Schließlich werden die besonderen interzonalen währungsrechtlichen Probleme nicht systematisch aufgearbeitet.

Die Masse des Materials ist dennoch erdrückend und kaum zu übersehen. Das betrifft nicht nur die Zahl der Gesetze und Verordnungen, sondern ebenso die Rechtsprechung und Literatur. Auch hier war eine Auswahl zu treffen: Erwähnt werden im Regelfall nur diejenigen Vorschriften, die in ihrer praktischen Umsetzung zu Schwierigkeiten bei der Rechtsanwendung, also zu Rechtsstreitigkeiten geführt haben. Bei der Wahl zwischen Rechtsprechung und Literatur wurde ein klarer Schwerpunkt zugunsten der Rechtsprechung gesetzt, die ausführlich dokumentiert wird. Für England ergibt sich das fast von selbst; für Deutschland

---

2 Zur Verdeutlichung sei darauf hingewiesen, daß englisches Recht nicht das gesamte im Vereinigten Königreich geltende Recht, sondern nur das in England und Wales geltende Recht umfaßt.

3 Time immemorial ist die Zeit vor 1189 n.Chr., dem Regierungsantritt von Richard I. Siehe Hayton 417.

4 Vgl. Roth, BerDtGesVR 20(1979)96.

ist festzustellen, daß nur ein kleiner Teil der älteren Literatur heute noch von Bedeutung ist und zahlreiche deutsche Veröffentlichungen zwischen 1933 und 1945 wegen ihrer deutlichen nationalsozialistischen Prägung keinen bleibenden Wert haben.

Ein spezifischer Reiz des Gegenstands dieser Arbeit ist, daß im Bereich des Währungsrechts eine terminologische Vielfalt herrscht, die oft zu Unklarheiten und Widersprüchen führt. Nur zwei Beispiele seien hier schon genannt. "Aufwertung" kann mindestens dreierlei bedeuten: Eine **Geldforderung** eines individuellen Schuldverhältnisses kann dergestalt "aufgewertet" werden, daß der Schuldner dem Gläubiger mehr Währungseinheiten zahlen muß, als es seiner nominellen Verpflichtung entspricht. Eine **Währung** kann "aufgewertet" werden, indem die bestehende Währungseinheit generell im Verhältnis von 1 : 2 durch eine neue ersetzt wird[5]. Schließlich kann der **Außenwert** einer Währung gegenüber anderen Währungen dadurch "aufgewertet" werden, daß die jeweilige Zentralbank ihre Währung teurer an andere Zentralbanken verkauft. Der Gegenbegriff "Abwertung" besitzt die entsprechende Bedeutungsvielfalt. "Währungsstatut" wird einerseits für die Bezeichnung des Rechts des Staates benützt, in dessen Währung eine Schuld ausgedrückt ist. Andererseits soll "Währungsstatut" gelegentlich auch die Regeln bezeichnen, mittels derer die Währung etwa eines Schadensersatz- oder eines Unterhaltsanspruchs bestimmt wird.

Währungsrecht selbst ist ein unklarer Begriff; das gilt aus sach- und kollisionsrechtlicher Sicht. Insbesondere ist seine Abgrenzung zu Devisenrecht bisher undeutlich, obwohl dies für die Zwecke der Berücksichtigung ausländischen Währungsrechts von entscheidender Bedeutung ist, da im internationalen Währungsrecht völkerrechtliche Übereinkommen im Gegensatz zum internationalen Devisenrecht fehlen.

Die Auseinandersetzungen über den Anwendungsbereich von Währungsrecht und insbesondere der Aufwertungsvorschriften der Zwanziger Jahre und der Umstellungsregelungen im Rahmen der Währungsreform von 1948 wurden von einem Streit beherrscht, ob diese Vorschriften öffentlich-rechtlicher oder privatrechtlicher Natur waren. Der Theorienstreit, der zu widersprüchlichen Urteilen führte, ist unfruchtbar, denn er ist nicht befriedigend zu lösen. Diese Arbeit verfolgt nicht das Ziel, ein umfassendes dogmatisches System für den internationalen Anwendungsbereich von Währungsrecht zu entwerfen, sondern sie

---

5 Diese Konstellation kommt eher umgekehrt als "Abwertung" vor.

kann nur die Grundlagen dazu bereiten. Hierfür ist nach der Klarstellung und Erläuterung von Grundlagen eine Aufarbeitung des vorhandenen Materials erforderlich, die sich von den Kategorien und angeblichen Gegensätzen des öffentlichen und privaten Rechts lösen muß. Das Dickicht wird also nur gelichtet; ein kollisionsrechtlicher Ausblick wird Lösungsansätze vorstellen, aber Fragen werden offenbleiben.

1. Kapitel: Grundbegriffe des Währungsrechts

"Währungsrecht" ist kein fest umgrenzter Begriff[6] und muß daher für die Zwecke dieser Arbeit näher erläutert werden. Er ist abzugrenzen gegen Geld-, Geldschuld- und Devisenrecht. Überschneidungen sind dabei unvermeidbar[7].

§ 1: Beschreibung von Währungsrecht

I. Währung

1. Begriff

Das Wort "Währung" hat seine mittelalterlichen Wurzeln im ehemaligen "Gewährleisten" des Staates für den Feingehalt der aus Edelmetall geprägten Münzen[8]. Später stand der Begriff für die Einlösung von Banknoten in reinem Gold. Währung und seine etymologischen Vorläufer wurde auch als Synonym für gesetzliches Zahlungsmittel gebraucht. So lautet § 11 der Reichs-Münz-Ordnung von 1559: "Die gemeinen Reichsmünzen sollen also von männiglich im Reich in Kauffen und Verkauffen und sonst in Bezahlung bis auf den ein Kreuzer, inclusive für **Wehrschaft** ausgegeben und angenommen werden"[9].

---

6 Hahn z.B. handelt in seinem Buch unter dem Titel "Währungsrecht" in drei Abschnitten Geld und Geldschulden, Währungsrecht und Devisenrecht ab.

7 Vgl. Reithmann 294.

8 Vgl. Goldschmidt 1124, insb. N. 19: Danach kam der Ausdruck "denari waringe" schon Ende des 12. Jahrhunderts in Köln vor; später (1291): "warandia publica"; in der Constanzer Münzordnung von 1404 und in Art. 11 des Schwäbischen Münzvereins wurde der Begriff "werung" verwendet (Zitiert nach Goldschmidt a.a.O.). Ausführlich zur etymologischen Herkunft Grimm, Deutsche Rechtsaltertümer II, 143f.: Das Verb "w.e.rn" (praestare) bedeutet "tun, leisten, gewährleisten, verbürgen" (Das englische warrant stammt davon ab.). Siehe auch von Stebut, Jura 1983,449 und Kluge, Stichwort "Währung" (Mittelhochdeutsch: werunge).

9 Zitiert nach Goldschmidt 1123. Nach Goldschmidt 1122f. enthält jedes Währungssystem einen doppelten Rechtssatz:

Heute steht "Währung" im deutschen Sprachgebrauch zum einen für die Geldverfassung (Geldordnung) eines Staates und zum anderen für die mit der Wertmaßfunktion des Geldes verbundene Rechnungseinheit[10]. Es gibt also einen funktionellen und einen zuordnenden Währungsbegriff[11]: Eine deutsche Mark als Teil eines auf deutsche Mark aufgebauten Geldsystems und eine deutsche Mark als Einheit zum Bestimmen des Inhalts einer in deutscher Währung ausgedrückten Schuld. Unzureichend und ungenau ist die Definition von Währung als die "Gesamtheit des der Bundesrepublik zuzurechnenden Geldes"[12]: Sie bezieht sich nur auf Währung als Rechnungseinheit und verquickt die Definition von Währung mit der von Geld, und Geld im Rechtssinn umfaßt mehr als die Geldzeichen[13].

Das englische Wort "currency" hat seine Wurzeln im lateinischen currere (laufen). Im 17. Jahrhundert bezog sich "current" unter anderem auf die Zirkulation von Geld[14], und currency bezeichnete schon im 18. Jahrhundert Geld in seiner Eigenschaft als Tauschmittel[15]. Heute bedeutet currency im anglo-ameri-

---

"1. Unter den mehreren, möglicherweise als "Geld" dienenden Metallen ist eines oder sind mehrere ausschließlich das gesetzliche Werthmaß und gesetzliche Zahlungsmittel. Dieses oder diese Metalle sind Währung.

2. Unter den zahlreichen möglichen Gewichtseinheiten der Währung sind eine oder mehrere ausschließlich das gesetzliche Werthmaß und gesetzliche Zahlungsmittel. Nur diese, vom Staat beglaubigten Gewichtseinheiten (Münzen) sind Währung."

Siehe auch Nussbaum, Money 117 N. 8 und KG 25.9.1928, IPRspr. 1929 Nr. 108 S. 149. Das KG übernahm folgende Definition von Helfferich 374f.: "Währung ist der als Einheit aufgefaßte Inbegriff des Geldes eines bestimmten Staates oder einer bestimmten Staatengemeinschaft."

10 Zum Währungsbegriff - auch zur Entwicklung des Begriffs - eingehend Nussbaum, Geld 43ff., sowie Münch 51f. Siehe auch Staudinger-Schmidt, Vorbem. A 20-22 zu § 244; Fögen 35f.; Hahn 266; Reiner Schmidt, Wirtschaftsrecht 348; von Maydell 56f.; Kleiner 43 und Schmölders, Enzyklopädisches Lexikon für das Geld-, Bank- und Börsenwesen, Band II, Stichwort: Währung.

11 Staudinger-Schmidt, Vorbem. A 21,22 zu § 244 BGB.

12 Maunz in Maunz/Dürig, Grundgesetz Art.73 [Lieferung 27, November 1988] Rn. 79.

13 Man denke nur an Giralgeld. Hierzu und zur Unterscheidung zwischen Geld als Institution und den Geldzeichen: Staudinger-Schmidt, Vorbem. A 18 und A 11ff. zu § 244 BGB. Siehe auch unten S. 45ff.

14 The Oxford English Dictionary, Band 2, Stichwort: Current, 1270; Coke I 207: "foreign coyn by proclamation made currant within the Realm"; Blackstone I 278: Denomination is "the value for which the coin is to pass"; Jacob, Law-Dictionary, Stichwort "Coin": "But the Coin of one King is not current in the Kingdom of another."

15 Goldschmidt 1071 N. 43.

kanischen Sprachgebrauch nach wie vor hauptsächlich "medium of exchange", also Tauschmittel bzw. Geldzeichen[16] und steht einem gegenständlichen Geldbegriff[17] bzw. "money in its concrete form"[18] gleich. Gleichwohl umfaßt "currency" in zweiter Linie auch den zuordnenden Währungsbegriff. Für den funktionellen Währungsbegriff gibt es kein feststehendes englisches Äquivalent; "currency system" würde ihm am nächsten kommen. Währungs- und Münzgesetze sind "legal tender legislation" und fallen unter den Oberbegriff "Coinage"[19].

2. Geltende Währung in Deutschland und England

a) Nominalismus

Die deutsche und die englische Währungsgeschichte und das geltende Geldrecht in beiden Ländern basieren auf dem Grundsatz des Nominalismus[20]. Das Schlagwort Nominalismus[21] beinhaltet eine Reihe unterschiedlicher Aussagen[22]. Hier

16 Vgl. John Burke, Jowitt's Dictionary of English Law, Band 1, Stichwort "currency", 530: "coin and bank notes, or other paper money issued by authority, and which are continually passing as and for coin ...". Siehe auch The New Palgrave - A Dictionary of Economics, Band 1, Stichwort "currencies", 739 und Nussbaum, Geld 44; ders., Money 21. Siehe Mann 393f. zur Bedeutung von "currency" im IWF-Abkommen von Bretton Woods (Articles of Agreement of the International Monetary Fund vom 22.7.1944; Gesetz vom 28.7.1952 (BGBl. 1952 II 637) und Bekanntmachung vom 26.8.1952 (BGBl. 1952 II 728) sowie Neufassung von 1976, BGBl. 1978 II 13; im folgenden "Bretton-Woods-Abkommen").

17 Die Terminologie "gegenständlicher" und "institutioneller" Geldbegriff stammt von Staudinger-Schmidt, Vorbem. A 11ff. zu § 244. Der Sache nach ist die Unterscheidung schon lange anerkannt: Staudinger-Schmidt a.a.O. mit weiteren Nachweisen; Wolff, Geld 577f. Siehe ferner unten S. 45.

18 Mann 5ff. unterscheidet zwischen "money in its concrete form and the abstract conception of money". Siehe auch Duden, Gestaltwandel 6: er trifft diese Unterscheidung ebenfalls.

19 Vgl. Halsbury's Statutes, Band 10, Constitutional Law, 165.

20 Nominalwertprinzip, nominalistic principle. Für Deutschland: BVerfG 19.12.1978, BVerfGE 50,57,92 zur Besteuerung von Kapitalzinsen nach dem Nominalwertprinzip mit Anm. Vogel NJW 1979,1158; BGH 14.7.1952, BGHZ 7,134,140; BGH 28.5.1973, BGHZ 61,31,38; BAGE 25,146,158; BVerwG 3.10.1972, BVerwGE 41,1,5; BFH 27.7.1967, BStBl. 1967 III 690,695f.; BFHE 92,561,565; 112,546,555ff.; 112,567ff.; 127,30. Hahn 78ff.; Reichert-Facilides JZ 1969, 620; Reuter ZHR 137(1974)493; Horn, Geldwertveränderungen 18ff. und 32; Fögen 137f. Staudinger-Schmidt, Vorbem. D 21 vor § 244; von Maydell 54. Für England: Case de Mixt Moneys (Gilbert v. Brett) (1604) Davis 18; Mann 90ff.; rechtsvergleichend: Mann 86ff. und Inzitari, RabelsZ 45(1981)705ff.

21 Nennwertprinzip in der Terminologie von Staudinger-Schmidt, Vorbem. D 20ff. zu § 244.

22 Stützel 21ff. unterscheidet sieben Ausprägungen des Nominalismus; siehe dazu Schmalz 163-166.

sind vor allem zwei Facetten von Bedeutung. Zunächst gibt es eine technische Regel[23], wonach der Wert eines Geldzeichens durch seinen Nominalwert bestimmt wird[24]. Rabel formuliert prägnant[25]: "A monetary sign has the value printed on its face. This is the nominalistic principle."

Hiermit steht der schuldrechtliche Nominalismus in Zusammenhang, wonach Geldsummenschulden unabhängig von der Geldwertentwicklung durch die Zahlung des Nennbetrags erfüllt werden können[26]. In Lord Dennings bildhafter Sprache bedeutet das Prinzip: "A man who stipulates for a pound must take a pound when payment is made, whatever the pound is worth at that time. Sterling is the constant unit of value by which in the eye of the law everything else is measured. The price of commodities may go up and down, other currencies may go up and down, but sterling remains the same"[27].

Genauer schreibt Mann[28]: "The nominalistic principle means that a monetary obligation involves the payment of so many chattels, being legal tender at the time of payment, as, if added together according to the nominal value indicated thereon, produce a sum equal to the amount of the debt"[29].

(1) Historische Grundlagen[30] und Metallismus

Der technische Nominalismus als Vorbedingung des schuldrechtlichen Nominalismus setzte sich gegen den historisch überholten Metallismus und den Valorismus durch. Nach der bis Ende des 19. Jahrhunderts in Deutschland vertretenen metallistischen Auffassung hing der Geldwert vom Metallgehalt der Münzen

---

23 Technischer Nominalismus: Siehe näher Staudinger-Schmidt, Vorbem. D 25 zu § 244. Von Maydell 59f. spricht von geldtheoretischem Nominalismus.

24 Vgl. Stützel 21: Er bezeichnet dies als Nominalismus zur technischen Erleichterung des Barzahlungsverkehrs.

25 Rabel III 19.

26 Siehe ausführlich Staudinger-Schmidt, Vorbem. D 30ff. zu § 244.

27 Treseder-Griffin v. Co-Operative Insurance Society [1956] 2 Q.B. 127,144 und ähnlich in Re United Railways of Havana and Regla Warehouses Ltd. [1961] A.C. 1007,1069,1070.

28 Mann 84.

29 Ähnlich Chitty(-Harris) Rn. 1542; Wolff, Geld 637; ders., IPR 158 und PIL 463; Gutzwiller, Gleitklauseln 7; von Maydell 53.

30 Zur Geschichte des Nominalismus im übrigen Europa und im Deutschen Reich (vor 1818) siehe Coing, Europäisches Privatrecht I 473-476.

ab[31]: Entscheidend war der Substanzwert der Geldzeichen[32]. Leistungsinhalt einer Geldschuld war eine bestimmte Menge Edelmetall, und eine Schuld wurde mit Währungsgeld getilgt[33]. Mit dem Aufkommen von Banknoten verlor der Metallismus an Boden. Die Entstehung reiner Papierwährungen nahm ihm seine Grundlage.

In England ist das nominalistische Prinzip seit Jahrhunderten anerkannt und seit einer Entscheidung von 1604[34] unangefochten: Gilbert aus London hatte dem Iren Brett Waren für 100 Pfund Sterling zahlbar in Dublin verkauft. Vor der Fälligkeit des Kaufpreises hatte Königin Elisabeth I., wie es zu dieser Zeit nicht unüblich war, die damals in Irland umlaufenden Münzen einziehen lassen, demonetisiert und anschließend neue Münzen mit schlechterem Metallgehalt zum selben Nennwert ausgegeben. Die neuen Münzen wurden als gesetzliches Zahlungsmittel für das Königreich Irland proklamiert und Annahmezwang verordnet. Brett bot Zahlung in der schlechteren Währung an, und Gilbert verweigerte die Annahme.

Der Chief Justice befand, daß die neuen "vermischten" Münzen geltendes Zahlungsmittel seien, es auf ihren "valor impositus", also den Nennwert ankomme[35]. Da die Zahlung in gesetzlicher und umlaufender Münze zu leisten sei und die neuen Münzen vor Fälligkeit gesetzliches und umlaufendes Zahlungsmittel geworden seien, habe Brett die Zahlung wirksam angeboten[36].

---

31 Siehe dazu z.B. v. Savigny, Obligationenrecht 408ff.,412; Goldschmidt 1093; ferner Nussbaum, Geld 9 und Wolff, IPR 158. Savigny selbst hielt für die Bestimmung des Wertes einer Geldschuld den "Courswerth" für entscheidend (a.a.O. 432,443,454): das ist derjenige Wert, "welchen der allgemeine Glaube, also die öffentliche Meinung, irgend einer Art des Geldes beilegt" (a.a.O. 432).

32 Vgl. von Maydell 25f. Das KG entschied noch 1926 einen Fall, der eine nach österreichischem Recht zu beurteilende, auf das "goldene Zwanzigmarkstück" lautende Eisenbahnanleihe von 1883 zum Gegenstand hatte, auf metallistischer Grundlage: KG 12.6.1926, IPRspr. 1926-1927 Nr. 120 S. 99. Das RG hob das Urteil auf: RG 23.6.1927, RGZ 118,370 = IPRspr. 1926-1927 Nr. 121 S. 100.

33 Von Maydell 87; Eckstein 15.

34 Case de Mixt Moneys (Gilbert v. Brett) (1604), Davis 18.

35 A.a.O. 24. Die Lehre von der Bedeutung des valor impositus geht auf den französischen Juristen Molineus (1500-1566) zurück (Nussbaum, Money 177 mit N. 25), auf den sich der Chief Justice auch berief.

36 A.a.O. 27. Es gibt nur eine Entscheidung, Deering v. Parker (1760), 4 Dallas 23, in der möglicherweise das nominalistische Prinzip nicht beachtet wurde; sie wurde aber nie zitiert und hat als Präjudiz keine Wirkung: Siehe hierzu Mann 92 N. 57 und Nussbaum, Money

Das Reichsgericht stellte sich in einer Entscheidung von 1882[37] in einem der zahlreichen Prozesse deutscher Gläubiger aus Zinskoupons von Schuldverschreibungen österreichischer Eisenbahngesellschaften auf den Boden des schuldrechtlichen Nominalismus[38]: Die Schuldverschreibung und die Zinskoupons der beklagten "Kaiser Ferdinand Nordbahn" lauteten wie in diesen Fällen allgemein üblich auf österreichische Silberguldenwährung und auf den (silbernen) Vereinstaler[39]. Nach Einführung der Goldwährung in Deutschland 1873[40] sank der Silberkurs gegenüber dem Goldkurs kräftig[41], und der Gläubiger verlangte Zahlung der Zinsen in neuer deutscher Goldwährung. Die beklagte Eisenbahngesellschaft meinte, sie müsse, falls sie schon in neuer deutscher Währung zahlen solle, lediglich die Silbermenge, die die versprochenen Taler nach dem gesetzlichen Feingehalt repräsentierten, je nach Fälligkeitstermin der Zinskoupons zum aktuellen Wechselkurs in Gold bezahlen.

Das Reichsgericht führt aus, die Beklagte habe nicht für jede 45 österreichische Gulden ein Zollpfund Silber, sondern 30 Taler deutsches Währungsgeld versprochen, also nicht eine bestimmte Menge Edelmetall, sondern ausgeprägte Münzen mit einer bestimmten, vom Staat festgesetzten Zahlungskraft[42]. Daher gelte: "So lange das Silber Währung blieb, erhielt der Gläubiger durch das Silber, was ihm zukam, wenn auch der Silberpreis heruntergegangen sein mochte."[43] Da Währungsgeld versprochen und Gold nunmehr im Verhältnis von 15 1/2 : 1

173 N. 3. Stützel 24ff. bezeichnet diese Spielart des Nominalismus als "Nominalismus zur Sanktionierung staatlicher Betrugsmanöver".

37 RG 1.3.1882, RGZ 6,125.

38 Weiteres historisches Material bei Hahn 78f. und Mann, Money 86ff.

39 Sogenannte "bunte Währung(sklausel)"; in der abgedruckten Entscheidung wird die genaue Vereinbarung nicht wiedergegeben. Ein weiteres Beispiel aus einem dieser Prozesse ist RG 9.2.1887, RGZ 19,47,48: Dort lautete eine Schuldverschreibung der österreichisch-ungarischen Kaschau-Oderberger-Eisenbahngesellschaft auf "300 Gulden österreichischer Währung in Silber gleich 200 Vereinsthaler Vereinswährung gleich 350 Gulden süddeutscher Währung", und der Zinskoupon sah die Zahlung von jeweils "7 fl. 50 kr. oder 5 Thaler oder 8 fl. 45 kr. süddeutscher Währung" vor. Der (silberne) Vereinstaler war 1857 als eine von mehreren gemeinsamen Währungen für die Staaten des Deutschen Zollvereins durch den Wiener Münzvertrag geschaffen worden: siehe dazu Goldschmidt 1086f.

40 Münzgesetz vom 9.7.1873, RGBl. 1873,233.

41 Das Verhältnis Gold zu Silber sank schnell von 1 : 15,5 auf 1 : 19; siehe Wolff, IPR 159 N. 12.

42 RG 1.3.1882, RGZ 6,125,127-128.

43 RG 1.3.1882, RGZ 6,125,128.

Währungsgeld geworden sei, müsse die Beklagte in Gold entsprechend dieser Relation zahlen[44].

(2) Valorismus

Neben dem Nominalismus entwickelte sich mit dem Valorismus eine weitere Spielart des Geldverständnisses: Mit Valorismus wird die Ansicht bezeichnet, nach der Geld einer bestimmten Menge an Kaufkraft entspricht, so daß Inhalt einer Geldschuld ein Quantum an abstrakter Vermögensmacht ist, die je nach dem Geldwert der einzelnen Währungseinheiten mit einer unterschiedlichen Zahl von Währungseinheiten zu tilgen ist[45].

Diese Ansicht hat sich im wesentlichen aus zwei Gründen nicht durchgesetzt[46]: Grundsätzlich haben die Vertragsparteien das Risiko einer Preisveränderung eines wirtschaftlichen Guts zu tragen. Das gilt auch bei einer Veränderung des Geldwerts. Nur wenn die Geldwertveränderung nicht auf Marktsituationen, sondern auf rein monetären Ursachen beruht, bestünde ein Anlaß, diese Geldwertveränderung rechtlich zu berücksichtigen. Eine solche Kausalitätsprüfung, die für rechtliche Zwecke genau genug ist, ist aber nicht möglich[47]. Darüber hinaus gibt

---

44 A.a.O. 129. Der nominalistische Ansatz des Reichsgerichts in der eben zitierten Entscheidung war noch nicht frei von Gefährdungen: In einer Entscheidung desselben 1. Zivilsenats vom 9.2.1887, RGZ 19,47 (siehe oben N. 39) vertrat der Senat noch einmal einen metallistischen Standpunkt: RGZ 19,47,53. Siehe auch Wolfgang Mayer 22ff. zu vereinzelten metallistischen Ansätzen im Zusammenhang mit der Inflation der frühen Zwanziger Jahre.

45 Von Maydell 53; Schmalz 161; Staudinger-Weber [11.Auflage], Vorbem. 43 zu §§ 244, 245. Eckstein 2, 17, 29-32, 46f. Er gilt als letzter Vertreter des Valorismus für das deutsche Recht. Aus neuerer Zeit siehe Hirschberg 59-61. Gegen Eckstein: Wolfgang Mayer 26f. Zur Kurswerttheorie Savignys, die dem Valorismus nahesteht, siehe oben N. 31 und Nussbaum, Geld 66ff.

46 Vgl. Gutzwiller, Gleitklauseln 7f. und Mann 82f.

47 Siehe Woll 487ff. zur kontroversen geldtheoretischen Behandlung des Begriffs "Inflation". Siehe auch Mann 82f. und vgl. RG 31.3.1925, RGZ 110,371 (Vereinigte Zivilsenate): In diesem Fall lehnte das RG eine Unterscheidung zwischen "innerem" und "äußerem" Tauschwert von Geld ab. Diese geldtheoretische Differenzierung, die heute obsolet ist, ging von endogenen (monetären) Ursachen für die Änderung des Geldwertes wie z.B. vermehrtem Notendruck und exogenen, markt- bzw. güterbezogenen Gründen aus. Schwachstelle dieser Theorie war, daß sie über kein Instrumentarium verfügte, womit Preisveränderungen mit einiger Sicherheit auf endogene oder exogene Ursachen hätten zurückgeführt werden können (RG a.a.O. 373 m.w.N.).

es kein taugliches Verfahren, wie Geldwertveränderungen insgesamt gemessen werden können[48].

Valorismus würde regelmäßig den Gläubiger begünstigen, der bei Geldwertverschlechterung - dem Normalfall der Geldwertveränderung - wirtschaftlich betrachtet immer den gleichen Gegenwert erhielte. Daher wirkte die valoristische Behandlung von Geldschulden eher inflationsfördernd als inflationshemmend, denn Geldschuldgläubiger hätten dann kein unmittelbares Interesse daran, Preise stabil zu halten.

(3) Nominalismus im geltenden Recht

In Deutschland ist der Grundsatz Mark = Mark nach der Rechtsprechung des Bundesverfassungsgerichts ein "tragendes Ordnungsprinzip der geltenden Währungsordnung und Wirtschaftspolitik[49]. Im englischen Recht ist der nominalistische Grundsatz so fest verankert und wurde für so selbstverständlich erachtet, daß es mehr als 300 Jahre dauerte, bis die Geltung des Prinzips für das englische Recht nach dem Abrücken vom Goldstandard durch den Gold Standard (Amendment) Act 1931[50] erstmals wieder in einem Urteil ausdrücklich bestätigt wurde[51].

Das nominalistische Prinzip als technische Regel und als Teil des Geldschuldrechts gilt universell[52]. Es ist in deutschen[53] und in englischen[54] Urteilen auch für

[48] Woll 488; Mann 83; siehe auch Fögen 42f. und vgl. Mügel 196 sowie RG 17.9.1924, RGZ 108,379,381f.; RG 12.11.1924, RGZ 109,158,163 zur Problematik der Auswahl des richtigen Indices bei der Bemessung der Aufwertung.

[49] BVerfG 19.12.1978, BVerfGE 50,57,92. Siehe ferner Benda, in: Hahn, Das Geld im Recht 9,14f. und Klein, in: Hahn, Das Geld im Recht 87ff.

[50] 21 & 22 Geo. 5 c. 46.

[51] Scrutton L.J. in The Baarn (No. 1) [1933] P. 251,265: "A pound in England is a pound whatever its international value." Vgl. auch Lord Denning oben bei N. 27.

[52] Nussbaum, Money 351; Ascarelli, RabelsZ 3(1929)712.

[53] Implizit: RG 6.4.1925, JW 1925,1986,1987 mit Anmerkung Nussbaum und RG 25.2.1926, JW 1926,1323 (französische Francs) und RG 21.6.1933, RGZ 141,212, 214 = IPRspr. 1933 Nr. 76 S. 159, RG 28.6.1934, RGZ 145,51,55 = IPRspr. 1934 Nr. 89 S. 178 (englisches Pfund) und KG 25.9.1928, IPRspr. 1929 Nr. 108 S. 149,156 (belgischer Franc).

[54] British Bank for Foreign Trade, Ltd. v. Russian Commercial and Industrial Bank [1921] 2 A.C. 438,446 (Lord Dunedin), 452 (Lord Sumner), 457 (Lord Parmoor) und Buerger v. New York Life Ass. Co., (1927) 43 T.L.R. 601, 605f. (Scrutton L.J.), 608 (Atkin L.J.) (C.A.) für russische Rubel; In re Chesterman's Trusts [1923] 2 Ch. 466 (C.A.) durch Lord Sterndale M.R. (477), Warrington L.J. (483) und Younger L.J. (488), befolgt in Anderson v. Equitable Assurance Society of the United States (1926) 134 L.T. 557 (C.A.) für die alte

jeweils fremde Währungen anerkannt worden. Der technische Nominalismus ist weder im deutschen noch im englischen Recht gesetzlich ausdrücklich verankert[55], sondern bezieht seine Legitimation und Geltung aus der Tatsache, daß Geld im Rechtssinn durch staatlich verordnete Währungseinheiten denominiert wird[56]: Die währungspolitische Entscheidung, eine reine Papierwährung einzuführen, umfaßt implizit die Verordnung des technischen Nominalismus, denn ohne ihn ist eine Papierwährung nicht denkbar. Der technische Nominalismus wurzelt also im Währungsverfassungsrecht.

Auch der geldschuldrechtliche Nominalismus ist nirgends gesetzlich niedergelegt[57]. Seine Geltung leitet sich nicht etwa aus dem pauschalierten allgemeinen Parteiwillen her, wie gelegentlich angenommen wird[58], sondern beruht auf einem objektivrechtlichen Prinzip[59]. Seine Anwendung folgt aus dem technischen Nominalismus[60], der durch die Anerkennung und Verwendung des Phänomens Geld im Schuldrecht in das Geldschuldrecht "überführt" wird[61].

Entscheidend ist also der nominelle Betrag von Geldzeichen und nicht der wirtschaftliche Wert des Geldes: Es kommt weder auf seine innere noch seine äußere Kaufkraft an[62]. Der Schuldner einer Geldsummenschuld kann sie durch Zahlung der ursprünglich vereinbarten Geldsumme erfüllen, auch wenn sich die Kaufkraft des Geldes verändert hat. Dadurch wird im Gegensatz zum Valorismus dem Gläubiger einer Geldforderung das Inflationsrisiko aufgebürdet.

Als Ausprägung eines "strikten" Nominalismus[63] kann man Regeln ansehen, die die Anpassung von Geldsummenschulden an Geldwertveränderungen verhindern

---

Mark-Währung des Deutschen Reichs und schließlich Kricorian v. Ottoman (1932) 48 T.L.R. 247,248 (K.B.) für das türkische Pfund.

55 Vgl. von Maydell 59f. und Staudinger-Schmidt, Vorbem. D 28 zu § 244.

56 Siehe auch Staudinger-Schmidt, Vorbem. D 28 zu § 244; von Maydell 60 und Hahn 87.

57 Siehe näher Horn, Geldwertveränderungen 18.

58 Z.B. von Maydell 97f.; Hahn 88; Mann 84: "legal principle ... empirically derived from a generalization of the normal factual situation." Ebenso BFH 14.5.1974, BFHE 112,546,556.

59 Horn, Geldwertveränderungen 32 sieht den schuldrechtlichen Nominalismus als Teil des Wirtschaftsverfassungsrechts an.

60 A.A. Hahn 77 unter unzutreffender Berufung auf von Maydell und Staudinger-Schmidt.

61 So richtig Staudinger-Schmidt, Vorbem. D 33 zu § 244; ähnlich Reuter, ZHR 140 (1976), 81: Da das Währungsrecht das "Rechtsobjekt DM" nominell definiere, könne ein Verfall der Kaufkraft weder zur Verschlechterung noch zur Zerstörung führen.

62 Gramlich W § 3 Rn. 4; Mann 84; Gutzwiller 7.

63 Von Maydell 65ff.; Staudinger-Schmidt, Vorbem. D 35 zu § 244; Hahn 78.

und damit durch die Stabilisierung der Kaufkraft dem Schutz der Währung dienen sollen[64].

Schuldrechtlicher Nominalismus erfaßt nur Geld**betrags**schulden (Geldsummenschulden), nicht dagegen Geld**wert**schulden[65]. Beide werden durch die Zahlung von Geld erfüllt[66]. Erstere haben eine bestimmte Geldsumme (liquidated sum[67]) zum Gegenstand, und ihre Höhe ist durch eine bestimmte Zahl von Währungseinheiten fixiert[68]. Dies ist die übliche Form der Geldschuld[69]. Geldwertschulden dagegen beziehen sich auf eine (noch) unbestimmte Summe (unliquidated sum): Ihr Umfang ist nicht nominell durch eine Anzahl von Währungseinheiten festgelegt, sondern wird durch einen anderen Maßstab, etwa den Preis einer Ware, bestimmt[70]. Vor allem Schadensersatzansprüche und Unterhaltsansprüche sind Geldwertschulden[71]. Es handelt sich dabei um Zahlungen, die eine Natural-

---

64 Eine ganz andere Frage ist, ob eine Norm wie § 3 WährungsG, der die Eingehung von Wertsicherungsklauseln unter einen Genehmigungsvorbehalt stellt, die erwartete bzw. gewünschte Funktion tatsächlich erfüllt.

65 Von Maydell 99; Heymann-Horn, HGB § 381 Rn. 18; Geiler/Stehlik/Veit, D-MarkbilanzG Anm. B 1 zu § 12. Zur Terminologie und ihrer Entwicklung als Folge der Aufwertungsgesetzgebung von 1925 und der Währungsreform von 1948 siehe von Maydell 99-101.

66 BGH 14.7.1952, BGHZ 7,134,137f.

67 Zur Terminologie Mann 69f.: Üblich ist eine Unterscheidung zwischen debts (Webb v. Stenton (1882-3) 11 Q.B.D. 518,523f. [Brett M.R.], 529 [Fry L.J.]) und unliquidated sums. Liquidated sums ist weiter als debts und erfaßt auch zukünftige Kaufpreiszahlungsverpflichtungen für noch nicht gelieferte Sachen (sog. "executory obligations") und "special damages" (oder "liquidated damages"), also im voraus in der Höhe bestimmte Schadensersatzzahlungen (beispielweise Vertragsstrafen).

68 RG 27.5.1930, RGZ 129,134,138; RG 16.6.1930, RGZ 129,216,219 (Aufwertung von Bergzehnten); OLG Köln 1.7.1959, NJW 1960,388; Staudinger-Schmidt, Vorbem. D 44 zu § 244.

69 Nussbaum, Geld 145; Larenz, Schuldrecht I 167 und 174.

70 BGH 12.2.1953, BGHZ 9,56,60; RGRK-Alff, § 244 Rn. 7; Jauernig-Vollkommer, §§ 244,245 Anm. 2 b c.

71 Einzelheiten sind streitig: Auch Schadensersatzansprüche können summenmäßig fixiert sein, etwa der Schadenersatzanspruch wegen Entziehung einer bestimmten Geldsumme (siehe hierzu Alfons Roth, Umwertung und Aufwertung, 46ff.). Uneinheitlich ist auch die Behandlung von Bereicherungs- und Aufwertungsersatzansprüchen: siehe von Maydell 102 m.w.N. in N. 1. Von Maydell 106ff. und in MünchKomm § 244 Rn. 11f. lehnt deshalb die Unterscheidung zwischen Geldwert- und Geldsummenschulden ab und empfiehlt eine Systematisierung nach funktionalen Kriterien. Dagegen mit Recht Staudinger-Schmidt, Vorbem. D 45 zu § 244. Gegen die Unterscheidung ist auch Schmalz 78, weil beide Schuldarten auf die Zahlung von Geld gerichtet sind.

leistung ersetzen[72], und ihre Berechnung ergibt sich aus dem zugrundeliegenden Schuldzweck[73]. Durch ein Urteil oder einen Vergleich werden Geldwert- zu Geldsummenschulden. Allerdings wird für diese Geldsummenschulden das Nominalwertprinzip durchbrochen: Nach § 323 ZPO ist eine Abänderungsklage zulässig. Auf der Seite des Gläubigers entspricht der Geldsummenschuld ein Geldsummenanspruch, der Geldwertschuld ein Geldwertanspruch[74].

b) Währungsgeschichtlicher Überblick

(1) Deutschland[75]

Die Mark läßt sich unter dem Namen "Kölnische Mark" als reichsgesetzlich bestimmtes Münzgewicht für 1/2 Pfund Silber bis ins 12. Jahrhundert zurückverfolgen[76]. In den Jahrhunderten danach entwickelten sich daneben zahlreiche verschiedene Münzfüße; am Ende des 18. Jahrhunderts waren es 19[77]. Die Kölnische Mark wurde erst 1857 durch den Wiener Münzvertrag für die Staaten des Deutschen Zollvereins und die Österreichische Monarchie durch das Zollpfund als Münzgrundgewicht ersetzt. Auf dieser Basis gab es eine Thaler- und zwei verschiedene Guldenwährungen[78]. In den norddeutschen Staaten galten weiterhin eigene Währungen, von denen vor allem die Bremer und die Hamburger Münzfüße von Bedeutung waren[79]. Vereinheitlichung tat not[80].

---

72 Fögen 142.

73 Staudinger-Schmidt, Vorbem. D 44 zu § 244.

74 RGRK-Alff, § 244 Rn. 7. Ebenso Staudinger-Schmidt, Vorbem. D 44 zu § 244.

75 Siehe für die Zeit bis 1868: Goldschmidt 1082-1092; von 1873-1925 unter besonderer Berücksichtigung der Inflation: Mügel, Aufwertungsrecht 91-106; von 1873-1960: Staudinger-Weber [11. Auflage] Vorbem. 19-35 zu §§ 244,245; von 1871-1968: Fögen 48-57; von 1948 bis heute: Gramlich W Kommentierung zu § 1. Siehe ferner Wolff, Geld 592ff.

76 Goldschmidt 1083 m.w.N. in N. 9.

77 Goldschmidt 1085.

78 Goldschmidt 1086f.

79 Goldschmidt 1087.

80 So mußten unmittelbar nach der Revolution von 1848 gemeinsame Ausgaben der neuen Zentralgewalt auf die verschiedenen Staaten umgelegt und in Gulden- und Thalerwährung berechnet werden: Siehe z.B. die "Verordnung betreffend die Beschaffung von 5,5250,000 fl. (3,000,000 Thaler) für die deutsche Marine vom 10. October 1848", RGBl. 1848,11 und die dazu ergangene Bekanntmachung des Reichsministeriums der Finanzen über die Verteilung des Betrags auf die einzelnen Staaten, RGBl. 1848,12.

Nach Schaffung einer gemeinsamen Reichswährung im Deutschen Reich durch das MünzG vom 4.12.1871[81] wurden durch das MünzG vom 9.7.1873[82] die vielfältigen partikularen Landeswährungen abgeschafft. Neue Rechnungseinheit war die in 100 Pfennige eingeteilte Mark; sie entsprach 1/2790 kg Feingold. Im Deutschen Reich galt die Goldwährung[83], und Goldmünzen waren gesetzliches Zahlungsmittel. Daneben waren Scheidemünzen und ab 1.1.1910 auch Reichsbanknoten gesetzliches Zahlungsmittel[84]. Die Reichsbank gab aber schon seit 1875 Banknoten aus und war verpflichtet, sie dem Inhaber gegen deutsche Goldmünzen einzulösen[85]. Durch Gesetz vom 30.4.1874[86] wurde die Ausgabe von Reichskassenscheinen geregelt und nach dem Bankgesetz vom 14.3.1875[87] durften einige Privatbanken Banknoten emittieren. Reichskassenscheine waren Papiergeld und bei allen Kassen des Reichs und sämtlicher Bundesstaaten nach

---

81 RGBl. 1871,404. Schon die am 23. März 1849 von der Nationalversammlung in der Paulskirche in Frankfurt beschlossene und verkündete "Verfassung des deutschen Reiches" (RGBl. 1848,101) enthielt in Artikel IX folgenden § 45:

> "§ 45
>
> Die Reichsgewalt ausschließlich hat die Gesetzgebung und die Oberaufsicht über das Münzwesen. Es liegt ihr ob, für ganz Deutschland dasselbe Münzsystem einzuführen.
>
> Sie hat das Recht, Reichsmünzen zu prägen."

§ 46 enthielt eine Ermächtigung zur Vereinheitlichung des Maß- und Gewichtsystems, und § 47 autorisierte die "Reichsgewalt", das Bankwesen und die Ausgabe von Papiergeld gesetzlich zu regeln und zu überwachen.

82 Gesetz betreffend die Ausprägung von Reichsgoldmünzen, RGBl. 1873,233. Das Gesetz trat am 1.1.1876 in Kraft: VO vom 22.9.1875, RGBl. 303. Durch Art 1 Abs. 1 Münzgesetz wurden die Landeswährungen beseitigt und die Markwährung als einheitliche Reichswährung deklariert. Die Umstellungsvorschriften für in alter Währung ausgedrückte Geldschulden waren in Art. 14 §§ 1-4 und in Art. 15,16 MünzG enthalten: Eine Mark entsprach drei Thalern. Endgültig demonetisiert wurden die noch umlaufenden Stücke der einzelnen Landeswährungen durch Bekanntmachung vom 27.6.1907 (RGBl. 401).

83 § 1 des MünzG vom 1.6.1909 (RGBl. 1909,507).

84 Art. 3 des Gesetzes betreffend die Änderung des Bankgesetzes vom 1.6.1909 (RGBl. 1909,515).

85 § 18 des BankG vom 14.3.1875 (RGBl. 1875,177) in der Fassung des Art. 4 des Gesetzes vom 1.6.1909 (RGBl. 1909,515).

86 Gesetz betreffend die Ausgabe von Reichskassenscheinen vom 30.4.1874, RGBl. 1874,40.

87 RGBl. 1875,177.

ihrem Nennwert in Zahlung zu nehmen[88]. Weder sie noch die Banknoten der Privatbanken waren gesetzliches Zahlungsmittel[89].

Nach dem Ausbruch des 1. Weltkriegs wurden durch § 1 des Gesetzes vom 4.8.1914[90] Reichskassenscheine zu gesetzlichen Zahlungsmitteln erklärt und nach § 2 die Pflicht der Reichsbank, ihre Noten und Scheidemünzen in Gold einzulösen, "bis auf weiteres" aufgehoben. Die Privatbanken konnten nach § 3 ihre Noten gegen Reichsbanknoten einlösen. Durch ein weiteres Gesetz vom 4.8.1914[91] wurden Darlehenskassenscheine als neues Papiergeld eingeführt, die zwar kein gesetzliches Zahlungsmittel waren[92], aber bei allen öffentlichen Kassen zum vollen Nennwert in Zahlung zu nehmen waren. Schließlich wurden durch Verordnung vom 28.9.1914[93] alle vor dem 1.7.1914 getroffenen Vereinbarungen, nach denen eine Zahlung in Gold zu leisten war, "bis auf weiteres" für unverbindlich erklärt[94]. Damit war die Goldwährung praktisch aufgehoben; es bestand eine reine Papierwährung[95]. Als unmittelbare Folge setzte eine inflationäre Entwicklung ein, die durch die Folgen des Kriegs und eine falsche Finanzpolitik ab 1920 immer schneller verlief und ab dem Sommer 1923 geradezu explodierte: Von Juni 1923 bis Dezember 1923 stieg der Gesamtindex der Lebenshaltungskosten (Basis 1913 = 1) von 7.650 auf 1.247.000.000.000[96].

Die rechtliche Bewältigung dieser Entwicklung und ihrer Auswirkungen auf Privatrechtsverhältnisse wurde durch eine bahnbrechende Entscheidung des Reichsgerichts vom 28.11.1923[97] eingeleitet. Das Aufwertungsgesetz vom 16.7.1925[98] mit zahlreichen Durchführungsverordnungen sorgte schließlich für eine gesetzliche Regelung der Inflationsfolgen.

---

88 § 5 Satz 1 des Gesetzes betreffend die Ausgabe von Reichskassenscheinen vom 30.4.1874 (RGBl. 1874,40).

89 § 5 Satz 2 des Gesetzes betreffend die Ausgabe von Reichskassenscheinen vom 30.4.1874 (RGBl. 1874,40).

90 Gesetz betreffend die Reichskassenscheine und Banknoten, RGBl. 1914,347.

91 Gesetz betreffend die Änderung des MünzG, RGBl. 1914,326.

92 Mügel 92; RG 20.6.1929, JW 1929,3491,3493.

93 RGBl. 1914,417.

94 Näher Mügel 92.

95 Mügel 93; Staudinger-Weber [11. Auflage], Vorbem. 19 vor §§ 244,245; zum Begriff Papierwährung: Fögen 39.

96 Siehe die Tabelle bei Mügel 96-99.

97 RG 28.11.1923, RGZ 107,78.

98 RGBl. 1925 I 117: Gesetz über die Aufwertung von Hypotheken und anderen Ansprüchen.

Über die Zwischenstufe der "Rentenmark"[99] wurde durch mehrere Gesetze vom 30.8.1924[100] die in hundert Reichspfennige eingeteilte Reichsmark eingeführt, wobei nach § 5 Abs. 3 MünzG eine Reichsmark einer Billion Mark entsprach. Nach § 1 MünzG galt die Goldwährung, und Goldmünzen waren gesetzliches Zahlungsmittel[101]. Es wurden aber nie neue Goldmünzen ausgegeben. In Wirklichkeit handelte es sich also nicht um eine Goldumlaufwährung wie die alte Markwährung, sondern um eine Goldkernwährung[102]: Goldmünzen liefen nicht als gesetzliche Zahlungsmittel um. Stattdessen mußte die Reichsbank als Emittentin nach § 28 BankG einen bestimmten Teil der ausgegebenen Banknoten decken, indem sie für 40% der umlaufenden Noten Gold und Devisen (davon mindestens 3/4 in Gold) hielt. Diese Golddeckungspflicht wurde durch das Gesetz über die Deutsche Reichsbank vom 15.6.1939[103] wieder aufgehoben. Nach dem 2. Weltkrieg blieb die Reichsmarkwährung einstweilen bis zur Währungsreform 1948 bestehen.

(2) England[104]

Die Entwicklung der englischen Währung verlief in wesentlich ruhigeren Bahnen[105]: Das Pfund als Münzgewicht scheint dem römischen Pfund entsprochen zu haben[106], und der Name Sterling stammt wahrscheinlich aus angelsächsischer Zeit, also vor 1066 n.Chr.[107]. Bis 1672 waren nur Gold und Silber Währungsme-

---

99 Dazu im einzelnen Fögen 52f.; Staudinger-Weber [11. Auflage], Vorbem. 20 zu §§ 244,245 mit zahlreichen Literaturhinweisen in N. *; Mügel 102f.

100 MünzG (RGBl. 1924 II 254); BankG (RGBl. 1924 II 235); PrivatnotenbankG (RGBl. 1924 II 246); Gesetz über die Liquidierung des Umlaufs an Rentenbankscheinen (RGBl. 1924 II 252).

101 Gleichzeitig wurde als Wertverhältnis der Reichsmark zum Feingold 1 Reichsmark 1/2790 kg Feingold gleichgesetzt. Dies war die gleiche Relation, die schon durch § 3 des MünzG vom 4.12.1871 für die Mark bestimmt worden war.

102 Fögen 54; Mügel 104.

103 RGBl. 1939 I 1015.

104 Siehe auch Mann 29ff.

105 Siehe schon Goldschmidt 1091 N. 31.

106 Smith 372.

107 Case de Mixt Moneys (Gilbert v. Brett (1604), Davis 18). Blackstone I 278 N. y: Der Begriff rührt möglicherweise von "esterlingi" her, einem sächsischen Volksstamm in Norddeutschland. Vgl. Adam Smith, Lectures on Jurisprudence 372: "The pound Easterling, or that used in the Hanse towns, was agreed upon as the standard in England of weight, and this was what was called a pound of money." Siehe auch Jacobs, Law-Dictionary, Stichwort "Sterling": "... and took Name from this; that there was a pure Coin stamped first in England by the Easterlings, or Merchants of East Germany, by the Command of King John [1199 -

tall[108]. Ab einem Gesetz von 1774[109] waren Silbermünzen nur noch in einer bestimmten Höhe gesetzliches Zahlungsmittel. Der Wert eines Pfundes blieb über Jahrhunderte hinweg relativ stabil; er sank bis 1600 im wesentlichen nur deshalb, weil die Anzahl der Schillinge, die aus einem Pfund Silber ausgeprägt wurden, von 20 im Jahr 1066 auf 62 Ende des 16. Jahrhunderts stieg[110]. Bis etwa 1800 verlor das Pfund weiter an Wert, weil Edelmetalle von Amerika nach England eingeführt wurden[111].

In England entwickelten sich Banknoten im Geschäftsverkehr ab dem späten 17. Jahrhundert: Ihre Ursprünge liegen in Quittungen, die Goldschmiede für die Verwahrung von Gold und anderen Wertgegenständen ausstellten[112]. Diese Papiere waren übertragbar, so daß die Entstehung von Banknoten mit dem Gebrauch von Wechseln und anderen indossablen Papieren verknüpft ist[113]. Ursprünglich war also eine Banknote nichts anderes als ein schriftliches Versprechen, dem Inhaber die darauf genannte Summe in "echtem Geld", nämlich in Gold, auszuzahlen[114]. Erst nachdem sich genügend Vertrauen in die Einlösung dieser Noten entwickelt hatte, wurden sie selbst als Äquivalent von eigentlichem Geld praktisch umlauffähig.

Die Bank of England, die 1694 durch Gesetz als private Bank gegründet wurde[115], gab Noten aus, aber sie hatte kein Monopol. Banknoten waren zunächst kein gesetzliches Zahlungsmittel[116]. Erst durch den Bank Charter Act 1844[117] wurde die Herstellung und Emission von Banknoten, also die Geldschöpfung, exklusiv der Bank of England übertragen und unter staatliche Kontrolle gestellt,

1216] ..." Siehe auch Lord Denning in Treseder-Griffin v. Co-Operative Insurance Society [1956] 2 Q.B. 127,144: "We have dealt in pounds for more than a thousand years ..." Er gibt allerdings noch eine andere nach seiner Ansicht eher richtige Herkunftsvariante an, wonach einige der frühen Münzen mit einem kleinen Stern versehen gewesen seien (a.a.O. 147).

108 Blackstone I 277.

109 14 Geo. III c. 42.

110 Blackstone I 277; Smith 372 (62 Schillinge) und 501 (63 Schillinge).

111 Blackstone I 276. Siehe auch Goldschmidt 1091 N. 31: Danach hat das englische Pfund unter allen europäischen Währungen die verhältnismäßig größte Stetigkeit bewahrt.

112 Atiyah 105.

113 Siehe dazu Mann 15. Sehr kritisch zu "paper money": Smith 515ff.

114 Atiyah 105.

115 5 & 6 W. and M. c. 20.

116 Mann 16.

117 7 & 8 Vict. c. 32.

wie das für Münzen seit altersher der Fall war[118]. Seit 1833 waren Banknoten der Bank of England gesetzliches Zahlungsmittel[119]. In Emperor of Austria v. Day hielt Lord Campbell das Recht, Banknoten als Teil des Geldumlaufs auszugeben, für einen Teil des "ius cudendae monetae belonging to the supreme power in every State"[120].

Durch Gesetz vom 2.7.1819[121] wurde bestimmt, daß die Bank of England alle von ihr ausgegebenen Noten zum Parwert von £ 3. 17s. 10 1/2d.[122] in Gold einlösen mußte. Dieser Goldstandard bestand de jure bis 1931, als durch den Gold Standard (Amendment) Act, 1931[123] die Pflicht der Bank of England, Banknoten gegen Gold einzulösen, aufgehoben wurde. 1914 hatte der Goldstandard allerdings de facto schon aufgehört zu existieren, weil der Currency and Bank Notes Act, 1914[124] der Bank of England gestattete, Banknoten über £1 und 10s. in unbegrenzter Zahl und ohne Deckungspflicht auszugeben. Diese Banknoten waren gesetzliches Zahlungsmittel. Zwar bestand noch die Goldeinlösungspflicht, aber ab diesem Zeitpunkt hörte die Zirkulation von Gold auf[125].

c) Heutige Währung

In Deutschland erforderte die zurückgestaute Inflation[126] während der Zeit des Nationalsozialismus und vor allem während des zweiten Weltkriegs die zweite vollständige Neuordnung des Geldwesens binnen fünfundzwanzig Jahren. Sie wurde durch die drei westlichen Besatzungsmächte angeordnet[127]. Durch diese Währungsreform wurde die alte Währungseinheit "Reichsmark" durch die neue Einheit "Deutsche Mark" ersetzt. Die grundlegenden Gesetze der Währungs-

---

118 Siehe schon Coke I 207: "Lawful money of England, either Gold or Silver, is of two sorts, viz. the English money coyned by the Kings authority ..." und Blackstone I 276.

119 S. 6 Bank of England Act 1833 (3 & 4 Will. IV c. 98).

120 (1861) 3 De G. F. & J. 217,234. Siehe zu dieser Entscheidung Nussbaum, Money 35f. und unten S. 168.

121 Peel's Act (59 Geo. III, c. 49). Durch ein späteres Gesetz wurde das maßgebliche Datum für den Beginn der Goldeinlösungspflicht auf den 1.5.1821 fixiert: 1 & 2 Geo. IV, c. 26.

122 Drei Pfund siebzehn Schillinge und zehneinhalb Pennies.

123 Vom 21.9.1931, 21 & 22 Geo. 5 c. 46.

124 Vom 6.8.1914, 4 & 5 Geo. 5 c. 14.

125 Mann 31.

126 Zum Begriff siehe von Caemmerer, Währungsgesetzgebung 200; ders., Wertsicherungsklauseln 317 und Staudinger-Schmidt, Vorbem. D 18 zu § 244.

127 Die Währungsreform in der sowjetisch besetzten Zone und im Sowjetsektor Berlins bleibt hier außer Betracht; siehe dazu Staudinger-Schmidt, Vorbem. A 40 zu § 244.

reform waren das "Währungsgesetz"[128], das "Emissionsgesetz"[129] und das "Umstellungsgesetz"[130]. Alle drei traten am 21.6.1948 in Kraft. Heute noch von Bedeutung ist § 3 WährungsG, wonach Geldschulden in ausländischer Währung und Wertsicherungsklauseln grundsätzlich nur mit Genehmigung der Deutschen Bundesbank vereinbart werden dürfen[131].

Die seit 1948 in der Bundesrepublik Deutschland[132] geltende Währung basiert auf der Rechnungseinheit Deutsche Mark, die in hundert Deutsche Pfennig eingeteilt ist (§ 1 Abs. 1 WährungsG)[133]. Rechtsgrundlage für die Geltung der Deutsche-Mark-Währung auf dem Gebiet der fünf Bundesländer Mecklenburg-Vorpommern, Brandenburg, Sachsen-Anhalt, Sachsen und Thüringen ist nicht das WährungsG, sondern der "Vertrag über die Schaffung einer Währungs-, Wirtschafts- und Sozialunion zwischen der Bundesrepublik Deutschland und der Deutschen Demokratischen Republik vom 18.5.1990"[134]. Durch den Staatsvertrag wurde zwischen der ehemaligen DDR und der Bundesrepublik Deutschland mit Wirkung vom 1.7.1990 eine Währungsunion[135] geschaffen[136], durch die

128 Erstes Gesetz zur Neuordnung des Geldwesens (amerikanisches und britisches MRG 61 [ABlAmMilReg Ausgabe I S. 6; ABlBrMilReg Nr. 25 S. 848]; französische MRVO 158 [JO Nr. 173 S. 1506]).

129 Zweites Gesetz zur Neuregelung des Geldwesens (aufgehoben durch § 43 des BundesbankG vom 26.7.1957) (MRG 62 [ABlAmMilReg Ausgabe J S. 18; ABlBrMilReg Nr. 25 S. 859); französische MRVO 159 [JO Nr. 176 S. 1531]).

130 Drittes Gesetz zur Neuregelung des Geldwesens (MRG Nr. 63 [ABlAmMilReg Ausgabe J 21; ABlBrMilReg Nr. 25 S. 862]; französische MRVO 160 [JO Nr. 177 S. 1537]).

131 Die Genehmigung muß von der für die Erteilung von Devisengenehmigungen zuständigen Stelle erteilt werden. Das ist nach § 49 Abs. 2 AWG die Deutsche Bundesbank.

132 In ihrem Bestand bis zum 3.10.1990 und ohne (West-)Berlin.

133 In West-Berlin wurde die Deutsche-Mark-Währung am 24.6.1948 durch die Erste Verordnung zur Neuordnung des Geldwesens (Währungsverordnung) eingeführt, deren Vorschriften sich weitgehend mit denen des WährungsG deckten (VOBl. Groß-Berlin 1948 I 363). Siehe dazu BVwerG 3.10.1972, BVerwGE 41,13, 15f.

134 BGBl. 1990 II 517 (künftig: "Staatsvertrag"). Siehe zum Staatsvertrag aus währungsrechtlicher Sicht: Haferkamp, DtZ 1990,151-155 und ders., DtZ 1991,201ff. In Hahn 407ff. sind die für die Währungsunion erheblichen Teile des Staatsvertrags mit Anlagen abgedruckt und kurz kommentiert. Siehe allgemein zum Staatsvertrag: Scholz, BB 1990, Beilage 23,1-9.

135 Gegen den Begriff Währungsunion wegen der Verwechslungsgefahr mit der europäischen Währungsunion und den fundamentalen Unterschieden dieser beiden Vorhaben: Hahn 365.

136 Die hierfür wichtigsten Bestimmungen sind:

> Art. 1 Abs. 2: "Die Vertragsparteien bilden beginnend mit dem 1. Juli 1990 eine Währungsunion mit einem einheitlichen Währungsgebiet und der Deutschen Mark als gemeinsamer Währung. Die Deutsche Bundesbank ist die Währungs- und Notenbank dieses Währungsgebietes. Die auf Mark der Deutschen Demo-

das in der Bundesrepublik Deutschland geltende Währungs-, Münz- und Geldrecht in der ehemaligen DDR eingeführt wurde[137]. Die Bestimmungen des Staatsvertrags, die die Währungsunion regelten, wurden durch den Einigungsvertrag[138] nicht aufgehoben, sondern gelten weiter[139]. Das führt dazu, daß das materielle deutsche Währungsrecht in den alten und neuen Bundesländern zwar identisch ist, aber auf verschiedener Rechtsgrundlage beruht[140].

Geldnoten, die nach § 14 Abs. 1 Satz 1 BundesbankG allein von der Bundesbank ausgegeben werden, sind nach Satz 2 das einzige unbeschränkte gesetzliche Zahlungsmittel. Nach § 14 Abs. 1 Satz 5 gibt die Bundesbank die Stückelung und die Unterscheidungsmerkmale der von ihr ausgegebenen Noten öffentlich bekannt. Welche Stückelung sie wählt, ist ihr überlassen. Bei der Währung Deutsche Mark fehlt jeder Bezug zu einem Währungsmetall wie zum Beispiel

---

kratischen Republik lautenden Verbindlichkeiten und Forderungen werden nach Maßgabe dieses Vertrags auf Deutsche Mark umgestellt."

Art. 3 Sätze 1 und 2: "Für die Errichtung der Währungsunion und die Währungsumstellung gelten die in der Anlage I aufgeführten vereinbarten Bestimmungen. Bis zur Errichtung der Währungsunion werden die in der Anlage II bezeichneten Rechtsvorschriften der Bundesrepublik Deutschland auf den Gebieten des Währungs-, Kredit-, Geld- und Münzwesens sowie der Wirtschafts- und Sozialunion in der Deutschen Demokratischen Republik in Kraft gesetzt; danach gelten sie in der jeweiligen Fassung im gesamten Währungsgebiet nach Maßgabe der Anlage II, soweit sich aus dem Vertrag nichts anderes ergibt."

Art. 10 Abs. 1: "Durch die Errichtung einer Währungsunion zwischen den Vertragsparteien ist die Deutsche Mark Zahlungsmittel, Rechnungseinheit und Wertaufbewahrungsmittel im gesamten Währungsgebiet. Zu diesem Zweck wird die geldpolitische Verantwortung der Deutschen Bundesbank als alleiniger Emissionsbank dieser Währung auf das gesamte Währungsgebiet ausgeweitet. Das Recht zur Ausgabe von Münzen obliegt ausschließlich der Bundesrepublik Deutschland."

Die einzelnen Bestimmungen zur Durchführung dieser Grundaussagen sind in Anlage I, Art. 1 und 2 enthalten. Siehe hierzu näher Haferkamp, DtZ 1990,151 und Hahn 439f.

137 Zu den Fragen des rekurrenten Anschlusses und zur Umstellung von in Mark der DDR ausgedrückten Forderungen und Verbindlichkeiten siehe unten S. 34ff. und S. 37 mit N. 237.

138 Vertrag zwischen der Bundesrepublik Deutschland und der Deutschen Demokratischen Republik über die Herstellung der Einheit Deutschlands vom 31.8.1990 (BGBl. 1990 II 889).

139 Art. 40 Abs. 1 und Anlage I Kapitel IV Sachgebiet B Abschnitt III Nr. 1 Einigungsvertrag.

140 Haferkamp, DtZ 1991,202. Für Berlin folgt die Geltung des Währungsrechts aus der oben N. 133 erwähnten Ersten Verordnung zur Neuordnung des Geldwesens von 1948.

Gold oder zu sonstigen realen Werten. Es handelt sich also um eine reine Papierwährung[141].

Während der Zeit der festen Wechselkurse im Rahmen des Internationalen Währungsfonds bestanden völkerrechtliche Beschränkungen aus dem Bretton-Woods-Abkommen[142], den Außenwert der D-Mark frei zu gestalten: Grundsätzlich mußten die Wechselkurse bis auf Schwankungen innerhalb enger Bandbreiten stabil gehalten werden[143]. Ausgerichtet waren alle Währungen am US-Dollar, der seinerseits auf Gold im Gewicht und der Feinheit vom 1.7.1944 bezogen war[144]. Dieses System begann zusammenzubrechen, als im August 1971 die Vereinigten Staaten die Goldkonvertibilität des Dollar abschafften[145]. Ab dem Frühjahr 1973 gab es das System fester Wechselkurse in der Praxis nicht mehr[146]; offiziell wurde es zum 1.4.1978 durch die zweite Satzungsnovelle des Bretton-Woods-Abkommens aufgehoben[147].

Die heute geltende englische Währung basiert nach s. 1 (1) Currency Act 1982[148] auf dem in hundert Pennies eingeteilten Pfund Sterling. Auch die englische Währung ist heute eine reine Papierwährung[149], denn es besteht keinerlei Dekkungspflicht. Allerdings sind nach s. 2 (1) Coinage Act 1971[150] auch Goldmünzen gesetzliches Zahlungsmittel. England ist wie Deutschland Mitglied des Internationalen Währungsfonds, das Pfund war deswegen während der Periode der stabilen Wechselkurse auch an den Golddollar gebunden. In Lively & Ltd. v. City of Munich entschied der High Court, daß am 1.12.1973 im wirtschaftlichen Sinn kein festes Wechselkurssystem mehr in Kraft war[151].

---

141 Gramlich W § 1 Rn. 5; von Maydell 60.

142 Fundstelle siehe oben N. 16.

143 Zur rechtlichen Bedeutung des Systems der festen Wechselkurse siehe Mann, FS Rheinstein I, 483ff.

144 Proclamation of 31. January 1934 (No. 2072, 48 Statutes at Large, 1730). Die Fixierung war 15 5/21 grains of gold 9/10 fine; das entspricht 0,888671 g/$ (Gramlich W § 1 Rn. 9).

145 Mann 34.

146 Gramlich W § 1 Rn. 10.

147 Gesetz vom 9.1.1978 (BGBl. 1978 II 13); Abkommenstext: BGBl. 1978 II 15; Bekanntmachung vom 3.5.1978 (BGBl. 1978 II 838). Siehe dazu Gramlich W § 1 Rn. 10 und Mann 34.

148 1982 c. 3.

149 Mann 38.

150 1971 c. 24 in der durch s. 1 (3)(a) des Currency Act 1983 (1983 c. 9) geänderten Fassung.

151 (1976) 1 W.L.R. 1004,1015f. (Kerr J.).

d) Europäisches Währungssystem und European Currency Unit

Sowohl die deutsche als auch die englische Währung sind in das seit 1979 bestehende Europäische Währungssystem ("EWS") eingebunden[152]. Dies beinhaltet ebenfalls Verpflichtungen zur Festlegung des jeweiligen Außenwerts der beteiligten Währungen[153]. Nach der rudimentären Zusammenarbeit auf dem Gebiet der Währungspolitik innerhalb der Europäischen Gemeinschaft ist die Entwicklung innerhalb der letzten Jahre schnell vorangeschritten, und durch den in Maastricht abgeschlossenen Vertrag über die Europäische Union vom 7.2.1992[154] setzten die Mitgliedsstaaten den Prozeß der Einführung einer Europäischen Wirtschafts- und Währungsunion in einem entscheidenden Schritt fort: Durch Änderungen und erhebliche Ergänzungen des EGV sind die Schaffung eines Europäischen Systems der Zentralbanken ("ESZB"), einer Europäischen Zentralbank ("EZB"), sowie als letzter Schritt die Einführung einer einheitlichen Währung für alle Mitgliedstaaten spätestens zum 1.1.1999 vorgesehen[155].

Ob die europäische Währungseinheit ECU abgesehen von ihrer Verwendung innerhalb des EWS[156] schon jetzt für den Verkehr zwischen Privaten als Währung im Rechtssinn anzusehen ist[157], ist im einzelnen streitig[158]. Die

---

152 Zur Entwicklung und Funktionsweise des EWS gibt Hahn 180ff. einen vorzüglichen Überblick für die Zeit bis 1990. England trat dem EWS am 5.10. 1990 bei. Die maßgeblichen Quellen bis 1986 sind in einer Sonderveröffentlichung des Währungsausschusses der Europäischen Gemeinschaften (Kompendium von Gemeinschaftstexten im Bereich der Währungspolitik, 1986) veröffentlicht.

153 Siehe Hahn 183f. für Einzelheiten.

154 Vertrag über die Europäische Union, abgeschlossen am 7. Februar 1992 in Maastricht; Bulletin der Bundesregierung 1992, Nr. 16 S. 113 vom 12.2.1992. Nach Artikel "R" Abs. 2 des Vertrags über die Europäische Union (siehe S. 158 des Bulletins) soll dieser Vertrag am 1.1.1993 in Kraft treten, wenn bis zu diesem Zeitpunkt alle Ratifikationsurkunden hinterlegt worden sind. Titel 2 (Artikel G) des Vertrags (Bulletin S. 115-144) sieht umfassende Änderungen des EWG-Vertrags vor.

155 Siehe zu Einzelheiten Häde, EuZW 1992,171ff. Siehe ferner: Deutsche Bundesbank, Die Beschlüsse von Maastricht zur Europäischen Wirtschafts- und Währungsunion, in: Monatsberichte der Deutschen Bundesbank 1992 Nr. 2, 45-54 und Deutsche Bundesbank, Zur Weitergeltung der D-Mark und ihrer späteren Ablösung durch eine europäische Einheitswährung, in: Monatsberichte der Deutschen Bundesbank 1992 Nr. 2, 55-56.

156 Die sog. "offizielle" ECU; siehe statt aller Sunt 3ff. und Siebelt/ Häde, NJW 1992,10.

157 "Private" ECU: Sunt 25ff. und Siebelt/Häde, NJW 1992,10.

158 Einen Überblick über den Meinungsstand geben Hahn 368ff. und Siebelt/Häde, NJW 1992,12f. Siehe auch Sunt 56f. Zum allgemeinen Problem, ob Rechnungseinheiten als "Währung" angesehen werden können: Kleiner 56ff.

Bundesbank ist sehr zurückhaltend und betrachtet die ECU zu Recht als einen Währungskorb, da die Zusammensetzung und Gewichtung der einzelnen Währungen untereinander nicht stabil ist[159]. Für die Zwecke dieser Arbeit kann diese Frage offenbleiben.

II. Währungsrecht

Währungsrecht regelt vor allem die rechtliche Beschaffenheit der Geldverfassung[160], im Gegensatz zu ihrer wirtschaftlichen und politischen Gestaltung. Staatliche Währungspolitik benutzt Währungsrecht zur Umsetzung ihrer Ziele[161]. Es setzt sich zusammen aus Organisationsnormen, funktionellen Normen und Schutznormen[162]. Erstere regeln die Rahmenbedingungen des Währungssystems. Die funktionellen Normen verwirklichen das Währungssystem und regeln die Aufgaben und Befugnisse der Währungsbehörden. Dazu gehören auch die Münz- und Notenbestimmungen. Schutznormen schließlich dienen dem Schutz der Währung. Nicht zum Währungsrecht gehören Vorschriften, die lediglich einen Bezug zu Währung haben, wie zum Beispiel § 28 Grundbuchordnung[163], § 69

---

159 Deutsche Bundesbank, Zur Weitergeltung der D-Mark und ihrer späteren Ablösung durch eine europäische Einheitswährung, in: Monatsberichte der Deutschen Bundesbank 1992 Nr. 2, 55-56. Vgl. auch die Veröffentlichungen verschiedener ehemaliger und jetziger Mitarbeiter der Rechtsabteilung der Deutschen Bundesbank, die den Währungscharakter der ECU ablehnen: Hafke, NWB Nr. 46 vom 9.11.1987 S. 3298; ders., Problemi Giuridici Dell'ECU 85; Bürger, Die Bank 1984,265; ders., FS Winfried Werner 71f.; Bauer, Die Bank 1987, 602f.; Wahlig, WM 1985,1055; ders., Banking Association News Letter 1987 Nr. 2, S. 9-11 und ders., Referat 12ff.

160 Vgl. Rutz 10 N. 1; Münch 52.

161 Vgl. Zehetner 5.

162 Eine ähnliche Abgrenzung nimmt Münch 52ff. vor. MünchKomm-Martiny Rn. 4 nach Art. 34 Anh. I benutzt den Ausdruck "institutionelle Währungsvorschriften" statt Organisationsnormen. Zu kurz greift die Definition von Grundmann, EWS 1990,217, die nur auf die Schutzfunktion abstellt.

163 Danach sind in das Grundbuch einzutragende Geldbeträge in *Reichs*währung anzugeben.

Konkursordnung[164], § 171e ZwangsversteigerungsG[165], §§ 244, 361 HGB[166], § 41 WechselG und § 36 ScheckG[167] und schließlich § 244 BGB[168].

1. Rechtsnatur

Währungsrecht ist nach deutschem Verständnis öffentliches Recht[169], hat aber privatrechtliche Reflexwirkungen[170]: So bedeutet eine gesetzliche Änderung der Währungseinheit gleichzeitig eine Änderung der Qualität derjenigen Verpflichtungen aus (privatrechtlichen) Schuldverhältnissen, denen diese Währungseinheit als Wertmesser zugrundeliegt. Der Staat kann also durch Währungsrecht in private Rechtsverhältnisse eingreifen.

Wann ein solcher Eingriff vorliegt, ist nicht immer einfach zu erkennen. Es war zum Beispiel heftig umstritten, ob die durch das Aufwertungsgesetz angeordnete Aufwertung nach der Inflation 1924 währungsrechtlicher (öffentlich-rechtlicher) Natur war oder ob es sich dabei um eine schuldrechtliche Regelung handelte, die den Inhalt der Schuld veränderte[171]. Welche Folgen die Lösung dieses Streits für

---

164 Unbestimmte Forderungen sind hiernach nach ihrem Schätzwert in *Reichs*währung geltend zu machen.

165 Die Vorschrift betrifft Registerpfandrechte in ausländischer Währung an Luftfahrzeugen.

166 Nach § 244 HGB muß der Jahresabschluß in Deutscher Mark aufgestellt werden. Nach § 361 HGB gilt im Zweifel die Währung am Erfüllungsort als Vertragswährung.

167 Nach diesen Bestimmungen kann die Wechsel- bzw. Schecksumme in Landeswährung des Zahlungorts gezahlt werden, wenn der Wechsel bzw. Scheck auf eine Währung lautet, die am Zahlungsort nicht gilt. Zur Frage der Verwendung von ECU im Wechsel- und Scheckrecht siehe Hafke, WM 1987,1409ff.

168 Danach können Fremdwährungsschulden im Inland in inländischer Währung bezahlt werden. Zu dieser Vorschrift siehe ausführlich unten S. 87ff.

169 Von Maydell 57; Staudinger-Schmidt, Vorbem. A 28 zu § 244 BGB; Gutzwiller 50 N. 19 und 62; Münch 54; Rutz 10 N. 1. Siehe auch RG 28.11.1923, RGZ 107,78,82.

170 Zu den Wechselwirkungen zwischen Währungsrecht und Geldschuldrecht siehe von Maydell 57f.,62ff. und Zusammenfassung 90ff. Siehe ebenfalls Isele, AcP 129(1928),184 und Simitis, AcP 159(1960),420. Vgl. auch Rabel III 19 zur Einführung einer neuen Währung: "The rules that in such cases determine the relation between the old and new monetary units pertain to domestic public law, but imply a change in the rules of domestic private law."

171 Das Reichsgericht hat hierzu widersprüchliche Entscheidungen gefällt. Für den währungsrechtlichen Charakter der Aufwertung: RG 9.2.1931, IPRspr. 1931 Nr. 117 S. 221; RG 5.3.1928, RGZ 120,277 = IPRspr. 1928 Nr. 81 S. 125; RG 10.5.1928, IPRspr. 1928 Nr. 82 S. 126; für den schuldrechtlichen Charakter der Aufwertung: RG 14.1.1931, IPRspr. 1931 Nr. 30 S. 60; RG 14.12.1927, RGZ 119,259 = IPRspr. 1928 Nr. 11 S. 21 (Ablehnung der Aufwertung einer Markforderung nach tschechoslowakischem Recht verstieß nicht gegen

die Frage der Anwendbarkeit deutschen Währungsrechts auf internationale Sachverhalte und der Berücksichtigung ausländischen Währungsrechts durch deutsche Gerichte hatte, wird weiter unten in dieser Arbeit gezeigt[172].

Für das englische Recht spielt die Unterscheidung zwischen öffentlichem und privatem Recht im materiellen und im Verfahrensrecht de lege lata kaum eine Rolle; sie ist dort bisher weitgehend unbekannt[173]. Anderes gilt für das englische IPR: Dort kann es auf Grund von internationalen Übereinkommen und nach autonomem IPR auf diese Unterscheidung ankommen. Die Kompetenz, die Währung zu regeln, ist nach englischem Verständnis königliches Hoheitsrecht und dem englischen Verfassungsrecht zuzuordnen[174].

2. *Organisationsnormen*

Organisationsnormen im Währungsrecht betreffen das Währungssystem als solches, also die Geldverfassung. Für die Bundesrepublik Deutschland folgt die Kompetenz des Bundes, die Geldordnung zu regeln, aus Art. 73 Nr. 4 GG; in England ist sie, wie eben erwähnt, Teil des Königlichen Hoheitsrechts und damit als Exekutivrecht unabhängig vom Parlament. Die Bestimmung der Währung als Papierwährung und der Währungseinheit Deutsche Mark oder Pfund Sterling geschieht ebenfalls durch Organisationsnormen.

Dazu gehören ferner die Vorschriften über die Errichtung einer Zentralbank. Grundlage dafür ist in Deutschland Art. 88 GG, der die Errichtung einer Wäh-

---

den deutschen ordre public.); RG 27.1.1928, RGZ 120,70 = IPRspr. 1928 Nr. 75 S. 118 (Die Aufwertung einer deutschem Recht unterstehenden Forderung in österreichischen Kronen erfolgte nicht nach dem Aufwertungsgesetz, sondern nach allgemeinen deutschen Vorschriften). Auch in der ersten Aufwertungsentscheidung des Reichsgerichts vom 28.11.1923, RGZ 107,78,88 stellte es fest, daß Währungsvorschriften gegenüber § 242 BGB zurücktreten müßten, wenn ihre Anwendung mit § 242 BGB kollidieren würde. Vgl. auch Schlegelberger, RabelsZ 3(1929)878.

172 Siehe S. 138ff.

173 Siehe z.B. Kerr L.J. in Re State of Norway's Application [1987] Q.B. 433,475. In jüngster Zeit häufen sich dagegen akademische Beiträge, die dem Phänomen des öffentlichen Rechts nachgehen - oft aus rechtsphilosophischer Perspektive: Siehe z.B. Beatson L.Q.R. 103(1987)34-65 über die unterschiedliche Rolle von "public" und "private law" bei der gerichtlichen Überprüfung von Handlungen der Verwaltungsbehörden; ferner Allan, L.Q.R. 104(1988)422-447 und Feldman, L.Q.R. 106(1990)246: "Since 1981, the Law Lords have reshaped English public law".

174 Siehe Halsbury's Laws of England Band 8 (Constitutional Law) 644.

rungs- und Notenbank als Bundesbank bestimmt[175]. Dies geschah durch das BundesbankG vom 26.7.1957[176], durch dessen § 1 die Bank deutscher Länder und die bis dahin unabhängigen Landeszentralbanken verschmolzen wurden. In England sind es die Bank of England Acts von 1694, 1716, 1861[177] und vor allem der Bank of England Act 1946[178], der die bis dahin privatrechtlich organisierte Bank of England verstaatlichte und die Bank unter staatliche Kontrolle stellte. Nach s. 4 (1) Bank of England Act 1946 ist sie an Weisungen des Finanzministeriums gebunden, im Unterschied zur Bundesbank, die nach § 12 Satz 2 BundesbankG bei der Ausübung ihrer Befugnisse von Weisungen der Bundesregierung unabhängig ist[179].

3. *Funktionelle Normen*

Hierzu gehören die Regeln über die praktische Umsetzung des Währungssystems, also vor allem Regeln über die Funktion der Zentralbanken, ihre Aufgaben und deren Umsetzung. Diese sind für die Bundesbank im wesentlichen in §§ 3, 14 - 25d BundesbankG enthalten: Ihre Kardinalaufgabe ist die Sicherung der Währung[180]. Daraus leiten sich ihre Befugnisse ab. Daneben hat die Bundes-

175 Dazu Siebelt 95f.

176 BGBl. 1957 I 745. Die Abschnitte 1-3, 6, 7 und 9 enthalten im wesentlichen Vorschriften über Errichtung, Rechtsform und Organisation der Bundesbank.

177 5 & 6 Will. & Mar. c. 20; 3 Geo. 1 c. 8; 24 & 25 Vict. c. 3.

178 9 & 10 Geo. 6 c. 27.

179 Die Frage der Unabhängigkeit der Zentralbanken der EG-Mitgliedsstaaten, die bisher regelmäßig nicht besteht, und der künftigen Europäischen Zentralbank ist aus der Sicht der Bundesbank ein zentrales Problem der geplanten Europäischen Währungsunion: Siehe Deutsche Bundesbank, Die Beschlüsse von Maastricht zur Europäischen Wirtschafts- und Währungsunion, in: Monatsberichte der Deutschen Bundesbank 1992 Nr. 2 S. 53 und Geschäftsbericht der Deutschen Bundesbank für das Jahr 1991, S. 8. Die Bundesrepulik Deutschland hat sich insoweit in den Verhandlungen über die Europäische Währungsunion weitgehend durchsetzen können, denn nach der vorgesehenen Neufassung von Art. 107 EGV soll die Europäische Zentralbank unabhängig agieren und keine Weisungen einholen: Siehe Vertrag über die Europäische Union, Titel II, Artikel G, D. Artikel 107 (Abgedr. im Bulletin der Bundesregierung Nr. 16 vom 12.2.1992 S. 113ff.).

180 Die wichtigste Bestimmung ist § 3 BundesbankG, der lautet:

> "Die Deutsche Bundesbank regelt mit Hilfe der währungspolitischen Befugnisse, die ihr nach diesem Gesetz zustehen, den Geldumlauf und die Kreditversorgung der Wirtschaft mit dem Ziel, die Währung zu sichern, und sorgt für die bankmäßige Abwicklung des Zahlungsverkehrs im Inland und mit dem Ausland."

Zum Inhalt der "Währungssicherung" siehe Gramlich B § 3 Rn. 15-17.

bank noch einige nicht im BundesbankG geregelte währungspolitische Aufgaben[181], vor allem im Zusammenhang mit der Bankenaufsicht nach dem KreditwesenG[182], mit der Genehmigung von Fremdwährungsverbindlichkeiten und Wertsicherungsklauseln nach § 3 WährungsG in Verbindung mit § 49 II AußenwirtschaftsG und nach dem StabilitätsG[183].

Die Aufgaben und Funktionen der Bank of England sind im Bank Charter Act 1844[184] und neuerdings im Banking Act 1987[185] gesetzlich geregelt. Danach fallen anders als in Deutschland die Aufgaben einer Notenbank und einer Bankaufsichtsbehörde mit umfassenden Kontrollpflichten bei der Bank of England zusammen.

Zu den funktionellen Normen des Währungsrechts sind ferner alle Münz- und Notenvorschriften (legal tender legislation) zu zählen, also Vorschriften über die Ausgabe und Beschaffenheit von Münzen und Noten: Sie dienen der Gestaltung der Währung im einzelnen und setzen bei bestimmten ökonomischen Funktionen des Geldes an. Aus monetärer Sicht hat Geld in der Wirtschaft vor allem drei Funktionen: Es ist allgemeines Tauschmittel, es stellt als Recheneinheit einen Wertmaßstab zu Ermittlung des Tauschwerts eines Guts zur Verfügung, und schließlich hat es eine Wertaufbewahrungs- oder Thesaurierungsfunktion: Vermögenswerte lassen sich dadurch erhalten[186]. Wenn etwas alle drei Eigenschaften erfüllt, ist es Geld im ökonomischen Sinn: money is what money does. Die Funktion von Geld als gesetzliches Zahlungsmittel ist aus wirtschaftlicher Sicht entbehrlich[187]; die Verleihung einer gesetzlichen Schuldentilgungsfunktion ist ein rein rechtlicher Akt.

---

181 Hierzu Siebelt 205-215.

182 KreditwesenG in der Fassung vom 11.7.1985 (BGBl. 1985 I 1472). Diese Aufgaben sind Folge der Kardinalfunktion der Bundesbank. Sie machen aus dem KreditwesenG als ganzem, das die gesamte **Bankenaufsicht** regelt und zum größten Teil dem Bundesaufsichtsamt für das Kreditwesen überträgt, aber kein währungsrechtliches Gesetz (a.A. Münch 52).

183 Gesetz zur Förderung der Stabilität und des Wachstums der Wirtschaft vom 8.6.1967 (BGBl. 1967 I 582; BGBl. 1975 I 705).

184 7 & 8 Vict. c. 32.

185 1987 c. 22.

186 Zu den geldwirtschaftlichen Funktionen des Geldes siehe z.B. Köhler, Geldwirtschaft I 46-52; Altmann 41f.; Cezanne/Franke 9; Reichert-Facilides, JZ 1969,619.

187 Altmann 42; Köhler, Geldwirtschaft I 53.

Durch währungsrechtliche funktionelle Normen bestimmt der Staat, was in welcher Form und Stückelung gesetzliches Zahlungsmittel (legal tender) ist[188], ebenso, wer in welcher Form über das Emissionsrecht verfügt. Damit regelt er die Parameter der monetären Funktion des Geldes als allgemeingültiges Tauschmittel und als Recheneinheit.

Das Emissionsrecht von Banknoten in der Bundesrepublik Deutschland steht nach § 14 BBankG allein der Bundesbank zu, das Münzregal (das Recht zur Ausprägung von Münzen) liegt nach §§ 1 und 7 des Gesetzes über die Ausprägung von Scheidemünzen vom 8.7.1950[189] und des Gesetzes über die Ausprägung einer Olympiamünze vom 18.4.1969[190] beim Bund[191].

Der Bund ist nicht völlig frei in der Ausprägung von Münzen, denn nach § 5 MünzG bedarf die Prägung von Münzen über den Betrag von 20 DM pro Kopf der Bevölkerung hinaus der Zustimmung der Bundesbank. Die Bundesregierung soll nicht das bei der Bundesbank liegende Notenmonopol, durch das der Bundesbank die staatliche Geldschöpfung weitgehend übertragen wird, durch massive Prägung von Münzen aushöhlen können[192]. Deshalb sind kurzzeitige Überlegungen der Bundesregierung, Goldmünzen mit Nennwerten von 100, 500 und 1000 DM als gesetzliche Zahlungsmittel auszugeben, um den daraus erzielten Gewinn zur Finanzierung der deutschen Einheit zu verwenden, von der Bundesbank abgelehnt worden[193].

In England werden Banknoten nach s. 1 Bank Charter Act 1844[194] und s. 1 (1) Currency and Bank Notes Act 1954[195] von der Bank of England mit Genehmigung des Finanzministeriums herausgegeben; Münzen nach s. 1 (1) Currency Act 1983[196] von der Royal Mint (Königliche Münzprägestelle). Gemäß s. 3 (1) Coi-

188 Siehe schon RG 28.11.1923, RGZ 107,78,82. Diese Definition erfaßt Giralgeld nicht; dazu unten S. 45.

189 BGBl. 1950 I 323. Es wurde zuletzt durch ÄnderungsG vom 10.12.1986 (BGBl. 1986 I 2414) geändert.

190 BGBl. 1969 I 305.

191 Zu Einzelheiten des Münzregals siehe Fögen 9f. und Hahn 60ff.,64ff.

192 Siehe Gramlich M § 5 Rn. 4.

193 Siehe gb, "Die Bundesbank ist gegen neue Goldmünzen", in: FAZ 5.12.1990.

194 7 & 8 Vict. c. 32.

195 2 & 3 Eliz. 2 c. 12.

196 1983 c. 9.

nage Act 1971[197] kann die Krone durch Proklamation alle Angelegenheiten über die Ausgabe von Geld regeln, die nicht durch Gesetz bestimmt sind[198].

4. Schutznormen

Darüber hinaus enthält das Währungsrecht aber auch Vorschriften zum wirtschaftlichen Schutz der Thesaurierungsfunktion der Währung. Zum Beispiel dient § 3 WährungsG, wonach die wirksame Vereinbarung von Geldschulden in ausländischer Währung und von Wertsicherungsklauseln grundsätzlich von der Deutschen Bundesbank genehmigt sein muß, der funktionellen und wirtschaftlichen Sicherung der Währung[199]. Gesetzliche Vorschriften dieser Art gibt es in England nicht. § 3 WährungsG soll inflationshemmend wirken und ist Ausprägung des auch in England geltenden Prinzips des Nominalismus[200]. Das Nominalwertprinzip dient dem Schutz der Währung: es soll die Kaufkraft der Währung stabil halten. Goldklauselverbote wie die amerikanische Joint Resolution of Congress vom 5.6.1933[201] und Gesetze, die den Goldstandard einer Währung aufheben, wie der englische Gold Standard (Amendment) Act 1931[202], sind ebenfalls Schutznormen.

III. Währungsänderung

Währungsänderungen können Privatrechtsverhältnisse beeinflussen, wenn und soweit sich dadurch der Leistungsgegenstand - eine in bestimmter Währung geschuldete Summe Geldes - ändert. Das ist aber nicht schon immer dann der Fall, wenn sich der Wert der Währung, sei es Binnen- oder Außenwert, ändert. Dies ist eine Konsequenz des Nominalismus. Notwendig ist also eine Änderung der Substanz oder der Identität der Währung.

---

197 1971 c. 24.

198 Siehe dazu auch Mann 15.

199 Zum Normzweck von § 3 WährungsG: Staudinger-Schmidt, Vorbem. D 189-191 zu § 244; von Maydell 383ff.; Heymann-Horn, HGB § 361 Rn. 11. Siehe auch BGH 17.9.1954, BGHZ 14,306,309; BGH 30.5.1962, BB 1962,815; BVerwG 3.10.1972, BVerwGE 41,1,5; OVG Münster 11.8. 1964, NJW 1965,650; Dürkes B 5f. Mathar 95,115,169,171,187,245 hält § 3 WährungsG aus vielfältigen Gründen für verfassungswidrig.

200 BVerwG 3.10.1972, BVerwGE 41,1,5.

201 31 U.S.C. 463.

202 Vom 21.9.1931, 21 & 22 Geo. 5 c. 46.

1. Begriff der Währungsänderung

Hierfür muß der Begriff der Währungsänderung im einzelnen präzisiert werden. Wann eine Währungsänderung vorliegt, wird unterschiedlich beurteilt. Terminologisch ist zwischen innerer und äußerer (intrinsic and extrinsic) Währungsänderung zu unterscheiden[203], wobei nur eine äußere, nicht dagegen eine innere als Währungsänderung im Rechtssinn zu behandeln ist. In der Sache wie eine äußere Währungsänderung anzusehen ist nach anderer Terminologie eine materielle Währungsänderung[204], wonach nur die auf der Währungshoheit des Staates beruhenden Eingriffe des Gesetzgebers in die Geldverfassung Währungsänderungen sind. Innere Währungsänderungen (Wertveränderungen) fallen nicht unter den Rechtsbegriff Währungsänderung. Ausgangspunkt der Überlegungen über die notwendige Qualität einer Währungsänderung muß die jeweilige Währungseinheit (unit of account[205], monetary unit[206], currency unit) sein, denn eine Währung wird durch ihre Währungseinheit charakterisiert.

2. Definition einer Währungseinheit

Die Frage nach der Beschaffenheit einer Deutschen Mark oder eines englischen Pfundes Sterling ist schwierig zu beantworten[207]. Solange für die meisten Währungen eine Golddeckungspflicht bestand, war es immerhin möglich, einen Dollar, ein Pfund oder eine Mark zu der jeweiligen Menge Goldes in Bezug zu setzen, die als Parität festgesetzt war. Man konnte sagen: Eine Unze Gold **entspricht** £ 3. 17 s. 10 1/2 d.[208] oder ein Pfund **entspricht** 2,13281 Gramm Gold[209]. Was ein Pfund tatsächlich war, ließ sich so nicht ermitteln.

---

203 Mann 49.

204 Staudinger-Schmidt, Vorbem. A 30 zu § 244. Fögen 46 spricht dann von "Währungsänderungen im eigentlichen Sinn". Wolff, IPR 157 benutzt die Formulierung "rein geld**rechtliche** Änderung" (Hervorhebung von Wolff).

205 Vgl. Lord Sterndale M.R. in Re Chesterman's Trusts [1923] 2 Ch. 466,477.

206 Ottoman Bank of Nicosia v. Chakarian [1938] A.C. 260,269 (P.C.).

207 1819 bekannte ein Wirtschaftsprüfer Smith vor einer Kommission in England zur Frage, was ein Pfund sei: "[It is] difficult to explain it, but every gentleman knows it." (Zitiert nach Mann 43 und Silard, Money Nr. 1). Vgl. Rosenn 36: "I cannot say what it is, but I know it when I see it".

208 Dies war seit 1821 der Goldstandard in England, siehe oben S. 20.

209 Dies war die bis 1971 gültige Goldparität des Pfundes in Währungssystem der festen Wechselkurse nach dem Bretton-Woods-Abkommen: Mann 32f.

Ähnlich verhielt es sich mit der Reichsmark: Nach § 3 MünzG 1924[210] sollten aus 1 kg Feingold 139,5 20- oder 279 10-Reichsmarkmünzen geprägt werden, und § 1 MünzG lautete: "Im Deutschen Reich gilt die Goldwährung." Durch Gesetz vom 4.8.1914[211] war die Reichsbank allerdings schon von ihrer Pflicht zur Einlösung von Banknoten befreit worden. Dieses Gesetz galt auch nach Erlaß des MünzG 1924 weiter. Goldmünzen als Zahlungsmittel wurden während der Weimarer Republik nie geprägt. §§ 1 und 3 MünzG 1924 hatten zur Folge, daß die alten Goldmarkmünzen weitergalten. Eine Reichsmark entsprach daher nicht 1/2790 kg Gold, sondern die Reichsmarkwährung hatte lediglich einen festen Bezug zu Gold: Sie hatte sich von einer Goldumlaufwährung zu einer Goldkernwährung gewandelt, und die Noten waren durch Gold gedeckt[212].

Noch schwieriger fällt die Antwort nach der Natur einer bestimmten Währungseinheit, wenn es sich wie in der Bundesrepublik Deutschland und in England um eine reine Papierwährung handelt, deren Wert nur auf der Kreditwürdigkeit des ausgebenden Staates beruht[213] und die keinen Bezug zu realen Gegenwerten hat.

3. *Rekurrenter Anschluß*

Ausgangspunkt für eine Lösung des Dilemmas des abstrakten Charakters einer Währungseinheit ist die Erkenntnis, daß eine neue Rechnungseinheit bei Einführung einer neuen Währung ihren Sinn nur aus ihrem Verhältnis zur alten Rechnungseinheit gewinnt. Eine Währungseinheit kann also nur historisch definiert werden. Sie ist als abstrakte, nominale Rechnungsgröße nicht aus sich selbst heraus verständlich[214]. Die neue Rechnungseinheit muß auf irgend eine Art und Weise mit der alten verknüpft werden, sonst wäre die Überleitung der unter dem alten Währungssystem vorhandenen Wertbeziehungen in das neue nicht möglich. "Entdecker" des Kerns dieses heute allgemein anerkannten Grundsatzes des rekurrenten Anschlusses (recurrent link) war der Ökonom Knapp[215]. Das Ver-

---

210 RGBl. 1924 II 254.

211 RGBl. 1914,326.

212 Vgl. Mann 45 N. 94, Siebelt 55 und Nußbaum, Geld 52. A.A. RG 28.11.1930, RGZ 130,367,371: "Wer eine Reichsmark schuldet, schuldet 1/1395 Pfund Feingold, und wer 1395 Reichsmark zu fordern hat, wird durch den Empfang von einem Pfunde Feingold befriedigt."

213 Von Maydell 60.

214 Vgl. Nussbaum, Geld 8f.; von Maydell 60.

215 Den Begriff entwickelte er in Kapitel 1 seines Buchs "Die staatliche Theorie des Geldes"; siehe dort insbesondere 17ff.

hältnis der alten und neuen Währungseinheit zueinander ist das sogenannte rekurrente Anschlußverhältnis[216].

Mißverständlich ist es, davon zu sprechen, das Prinzip des rekurrenten Anschlusses beruhe auf dem Gedanken der Identität der Währungseinheiten trotz unterschiedlicher Bezeichnung und unterschiedlicher Kaufkraft[217]. Der richtige Gedankenkern ist, daß das rekurrente Anschlußverhältnis die alte Währung mit der neuen direkt verbindet. Die Währungen sind aber nicht identisch: In Wirklichkeit geht es um die nahtlose Überleitung von einer "Währungsgeneration" auf die nächste. Mittels des rekurrenten Anschlußverhältnisses läßt sich die genealogische "Abstammung" einer Währung von ihren Vorgängerinnen feststellen.

Die Deutsche Mark läßt sich danach wie folgt zurückführen[218]: 1 Deutsche Mark = 1 Reichsmark = 1 Billion Mark = 1/3 Thaler. Das Pfund Sterling läßt sich mit Hilfe eines rekurrenten Anschlußverhältnisses allerdings nicht definieren, da es seit angelsächsischer Zeit eine kontinuierliche Geschichte hat[219].

4. Änderung der Identität der Währungseinheit

Wenn die Identität einer Währungseinheit, die durch ihr rekurrentes Anschlußverhältnis zu einer früheren Währungseinheit bestimmt ist, sich nicht ändert, bleibt die Währung gleich[220]. Eine Änderung der Identität der Währungseinheit kann regelmäßig nur durch gesetzgeberischen Eingriff erfolgen[221]. Gelegentlich

---

216 Siehe hierzu Nussbaum, Geld 48; Krispis 202; Mann 44ff.; Gramlich W § 2 Rn. 5; Hahn 70, 154 und 383; Staudinger-Schmidt, Vorbem. A 31 vor § 244 am Ende; Wolff, IPR 159; anders dagegen früher Wolff, Geld 572f.: Hier kritisierte Wolff den Ausgangspunkt des rekurrenten Anschlußverhältnisses, nämlich den ausschließlichen Bezug auf die vorhergehende Währungseinheit und hielt eine Bezugnahme auf alle existierenden Währungen für erforderlich.

217 So von Maydell 61 und ihm folgend Mathar 210.

218 Zur Umrechnung einer 1854 begründeten Forderung in Reichstalern Gold siehe RG 25.2.1931, RGZ 141,1,13-16.

219 Mann 46 mit weiterem Nachweis in N. 101. Diese Schwäche des Grundsatzes des rekurrenten Anschlusses ändert nichts an seiner Funktionsfähigkeit im übrigen, denn Währungen mit einer so langen ungebrochenen Geschichte gibt es kaum. Bisher gibt es keine befriedigende Definition der Währungseinheit englisches Pfund.

220 Zutreffend von Maydell 61. Mit der Identität der **Währungseinheit** ist nicht der Charakter einer **Währung** als zum Beispiel Gold-, Goldkern-, Goldumlauf- oder Papierwährung gemeint.

221 Mann 50; Staudinger-Schmidt, Vorbem. A 30 vor § 244.

kann es schwierig sein festzustellen, ab wann bei der Zersplitterung eines einheitlichen Währungsgebiets zwei verschiedene Währungen bestehen, wenn die Währungseinheiten nicht durch gesetzgeberischen Eingriff verändert werden: Diese Frage stellte sich in einigen englischen Fällen, in denen es darauf ankam, ob die Währungen Englands und Australiens noch identisch waren[222]. Während in Adelaide Electric Supply Co. Ltd. v. Prudential Assurance Co. Ltd.[223] die im Ergebnis einstimmige Entscheidung des House of Lords teilweise damit begründet wurde, die Währungen Englands und Australiens seien noch identisch, weil sie nicht durch staatlichen Akt getrennt worden seien[224], hielt der Privy Council in der späteren Entscheidung Bonython v. Commonwealth of Australia[225] die Gesetzgebungs**kompetenz** der ehemaligen englischen Kolonie Queensland in Australien für ausreichend, die 1895 dort geltende Pfundwährung als eigene Währung anzusehen[226].

Grundsätzlich gilt aber: Eine materielle oder äußere Währungsänderung liegt immer dann und nur dann vor, wenn 1 Währungseinheit nicht mehr gleich 1 Währungseinheit ist[227]. Dies ist zum Beispiel der Fall, wenn die nominelle Geldmenge dadurch reduziert wird, daß "Nullen gestrichen" werden[228].

In seltenen Ausnahmefällen ändert eine Währung trotz eines rekurrenten Anschlußverhältnisses von 1 : 1 ihre Identität. Dieses Anschlußverhältnis bestand zwischen den Währungseinheiten Reichsmark und Deutscher Mark[229]. Nach anderer, vor allem von Fögen und Hahn vertretener, Auffassung bestand zwischen

---

222 Broken Hill Proprietary Co., Ltd. v. Latham [1933] 1 Ch. 373 (Ch.D. & C.A.); Adelaide Electric Supply Co. Ltd. v. Prudential Assurance Co. Ltd. [1934] A.C. 122 und Bonython v. Commonwealth of Australia [1951] A.C. 201 (P.C.).

223 [1934] A.C. 122.

224 Adelaide Electric Supply Co. Ltd. v. Prudential Assurance Co. Ltd. [1934] A.C. 122 (Lord Tomlin 143; vgl. auch Lord Russel 148).

225 [1951] A.C. 201 (P.C.).

226 Bonython v. Commonwealth of Australia [1951] A.C. 201,217.

227 So zutreffend Fögen 46; Mann 49. Weitergehend Staudinger-Schmidt, Vorbem. A 30 vor § 244: Zwar habe nur die Änderung einer Währungseinheit unmittelbaren Einfluß auf Schuldverhältnisse, aber die Änderung des Währungstyps (z.B. hinsichtlich ihrer Golddeckung) sei ebenfalls eine materielle Währungsänderung.

228 Fögen 46, Krispis 202 mit Beispielen in N. 20 und 21. Siehe auch LG Kleve 24.10.1990, NJW 1991,1066 zur Abwertung des jugoslawischen Dinar im Verhältnis von 1 : 10.000.

229 BGH 14.7.1952, BGHZ 7,134,140; BGH 14.1.1955, BGHZ 16,153,158; BGH 17.12.1958, BGHZ 29,107,112; Gramlich W § 1 Rn. 7 und § 2 Rn. 5; von Caemmerer, Währungsgesetzgebung 200; Mann 102; Höpker-Aschoff 168.

der Reichsmarkwährung und der neuen Deutsche Mark Währung ein "differenziertes" rekurrentes Anschlußverhältnis[230]. Beide gehen davon aus, daß § 2 WährungsG[231] lediglich einen Grundsatz 1 Reichsmark = 1 Deutsche Mark enthalte, der durch Vorschriften des Umstellungsgesetzes[232], durch die verschiedene Arten von Geldschulden in unterschiedlichen Verhältnissen umgestellt wurden[233], ergänzt werde, so daß sich das tatsächliche rekurrente Anschlußverhältnis aus § 2 WährungsG sowie aus den verschiedenen Umstellungsvorschriften des Umstellungsgesetzes ergebe[234]. Zwar ist es richtig, daß § 2 WährungsG die Ersetzung der Rechnungseinheit Reichsmark durch die Rechnungseinheit Deutsche Mark "vorbehaltlich besonderer Vorschriften" vorsah. Das UmstellungsG enthält solche besonderen Vorschriften aber nicht: Es regelt nicht die Ersetzung einer **Währungseinheit** durch eine andere, sondern es stellt den Wert von **Geldschulden** um und berührt die Identität der Währungseinheit nicht[235].

230 Fögen 56; im Anschluß an ihn Staudinger-Schmidt, Vorbem. A 30 und A 39 zu § 244; Hahn 384. Anders wohl Wolff, IPR 159: Bei der Ersetzung der Reichsmark durch die DM (West) und die DM (Ost), die unabhängig voneinander umliefen, habe ein einheitlicher rekurrenter Anschluß gefehlt. Das ist mißverständlich, denn obwohl die Reichsmark durch zwei verschiedene Währungen ersetzt wurde, lassen sich sowohl die DM (West) als auch die ehemalige DM (Ost) aufgrund ihres jeweils eigenen, vom jeweiligen Souverän festgelegten, rekurrenten Anschlußverhältnisses im Verhältnis zur Reichsmark bestimmen.

231 Die Vorschrift lautet:

> "Sind in Gesetzen, Verordnungen, Verwaltungsakten oder rechtsgeschäftlichen Erklärungen die Rechnungeinheiten Reichsmark, Goldmark oder Rentenmark verwendet worden, so tritt, vorbehaltlich besonderer Vorschriften für bestimmte Fälle, an die Stelle dieser Rechnungseinheit die Rechnungseinheit Deutsche Mark."

232 Drittes Gesetz zur Neuregelung des Geldwesens (MRG Nr. 63 [ABlAmMilReg Ausgabe J 21; ABlBrMilReg Nr. 25 S. 862]; französische MRVO 160 [JO Nr. 177 S. 1537]).

233 Nach § 16 UmstellungsG wurden Reichsmarkforderungen grundsätzlich im Verhältnis von 10 : 1 auf Deutsche Mark umgestellt. § 18 enthielt eine Reihe von Ausnahmen, unter anderem für Löhne und Gehälter; hier war das Umstellungsverhältnis 1 : 1. Für Bankguthaben galt nach § 2 Abs. 1 UmstellungsG in Verbindung mit § 1 FestkontoG (Viertes Gesetz zur Neuordnung des Geldwesens, MRG 65 = MRVO Nr. 175, abgedr. bei Harmening/Duden, Währungsgesetze 74ff.) ein Umstellungsverhältnis von 100 : 6,5. Altguthaben von Kreditinstituten und der öffentlichen Hand sowie Verbindlichkeiten zwischen Kreditinstituten erloschen (§§ 2 Abs. 2 und 3, 18 Abs. 3 UmstellungsG). Der Wortlaut der Umstellungsvorschriften ist im **Anhang** abgedruckt.

234 Fögen 57 spricht ausdrücklich davon, daß das UmstellungsG das rekurrente Anschlußverhältnis für Bankguthaben und andere Zahlungsverbindlichkeiten normiert habe.

235 Siehe auch BGH 14.7.1952, BGHZ 7,134,140 sowie Mann 102 N. 104 und ausführlich Mann, Reichsmarkverbindlichkeiten 305. A.A. Harmening/Duden, Währungsgesetze 158: Sie halten die Regeln des UmstellungsG für "besondere Vorschriften" im Sinn des § 2 WährungsG.

Auch zwischen der Mark der DDR und der Deutschen Mark betrug das rekurrente Anschlußverhältnis 1 : 1[236], obwohl die generelle Umstellungsvorschrift die Umstellung der auf Mark der DDR lautenden Forderungen und Verbindlichkeiten im Verhältnis von 2 : 1 auf DM vorsah[237].

---

236 Anlage I, 1. Abschnitt, Artikel 2 ("Umbenennung") des Staatsvertrags entspricht im wesentlichen § 2 WährungsG und lautet:

> "Wo in Gesetzen, Verordnungen, Anordnungen, gerichtlichen Entscheidungen, Verwaltungsakten, Verträgen und sonstigen rechtsgeschäftlichen Erklärungen die Rechnungseinheit Mark der Deutschen Demokratischen Republik verwendet wird, tritt vorbehaltlich besonderer Vorschriften an die Stelle dieser Rechnungseinheit die Rechnungseinheit Deutsche Mark. Die Regelung der Umstellung von auf Mark der Deutschen Demokratischen Republik lautenden Verbindlichkeiten und Forderungen auf Deutsche Mark wird davon nicht berührt."

Nach Hahn 439 soll es sich hierbei um eine "rein deklaratorische Umbenennung" handeln, die die betragsmäßige Umstellung der Verbindlichkeiten nicht berühre. Letzteres trifft zu; ersteres ist wohl unzutreffend, denn Geldbußen, Gebühren, Abgaben waren nach Inkrafttreten eben nicht mehr in der alten Währung "Mark der DDR", sondern 1 : 1 ("umgerechnet") in DM zu zahlen.

237 Anlage I, 2. Abschnitt, Artikel 7, § 1 des Staatsvertrags:

> "(1) Vorbehaltlich der Regelungen in den Absätzen 2 und 3 werden alle auf Mark der Deutschen Demokratischen Republik lautenden Verbindlichkeiten und Forderungen, die vor dem 1. Juli 1990 begründet wurden oder die nach den vor dem Inkrafttreten dieser Bestimmungen in Geltung gewesenen Vorschriften in Mark der Deutschen Demokratischen Republik zu erfüllen gewesen wären, mit der Wirkung auf Deutsche Mark umgestellt, daß der Schuldner an den Gläubiger für 2 Mark der Deutschen Demokratischen Republik 1 Deutsche Mark zu zahlen hat.
>
> (2) Abweichend von Absatz 1 werden folgende, auf Mark der Deutschen Demokratischen Republik lautende Verbindlichkeiten und Forderungen mit der Wirkung auf Deutsche Mark umgestellt, daß der Schuldner für 1 Mark der Deutschen Demokratischen Republik 1 Deutsche Mark zu zahlen hat:
>
> 1. Löhne und Gehälter in der Höhe der am 1. Mai 1990 geltenden Tarifverträge sowie Stipendien, die nach dem 30. Juni 1990 fällig werden.
> 2. Renten, die nach dem 30. Juni 1990 fällig werden. Die Regelungen in Artikel 20 des Vertrags bleiben unberührt.
> 3. Mieten und Pachten sowie sonstige regelmäßig wiederkehrende Zahlungen, die nach dem 30. Juni 1990 fällig werden mit Ausnahme wiederkehrender Zahlungen aus und in Lebensversicherungen und privaten Rentenversicherungen.
>
> (3) Für auf Mark der Deutschen Demokratischen Republik lautende Forderungen der in Artikel 5 Absatz 3 und 4 genannten Personen oder Stellen aus Guthaben bei Geldinstituten gilt Artikel 6 dieser Anlage."

Zwei weitere Gründe sprechen gegen die Ansicht von Fögen und Hahn: Die Annahme eines "differenzierten" rekurrenten Anschlußverhältnisses[238] paßt nicht zur Prämisse des Konzepts eines rekurrenten Anschlußverhältnisses, das gerade dazu dient, **die** neue Währungseinheit im Verhältnis zu **der** alten zu definieren[239]. Dies ist bei Annahme eines "differenzierten" rekurrenten Anschlußverhältnisses nicht möglich: Es ist nicht feststellbar, ob 1 DM nun 1 oder 10 oder 15,4[240] Reichsmark entspricht[241], und ferner bleibt bei Anwendung eines "differenzierten" rekurrenten Anschlußverhältnisses das Erlöschen bestimmter Geldschulden unberücksichtigt.

Schließlich waren die Vorschriften des Umstellungsgesetzes abdingbar[242], und die Parteien konnten andere Umstellungssätze vereinbaren. Wäre im Umstellungsgesetz ein "differenziertes" rekurrentes Anschlußverhältnis geregelt, so wäre wegen der Abdingbarkeit die Definition der neuen Währung durch individuelle Parteivereinbarungen beeinflußbar gewesen. Das widerspräche dem fundamentalen Grundsatz, wonach die Bestimmung und Festlegung der Währung Angelegenheit des Staates ist. Es kann nicht von Individualvereinbarungen abhängen, wie eine Währung im Verhältnis zu ihrer Vorgängerin beschaffen ist.

Nach Artikel 6 der Anlage wurden, nach Alter gestaffelt, Guthaben natürlicher Personen bei Kreditinstituten bis zu gewissen Höchstbeträgen 1 : 1, im übrigen 2 : 1 umgestellt. Sparguthaben von Personen mit Wohnsitz außerhalb der ehemaligen DDR wurden dagegen nach Artikel 6 Abs. 3 Satz 2 der Anlage im Verhältnis von 3 : 1 umgestellt. Diese Umstellung betraf vor allem Westdeutsche, die (regelmäßig im Zusammenhang mit [meistens geerbtem] Grundvermögen) Konten in der DDR hielten. Hiergegen gerichtete Verfassungsbeschwerden waren erfolglos: BVerfG 8.8.1990, DtZ 1990,253 und BVerfG 26.2.1991, WM 1991,565.

238 Oder mehrerer rekurrenter Anschlußverhältnisse?

239 Auch Nussbaum, Geld 48 meint, daß die Umrechnung einer alten Währungseinheit in eine neue nicht aufgrund eines einheitlichen Umrechnungsverhältnisses erfolgen müsse und fragt, wie sich dann der rekurrente Anschluß vollziehen solle. Im Kern hält er die Knapp'sche Lehre vom rekurrenten Anschluß für richtig. Nussbaum unterscheidet wie Fögen und Hahn nicht genau genug zwischen der Umstellung von Geldschulden und dem Umrechnen von Währungseinheiten.

240 Bei einem Umstellungsverhältnis von 100 Reichsmark = 6,5 DM.

241 Ist möglicherweise das Verhältnis der Gesamtbeträge der verschieden umzustellenden Geldschulden zu ermitteln?

242 Von Caemmerer, Umstellungsfragen I 237; ausführlicher ders., Umstellungsfragen II 267ff.; siehe auch Bergmann, NJW 1948,406; Boesebeck, NJW 1948, 512 sowie Harmening/ Duden, Währungsgesetze 93, 203 und näher 214ff.

5. Rekurrentes Anschlußverhältnis und Umstellungsverhältnis

In diesem Zusammenhang ist scharf zwischen dem rekurrenten Anschlußverhältnis zweier Währungseinheiten und dem Umstellungsverhältnis von Geldschulden zu unterscheiden: Das rekurrente Anschlußverhältnis ist erforderlich, um die neue Währung zu definieren und um Wertverhältnisse grundsätzlich unverändert aus der alten in die neue Währung zu übertragen[243]. Das rekurrente Anschlußverhältnis bestimmt das Verhältnis der alten zur neuen Rechnungseinheit. Es ist essentiell für die Begründung der neuen Währung und seine Bestimmung ist Teil der staatlichen Währungssouveränität, nach der jeder Staat seine Währung selbst regelt. Dagegen ist die Umstellung bestimmter Geldschulden in einem vom rekurrenten Anschlußverhältnis abweichenden Verhältnis nicht mit der Währungssouveränität verknüpft, sondern zunächst ausschließlich für das Verhältnis des Gläubigers zum Schuldner relevant. Verschiedene Umstellungssätze für verschiedene Arten von Geldschulden haben ferner nichts mit der Identität der neuen Währungseinheit zu tun, sondern dienen in erster Linie dem pauschalierten Interessenausgleich verschiedener Gläubiger/Schuldner-Gruppen.

Werden keine besonderen Umstellungssätze für Geldschulden vereinbart, fallen rekurrentes Anschlußverhältnis und Umstellungsverhältnis zusammen. § 2 WährungsG bestimmte also einerseits das rekurrente Anschlußverhältnis der Reichsmark zur Deutschen Mark und andererseits das gleichlautende Umstellungsverhältnis für alle Geldschulden, für die das UmstellungsG keine besonderen Umstellungssätze vorsah[244].

Die Entscheidung, welche Schulden in welchem Verhältnis gesondert umzustellen sind, hat natürlich auch volkswirtschaftliche Motive. Das ändert aber nichts an dem fundamentalen systematischen Unterschied zwischen den rechtlichen Konzepten des rekurrenten Anschlußverhältnisses und des Umstellungsverhältnisses. Es kommt nicht darauf an, ob diese Unterscheidung aus volkswirtschaftlicher oder monetärer Sicht notwendig, sinnvoll oder überflüssig ist[245]. Die

---

243 Vgl. Höpker-Aschoff 168; Harmening, NJW 1948,401f. und Hubernagel, NJW 1948,410.

244 Soweit § 2 WährungsG also auch die Umstellung von Geld**schulden** betraf, sind die Vorschriften des UmstellungsG "besondere Vorschriften" im Sinn von § 2 WährungsG.

245 Wahrscheinlich ist sie danach überflüssig, und dies dürfte auch der Grund sein, weswegen sie auch im rechtlichen Bereich oft nicht klar gesehen wird. Die Differenzierung ist im materiellen Währungssachrecht ebenfalls von untergeordneter Bedeutung. Das gleiche gilt für das Geldschuldrecht, denn dort kommt es im Zusammenhang mit einer Währungsänderung oder Währungsreform vor allem darauf an, wieviel (neue) Währungseinheiten der

rechtliche Unterscheidung ist, wie sich noch zeigen wird[246], für die kollisionsrechtliche Frage der Berücksichtigung ausländischen Währungsrechts von erheblicher Bedeutung, denn grundsätzlich sind Währungsänderungen, die auf der Ausübung der hoheitlichen Währungssouveräntität beruhen, von anderen Staaten anzuerkennen, während dies für ordnungspolitisch motivierte Eingriffe in Schuldverhältnisse zweifelhaft ist.

Zwar geht der rekurrente Anschluß einer neuen Währungseinheit an eine alte einher mit einer Umrechnung von Geldschulden, denn die neue Währung ersetzt die alte in einem bestimmten Verhältnis, und insoweit müssen Geldbetragsschulden umgerechnet werden. Der Wert der Geldschulden im Verhältnis zueinander bleibt gleich. Wenn das Anschlußverhältnis zum Beispiel 1 : 3 beträgt und bestimmte Geldschulden nicht gesondert umgestellt werden, beläuft sich das Umrechnungsverhältnis ebenfalls auf 1 : 3. Beispiele für die Einführung neuer Währungen mit unterschiedlichen **Umstellungs**verhältnissen sind die Währungsreform von 1948 und die Währungsunion zwischen der ehemaligen DDR und der Bundesrepublik Deutschland vom 1.7.1990: Im ersten Fall betrug das rekurrente Anschlußverhältnis 1 : 1, das Umstellungsverhältnis für die meisten Geldschulden dagegen 1 : 10, bei einigen 1 : 1, bei wieder anderen 6,5 : 100, und einige Geldschulden wurden für erloschen erklärt. Im zweiten Fall wurde das Anschlußverhältnis ebenfalls auf 1 : 1 festgelegt, aber die Mehrzahl der Geldschulden wurde 2 : 1 umgestellt. Für einige Geldschulden (Löhne, Renten, Mieten, Sparbuchforderungen [beschränkt]) wurde jedoch aus politischen Gründen ein besonderes Umstellungsverhältnis bestimmt; sie wurden 1 : 1 umgestellt[247]. Nach dem 31.12.1989 entstandene Bankguthaben von Devisenausländern wurden 3 : 1 umgestellt. Im Durchschnitt betrug der Umstellungssatz 1,8 : 1[248].

Der Unterschied zwischen rekurrentem Anschlußverhältnis und Umstellungsverhältnis erklärt, wieso die gesetzliche Festlegung der Umstellung im UmstellungG von 1948 zwischen den Parteien abdingbar war. Das rekurrente Anschlußverhältnis von 1 : 1 war schlechthin konstitutiv für die neue Währung. Die Umstellung der Geldschulden im Verhältnis von 1 : 1, 1 : 10, 6,5 : 100 erfolgte nicht primär im staatlichen Interesse zum Nutzen der neuen Währung, sondern

Schuldner dem Gläubiger zu entrichten hat, um sich von seiner Geldschuld zu befreien. Das "Wieviel" ergibt sich aus Umstellungsvorschriften.

246 Siehe unten S. 168ff. und 200ff.

247 Zu Einzelheiten siehe oben N. 237.

248 Haferkamp, DtZ 1991,204.

im pauschalierten inter-individuellen Interesse der Schuldner und Gläubiger. Deswegen war aus ordnungspolitischen übergeordneten Gründen nichts dagegen einzuwenden, wenn Schuldner und Gläubiger für den Einzelfall ihre Geldschuldverhältnisse abweichend regelten.

Fögen und Hahn[249] verkennen die unterschiedliche Eigenschaft von rekurrentem Anschluß- und Umstellungsverhältnis und kommen deswegen zu der falschen Ansicht, es habe bei der Währungsreform 1948 ein differenziertes rekurrentes Anschlußverhältniß gegeben. Hieraus leitet Fögen auch seine unzutreffende Annahme her, das Anschlußverhältnis habe generell 1 : 10 betragen. Zwar ist richtig, daß die ganz überwiegende Zahl der Geldforderungen im Verhältnis 1 : 10 umgestellt wurde, aber für alle Forderungen, die nicht gesondert umgestellt wurden, galt eine "Umrechnung" von 1 : 1, weil gerade **diese** Relation dem rekurrenten Anschlußverhältnis entsprach. Da er ein rekurrentes Anschlußverhältnis von 1 : 10 annimmt, vermeidet er die Schwierigkeiten zu erklären, wieso bei einem Anschlußverhältnis von 1 : 1 zwischen Reichsmark und Deutscher Mark trotzdem eine (materielle) Währungsänderung stattfand.

Hierfür muß man die äußeren Umstände in die Betrachtung einbeziehen. Zunächst spricht nichts dagegen, daß ein Staat, der eine neue Währung einführen will, als rekurrentes Anschlußverhältnis die Relation 1 : 1 wählt. Im Fall der Einführung der Deutschen Mark beabsichtigten die Besatzungsmächte nicht, die Reichsmark lediglich umzunennen, sondern sie wollten eine völlig neue Währung schaffen. Dies war allen Beteiligten und Betroffenen klar. Die Reichsmark war wirtschaftlich und politisch vollkommen diskreditiert. Wegen dieser besonderen Umstände war die Einführung der Währung Deutsche Mark trotz ihres rekurrenten Anschlußverhältnisses von 1 : 1 zur Reichsmark eine materielle oder äußere Währungsänderung.

6. *Änderung des Währungscharakters oder ihres Namens*

Daraus ergeben sich folgende Grundsätze: Keine Währungsänderung ist die Veränderung des Charakters einer Währung beispielsweise von einer Goldumlaufwährung zu einer Goldkernwährung oder einer reinen Papierwährung[250].

[249] Fögen 47 und 56; Hahn 384.

[250] So stellte die Aufgabe der Goldeinlösungspflicht 1933 hinsichtliche des Dollar in den Vereinigten Staaten keine Währungsänderung dar. Insoweit von einem "change in the currency" bzw. einer "radical alteration of the currency position" zu sprechen (Lord Maug-

Die Währung ändert sich auch nicht, wenn etwa die Deckungspflicht für den Notenumlauf erniedrigt oder aufgehoben[251] wird, oder wenn das Verhältnis zu einer Leitwährung variiert wird[252]. In allen diesen Fällen bleibt die Identität der Währung unangetastet[253]. Die Umstellung der englischen Währung auf das Dezimalsystem durch den Decimal Currency Act 1967 im Jahr 1971 bedeutete nicht die Einführung einer neuen Währung, weil die Währungseinheit Pfund unberührt blieb: es gab keinen "recurrent link" der "neuen" mit der "alten" Währung[254].

Eine Währungsänderung liegt schließlich auch nicht vor, wenn lediglich die Bezeichnung einer Währung geändert wird[255]. Denn dann bleibt die Substanz der Währung, nämlich ihre Währungseinheit gleich.

7. Inflation und Deflation

Eine Währungsänderung erfolgt auch nicht durch Inflation[256] oder Deflation, also bei einer Veränderung des Geldwerts[257]. Inflation und Deflation betreffen den Binnenwert der Währung: Vereinfacht gesprochen sinkt bei einer Inflation der Binnenwert einer Währung, also die innere Kaufkraft einer Währung. Dies führt zu Preissteigerungen[258]. Eine Deflation ist das Gegenteil, also das Sinken von Preisen wegen einer Verknappung der verfügbaren Geldmenge. Weder Inflation

---

ham in R. v. International Trustee for the Protection of Bondholders Aktiengesellschaft [1937] A.C. 500,562), ist mißverständlich.

251 Gold Standard (Amendment) Act 1931, 21 & 22 Geo. 5 c. 46.

252 Im System der festen Wechselkurse nach dem Bretton-Woods-Abkommen war zum Beispiel der US-$ die Leitwährung für alle übrigen Währungen, die dem $ gegenüber einen festen Wechselkurs hatten.

253 Weitere Beispiele Mann 48; Fögen 46; Nussbaum, Geld 46. Zu Währungsänderungen siehe ferner Staudinger-Schmidt, Vorbem. A 30 zu § 244; RG 21.6.1933, RGZ 141,212 zum englischen Pfund und RG 13.10.1933, RGZ 142,23 zur Demonetisierung des mexikanischen Goldpeso (Siehe zu dieser Entscheidung Nussbaum, Money 134.).

254 Siehe Mann 48 und Staudinger-Schmidt, Vorbem. A 30 zu § 244.

255 Wiedereinführung des Namens "Franc" für "nouveau franc", Umbenennung der "Mark der Deutschen Notenbank" (MDN) in "Mark der Deutschen Demokratischen Republik" (M) in der ehemaligen DDR durch Verordnung vom 1.12.1957; Fögen 41.

256 So aber RG 13.10.1933, RGZ 142,23 zur Markwährung. Dazu sogleich.

257 Geldwert nicht im nominalistischen Sinn, sondern bezogen auf die Kaufkraft; Fögen 42.

258 Zum Unterschied zwischen heterogener, exogener und endogener Inflation Fögen 42f. Hier ist die endogene Inflation gemeint, also "Geldverschlechterung" aus monetären Gründen: ein steigendes Mißverhältnis zwischen Güter- und Leistungsmenge einerseits und Geldmenge andererseits. Wenn hierauf Preiserhöhungen zurückzuführen sind, handelt es sich um Inflation im hier interessierenden Sinn.

noch Deflation betreffen direkt die Identität einer Währung oder ihr Verhältnis zu anderen Währungen. Inflation und Deflation sind länger andauernde, oft schleichende Veränderungen und Konsequenzen von Marktentwicklungen. Sie werden nicht durch unmittelbare staatliche Eingriffe "angeordnet" oder "durchgeführt".

Diese zwei Phänomena sind deshalb keine Währungsänderungen, weil sich die Währungseinheit nicht ändert[259]: es gibt in keinem der Fälle ein rekurrentes Anschlußverhältnis einer "neuen" zu einer "alten" Währung. Deswegen ist der methodische Ansatzpunkt des Reichsgerichts[260] nicht korrekt: Das Reichsgericht hielt wegen der Inflation die Identität der Mark von 1923 für essentiell verschieden von derjenigen der Mark von 1913. Vom Wert der Mark her gesehen trifft das natürlich zu. Aber die Identität der Währungseinheit war unverändert. Nach der Methode des Reichsgerichts ist nicht feststellbar, wann sich die Währung geändert haben soll. Eine ganz andere Frage ist, ob Schuldnern aus Gründen der Gerechtigkeit geholfen werden muß. Dies ist systematisch aber eine Frage des Einzelfalls[261] und dogmatisch nach deutschem Recht über § 242 BGB[262] zu lösen.

Nach englischem Recht ist eine äquivalente Lösung nicht möglich, denn es gibt dort keine Treu-und-Glauben-Generalklausel. Deswegen gilt dort als Grundsatz, daß die Identität einer Währung zerstört ist, wenn sie völlig kollabiert ist. In diesen seltenen Fällen können auch "innere" Währungsänderungen die Identität einer Währung zerstören[263].

259 Ebenso von Maydell 61.

260 RG 13.10.1933, RGZ 142,23,30f.

261 Vgl. auch die Kritik von Fögen 47 N. 76.

262 Auch von Maydell 61 hält es selbst bei solchen Extremfällen nicht für notwendig, das geldtheoretische Nominalwertprinzip zu durchbrechen, weil der Gesetzgeber zum Eingreifen gezwungen sei, um die Währung zu sanieren.

263 Mann 50 mit Beispielen.

8. Aufwertung und Abwertung

Hierbei handelt es sich um punktuelle staatliche Eingriffe, durch die der Außenwert einer Währung gegenüber anderen Währungen ab einem bestimmten Zeitpunkt erhöht oder erniedrigt wird[264]. Wie Auf- und Abwertung im einzelnen durchgeführt werden, hängt von der nationalen Geldordnung ab. In der Regel verkauft die Währungsbehörde (Zentralbank) ihre eigene Währung entsprechend teurer oder billiger. Auch hierbei handelt es sich nicht um eine Währungsänderung, weil die Währungseinheit ebenso wie im Fall der Deflation oder Inflation identisch bleibt.

Die Begriffe Auf- und Abwertung werden oft für die Erhöhung oder Verminderung des Nennbetrags von Geldforderungen verwendet, wie zum Beispiel im AufwertungsG von 1925 und im Zusammenhang mit der Währungsreform 1948. Dies sind jedoch Veränderungen von Schuldverhältnissen und nicht Änderungen der Währungseinheit. Schließlich wird die "Streichung von Nullen" einer Währung gelegentlich als Abwertung bezeichnet. Hier liegt eine Währungsänderung vor.

[264] Regelmäßig haben Auf- und Abwertung einen Effekt auf den Binnenwert der Währung, aber das ist hier von sekundärer Bedeutung.

§ 2: Abgrenzungen

I. Geldrecht

Geldrecht im weiteren Sinn ist der Oberbegriff für alle rechtlichen Regeln, die sich mit Geld als Institution befassen[265].

Der Begriff des Geldes ist hier nicht aus der Sicht der Geldtheorie der Wirtschaftswissenschaften interessant. Dort wird der Begriff von seinen Funktionen her bestimmt[266], und es besteht insoweit Einigkeit, daß zum Geld neben dem Bargeld jedenfalls auch die Sichteinlagen bei Banken (Giralgeld) zählen[267]. Die Deutsche Bundesbank geht bei der Ermittlung der umlaufenden Geldmenge von der Geldmenge M 3 aus, die den Bargeldumlauf in der Bundesrepublik Deutschland, die von Nichtbanken bei Kreditinstituten im Inland gehaltenen Sichteinlagen, Termingelder unter vier Jahren sowie Spareinlagen mit gesetzlicher Kündigungsfrist umfaßt[268]. Geld im ökonomischen Sinn entsteht als Folge wirtschaftlicher Verhaltensweisen; es ist Produkt der Ökonomie. Dagegen kann Geld im Rechtssinn nur durch die Akzeptanz im Rechtsverkehr entstehen. Deswegen führt es nicht weiter, danach zu fragen, ob Geld ursprünglich eine ökonomische Institution war[269].

Nach traditioneller zivilrechtlicher Sicht ist Geld gleichzusetzen mit Geldzeichen[270]. Dies sind nur solche Sachen, die vom Staat als Zahlungsmittel bestimmt sind und für die ein Annahmezwang besteht[271]. Genauer: "Geldzeichen sind be-

---

265 Von Maydell 56; Reiner Schmidt, Wirtschaftsrecht 348. Enger Rutz 10 N. 1, der mit Geldrecht nur das Recht der Geldschulden meint.

266 Vgl. nur Köhler, Geldwirtschaft I 5.

267 Siehe dazu etwa Köhler, Geldwirtschaft I 5f. und 21ff.

268 Siehe u.a. die regelmäßig in den Monatsberichten der Deutschen Bundesbank erscheinenden Kurzberichte über die monetäre Entwicklung, z.B. Monatsberichte der Deutschen Bundesbank 1992 Nr. 5 S. 4.

269 Ebenso Reiner Schmidt, Wirtschaftsrecht 348.

270 Der strafrechtliche Geldbegriff im Sinn der §§ 146ff. StGB ist enger: Danach ist Geld "jedes vom Staat oder einer durch ihn ermächtigten Stelle als Wertträger beglaubigte, zum Umlauf im öffentlichen Verkehr bestimmte Zahlungsmittel ohne Rücksicht auf einen allgemeinen Annahmezwang" (BGH 8.12.1983, WM 1984,222 m.w.N.).

271 Siehe Fikentscher, Schuldrecht 160; Wolff, Geld 573ff.; Canaris, Bankvertragsrecht Rn. 304 und 466f. Staudinger-Schmidt Vorbem. A 11f. zu § 244. Vergleiche auch Nussbaum,

wegliche Sachen, die, nach einer Rechnungseinheit gestückelt, bestimmungsgemäß zum Nominalwert als Tauschmittel dienen, als solche von Rechts wegen anerkannt sind und vom Gläubiger nicht abgelehnt werden dürfen."[272] Giralgeld[273] gehört nach dieser Ansicht nicht dazu[274]. Diese Definition beruht auf der Auffassung, daß nur solche Sachen als Geld gelten, denen vom Staat Geldcharakter verliehen wird[275]. Also gilt danach in Deutschland nur das sogenannte Währungsgeld als Geld, nämlich die von der Deutschen Bundesbank herausgegebenen Banknoten, die auf Deutsche Mark lauten, und die im Auftrag und für Rechnung des Bundes geprägten Münzen[276]. Hieran ist richtig, daß zum Beispiel nach einigen Vorschriften des BGB ursprünglich nur Bargeld (Sachgeld) als Geld anzusehen war[277]. Historisch betrachtet ist das fast selbstverständlich, denn zur Zeit der Redaktion des BGB spielte Giralgeld im täglichen Leben eine völlig untergeordnete Rolle.

Geld 5: "Das Geld gehört zu den 'vertretbaren' Sachen". Nach seiner Auffassung gehört der Annahmezwang allerdings nicht zu den Voraussetzungen der Geldeigenschaft: a.a.O. 14 und 24f. Aus amerikanischer Sicht: Nussbaum, Money 11-13; aus englischer Sicht: Mann 8 und Halsbury's Laws of England Band 8, Constitutional Law, 644.

272 Staudinger-Schmidt Vorbem. A 12 zu § 244. Schmidt geht von einem institutionellen und einem gegenständlichen Geldbegriff aus: Geld als Institution und Geldzeichen. Geld als Institution ist danach "die in Geldzeichen zu verkörpernde Werteinheit" (a.a.O. A 14). Damit schlägt er eine Brücke zu den wirtschaftlichen Funktionen des Geldes und trägt der Tatsache Rechnung, daß die Erklärung von Geldzeichen nicht ausreicht, um den Umfang des Geldwesens adäquat darzustellen. Mit dem institutionellen Geldbegriff erfaßt er vor allem auch das Giralgeld.

273 Zum Begriff Giralgeld ausführlich Münch 21ff. Er legt überzeugend dar, daß dieser Begriff die beste Beschreibung für das Medium des bargeldlosen Zahlungsverkehrs ist, und untersucht dafür die Begriffe Buchgeld, Bankgeld, Computergeld, Bytegeld, Elektronisches Geld und Kreditgeld.

274 So Canaris, Bankvertragsrecht Rn. 304 und 466f., der auf die Unterschiede zwischen Buch- und Sachgeld und auf Gefahren des Buchgelds für den Gläubiger sowie den fehlenden Annahmezwang hinweist; Liesecke, WM 1975,217; Pikart, WM 1980,513; Fülbier, NJW 1990,2798.

275 Dieser Ansatz geht zurück auf die "Staatliche Theorie des Geldes", die der Wirtschaftswissenschaftler Georg Friedrich Knapp entwickelte. Es liegt auf der Hand, daß sich diese rein begriffliche Betrachtung in der Wirtschaftswissenschaft nicht durchsetzen konnte. Zu ihrer rechtlichen Bedeutung siehe Mann 13-21.

276 Banknoten: § 1 WährungsG vom 20.6.1948; Münzen: §§ 1,2,7 des Gesetzes über die Ausprägung von Scheidemünzen vom 8.7.1950 (BGBl. 1950 I 323).

277 So z.B. §§ 232,372 (Hinterlegung); § 607 Abs. 1 (Darlehen), § 783 (Anweisung), § 981 Abs. 2 Satz 2 (Geldfund), §§ 935 Abs. 2, 1006 Abs. 1 Satz 2, 1007 Abs. 2 Satz 2 BGB (Eigentumserwerb, Eigentumsvermutung und Herausgabeanspruch bei gestohlenem, verlorengegangenem oder sonst abhandengekommenem Geld). Gleiches gilt auch für §§ 702 i.V.m. 701 BGB (Gastwirthaftung für eingebrachte Sachen.

Überwiegend setzt sich dagegen die Auffassung durch, daß auch der rechtliche Geldbegriff nur von den Funktionen des Geldes her zu bestimmen ist[278]. Danach ist Giralgeld für die Rechtsanwendung in den (erweiterten) Geldbegriff miteinzubeziehen[279]. Das ist gerechtfertigt: Es gibt zwar Situationen, in denen dies unsinnig wäre, wie etwa bei der rechtlichen Behandlung von gefundenem Geld[280]. Grundsätzlich aber hängen die Funktionen von Geld nicht von seiner Verkörperung ab. Wäre Giralgeld mit Bargeld rechtlich im allgemeinen nicht gleichzusetzen, so ergäbe sich im Fall eines durch eine Gutschrift erteilten Darlehens die sonderbare Lage, daß der Darlehensnehmer das Darlehen noch nicht erhalten hat und es deswegen nicht auf diese Art zurückzahlen kann[281]. Außerdem ist in vielen Fällen des bargeldlosen Zahlungsverkehrs die Zahlung durch Überweisung eine für den Gläubiger nicht ablehnbare Art der Erfüllung der Zahlungsverbind-

---

278 Siehe Reiner Schmidt, Wirtschaftsrecht 347; Vogel, HdbStR I 1155f. und von Maydell 8f., der zu Recht auf die Schwierigkeiten einer allgemein gültigen Definition von Geld hinweist. Ausführlich zum Geldbegriff: Siebelt 220ff. und insb. 241ff. Für England: Halsbury's Laws of England Band 32, Money, 50 mit weiteren Nachweisen. Aus internationaler Sicht: Silard, Money Nr. 1:

> "The definition of money, as is the case with most definitions, depends on the purpose for which it is made."

Seine Definition von Geld für marktwirtschaftlich orientierte Industriestaaten ist:

> "Contemporary money is an accounting unit that is (1) standardized by those dealing with it as a matter of convenience and in the light of evolving needs; (2) may be transferred within the framework of national or international institutional and legal structures and established practices; and (3) whose transfer permits the ready, that is unconditional, effective, and speedy, conversion of direct or indirect claims to real resources into the unit."

Giralgeld wird von dieser Definition miterfaßt; siehe Silard, Money Nr. 14f.

279 Fögen 15; Reiner Schmidt, HdbStR III 1123; ders., Wirtschaftsrecht 348; Simitis 432; Thywissen, BB 1971,1350; von Stebut, Jura 1982,568f.; Vogel, HdbStR I 1155; Duden, Gestaltwandel 2; Arend 43; von Maydell 10 und 57 N. 5; Larenz, Schuldrecht I 164; Gernhuber, Erfüllung 195; Isele AcP 129 (1928),159ff.; Reinhardt FS Boehmer 1954,70f. und 96; Erman/Sirp § 244 Rn. 3; Jauernig/Vollkommer Anm. 1 b zu §§ 244,245; siehe auch schon RG 4.6.1915, RGZ 87,18,23: Die Sicherheitsleistung nach § 54 Abs. 2 BörsenG in der damaligen Fassung mußte in Geld oder Wertpapieren geleistet werden, und das Reichsgericht hielt ein Guthaben des Sicherheitsgebers für ausreichend. Im Ergebnis auch Mathar 132f. Buchgeld selbst ist ein zu enger Begriff, denn er erfaßt den Zahlungsverkehr mit Kreditkarten nicht: Tilmann 150. Zum Kreditkartengeschäft siehe Canaris, Bankvertragsrecht 1981 Rn. 1622-1651.

280 Vgl. § 981 Abs. 2 Satz 2 BGB.

281 Die Gleichstellung von Giralgeld und Bargeld für Darlehenszwecke ist schon lange anerkannt: RGRK-Ballhaus, § 607 Rn. 6; MünchKomm-Westermann, § 607 Rn. 3; Liesecke, WM 1975,229; von Stebut, Jura 1982,569.

lichkeit durch den Schuldner[282]. Die wirtschaftliche Bedeutung des Giralgelds übersteigt die des Bargelds um ein vielfaches[283]; in vielen Bereichen des internationalen Geldgeschäfts finden Geldtransfers nur mittels Giralgeld statt[284]. Ferner ist auch im Steuerrecht Giralgeld mit Bargeld gleichgesetzt: Nach § 224 Abgabenordnung leisten Finanzbehörden Zahlungen unbar, und eine Zahlung an die Finanzbehörden gilt als geleistet, wenn sie deren Konto gutgeschrieben ist[285]. Obendrein ist die durch die Bundesbank umgesetzte staatliche Währungspolitik primär auf Giralgeld bezogen[286]. Schließlich und entscheidend sind aus verfassungsrechtlicher Sicht die Funktionen des Geldes unabhängig davon, ob es sich um gesetzliche Zahlungsmittel oder Giralgeld handelt[287], so daß die verfassungsrechtlichen Vorschriften über die Erhebung, Bewirtschaftung und die Ausgabe von Geld für Giralgeld genauso gelten.

282 Münch 210; Fögen 14f.; Larenz, Schuldrecht I 249; von Maydell 10; Isele, AcP 129(1928), 165; Gernhuber, Erfüllung 199; ders., Schuldverhältnis 609; Staudinger-Schmidt Vorbem. C 45 zu § 244 mit zahlreichen Nachweisen in Vorbem. C 44; Schönle 362; Simitis AcP 159, 449ff; Schütz, AcP 160(1961),25; Thywissen BB 1971,1349; Baumbach/Duden/Hopt HGB (7) Bankgeschäfte III 4 B; MünchKomm-Heinrichs, § 362 Rn. 17; Erman/Sirp, § 244 Rn. 3. A.A. RG 14.10.1931, RGZ 134,73,76; BGH 2.2.1972, BGHZ 58,108,109 (obiter); BGH 13.3.1953, NJW 1953,897; Fikentscher, Schuldrecht 161; Canaris, Bankvertragsrecht Rn. 467. Der BGH verlangt eine entsprechende Vereinbarung der Parteien, die stillschweigend sein kann und in der Regel vorliegt, wenn der Gläubiger dem Schuldner sein Konto mitgeteilt hat: BGH 25.3.1983, BGHZ 87,156,163; BGH 5.5.1986, BGHZ 98,24,29f.

283 Vgl. Häuser, Giroverhältnis 1354 und die Zahlen bei Möschel, AcP 186(1986)189f.: Die durch Bargeld von Nichtbanken ausgeführten Geldtransaktionen betrugen 1984 ca. 1 Billion DM; der bargeldlose Zahlungsverkehr der Nichtbanken hatten ein Volumen von ca. 14,8 Billionen DM. Der Banknotenumlauf betrug 1991 ca. 181 Milliarden DM (Geschäftsbericht der Deutschen Bundesbank für das Jahr 1991 S. 153). Dagegen belief sich die Geldmenge M 3 Ende 1991 auf über 1,5 Billionen DM (Geschäftsbericht 1991 S. 47).

284 Mann, SchwJbIntR 36(1980),98 zweifelt deshalb (zu Unrecht) daran, daß es sich bei Verpflichtungen im Rahmen von Geschäften des Eurodevisenmarktes um Geldschulden handelt. Vgl. dagegen Libyan Arab Foreign Bank v. Bankers Trust Co. [1989] 1 Q.B. 728: Staughton J. ging ohne weiteres davon aus, daß eine zwischen Banken bestehende Verpflichtung, Buchungen über insgesamt 292 Millionen US-$ vorzunehmen, eine Geldzahlungsverpflichtung sei, die gegebenenfalls bar erfüllt werden müsse, wenn andere Transfermethoden im konkreten Fall nicht möglich wären.

285 Ähnliche Regelungen enthalten § 51 I BaFöG, § 47 SGB I, §§ 9,20 I BKGG, § 4 BErzGG, i.V.m. § 25 SGB I; § 66 Abs. 2 BundesversorgungsG. Zu Einzelheiten siehe Münch 131-151.

286 Näher Münch 126f.

287 Zu den verfassungsrechtlichen Funktionen des Geldes siehe Vogel, HdbStR I 1156.

Nach englischem Recht ergibt sich die genaue Bedeutung von "money" aus den Umständen des Einzelfalls: im Regelfall ist die Bedeutung synonym mit Geldzeichen[288]. Je nach dem Zusammenhang, in dem das Wort gebraucht wird, kann darunter auch Giralgeld fallen[289], oder sogar das gesamte bewegliche Vermögen[290]. Im Strafrecht ist die Bedeutung dagegen sehr eng[291]. Für das Handels- und Wirtschaftsrecht wird Giralgeld wohl im Regelfall vom Begriff "money" erfaßt, wenn nicht aus den näheren Umständen deutlich wird, daß nur gesetzliche Zahlungsmittel (Geldzeichen) gemeint sind[292]. Selbst eine Klausel einer charterparty, wonach Zahlung in "New York in cash in United States currency" erfolgen sollte, wurde vom Court of Appeal so ausgelegt, daß das Angebot eines "commercial equivalent of cash" ein hinreichendes Zahlungsangebot war[293].

Geldrecht umfaßt Währungsrecht. Geldrechtliche Regeln sind nicht nur währungs- und devisenrechtlicher Natur, sondern ebenso im übrigen öffentlichen Recht (zum Beispiel: Grundgesetz, Bundesbankgesetz, Kreditwesengesetz) enthalten wie im bürgerlichen sowie im Wirtschafts- und Handelsrecht. Darstellungen, die sich mit Geldrecht befassen, suchen die rechtliche Natur des Geldes zu bestimmen und seine schuldrechtliche und öffentlich-rechtliche Bedeutung zu bestimmen[294].

---

288 Siehe oben N. 278.

289 Re Collings, Jones v. Collings [1933] Ch. 920,923; Re Smith, Henderson-Roe v. Hitchins (1889) 42 Ch. 302,304.

290 Perrin v. Morgan [1943] A.C. 399,412 (Viscount Simon L.C.), 414 (Lord Atkin), 418 (Lord Thankerton und Lord Russell), 422 (Lord Romer) (Erbfall).

291 Siehe z.B. s. 28 (1) Theft Act 1968 (1968 c. 60) in der Fassung von s. 64 (1), Sch. 5 Criminal Justice Act 1972 (1972 c. 71) und in der Fassung von s. 65 Sch. 12 Criminal Law Act 1977 (1977 c. 45).

292 Re Collings [1933] Ch. 920. In Libyan Arab Foreign Bank v. Bankers Trust Co. [1989] 1 Q.B. 728,750 umfaßte der Begriff "cash" nur englische Pfund- und amerikanische Dollarbanknoten.

293 The Brimnes [1975] Q.B. 929,948 (Edmund Davies L.J.).

294 Das aus internationaler Sicht immer noch bedeutendste Werk ist Frederick A. Mann, The Legal Aspect of Money (4. Auflage 1982, 1. Auflage 1938). Siehe ferner Martin Wolff, Das Geld, in: Handbuch des gesamten Handelsrechts mit Einschluß des Wechsel-, Scheck-, See- und Binnenschiffahrtsrechts, des Versicherungsrechts sowie des Post- und Telegraphenrechts, hrsg. von Victor Ehrenberg, Band 4, 1. Abteilung (1917) S. 563-649; Arthur Nussbaum, Das Geld in Theorie und Praxis des deutschen und ausländischen Rechts (1925), und ders., Money in the Law - National and International - A comparative study in the borderline of law and economics, (1950); Spiros Simitis, Bemerkungen zur rechtlichen Sonderstellung des Geldes, in: AcP 159(1960)406-466; Hermann Fögen, Geld- und Währungsrecht (1969); Karsten Schmidt, Geldrecht, Sonderdruck der Erläuterungen zu §§ 244-248 BGB

Geldrecht im engeren Sinn beschränkt sich auf die rechtliche Definition von Geld, die rechtliche Entstehung der Eigenschaft eines Mediums als Geld und den (straf)rechtlichen Schutz des Geldes; es ist Recht der Geldzeichen[295].

Geldrecht im engeren Sinn ist - nach deutschem Verständnis - öffentliches Recht und grenzt in Teilen an den Bereich des Währungsrechts an, der bestimmt, was in welcher Form und Stückelung gesetzliches Zahlungsmittel ist: Dies ist eine währungsrechtliche Grundsatzentscheidung über Währungssystem und -einheit. Anschließend bestimmt das Geldrecht, wann und wodurch ein Stück Papier, das in der Bundesdruckerei als Geldnote bedruckt worden ist, oder eine Münze, die ein Münzprägeautomat produziert hat, zu Geld im Rechtssinn wird, also Zeitpunkt und Art des Widmungsakts. Das Geldrecht bestimmt ebenso, wann und wodurch Münzen und Banknoten ihre rechtliche Eigenschaft als Geld und damit als gesetzliche Zahlungsmittel wieder verlieren, also demonetisiert werden[296].

II. Geldschuldrecht

Währungsrecht schafft die öffentlich-rechtlichen Voraussetzungen für das Funktionieren des Geldschuldrechts, das den Geldgebrauch regelt[297]. Geldschuldrecht ist das Privatrecht des Geldes und enthält alle Normen, die den Gebrauch von Geld im Rahmen von auf Gesetz oder Rechtsgeschäft beruhenden Geldschulden betreffen. Eine Geldschuld ist eine schuldrechtliche, in Geld ausgedrückte Verbindlichkeit, die auf die Verschaffung von Geld als unkörperlichem

---

aus: Staudinger, Kommentar zum Bürgerlichen Gesetzbuch mit Einführungsgesetz und Nebengesetzen, 12. Auflage, 2. Buch, Recht der Schuldverhältnisse, §§ 243-254 (1983); Hugo J. Hahn, Währungsrecht 1990 (Teilweise die Fortführung von Fögen). Rechtsvergleichend neben Mann und Nussbaum: Stephen A. Silard, Money and Foreign Exchange, in: Int.Enc.Comp.L. XVII: State and Economy, Kap. 20 (1975).

295 Vgl. Fögen, 1. Abschnitt "Geld"; Staudinger-Schmidt, Vorbem. B 1 - B 21 zu § 244 BGB. Zum Recht der Geldzeichen gehören auch die privatrechtlichen Bestimmungen über das Geld im Sachenrecht (dazu Staudinger-Schmidt, Vorbem. B 9ff. zu § 244 mit weiteren Nachweisen) und Regelungen über Geldzeichen in Zwangsvollstreckung und Konkurs (dazu Staudinger-Schmidt, a.a.O. B 17ff.). Zur Rechtsnatur des Bargelds siehe von Stebut, Jura 1982,563ff.

296 Zum Recht der Geldzeichen siehe Hahn 59ff. (Verleihung der Geldeigenschaft: 65ff., Verlust der Geldeigenschaft: 70ff.).

297 Zum Funktionszusammenhang zwischen Währungsrecht und dem Geldschuldrecht siehe Staudinger-Schmidt, Vorbem. A 28 zu § 244 BGB und von Maydell 57ff.

Vermögenswert gerichtet ist[298]. Geldschulden sind zunächst alle auf Zahlung gerichteten Primärverbindlichkeiten aus Gesetz oder Rechtsgeschäft, aber darüber hinaus auch die auf Kompensation gerichteten sekundären Wertersatz- und Schadenersatzverbindlichkeiten[299]. Geldschuldrecht läßt sich nur funktional abgrenzen; es gibt keine systematische Ordnung dieses Regelungsbereichs[300]. Zum Geldschuldrecht zählen zum Beispiel §§ 244-248[301], 270, 288, 291, 301, 1288 BGB, § 361 HGB sowie Art. 41 Absatz 4 WG und Art. 36 Absatz 4 ScheckG.

III. Devisenrecht

Ob eine Vorschrift dem Devisen- oder dem Währungsrecht zuzurechnen ist, hat vor allem im internationalen Privatrecht Bedeutung, und zwar sowohl für die Anwendbarkeit eigenen Rechts auf internationale Sachverhalte, als auch für die Frage der Berücksichtigung ausländischen Devisen- oder Währungsrechts. Dies rührt daher, daß vor allem die Berücksichtigung ausländischen Devisenrechts durch nationale Gerichte für alle Staaten, die dem Bretton-Woods-Abkommen[302] beigetreten sind, durch dessen Art. VIII 2 b weitgehend geregelt wird.

298 Zu Geldschuld als Rechtsbegriff siehe Staudinger-Schmidt, Vorbem. A 23ff. vor § 244. Aus englischer Sicht: Mann 63ff. Zur geschichtlichen Entwicklung des Rechtsbegriffs Geldschuld siehe Nussbaum, Geld 64.

299 AK-BGB-Brüggemeier Rn. 14 vor §§ 244,245; Staudinger-Schmidt, Vorbem. C 2 zu § 244; siehe auch Maydell 14f. zu Systematisierungen von Geldschulden nach ihrer wirtschaftlichen Funktion einerseits und ihrer rechtlichen Konstruktion (privates und öffentliches Recht - Gesetz und Vertrag) andererseits.

300 Von Maydell 57.

301 Zu § 244 BGB unten S. 87ff.

302 Das Abkommen vom 22. Juli 1944 ist für die Bundesrepublik Deutschland am 14.8.1952 in Kraft getreten (Bekanntmachung vom 26.8.1952, BGBl. 1952 II 728) und durch das Zustimmungsgesetz (BGBl. 1952 II 637) unmittelbar anwendbares Recht. In England wurde es durch Art. 3 der gemäß dem Bretton Woods Agreements Act 1945 (9 & 10 Geo. VI, ch. 19) erlassenen Bretton Woods Agreements Order in Council, S.R. & O. 1946 Nr. 36, in nationales Recht umgesetzt. Der Bretton Woods Agreement Act wurde durch den International Monetary Fund Act 1979 weitgehend aufgehoben, aber nach dessen s. 6 (2) gilt die Bretton Woods Agreement Order in Council weiter. Das Abkommen gilt für rund 160 Staaten. (Obwohl die Bezeichnung "Abkommen" heute im allgemeinen nur für bilaterale Abkommen benutzt und für multilaterale Verträge der Begriff "Übereinkommen" gebräuchlich ist, wird hier an der historisch begründeten Bezeichnung IWF-Abkommen festgehalten.)

1. Devisen

Als Devisen wurden früher auf Sicht zahlbare Papiere angesehen. Später war der Begriff gleichbedeutend mit ausländischem Geld[303]. Heute unterscheidet man zwischen Devisen im engeren und Devisen im weiteren Sinn. Als Devisen im engeren Sinn gelten internationale Zahlungs- und Tauschmittel; Devisen im weiteren Sinn umfassen alle ausländischen Werte, durch die Zahlungsmittel in ausländischer Währung beschafft werden können[304], also auch Forderungen und Grundstücke.

Aus volkswirtschaftlicher Sicht sind Devisen auf fremde Währung lautende Guthaben, die von Inländern bei Kreditinstituten im Ausland gehalten werden. Gemeinhin fallen auch im Ausland zahlbare auf fremde Währung lautende Wechsel und Schecks unter Devisen, nicht dagegen ausländische Münzen und Banknoten ("Sorten") und Währungsmetalle[305]. Aus rechtlicher Sicht ist dies zu eng[306].

2. Devisenrecht

Die verschiedenen Definitionen von Devisenrecht knüpfen an den Auslandsbezug von Devisen an: Es ist beschrieben worden als "die rechtliche Regelung des rechtsgeschäftlichen und tatsächlichen Verkehrs mit Zahlungsmitteln und anderen wirtschaftlichen Gütern, an dem Ausländer beteiligt sind, oder bei dem es sich um ausländische Zahlungsmittel, Forderungen, Wertpapiere oder sonstige ausländische Wirtschaftsgüter handelt"[307]. An anderer Stelle ist Devisenrecht

303 Zur Entwicklung des Devisenbegriffs siehe Kägi 5; Kühne 4.

304 Kreuzer, Ausländisches Wirtschaftsrecht 33; Kägi 5; Staudinger-Weber [11.Auflage], Vorbem. 235ff., insbesondere 240 vor §§ 244,245; MünchKomm-Martiny, Rn. 1 nach Art. 34 Anh. II; Kühne 4. Vgl. auch die Definition von "Devisenwerten" in Art. X d Nr. 1-6 des MRG 53 in der Fassung vom 19.9.1949 (Amerikanisches Kontrollgebiet: Bay. GVBl. 1949,263; Hess. GVBl. 1949, Beilage Nr. 15,89; Amtl. MittBl. US-Landeskomm. für Württ.-Baden 1949,203; Britisches Kontrollgebiet: Amtsbl. Kontrolkomm. Deutschland, Brit. Kontrollgeb. Teil 5 B 14; Französisches Kontrollgebiet: JO 1949,2155); kritisch dazu Langen 55.

305 Geigant/Sobotka/Westphal, Lexikon der Volkswirtschaft 1983,132. Siehe auch Köhler, Geldwirtschaft I 64f.

306 Vgl. Kleiner 51f. Völlig verfehlt ist die Einordnung von Devisen auf der Grundlage des volkswirtschaftlichen Devisenbegriffs (Fremdwährungsbuchgeld) als Sachen im Sinn von § 433 BGB: so aber Fülbier NJW 1990,2798.

307 Staudinger-Weber [11.Auflage], Vorbem. 54 zu §§ 244,245.

definiert als "Inbegriff der rechtlichen Regelungen des Verkehrs mit ausländischen Zahlungsmitteln und anderen Wirtschaftgütern (insbesondere Forderungen und Wertpapieren in fremder Währung) sowie des Verkehrs mit Zahlungsmitteln und anderen Wirtschaftsgütern, an dem **Währungsausländer** beteiligt sind"[308]. Woanders heißt es: "Devisenrecht i.e.S. ist der Inbegriff aller Rechtssätze, die zum Funktionieren der Devisenbewirtschaftung notwendig sind. ... Unter Devisenrecht i.w.S. versteht man alle Rechtssätze, die der Regelung des Zahlungsverkehrs mit dem Ausland dienen"[309].

3. Devisenrecht: Recht der Kapitalverkehrskontrolle

Diese Definitionen von Devisenrecht gehen von dem klassischen Devisenbegriff aus, dessen wesentliches Merkmal es ist, daß er lediglich **ausländische** Zahlungsmittel etc. betrifft. Als Basis für eine moderne Bestimmung von Devisenrecht ist dieser Begriff nicht ausreichend. Denn der Zweck des Devisenrechts ist vor allem auf den Schutz der Zahlungsbilanz und der Kaufkraft der Währung des rechtssetzenden Staates gerichtet[310]. Die Zahlungsbilanz ist ebenso wie eine doppelte Buchführung ex definitione immer ausgeglichen. Eine Störung der Zahlungsbilanz kann sich also immer nur auf einzelne Teilbilanzen der Gesamtzahlungsbilanz beziehen, wie etwa die Leistungsbilanz[311]. "Kaufkraft" einer Währung bedeutet zweierlei: es kann die "innere" Kaufkraft einer Währung gemeint sein, also Kaufkraft als Ausdruck der inländischen Preisstabilität einer Währung. Kaufkraft kann sich aber auch auf den "äußeren" Wert einer Währung im Verhältnis zu anderen Währungen beziehen, der sich in den Devisenkursen ausdrückt[312].

Zahlungsbilanz und äußere Kaufkraft werden durch den Verkehr mit ausländischen Zahlungsmitteln betroffen, vor allem durch den Austausch fremder durch heimische Zahlungsmittel. Gleiche Wirkung kann auch Kapitalexport inländi-

---

308 Staudinger-Schmidt; Vorbem. E 2 zu § 244. Ähnlich Heymann-Horn, HGB § 361 Rn. 11.

309 Kägi 10f.

310 Vergleiche §§ 22 Abs. 3 und 23 Abs. 3 AWG. A.A. Reithmann 294, der Währungs- und Devisenvorschriften danach unterscheidet, ob sie dem Schutz der inneren Kaufkraft des Geldes dienen (Währungsvorschriften) oder ob sie die Zahlungsbilanz schützen sollen (Devisenvorschriften). Wenn eine Vorschrift den Binnenwert der Währung und die Zahlungsbilanz schützt, soll gleichzeitig eine Devisen- und eine Währungsvorschrift vorliegen.

311 Zu Einzelheiten siehe Hocke/Berwald/Maurer, AWG §§ 22,23, Anm. zu § 22 am Ende.

312 Vgl. Hocke/Berwald/Maurer, AWG §§ 22,23, Anm. zu § 23 am Ende; Kleiner 44; Mann 59f.

scher Währung haben, ob durch Währungsausländer[313] oder -inländer: Die Verschiebung nationaler Zahlungsmittel in das Ausland beeinflußt die Zahlungsbilanz und kann die Stabilität der eigenen Währung beeinträchtigen[314]. Deshalb ist es richtig, daß die herkömmlichen Definitionen von Devisenrecht diesen Zahlungsverkehr berücksichtigen.

Es geht also nicht mehr um die rechtliche Regelung des Devisenverkehrs im Sinn des klassischen Devisenbegriffs, sondern um die rechtliche Kontrolle des Zahlungs- und Kapitalverkehrs[315] mit Auslandsbezug. Der Auslandsbezug ist entweder territorialer oder persönlicher Natur: Betroffen sind also der Zahlungs- und Kapitalverkehr über die Grenze hinweg sowie Handlungen Gebietsfremder (gleich welcher Nationalität)[316]. Der Begriff Devisenrecht ist daher eigentlich ungenau und nicht mehr zeitgemäß, aber wegen seiner prägnanten Kürze eher brauchbar als der genauere Begriff "Kapitalverkehrskontrollrecht". Im weiteren Verlauf dieser Arbeit wird "Devisenrecht" im eben beschriebenen Sinn verwendet. Dieses Verständnis liegt auch der englischen Auffassung von "exchange control legislation" zugrunde[317].

Kontrollierende und beschränkende Maßnahmen können in einer Vielzahl von Erscheinungsformen, Abstufungen und Kombinationen auftreten[318]. Devisenrecht dient in der Regel der Förderung der wirtschaftspolitischen Ziele des rechtssetzenden Staates[319]. Als solches ist Devisenrecht in Deutschland Teil des Wirtschaftsverwaltungsrechts und gehört zum allgemeinen (nationalen) Außenwirtschaftsrecht[320], das aus dem Devisenrecht hervorgegangen ist[321]. In der

313 "Gebietsfremde" in der Terminologie des AWG.

314 Vgl. Fikentscher, Wirtschaftsrecht II 453.

315 Siehe zum Begriff "Kapitalverkehr" nach Art. 67 EGV: Kiemel in: Groeben/Thiesing/-Ehlermann, EGV Art. 67 Rn. 1.

316 Vgl. Reithmann 294: Praktisch fallen alle Geschäfte zwischen Inländern und Ausländern [genauer: Gebietsansässigen und Gebietsfremden] in den Bereich der Devisenvorschriften.

317 Vgl. Halsbury's Laws of England, Band 32, Money, 140 und Mann 356.

318 Siehe Kleiner 98f. für Beispiele.

319 Kägi 7f.; MünchKomm-Martiny, Rn. 1 nach Art. 34 Anh. II; Staudinger-Schmidt, Vorbem. E 2 zu § 244.

320 Staudinger-Schmidt a.a.O. Zur Bedeutung des Begriff Außenwirtschaftsrecht und seinen kollisionsrechtlichen Implikationen siehe Remien, RabelsZ 54(1990),434f.,454ff. und Fikentscher, Wirtschaftsrecht II 7f.

321 Siehe dazu Rittner 513f. und Fikentscher, Wirtschaftsrecht II 449.

Bundesrepublik Deutschland ist es im Außenwirtschaftsgesetz (AWG) vom 28.4.1961[322] geregelt.

In England lassen sich gesetzliche Maßnahmen zur Kontrolle und Regelung des Kaptitalverkehrs mit dem Ausland bis ins 14. Jahrhundert zurückverfolgen[323]. Heute herrscht vollständige Kapitalverkehrsfreiheit. Es gab allerdings nach dem 2. Weltkrieg umfassende und strenge Regeln, die den Devisenverkehr kontrollierten und beschränkten. Sie waren im Exchange Control Act vom 1.10.1947 enthalten[324]. Dieses Gesetz wurde 1979 durch Verordnungen ausgesetzt und 1987 aufgehoben[325].

4. Devisenrecht der lex fori

Die Differenzierung zwischen Währungs- und Devisenrecht spielt für die Anwendung eigenen Rechts auf internationale Sachverhalte eine eher bescheidene Rolle: Nach Art. 34 EGBGB sind deutsche international zwingende Bestimmungen unabhängig vom Schuldstatut anzuwenden. Gleiches gilt in England[326]. Hierfür ist es unerheblich, ob es sich um zwingendes Währungs- oder Devisenrecht handelt[327]. Nur soweit nationales Währungs- bzw. Devisenrecht **generell** einen unterschiedlichen räumlichen und/oder sachlichen Geltungssanspruch besitzt, kommt es auf eine grundsätzliche Unterscheidung zwischen Währungs- und Devisenrecht an. Die Qualifikation einer Norm als währungs- oder devisenrecht-

---

322 BGBl. 1961 I 481, zuletzt geändert durch das 5. und 6. Gesetz zur Änderung des AWG vom 20.7.1990, BGBl. 1990 I 1457 und 1460 sowie das 7.Gesetz zur Änderung des AWG vom 28.2.1992, BGBl. 1992 I 372.

323 Mann 357: Es handelte sich vor allem um Exportverbote von Gold und Silber.

324 Für eine Beschreibung und allgemeine Kommentierung des Exchange Control Acts 1947 siehe Mann 360-371.

325 S.I. vom 19.10.1979, Nrn. 1331 bis 1339 und vom 13.12.1979, Nr. 1660; s. 68 (1) Finance Act 1987, (1987 c. 16).

326 Siehe z.B. Boissevain v. Weil [1950] A.C. 327,342f. (Lord Radcliffe): Eine Verordnung [Reg. 2, Defence (Finance) Regulations, 1939], die nach s. 3 (1) des Emergency Powers (Defence) Act 1939 erlassen worden war, stellte es für Britische Staatsbürger unter Strafe, ausländisches Geld ohne Genehmigung zu leihen. Das House of Lords entschied einstimmig, daß die Verordnung unabhängig vom Vertragsstatut anzuwenden war. Siehe hierzu unten S. 116 mit N. 600 und ferner Dicey & Morris 1469. Allgemein zu zwingenden Normen aus englischer Sicht (mandatory rules, overriding statutes): Dicey & Morris 21-25; Fawcett, C.L.J. 49(1990)44-62.

327 Zur Anwendbarkeit zwingenden inländischen Devisenrechts siehe Reithmann 292-294.

lich erfolgt in Deutschland lege fori[328], in England wohl ebenfalls, allerdings unter Berücksichtigung des jeweiligen Auslandsbezugs[329]. Ob eine Norm zwingend im Sinn von Art. 34 EGBGB oder nach den common-law-Regeln des englischen IPR ist[330], läßt sich nur durch eine Analyse von Wortlaut, Sinn und Zweck der individuellen Norm bestimmen[331]. Einen generischen Unterschied zwischen Währungs- und Devisenrecht gibt es insoweit nicht. Anders ausgedrückt: Für die Bestimmung des Anwendungsbereichs zum Beispiel der §§ 22,23 AWG oder § 3 WährungsG ist es gleichgültig, ob dies währungs- oder devisenrechtliche Vorschriften sind.

5. Devisenrecht und Bretton-Woods-Abkommen

Erhebliche Bedeutung hat die Unterscheidung von Währungs- und Devisenrecht dagegen für die Frage der Berücksichtigung ausländischen Währungs- oder Devisenrechts durch inländische Gerichte, und zwar unabhängig davon, ob dies Vorschriften des Schuldstatuts oder eines dritten Staates sind: Für den Bereich des internationalen Devisenrechts gilt für sehr weite Bereiche das Abkommen von Bretton Woods über den Internationalen Währungsfonds[332], nach dessen Art. VIII Abschnitt 2 (b) abkommenskonforme Devisenkontrollbestimmungen der Mitgliedsländer von den übrigen Mitgliedern berücksichtigt werden müssen[333].

---

328 Die Qualifikation erfolgt grundsätzlich nach der lex fori: siehe z.B. Kropholler 100.

329 Cheshire & North 48; Dicey & Morris 47; Collier 16 und 19; Kahn-Freund 223 und vgl. Mann 374 zur Qualifikation von Art. VIII 2 (b) des Bretton-Woods-Abkommens. Nach Dicey & Morris 47 (Beispiele 36-46) gibt es in der englischen Rechtsprechung keine klare Linie in der Frage der Qualifikation (Classification oder Characterization); ebenso Collier 19.

330 Seit das Übereinkommen über das auf vertragliche Schuldverhältnisse anzuwendende Recht vom 19.6.1980 (EVÜ) (Alle ursprünglichen Textfassungen: ABlEG 1980 Nr. L 266/1 = Pirrung 306-333; deutsch-englisch-französisch: BGBl. 1986 II 810; deutsch: Jayme/-Hausmann Nr. 42) in Kraft getreten ist, kommt es für neue Fälle darauf an, ob eine Norm nach Art. 7 Abs. 2 EVÜ zwingend ist (Siehe näher unten N. 408).

331 Vgl. nur MünchKomm-Martiny, Art. 34 Rn. 87.

332 Fundstelle siehe oben N. 16.

333 Der allein authentische englische Text von Art. VIII Abschnitt 2 (b) lautet, soweit er hier von Bedeutung ist:

> "Exchange contracts which involve the currency of any member and which are contrary to the exchange control regulations of that member maintained or imposed consistently with this Agreement shall be unenforceable in the territories of any member."

Die deutsche Übersetzung lautet (BGBl. 1978 II 34):

Ist danach eine ausländische Vorschrift als Devisenkontrollbestimmung und damit als Bestandteil des Devisenrechts zu qualifizieren, so ist die Frage ihrer Berücksichtigung durch ein deutsches oder englisches Gericht methodisch völlig anders zu beurteilen als bei einer währungsrechtlichen oder devisenrechtlichen Vorschrift eines Staates, der dem IWF-Abkommen nicht beigetreten ist. Die für die Qualifikation erforderliche Auslegung des Abkommens erfolgt autonom nach dem Sinn und Zweck des Bretton-Woods-Abkommens, seiner Entstehungsgeschichte und seinem Wortlaut[334].

a) Auslegung

Zwar ist das Direktorium des IWF nach Art. XXIX befugt, das Abkommen verbindlich für die Mitglieder auszulegen, aber davon hat es für Art. VIII 2 (b) erst einmal Gebrauch gemacht[335]. Es fehlt also eine effektive zentrale Auslegungsinstanz[336]. Das Abkommen ist grundsätzlich autonom auszulegen[337]. Seine Geschichte gibt für die Auslegung des Art. VIII 2 (b) nicht viel her[338]. Die Gerichte der Mitgliedsstaaten sind sich selbst überlassen, so daß zum Beispiel der Begriff "exchange contract" (Devisenkontrakt) in verschiedenen Staaten divergierende Auslegungen erfahren hat: Während deutsche Gerichte den Begriff eher weit

---

"Aus Devisenkontrakten, welche die Währung eines Mitglieds berühren und den von diesem Mitglied in Übereinstimmung mit diesem Übereinkommen aufrechterhaltenen oder eingeführten Devisenkontrollbestimmungen zuwiderlaufen, kann in den Hoheitsgebieten der Mitglieder nicht geklagt werden."

334 MünchKomm-Sonnenberger, Einleitung zum EGBGB, Rn. 381f.; Kropholler, Internationales Einheitsrecht 330f. Vgl. auch Krispis 293.

335 Siehe die verbindliche Auslegung des Direktoriums des IWF vom 10.6.1949 zur Wirkung von Art. VIII 2 (b) und besonders des Wortes "unenforceable"; abgedruckt bei Gianviti, Recueil 283f. und bei Kern 45f.; sowie bei Gold, Article VIII 2 (b) of the IMF's Articles in its International Setting 105 und Gold I, 12 und ferner mit deutscher Übersetzung bei Gold, RabelsZ 19(1954),621f.; Dicey & Morris 1470 (Nach ihrer Auffasung ist die Auslegung für englische Gerichte nicht verbindlich, sondern hat nur "persuasive authority": 1471; ebenso Mann 383 N. 41). Zur Auslegungsbefugnis des Direktoriums siehe Edwards 37-39 und Ebke, FS Gold 86. Zur verbindlichen Auslegung von Art. VIII 2 (b) siehe Edwards 478 und Ehlers-Munz 23f.

336 Vgl. MünchKomm-Martiny, Rn. 12 nach Art 34 Anh. II.

337 Die autonome Auslegung internationaler Übereinkommen und Abkommen ist sowohl nach deutschem wie nach englischem Recht anerkannt: Vgl. z.B. Kropholler 61ff. und 104; MünchKomm-Sonnenberger, Einleitung zum EGBGB, Rn. 235 m.w.N. in N. 559; Fothergill v. Monarch Airlines [1981] A.C. 251.

338 Zur Entstehungsgeschichte des Art. VIII 2 (b) siehe Gold II 429-438.

verstehen[339], wird er von englischen Gerichten eher eng interpretiert[340]. Diese unterschiedlichen Interpretationslinien sind das praktische Ergebnis der Schwierigkeiten der beabsichtigten international einheitlichen autonomen Auslegung von Übereinkommen.

b) "Exchange control regulation"

Für die Abgrenzung von (internationalem) Devisenrecht und Währungsrecht nach dem Bretton-Woods-Abkommen ist insbesondere die Bedeutung von "exchange control regulations" (Devisenkontrollbestimmungen) wichtig. Das Abkommen selbst bestimmt diesen Begriff nicht, und der IWF hat ihn bisher nicht verbindlich ausgelegt. Es lassen sich trotzdem einige Regelungstypen feststellen, die davon erfaßt werden[341].

(1) IWF, Gold und Gianviti

Sehr weit ist die Ansicht des IWF, wonach als allgemeiner Prüfstein für das Vorliegen einer Devisenkontrollbestimmung die Frage dienen soll, "whether it [die Maßnahme] involves a direct governmental limitation on the availability or use of exchange as such."[342] Damit wird die Unterscheidung zum ebenfalls in

339 Eine gute Zusammenfassung zur deutschen Gerichtspraxis geben Böhlhoff/ Baumanns, Extraterritorial Recognition of Exchange Control Regulations - A German Viewpoint, in: The Law of International Trade Finance 107,114-116; Ebke, FS Gold 63,76; Seuß 7-12, jeweils mit zahlreichen Rechtsprechungsnachweisen. Siehe auch MünchKomm-Martiny, Rn. 13 nach Art. 34 Anh. II.

340 Siehe vor allem Wilson, Smithett & Cope Ltd. v. Terruzzi (1976) Q.B. 683: "The words 'exchange contracts' ... refer only to contracts to exchange the currency of one country for the currency of another" (a.a.O. 714, Lord Denning); bestätigt von Lord Diplock in der einstimmigen Entscheidung des House of Lords in United City Merchants (Investments) Ltd. v. Royal Bank of Canada [1983] A.C. 168,188. Kritisch dazu Gold I.C.L.Q. 33(1984) 777. Für eine Zusammenfassung der englischen Rechtsprechung siehe Balfour, Extraterritorial Recognition of Exchange Control Regulations - The English Viewpoint, in: The Law of International Trade Finance 125,128-132; einen kritischen Überblick gibt Mann 384-391. Einen rechtsvergleichenden Überblick geben Silard, Money Nr. 87f. und Seuß 7-30.

341 Ehlers-Munz 6-12 gibt Beispiele verschiedener Devisenkontrollbestimmungen und ihrer Verbreitung.

342 Decision Nr. 1034-(60/27) vom 1.6.1970, Selected Decisions (1986)281. Siehe hierzu Gold, Article VIII 2 (b) in its International Setting 88 und Seuß 83. Hier bedürfte es genauerer Klärung, was eine "direct" governmental "limitation" ist und was unter "exchange as such"

Art. VIII des Bretton-Woods-Abkommens verwendeten Begriff "exchange restriction" verwischt, denn dieser Begriff soll sich beziehen auf "the governmental prohibition of, limitation on, or hindrance to the availability or use of exchange in connection with current international transactions"[343]. Hier ist ein Unterschied in der Sache nur noch schwer feststellbar[344].

Nach Ansicht von Gold ist der Begriff "Devisenkontrollbestimmung" noch weiter auszulegen und verschieden von "Devisenbeschränkungen": Danach sind auch nicht-restriktive Bestimmungen wie bloße Meldepflichten oder bestimmte vorgeschriebene Zahlungsverfahren über ein autorisierte Bank Devisenkontrollbestimmungen[345]. Diese Art von Bestimmungen stehen im Einklang mit dem IWF-Abkommen und sind deshalb von den übrigen Mitgliedern im Rahmen von Art. VIII 2 (b) zu berücksichtigen. Andererseits kann eine "restriction" auch ohne "regulation" vorliegen, etwa wenn eine Devisenbehörde wegen bürokratischer Ineffizienz unverhältnismäßig lange für die Erteilung einer Genehmigung benötigt, auf die der Antragsteller einen Anspruch hat[346].

Nach Gianviti, dem Nachfolger Golds als Leiter der Rechtsabteilung des IWF, sind Devisenkontrollbestimmungen "regulations pertaining to the acquisition, holding or use of foreign exchange as such, or to the use of domestic or foreign currency in international payments or transfers as such"[347]. Mit "as such" ist wohl

---

zu verstehen ist. Zu den Schwierigkeiten, den Begriff angemessen zu definieren, siehe auch Shuster 31,73,229.

343 Gold, The International Monetary Fund and Private Business Transactions 7. Gold fährt fort: "If the government interferes with the ability of its residents to make payments abroad in the domestic currency for current international transactions or to acquire or use foreign currency for this purpose, or if it interferes with the freedom of non-residents to take out the proceeds of these transactions, the government is engaging in a 'restriction'".

344 Ähnlich Silard, Money Nr. 81.

345 Gold, The International Monetary Fund and Private Business Transactions, 8, und vor allem I.C.L.Q. 33(1984),782.

346 Gold, I.C.L.Q. 33(1984),782 N. 19. Aus volkswirtschaftlicher Sicht müssen bei einer **Devisenkontrolle** (Valutakontrolle) alle Ausfuhrgeschäfte und andere außenwirtschaftliche Transaktionen, die zu Deviseneinnahmen führen, genehmigt und die dadurch erworbenen Auslandsguthaben der Regierung zum offiziellen Wechselkurs zur Verfügung gestellt werden. Bei einer **Devisenrestriktion** (Valutarestriktion) sind alle Importe genehmigungsbedürftig und dürfen nur zum von der Regierung festgesetzten Wechselkurs durchgeführt werden, und Zahlungen an Ausländer sind von der Zustimmung der Regierung abhängig: Siehe Köhler, Geldwirtschaft II 199 und Schneider 206.

347 Gianviti, Recueil 275.

gemeint, daß die Regeln Devisen beziehungsweise Devisenverkehr direkt und nicht indirekt betreffen[348].

Allen eben aufgeführten Auffassungen ist gemeinsam, daß die jeweils mit einer Maßnahme verfolgten Ziele bei der Frage der Qualifikation als Devisenkontrollbestimmung unbeachtet bleiben.

(2) Deutsche und englische Auffassung

Aus deutscher Sicht fallen unter exchange control regulations "Vorschriften, die die Bewegung von Geld, Vermögen oder Dienstleistungen zum Schutz der Zahlungsbilanz eines Landes zwingend regeln"[349]. In England ist der Begriff etwas ungenau definiert worden als "a law passed with the genuine intention of protecting its[350] economy in times of national stress and for that purpose regulating (inter alia) the rights of foreign creditors ..."[351]. Präziser ist die Definition von Mann, wonach sich der Ausdruck exchange control regulations bezieht auf "enactments that control the movement of the currency, property, or services for the purpose of protecting the financial resources of a country."[352]

Die letztgenannten Definitionen haben den Schutz der Zahlungsbilanz beziehungsweise der "financial resources" des Erlaßstaates als Kern; und das ist gleichbedeutend mit dem Schutz der finanziellen Stabilität des Landes[353]. Auch der Schutz der "financial resources" (Währungsreserven) eines Landes ist nicht wesentlich verschieden vom Schutz der Zahlungsbilanz, denn die Währungs-

---

348 Gianviti, Rev.crit.dr.int.pr. 69(1980)666 und siehe auch Ebke 253.

349 BGH 21.5.1964, WM 1964,768; BGH 8.3.1979, WM 1979,486; BGH 14.11.1991, EuZW 1992,123,126; LG Karlsruhe 24.8.1984, RIW 1986,385,386; OLG Düsseldorf 28.9.1989, WM 1989,1842,1844; LG Hamburg 26.7.1990, WM 1991,1671,1674; MünchKomm-Martiny, Rn. 24 nach Art. 34 Anh. II; ähnlich Ehlers-Munz 70; siehe auch Kern 75-79, Reithmann 360 und vgl. Natermann 96. Anders neuerdings zu Recht Ebke 252ff. und Seuß 78ff. und 88.

350 Gemeint muß sein: die wirtschaftliche Lage des rechtssetzenden **Staates**.

351 Upjohn J. in re Claim by Helbert Wagg & Co. Ltd. [1956] Ch. 323,351; kritisch auch Mann 393.

352 Mann 393. Vgl. auch Balfour 135; Krispis 293 und Sharif v. Azad [1967] 1 Q.B. 605,614 (Lord Denning M.R.), 618 (Diplock L.J.).

353 Vgl. Gold, I.C.L.Q. 33(1984),778: "It is not necessary to like exchange control to recognise that it has been a traditional recourse when the balance of payments is under pressure ..."

reserven eines Landes sind ein wesentlicher Posten in seiner Zahlungsbilanz mit dem Ausland[354].

(3) Bedeutung des Zwecks einer Regel

Diese Definitionen haben zwei einschränkende Elemente gemeinsam: sie enthalten eine Aussage über die Form der Regel und über ihren Zweck. Problematisch ist insbesondere, ob der Zweck einer Regel etwas über ihre Eigenschaft als Devisenkontrollbestimmung aussagen kann. Wäre das der Fall, so könnte eine wortgleiche Regel zweier Mitgliedsstaaten in einem der beiden eine Devisenkontrollbestimmung nach Art. VIII 2 (b) sein, wenn der Zweck für ihren Erlaß der Schutz der Zahlungsbilanz war, in dem anderen Staat dagegen nicht, wenn die Regel wirtschafts-, außen- oder sicherheitspolitisch motiviert ist. Zudem kann der Zweck nach Erlaß der Regel wechseln oder ein Motivbündel vorgelegen haben[355]. Die gerichtliche Feststellung des Zwecks zum maßgeblichen Zeitpunkt kann sich als äußerst schwierig herausstellen[356].

Diese Schwierigkeiten wurden bei der Beurteilung der sogenannten Carter Freeze Order vom 14.11.1979[357] deutlich, durch die der amerikanische Präsident Carter sämtliche Vermögenswerte des Iran in den Vereinigten Staaten einfror, darunter insbesondere alle iranischen Guthaben bei amerikanischen Banken und deren ausländischen Töchtern[358]. Die Freeze Order wurde einerseits mit außen- und sicherheitspolitischen Erwägungen und andererseits gleichzeitig mit wirtschaftlichen Zielen begründet: Sie sollte unter anderem dafür sorgen, daß der Iran sich den finanziellen Ansprüchen der U.S.A. und seiner Bürger nicht durch den Abzug aller Vermögenswerte entziehen konnte. Die Berücksichtigung der Motive bei der Prüfung, ob es sich hierbei um Devisenkontrollbestimmungen

354 Zu den marginalen Unterschieden zwischen dem Schutz der Zahlungsbilanz und der Währungsreserven als Gegenstand von Devisenbestimmungen "which involve the currency of a member" siehe Gold II 146f. und 402f.

355 Siehe Gold II 296 für Beispiele.

356 Vgl. Gold III 767. Siehe auch Seuß 78 und Ernst, Gesetzeszweck 89 und 75 zu den Schwierigkeiten eines Gerichts, die Ziele ausländischer Gesetze zu ermitteln.

357 Executive Order 12170 gemäß dem International Emergency Economic Powers Act. Die Freeze Order stand im Zusammenhang mit der Geiselnahme der Mitarbeiter der amerikanischen Botschaft im Iran und deren Angehörigen.

358 Siehe hierzu Gold II 360-427; Gianviti, Rev.crit.dr.int.pr. 69(1980) 279-303; Edwards, Am.J.Int.L. 75(1981)870; Seuß 80f. Zu den Wirkungen aus deutscher Sicht: Westrick, I.B.L. 9(1981)105ff. und Schneider, I.B.L. 9(1981)103f.

handelte[359], führt zu keinem befriedigenden Ergebnis, weil eine Gewichtung der Motive willkürlich ist.

(4) Abkommenskonformität

Gesetzgeberische Ziele einer Kapitalverkehrsvorschrift sind systematisch an einer anderen Stelle zu ermitteln, und zwar bei der Prüfung, ob die Vorschrift "maintained or imposed consistently with this agreement" ist[360]. Denn dort kann auf die übrigen Bestimmungen des Bretton-Woods-Abkommens Rücksicht genommen werden, innerhalb derer der Internationale Währungsfonds bei der Entscheidung über die Gestattung von Kapitalverkehrsvorschriften die Motive des Erlaßstaates einbezieht. Eine Auskunft des IWF, ob eine Devisenkontrollvorschrift abkommenskonform ist, kann jederzeit eingeholt werden[361]. Der jeweilige Staat muß völkerrechtlich kompetent sein, die Vorschrift zu erlassen: Auch für die Prüfung dieses Erfordernisses können die gesetzgeberischen Ziele einer Vorschrift relevant sein. Korrekturen eines IWF-Mitglieds hinsichtlich einer zu umfassenden Anwendung fremden Devisenrechts anderer IWF-Mitglieder können dagegen grundsätzlich nicht über den nationalen ordre public erfolgen[362]. Ob die jeweilige Vorschrift tatsächlich die Zahlungsbilanz des Erlaßstaates schützt, ist bei der Frage zu untersuchen, ob der Devisenaustauschvertrag die Währung eines Mitgliedsstaates berührt (involves the currency of any member).

Außerdem ist es nach den übrigen Regelungen des Abkommens unzweifelhaft, daß auch Bestimmungen, die den Kapitalverkehr regeln und nicht oder nicht nur die Zahlungsbilanz schützen, abkommenskonform sein können und im Rahmen von Art. VIII 2 (b) zu beachten sind: Dies können "exchange restrictions on the making of payments and transfers for current international transactions" sein, die

---

359 Bejahend z.B. Gianviti, Rev.crit.dr.int.pr. 69(1980)294; Edwards, Am.J.Int.L. 75(1981) 883f.; a.A. Mann, JZ 1981,331.

360 Ähnlich Seuß 82.

361 Siehe die Interpretation von Art. VIII 2 (b) durch den IWF vom 10.6.1949 (Oben N. 335), in der es heißt: "In addition, the Fund is prepared to advise whether particular exchange control regulations are maintained or imposed consistently with the Fund Agreement." In OLG Karlsruhe 15.12.1965, IPRspr. 1964-1965 Nr. 194 S. 583 richtete das Gericht eine schriftliche Anfrage an den IWF, ob ein brasilianisches Gesetz abkommenskonform sei: Siehe dazu Gold II 118f.

362 MünchKomm-Sonnenberger, Art. 6 EGBGB Rn. 25; Mann 375f.; Gianviti, Recueil 274; Krispis 305f. und vgl. die Interpretation von Art. VIII 2 (b) durch den IWF (oben N. 335). Für deutsches Recht ergibt sich das auch aus Art. 3 Abs. 2 Satz 1 EGBGB.

im Einklang mit Art. VIII 2 (a) erlassen wurden[363], und "discriminatory currency arrangements or multiple currency practices", soweit sie nach Art. VIII 3 zulässig sind[364].

Eine diskriminierende Währungsregelung (discriminatory currency arrangement) wäre zum Beispiel eine Vorschrift, die Gebietsansässigen gestattet, in einer bestimmten Währung und einem besonderen Verfahren Zahlungen in bestimmte Länder zu leisten, aber ihnen gleichzeitig verbietet, Zahlungen in dieser Währung auf normalem Weg in andere Länder zu leisten[365]. Multiple Kurspraktiken (multiple currency practices) liegen vor, wenn verschiedene Wechselkurse für verschiedene Transaktionsarten vorgeschrieben werden; sie können wie Steuern beziehungsweise Subventionen für den betroffenen Handels- oder Dienstleistungsbereich wirken[366].

(5) Zwischenergebnis: Form der Regel

Daraus folgt, daß es für die Frage, ob eine Devisenkontrollbestimmung im Sinn von Art. VIII 2 (b) vorliegt, nur darauf ankommt, was sie auf welche Art regelt: Wenn sie den Zahlungs- oder Kapitalverkehr eines Landes mit dem Ausland oder mit ausländischen Vermögenswerten direkt betrifft, ist sie eine Devisenkontrollbestimmung[367]. Auf ihren Schutzzweck kommt es nicht an. Er ist allenfalls ein Indiz. Neben Beschränkungen laufender Zahlungen fallen auch Kapitalverkehrsbeschränkungen unter den Begriff "exchange control regulations" in Art. VIII 2 (b)[368].

---

363 Edwards 481; Gold II 195 und 296. Dies ist auch die Ansicht des IWF: Siehe den Brief von George P. Nicoletopoulos, Direktor der Rechtsabteilung des IWF, vom 9.1.1981 an Richard W. Edwards, Jr., abgedruckt in Edwards, Am.J.Int.Law 75(1981),900-902(901).

364 Siehe Kern 76f.; Edwards 483.

365 Siehe Edwards 306, 392 N. 43 sowie 400. Vor allem sozialistsche Staaten haben davon Gebrauch gemacht, um ihre Devisenreserven zu schützen. Vgl. auch Gold, The International Monetary Fund and Private Business Transactions 16.

366 Edwards 396, und siehe auch Kern 76, der zu Recht auf die ähnliche Wirkung solcher Praktiken zu Devisenbewirtschaftungsmaßnahmen hinweist.

367 Ebenso Edwards 480; Gold III 791; Ebke 255; Gränicher 91; Gianviti, Rev.crit.dr.int.pr. 69(1980)665f. und ders., Recueil 273. Für eine rein formelle Abgrenzung von Devisenkontrollbestimmungen und Handelsbeschränkungen auch Kägi 82. Ähnlich Seuß 88, die darüber hinaus noch Bestimmungen erfassen will, die die "direkte Kontrolle über die vertragliche Begründung internationaler Zahlungsverpflichtungen" betreffen.

368 Edwards 480; ders., Am.J.Int.L. 75(1981),883; Gold II 208f. und 296, III 791; Mann 382; ders., JZ 1981,329; Sharif v. Azad [1967] 1 Q.B. 605, 616f.; Kohl, IPrax 1986,287; Gold,

c) Differenzierung zwischen Devisenkontrollbestimmung und Währungsrecht

Die Unterscheidung zwischen einer Devisenkontollbestimmung im Sinn des Bretton-Woods-Abkommens und einer währungsrechtlichen Vorschrift kann an verschiedenen Punkten ansetzen: Denkbar ist eine Differenzierung nach ihrem Zweck, nach ihrem Regelungsinhalt und nach ihrem Regelungsgegenstand.

(1) Zweck

Die Untersuchung des Begriffs "Devisenkontrollbestimmung" hat gezeigt, daß eine abkommenskonforme Definition den Zweck der Vorschrift außer acht lassen muß. Deswegen führt dieses Kriterium bei der Unterscheidung zwischen Devisenrecht, das unter das Bretton-Woods-Abkommen fällt, und Währungsrecht nicht weiter. Dies zeigt das Beispiel von § 23 Absatz 3 AWG, wonach Kapitalimport beschränkt werden darf, um die Kaufkraft der Deutschen Mark zu schützen **oder** um das Gleichgewicht der Zahlungsbilanz sicherzustellen. Legte man die in Deutschland herkömmliche Definition von Devisenkontrollbestimmungen zugrunde, könnte eine nach § 2 in Verbindung mit § 23 Absatz 3 AWG erlassene Rechtsverordnung je nach ihrem Schutzzweck devisen- oder währungsrechtlicher Natur oder beides sein[369], und das würde im Rahmen einer Prüfung in einem ausländischen Gerichtsverfahren, ob sie nach Art. VIII 2 (b) zu berücksichtigen ist, zu erheblichen Schwierigkeiten führen[370].

(2) Regelungsinhalt

Eine Differenzierung zwischen Devisenkontrollbestimmungen und Währungsrecht nach ihrem Regelungsinhalt führt nicht weiter. Es gibt zwar Unterschiede: Denn im Bereich des Währungsrechts gibt es Bestimmungen, die die Organisation der Währungsverfassung betreffen, und Vorschriften dieser Art fehlen im Devisenrecht, weil es ein funktionierendes Währungssystem voraussetzt. Doch

---

Article VIII 2 (b) of the IMF's Articles in its International Setting 78-82 mit ausführlicher Begründung und 88; Gränicher 92; Natermann 93; Ebke 257 (mit Hinweis auf die ausnahmsweise zulässige Versagung der Inlandsgeltung wegen Verstoßes gegen den nationalen ordre public.) Offengelassen bei MünchKomm-Martiny; Rn. 26 nach Art. 34 Anh. II; zweifelnd BGH 21.12.1976, IPRspr. 1976 Nr. 118 S. 342,345. A.A. Kern 77f.

369 So Reithmann 294.

370 Selbst eine Bestimmung, die die "Kaufkraft" schützen soll, ist nicht eindeutig, denn es kann die innere oder äußere Kaufkraft gemeint sein: Siehe oben S. 53.

beide Rechtsgebiete können Verbotsvorschriften enthalten: Dies ist geradezu typisch für Devisenkontrollbestimmungen. § 3 WährungsG ist dagegen ein Beispiel für eine währungsrechtliche Verbotsvorschrift.

(3) Regelungsgegenstand

Regelungsgegenstand von Devisenkontrollbestimmungen ist der **Verkehr** mit einheimischen oder ausländischen Vermögenswerten mit dem Ausland. Die Kombination des tatsächlichen Verkehrs mit dem ausländischen Element macht die Eigenart der Devisenkontrollbestimmungen aus. Währungsrecht betrifft dagegen zuvörderst das jeweils nationale Währungssystem und die eigene nationale Währung; es hat keinen direkten Auslandsbezug. Das Verkehrselement fehlt völlig: Währungsrecht ist insoweit "statisch"[371]. Die bloße Vereinbarung einer Geldschuld ist kein Kapital- oder Zahlungs**verkehr**[372]. Deswegen und nur deswegen ist eine Vorschrift wie § 3 Satz 1 WährungsG, die es in Verbindung mit § 49 Absatz 1 AWG für Gebietsansässige untersagt, Geldschulden in einer anderen Währung als in deutscher Mark einzugehen, keine Devisenkontrollbestimmung im Sinn von Art. VIII 2 (b)[373]. Gleiches gilt für § 3 Satz 2 WährungsG, der die Vereinbarung von Wertsicherungsklauseln verbietet[374].

---

371 Vgl. Staudinger-Schmidt, Vorbem. E 2 zu § 244: "Regelungsgegenstand des Währungsrechts ist ... die eigene Währung, Regelungsgegenstand des Devisenrechts dagegen der Verkehr mit Devisen."

372 Vgl. Gianviti, Recueil 271 zu Art. VIII 2 (a).

373 So auch im Ergebnis die ganz herrschende Meinung, mit allerdings entweder falscher oder unzureichender Begründung: MünchKomm-Martiny, Rn. 29 nach Art. 34 Anh. II passim; Reithmann 360f.; Mann 393f.; OLG Karlsruhe 15.12.1965, IPRspr. 1964-65 Nr. 194 S.585f. begründen den währungsrechtlichen Charakter einer solchen Bestimmung mit ihrem Ziel, die Währung zu schützen. Das ist, wie eben (S. 58) gezeigt, für die Auslegung von Art. VIII 2 (b) eine falsche Begründung. In seiner Kommentierung von OLG Karlsruhe 15.12.1965, IPRspr. 1964-65 Nr. 194 stützt sich Gold (II 119) ebenfalls auf den Zweck der dort relevanten brasilianischen Bestimmung, obwohl er sonst für eine rein formelle Definition von Devisenkontrollbestimmungen eintritt (siehe oben bei N. 345). An anderer Stelle (Gold II 79) sagt er: "Normally, legal tender legislation deals with the establishment and characteristics of a currency, and exchange control legislation deals with the defense of a currency by husbanding national resources. It must be repeated that this is not a precise formula by which to distinguish between them." Gianviti, Rev.crit.dr.int.pr. 69(1980)666 und wohl auch Gränicher 90 kommen zu diesem Ergebnis, weil es sich bei dem Verbot der Eingehung von Fremdwährungsschulden nicht um "direkte" Zahlungsverkehrsregeln handele. Seuß 90 meint, solche Vorschriften beträfen nicht die Freiheit zum Eingehen internationaler Zahlungsverbindlichkeiten, sondern regelten deren Inhalt. Diese Ansicht widerspricht dem

Aus diesem Abgrenzungskriterium folgt ebenso, daß Rechtsverordnungen, die aufgrund von § 23 Absatz 3 AWG erlassen werden[375], unter Art. VIII 2 (b) fallen, weil sie den Kapital**verkehr** betreffen. Andererseits sind Vorschriften, die Währungsgeld betreffen (legal tender legislation), wie zum Beispiel die Decimal Currency Acts 1967 und 1969[376], Währungsrecht und fallen nicht unter Art. VIII 2 (b), denn sie regeln das nationale Währungssystem, es fehlt das Verkehrselement, und sie sind nicht auslandsbezogen. Gleiches gilt für Bestimmungen, die den Goldstandard einer Währung aufheben, wie den Gold Standard (Amendment) Act 1931[377] oder die amerikanische Joint Resolution vom 5. Juni 1933, durch die der Kongreß auf Dollar bezogene Goldmünz- und Goldwertklauseln rückwirkend außer Kraft setzte[378]. Das Aufwertungsgesetz vom 16.7.1925[379] und das Umstellungsgesetz im Zug der Währungsreform 1948[380] sind, da sie alte Geldschulden jeweils in einer neuen Währung ausdrückten und nicht den Zahlungsverkehr betrafen, keine Devisenkontrollbestimmungen nach Art. VIII 2 (b)[381].

Das eben entwickelte Abgrenzungskriterium paßt für die Unterscheidung zwischen Devisenkontrollbestimmungen und Währungrecht, aber nicht notwendigerweise für die Differenzierung von Devisenkontrollbestimmungen und anderen, nicht währungsrechtlichen Bestimmungen. Es besteht aber weitgehende Einigkeit darüber, daß neben währungsrechtlichen Vorschriften Zölle, handelsprotektionistische Maßnahmen, Feindgesetzgebungen und Preiskontrollvor-

klaren Wortlaut von § 3 Satz 1 WährungsG: "Geldschulden dürfen nur mit Genehmigung ... eingegangen werden."

374 Ebenso im Ergebnis Robertz 169f., aber wegen des angenommenen währungsschützenden Charakters von § 3 Satz 2 WährungsG.

375 Es gibt zur Zeit keine, und daran wird sich wahrscheinlich nichts ändern.

376 1967 c. 47 und 1969 c. 19. Der Decimal Currency Act 1967 führte das Dezimalsystem im Geldwesen ein und trägt die Überschrift: "An Act to provide for the introduction of decimal currency in the year 1971; and to regulate the constitution and functions of the Decimal Currency Board".

377 21 & 22 Geo. 5 c. 46.

378 31 U.S.C. 463. Diese beiden Gesetze stammen allerdings aus der Zeit vor dem Bretton-Woods-Abkommen.

379 RGBl. 1925 I 117.

380 Drittes Gesetz zur Neuregelung des Geldwesens (MRG Nr. 63 [ABlAmMilReg Ausgabe J 21; ABlBrMilReg Nr. 25 S. 862]; französische MRVO 160 [JO Nr. 177 S. 1537]).

381 Zur Bedeutung der Frage, ob es sich dabei um Währungsrecht oder Schuldrecht handelt, siehe unten S. 71 und 75ff.

schriften keine "exchange control regulations" sind[382]. Soweit handelsprotektionistische Maßnahmen ihrer Form nach als Devisenkontrollbestimmungen anzusehen sind, wird ihre Berücksichtigung im Rahmen von Art. VIII 2 (b) regelmäßig an der Hürde der Abkommenskonformität scheitern.

6. Autonomes ausländisches Devisenrecht

Das Bretton-Woods-Abkommen wirkt rückwirkend und gilt für ungefähr 160 Staaten. Rückwirkung entfaltet es deshalb, weil auch solche Devisenkontrollbestimmungen erfaßt werden, die ein Mitglied entweder vor dem Inkrafttreten des Abkommens oder vor seinem Beitritt erlassen hat. Dies folgt aus Art. XIV 2 und 3. Bisher beteiligten sich vor allem die Ostblock-Staaten nicht am Bretton-Woods-System[383]. Mit dem Zusammenbruch der kommunistischen Systeme im ehemaligen Ostblock und der Umwandlung der Wirtschaftssysteme der ehemaligen Staaten des Warschauer Paktes von Planwirtschaften zu marktwirtschaftlich orientierten Volkswirtschaften hat eine neue Entwicklung eingesetzt[384], so daß die schon bisher geringe Bedeutung ausländischen Devisenrechts, das nicht unter das Bretton-Woods-Abkommen fällt, weiter abnehmen wird. Zwar gab es im deutschen Recht die Besonderheit, daß ausländisches Devisenrecht (insbesondere der ehemaligen Ostblock-Staaten) für die rechtliche Bestimmung von Renten- und Unterhaltsansprüchen gesondert angeknüpft wurde, damit der Berechtigte auf legalem Weg die volle Leistung zur Sicherung seines Lebensbedarfs erhielt[385]. Diese Sonderanknüpfung beruhte hingegen nicht auf einer Eigenart des Devisenrechts, sondern resultierte aus dem Zweck des Unterhaltsanspruchs[386].

---

382 Mann 393f.; ders. JZ 1981,331; Balfour 135; Kleiner 157; MünchKomm-Martiny, Rn. 24 und 29 nach Art. 34 Anh. II; Gränicher 90f.; Ebke 253. Der Abgrenzung dienlich ist möglicherweise das Kriterium der Direktheit (vgl. Gianviti, Rev.crit.dr.int.pr. 69(1980)666; Gränicher 90): Wenn etwa im Rahmen eines Handelsembargos neben den Warenverkehrsverboten auch Zahlungsverkehrsverbote bestehen, so sind sie nur Folge des Handelsembargos, und damit indirekt.

383 Auch die Schweiz war bisher nicht Mitglied, wird jedoch nach einer vor kurzem durchgeführten Volksabstimmung beitreten: Franfurter Allgemeine Zeitung vom 18.5.1992, Nr. 115 S. 13.

384 Ungarn hat als erstes "Ostblockland" erklärt, dem Bretton-Woods-Abkommen beitreten zu wollen, und nach einer Meldung der deutschen Presseagentur haben mittlerweile alle 15 früheren sowjetischen Republiken die Aufnahme in den Internationalen Währungsfonds beantragt: Frankfurter Allgemeine Zeitung vom 16. März 1992, Nr. 62 S. 11.

385 Aus der neueren Rechtsprechung: OLG Düsseldorf 10.11.1986, IPRspr. 1986 Nr.70 S. 161; OLG Düsseldorf 7.3.1986, IPRspr. 1986 Nr. 86 S. 1986; OLG Frankfurt 16.6.1986, IPRspr. 1986 Nr. 88 S. 204; BGH 26.11.1986, IPRspr. 1986 Nr. 183 S. 418; BGH 1.4.1987, IPRspr.

Auf eine Abgrenzung von ausländischem Währungsrecht, soweit es sich dabei um Eingriffsnormen handelt, zu ausländischem Devisenrecht, das nicht unter das Bretton-Woods-Abkommen fällt, wird es kaum jemals ankommen: für beides gelten die im einzelnen sehr streitigen Regeln über die Berücksichtigung ausländischen zwingenden Rechts[387]. Soweit eine Differenzierung doch notwendig ist, kann auf das eben[388] für Devisenkontrollbestimmungen nach Art. VIII 2 (b) des Bretton-Woods-Abkommens entwickelte Abgrenzungskriterium zurückgegriffen werden.

7. Zusammenfassung

Für die Frage der Anwendung zwingender Normen des Forumstaats kommt es auf eine Unterscheidung zwischen Währungsrecht und Devisenrecht weder in England noch in Deutschland an. Erhebliche Bedeutung hat der Unterschied für ausländisches Recht, da England und Deutschland Mitgliedstaaten des Bretton-Woods-Abkommens sind, nach dessen Art. VIII 2 (b) abkommenskonforme Devisenkontrollbestimmungen der übrigen Mitglieder berücksichtigt werden müssen. Wenn eine Vorschrift den Kapital- und/oder Zahlungsverkehr mit dem Ausland generell und/oder mit ausländischen Vermögenswerten regelt, ist sie eine Devisenkontrollbestimmung. Ihre Funktion ist unerheblich; insbesondere ist es nicht erforderlich, daß sie die Zahlungsbilanz oder die Devisenreserven des Erlaßstaates schützen soll. Im Gegensatz zu einer Devisenkontrollbestimmung regelt eine währungsrechtliche Vorschrift die nationale Währungsverfassung und Währung. Sie hat keinen direkten Auslandsbezug und enthält kein Verkehrselement. Für die Beachtung ausländischer währungsrechtlicher Eingriffsnormen kommt es nach deutschem und englischem Recht auf eine Unterscheidung zu ausländischem Devisenrecht, das nicht unter das Bretton-Woods-Abkommen fällt, nicht an.

1987 Nr. 66 S. 176; OLG Hamm 6.7.1987, IPRspr. 1987 Nr. 143 S. 351; OLG Hamburg 11.1.1989, DAVorm 1989,334,335. Vgl. auch MünchKomm-Martiny, Rn. 38 nach Art. 34 Anh. II.

386 BGH 26.11.1986, IPRspr. 1986 Nr. 183 S. 418,422; BGH 1.4.1987, IPRspr. 1987 Nr. 66 S. 176,179. Im englischen Recht gibt es hierzu keine Rechtsprechung.

387 Vgl. MünchKomm-Martiny, Rn. 25 nach Art. 34 Anh. I und Rn. 38 nach Art. 34 Anh. II. Siehe zur Berücksichtigung ausländischen autonomen Devisenrechts durch deutsche Gerichte: Ehlers-Munz 149-164.

388 Oben S. 63.

2. Kapitel: Währungsrecht aus kollisionsrechtlicher Sicht

§ 3: Währungskollisionsrechtliche Grundlagen

I. Kollisionsrechtliche Einordnung

Der kollisionsrechtliche Reiz von Währungsfragen liegt darin, daß sie nach herkömmlichem Verständnis regelmäßig im Grenzbereich zwischen privatem und öffentlichem (Wirtschafts-)Recht beziehungsweise nach moderner Betrachtungsweise zwischen Parteiautonomie und staatlich regulierten Gemeinwirtschaftsinteressen angesiedelt sind. Es gibt kaum Austauschverträge, bei denen die Leistung der einen Partei nicht in einer Geldzahlung besteht. Aus der Perspektive der Vertragspartner dienen Vertragsbeziehungen ihrem interindividuellen Interessenausgleich. Aus übergeordneter Sicht haben sie daneben gesamtwirtschaftliche Funktionen, deren Bedeutung im modernen, immer stärker internationaliserten Wirtschaftsverkehr so erheblich ist, daß Staaten in ihrem nationalen wirtschaftspolitischen Interesse immer häufiger regelnd in die Vertragsbeziehungen eingreifen. Diese Doppelfunktion von Verträgen ist treffend mit Mikro- und Makrofunktion beschrieben worden[389].

Soweit Währungsrecht zum Wirtschaftsrecht gehört, was jedenfalls für die währungsrechtlichen Regeln zutrifft, die aus ordnungspolitischen Gründen die wirtschaftliche Handlungsfreiheit des Einzelnen berühren[390], wird sein internationaler Anwendungsbereich von den Regeln des Wirtschaftskollisionsrechts (oder: des Internationalen Wirtschaftsrechts) bestimmt. Zur Abgrenzung des Wirtschaftskollisionsrechts, das auf die ordnungspolitischen Funktionen seines Gegenstands Rücksicht nehmen muß, von den übrigen und herkömmlichen Regeln des internationalen Privatrechts, die sich im Vertragsrecht vor allem auf die Mikrofunktion von Verträgen beziehen, ist das Begriffspaar öffentliches und privates Recht ungeeignet[391]: Für deutsches Sachrecht ist die Unterscheidung wegen des

---

389 Kreuzer, Ausländisches Wirtschaftsrecht 83.
390 Z.B. § 3 WährungsG.
391 Vgl. Drobnig, RabelsZ 52(1988)3; Berg, RabelsZ 52(1988)257.

gesetzlich vorgeschriebenen unterschiedlichen Rechtswegs zwar zwingend erforderlich. Sie bereitet allerdings für Wirtschaftsrecht schon im deutschen Recht Schwierigkeiten[392]. In England ist die Unterscheidung kaum bekannt; jedenfalls ist sie regelmäßig von untergeordneter Bedeutung[393]. Für das Wirtschaftsrecht gilt weiter, daß einerseits (nach deutschem Verständnis) öffentlich-rechtliche Normen wie zum Beispiel § 3 WährungsG privatrechtliche Reflexwirkungen[394] haben und andererseits einige privatrechtliche Normen des Arbeits-, Verbraucherschutz- oder Kartellrechts ordnungspolitische[395] Ziele verfolgen.

II. Fallkonstellationen

Diese Arbeit kann jedoch nicht das Ziel verfolgen, die Eigenheiten des Wirtschaftskollisionsrechts auszuleuchten[396], sondern nur den kollisionsrechtlichen Implikationen des Währungsrechts nachgehen. Das Phänomen Währung kann in einer ganzen Reihe von Konstellationen kollisionsrechtlich erheblich sein. Die Variablen dabei sind die lex fori, die lex causae, das Recht des Staates, in dessen Währung eine Geldschuld gezahlt werden soll und schließlich das Recht am Zahlungsort. Alle vier können auseinanderfallen: Ein Hamburger Kaufmann borgt 10.000 US-$ von einem Engländer mit Wohnsitz in Hamburg. Sie vereinbaren die Geltung englischen Rechts und Rückzahlung auf ein Konto des Engländers in Zürich. Der Kaufmann zahlt nicht, und der Engländer verklagt ihn in Hamburg.

---

392 Siehe Ehlers in Erichsen/Martens 19ff. zu den einzelnen Theorien zur Abgrenzung von öffentlichem und privatem Recht im allgemeinen. Zu den Problemen der Abgrenzung von privatem und öffentlichem Wirtschaftsrecht siehe Reiner Schmidt, Wirtschaftsrecht 37 und 56 mit weiteren Nachweisen: Zu Recht hält er die Frage nach der Zuordnung des Wirtschaftsrechts zum öffentlichen oder privaten Recht für falsch gestellt. Vgl. auch Siehr, RabelsZ 52(1988) 45f.: Wirtschaftsrecht ist nicht systematisch, sondern nur funktional beschreibbar, und das ist die Ursache für die Definitionsschwierigkeiten des Begriffs Wirtschaftsrecht.

393 Siehe oben N. 173.

394 Siehe oben N. 170.

395 Ordnungpolitische Ziele werden nach herkömmlichem deutschen Verständnis mit den Mitteln des öffentlichen Rechts durchgesetzt.

396 Siehe dazu aus neuerer Zeit die Beiträge und Diskussionsberichte anläßlich des Symposiums "Extraterritoriale Anwendung von Wirtschaftsrecht" zum 60jährigen Bestehen des Max-Planck-Instituts für ausländisches und internationales Privatrecht in Hamburg am 16. und 17. April 1986, abgedruckt in: RabelsZ 52(1988)1-302, insbesondere von Basedow, Drobnig und Siehr; sowie Anderegg, Ausländische Eingriffsnormen im internationalen Vertragsrecht und Schurig, RabelsZ 54(1990)217-250.

Hier wird englisches Recht bestimmen, ob und was der Kaufmann schuldet[397], amerikanisches Recht ist maßgebend dafür, was ein US-$ ist. Nach Schweizer Recht könnte zu beantworten sein, in welcher Währung der Kaufmann in Zürich zahlen muß, ob in US-$ oder Schweizer Franken, und ob er in Schweizer Franken oder einer dritten Währung zahlen darf[398]. Schließlich hat das Gericht zu prüfen, ob die Eingehung dieser Fremdwährungsverbindlichkeit nach deutschem Recht zulässig ist[399].

Allgemein formuliert: Währungsrecht des Forumstaates (Beispiel: Deutschland) mag - unabhängig vom Zahlungsort - beachtlich sein für einen fremdem (englischem) Recht unterliegenden Vertrag, in dem Zahlung in deutscher Währung vereinbart ist, aber auch dann, wenn in englischer Währung oder der eines weiteren Staates (USA) gezahlt werden soll. Das deutsche Forum hat eventuell - ebenfalls unabhängig vom Zahlungsort - bei einem Vertrag mit deutscher lex causae englisches Währungsrecht zu berücksichtigen, wenn Zahlung in englischer Währung erfolgen soll. Gleiches gilt bei englischer lex causae. Ferner kann es vor dem deutschen Forum bei englischer lex causae und amerikanischer Zahlungswährung auf amerikanisches Währungsrecht ankommen. Schließlich kann noch das am Zahlungsort geltende Währungsrecht relevant sein, so daß noch eine weitere Rechtsordnung zu berücksichtigen sein mag. Dieser Variationsbreite liegen einige Grundprinzipien zugrunde.

III. Grundbegriffe und -regeln des internationalen Währungsrechts

Die folgende Darstellung der Begriffe und Regeln des internationalen Währungsrechts beschränkt sich auf die zum Verständnis der weiteren Arbeit erforderlichen Grundlagen. Auf die Darstellung von Einzelheiten, die teilweise streitig sind, wird weitgehend verzichtet.

397 Also: Ist der Darlehensvertrag wirksam? Sind tatsächlich 10.000 US-$ vereinbart oder vielleicht kanadische oder australische $? Vielleicht auch: Ist die Vereinbarung eines Fremdwährungsdarlehens zulässig?

398 Vgl. Art. 84 Obligationenrecht.

399 Vgl. § 3 Satz 1 WährungsG.

1. Schuld- und Zahlungswährung

Zu unterscheiden ist zwischen der Schuldwährung und der Zahlungswährung, die verschieden sein können: Die Schuldwährung oder money of account[400] ist die Währung, in der eine Geldschuld ausgedrückt beziehungsweise die Leistungsverpflichtung bemessen ist[401]. Sie bestimmt die Höhe der Schuld. Zahlungswährung oder money of payment[402] ist die Währung, mittels derer der Schuldner seine Zahlungsverpflichtung erfüllen kann[403]. In den Worten von Lord Denning: "The money of account is the currency in which an obligation is measured. It tells the debtor how much he has to pay. The money of payment is the currency in which the obligation is to be discharged. It tells the debtor by which means he is[404] to pay."[405]

2. Bestimmung der Schuldwährung

Die Schuldwährung richtet sich nach der lex causae, also bei deutschem Schuldstatut nach Art. 27ff. EGBGB[406], bei englischem nach den Regeln zur Bestimmung des proper law of the contract[407] und neuerdings auch nach Art. 3ff.

400 Synonyme sind: Vertragswährung, Rechnungswährung, Kontraktwährung, moneta in obligatione, monnaie de compte, monnaie de contrat, money of contract.

401 Mann 199; MünchKomm-Martiny, Rn. 3 nach Art. 34 Anh. I; Nussbaum, Geld 187; Hahn, Euro-Devisen 34; von Hoffmann, FS Firsching, 127; Krispis 212; van Hecke, Currency Nr. 1; Kleiner 53.

402 Synonyme sind: Erfüllungswährung, moneta in solutione, monnaie de paiment. Zu den verschiedenen Begriffen ausführlich Rutz 11 N. 5.

403 Krispis 263; Nussbaum 187; Fögen 120; MünchKomm-Martiny, Rn. 3 nach Art. 34 Anh. I; Mann 199; Kleiner 53; Hahn, Euro-Devisen 34. Neumeyer III/2 182f. hält diese Unterscheidung für irreführend; dagegen mit Recht Wolfgang Mayer 78f.

404 Richtig müßte es statt "is" lauten: "has".

405 Lord Denning M.R. in Woodhouse A.C. Israel Cocoa Ltd. v. Nigerian Produce Marketing Co. Ltd. [1971] 2 Q.B. 23,54. Das House of Lords akzeptierte diese Unterscheidung: [1972] A.C. 741,750 (Lord Hailsham L.C.), 761 (Lord Pearson), 762 (Lord Cross). Vgl. auch President of India v. Lips Maritime Corporation. The Lips [1987] W.L.R. 572 und siehe Schmitthoff, Export Trade 225. Die Unterscheidung stammt schon aus dem Mittelalter: Rutz 11.

406 OLG Bamberg 22.9.1988, RIW 1989,221,224; Staudinger-Schmidt, § 244 Rn. 15; MünchKomm-Martiny, Rn. 9 nach Art. 34 Anh. I; Kleiner 53; Kegel 735; Rabel III 18; Staudinger-Gamillscheg-Hirschberg, vor Art. 13 Rn. 403; Stoll, RabelsZ 21(1956)604; von Hoffmann, FS Firsching 126; siehe schon Wolff, IPR 156.

407 Bonython v. Commonwealth of Australia [1951] A.C. 201 (P.C., Viscount Simonds) 219ff.; Mann 233; Dicey & Morris 1443f.; Wolff 460. Dieser Grundsatz gilt allgemein: Krispis

EVÜ[408]: Denn das Recht, das die Frage der Existenz einer Geldschuld beherrscht, legt vernünftigerweise auch ihre Währung fest. Dieses Prinzip gilt für Geldschulden in bestimmter und unbestimmter Höhe, also auch für vertragliche Schadensersatzansprüche[409]. Welche Währung tatsächlich geschuldet wird, ist eine nach dem Sachrecht des Schuldstatuts zu beantwortende Frage, die nicht kollisionsrechtlicher Natur ist[410]. Im Zweifel ist bei deutschem oder englischem Schuldstatut die am Zahlungsort geltende Währung Schuldwährung[411].

3. Bestimmung der Zahlungswährung

Grundsätzlich bestimmt das Recht am Zahlungsort, in welcher Währung zu zahlen ist[412]. Grundsätzlich wird der Schuldner frei, wenn er in der Schuldwährung leistet, denn das entspricht exakt seiner vereinbarten Leistungspflicht. Eine

---

212; van Hecke, Currency Nr. 1; Nussbaum, Money 378f.; Malaurie, Receuil 302; Rabel III 18 und 34.

408 Das Vereinigte Königreich hat das EVÜ im Januar 1991 ratifiziert und durch den Contracts (Applicable Law) Act 1990 vom 26.7.1990 (1990 c. 36) mit Wirkung ab dem 1.4.1991 (Dicey & Morris, Suppl. 267) in das nationale Recht übernommen. Das EVÜ ist nach s. 2 (1) und s. 2 (2) des Contract (Applicable Law) Act 1990 mit Ausnahme der Art. 7 Abs. 1 und 10 Abs. 1 e EVÜ unmittelbar anwendbares Recht. Da das EVÜ nach Art. 17 keine rückwirkende Wirkung hat, gelten für alle bis zum 1.4.1991 abgeschlossenen Verträge, die in den Anwendungsbereich des EVÜ fallen, die bisherigen Common Law Regeln weiter. Diese Regeln gelten auch nach dem 1.4.1991 für alle diejenigen Verträge weiter, die nicht vom EVÜ erfaßt werden, so daß das englische internationale Vertragsrecht nunmehr von zwei verschiedenen Regelungstypen beherrscht wird.

409 Remien, RabelsZ 53(1989)248; MünchKomm-Martiny, Rn. 13 nach Art. 34 Anh. I; Roth, BerDtGesVR 20(1979)100f.; Jean Kraut A.G. v. Albany Fabrics Ltd. [1977] Q.B. 182,189; Dicey & Morris 1447; Mann 250; Nussbaum, Money 402ff. passim.

410 MünchKomm-Martiny, Rn. 9 nach Art. 34 Anh. I; Remien, RabelsZ 53 (1989)248; Bonython v. Commonwealth of Australia [1951] A.C. 201,219 (P.C.); Mann 233.

411 Vgl. § 361 HGB, siehe dazu RG 27.1 1928, RGZ 120,76,81 und schon L. v. Bar II 45. Siehe ferner Kleiner 54; Mann 229 mit zahlreichen rechtsvergleichenden Hinweisen und 241, sowie Dicey & Morris 1444 und Wolff, PIL 460.

412 MünchKomm-Martiny, Rn. 16 nach Art. 34 Anh. I; Kleiner 54; Krispis 267; Mann 321; Dicey & Morris 1454; Nussbaum, Money 361; Wolff, PIL 454 und 460; Malaurie, Receuil 301; Sunt 73. Siehe dazu auch das Europäische Übereinkommen über den Ort der Zahlung von Geldschulden vom 16.5.1972 (European Treaty Series Nr. 75) und ferner Art. 1 Abs. 1 des Anhangs zum Europäischen Übereinkommen über Fremdwährungsverbindlichkeiten vom 11.12.1967 (European Treaty Series Nr. 60; auch abgedruckt bei Mann 576ff.):

> "Any sum of money due in a currency which is not that of the place of payment may be paid in the currency of the place of payment, unless a different intention of the parties appears, or a different usage is applicable."

von der Schuldwährung verschiedene Zahlungswährung resultiert regelmäßig aus der Substitutionsbefugnis des Schuldners, wenn er Geldschulden nicht nur durch Zahlung der vereinbarten Schuldwährung, sondern auch durch Zahlung in der Währung des Zahlungsorts erfüllen kann. Diese Substitutionsbefugnis besteht nach deutschem Recht nach § 244 Abs. 1 BGB und gilt auch nach englischem Recht[413]. Sie ist praktisch überall anerkannt[414]. Die Substitutionsbefugnis gibt dem Schuldner kein Wahlrecht im Sinn einer Wahlschuld[415], sondern räumt ihm lediglich eine facultas alternativa ein, also die Möglichkeit, die nach wie vor in der Schuldwährung bestehende und zu messende Geldschuld in einer anderen Währung zu bezahlen. Nach der wohl auf Scaccia[416] zurückgehenden Formulierung ist die Schuldwährung "in obligatione", und die Zahlung inländischer Währung geschieht "facultate solvendi" beziehungsweise "in solutione"[417].

Neben der aus der gesetzlich vorgesehenen Substitutionsbefugnis resultierenden Zahlungswährung ist es natürlich auch möglich, daß die Parteien eine oder mehrere Zahlungswährungen vereinbaren: Dann ist die in der Schuldwährung ausgedrückte Geldschuld in einer oder mehreren anderen (Zahlungs-)Währungen zahlbar[418].

413 Ausdrücklich: Barclays Bank International Ltd. v. Levin Bros. (Bradford) Ltd. [1977] Q.B. 270,277 (Mocatta J.). Siehe ferner Marrache v. Ashton [1943] A.C. 311,317f. (P.C.); Anderson v. Equitable Assurance Society of the United States (1926) 134 L.T. 557,562 (Bankes L.J.), 564 (Warrington L.J.); Adelaide Electric Supply Co. Ltd. v. Prudential Assurance Co. Ltd. [1934] A.C. 122,138 (Lord Warrington), 156 (Lord Wright). Siehe auch Dicey & Morris, rule 210; Mann 316.

414 Mann 308 mit umfassenden rechtsvergleichenden Nachweisen in N. 8-10; Rabel III 26f.

415 Ganz h.M.: Vgl. nur Arend 47f.; Staudinger-Schmidt, § 244 Rn. 73; Birk, AWD BB 1973,425f. m.w.N.

416 Scaccia, Sigismundi, tractatus de comerciis, et cambio, Frankfurt 1648, § 2 Gloss. 5 Nr. 185 (Nussbaum, Money 360 N. 1 zitiert einen Ludovico Scaccia mit einem Werk desselben Titels nach einer Ausgabe von 1619).

417 Vgl. Nussbaum, Geld 211.

418 Ein Darlehen über US-$ 10.000 (Schuldwährung) mag in £ Sterling (Zahlungswährung) zurückzahlbar sein. Oder der Berechtigte einer in Schweizer Franken ausgedrückten Kreditlinie über 30 Millionen Franken (Schuldwährung) mag Beträge in DM, italienischen Lire, US-$ (Zahlungswährung) abrufen dürfen. Insbesondere das letzte Beispiel ist in der Praxis häufig.

4. Währungsstatut

Das Währungsstatut[419] folgt unmittelbar aus der Festlegung einer bestimmten Schuldwährung. Es ist das Recht des Staates, in dessen Währung eine Schuld ausgedrückt ist[420], beziehungsweise "the law of the country whose currency is stipulated to be payable"[421]. Es umfaßt "die Gesamtheit der den Inhalt des Schuldverhältnisses mitbestimmenden geldrechtlichen Normen"[422] und enthält demnach nicht nur währungsrechtliche Normen, sondern auch (öffentlich-rechtliche) geldrechtliche Normen. Zum Währungsstatut gehören alle Regeln, die die Währungseinheit und den Nominalwert der Währung betreffen[423]. Von den oben[424] beschriebenen währungsrechtlichen Organisationsnormen werden die Bestimmungen erfaßt, die die Währungseinheit festlegen. Aus der Gruppe der funktionellen Normen gehören diejenigen zum Währungsstatut, in denen die Noten- und Münzherstellung und -ausgabe geregelt ist. Aus der Gruppe der rein geldrechtlichen und nicht währungsrechtlichen Normen gehören die Bestimmungen zum Währungsstatut, die die rechtliche Entstehung von Geldzeichen und die Demonetisierung regeln[425]. Ob auch währungsrechtliche Schutznormen wie § 3 WährungsG oder gesetzliche Goldklauselverbote zum Währungsstatut gehören, ist fraglich und soll zunächst offenbleiben. Gleiches gilt für Aufwertung- und Umstellungsgesetze.

Sicher ist hingegen, daß nur englisches Recht bestimmen kann, was ein Pfund Sterling ist, welche Sachen wodurch zu englischen Geldzeichen im Rechtssinn werden oder diese Eigenschaft wieder verlieren[426], ob das Pfund Sterling durch

---

419 Lex monetae, lex pecuniae, law of the currency.

420 MünchKomm-Martiny, Rn. 5 nach Art. 34 Anh. I; Fögen 114; Nußbaum IPR 252; Staudinger-Firsching [10./11. Auflage], Rn. 402 vor Art. 12; Soergel-Kegel, Rn. 894f. vor Art. 7.

421 Mann 179. Vgl. van Hecke, Currency Nr. 4 und Nußbaum, Money 349.

422 Fögen 114; Hahn 382. So auch MünchKomm-Martiny, Rn. 4 nach Art. 34 Anh. I; Staudinger-Firsching [10./11. Auflage], Rn. 386 vor Art. 12 und siehe Frölicher 29.

423 Zutreffend Krispis 232; Wolff, IPR 158.

424 S. 27.

425 Siehe dazu oben S. 29f.

426 Dies ist keine währungsrechtliche Frage, sondern eine solche des Rechts der Geldzeichen: Siehe oben S. 50. Siehe hierzu ferner Fögen 20f.; Gramlich B § 14 Rn. 24f. und M § 8 Rn. 4f. und vgl. BGH 27.1.1959, BGHSt 12,344,345 = IPRspr. 1962-1963 Nr. 162 S. 521; OLG Oldenburg 5.1.1963, IPRspr. 1962-1963 Nr. 165 S. 530 und BGH 7.7.1964, BGHSt 19,357,358f. = IPRspr. 1964-1965 Nr. 192 S. 577 zur Frage, ob der englische Goldsovereign noch "Geld" im Sinn des strafrechtlichen Geldfälschungsverbots ist. Der BGH ent-

eine andere Währung ersetzt werden soll und welches rekurrente Anschlußverhältnis bei Einführung einer neuen Währung gelten soll[427]. Das ist eine Folge des selbstverständlichen Grundsatzes, daß ein Staat nur seine eigene Währung regeln kann: Die Währung eines Staates ist ein jeweils nationales Phänomen und Ausfluß seiner Souveränität. Dieses Prinzip gilt weltweit[428] und ist wohl eine Regel des Völkergewohnheitsrechts[429].

Aus der Verbundenheit jeder nationalen Währung mit dem Staat, in dem sie gilt, folgt weiter zwingend, daß Vertragsparteien nicht ein anderes Währungsstatut als das der Vertragswährung wählen können. Die Wahl eines anderen Währungsstatuts wäre sinnlos. Mit der Vereinbarung einer Schuldwährung ist also das Währungsstatut festgelegt[430], und insoweit sind die Parteien in ihrer Parteiautonomie beschränkt. Da sie jedoch nachträglich eine andere Schuldwährung

---

schied diese Frage zutreffend nach englischem Recht. Siehe auch OLG Hamm 5.11.1962, BB 1963,67: Die Zulässigkeit der Nachprägung von US-Golddollarmünzen wurde bejaht, weil die Münzen durch staatlichen Willensakt aus dem Zahlungsmittelumlauf herausgenommen worden seien. Diese Regel wird jedenfalls für die Zwecke des deutschen Strafrechts dadurch begrenzt, daß eine rein formale Deklarierung einer Münze zu einem gesetzlichen Zahlungsmittel nicht immer für die Annahme der Geldeigenschaft ausreicht: BGH 8.12.1983, WM 1984,222 betraf die von der Republik Südafrika ausgegebenen Krügerrand-Goldmünzen, deren Nachahmung nicht unter den strafrechtlichen Geldfälschungsschutz fiel, obwohl sie durch das südafrikanische Münzgesetz zu unbeschränkten gesetzlichen Zahlungsmitteln erklärt wurden. Denn sie liefen nach den Feststellungen des BGH nicht in der Republik Südafrika als Zahlungsmittel um und waren dafür auch nicht geeignet, da sie keinen Nennwert trugen und daher ein festes Wertverhältnis zur Rand-Währung fehlte (BGH a.a.O. 222). Ihrer Bestimmung als gesetzliches Zahlungsmittel durch das südafrikanische Münzgesetz lag nach den Ermittlungen der Deutschen Bundesbank zugrunde, daß der Handel mit diesen Münzen wegen ihrer Deklarierung als gesetzliches Zahlungsmittel in der Regel umsatzsteuerfrei war (BGH a.a.O. 222 und die zustimmende Anm. zu dieser Entscheidung von Bürger, dem ehemaligen Leiter der Hauptabteilung Recht der Deutschen Bundesbank in: WuB I L 6. Falschgeld 1.84).

427 Beispiele aus der englischen Rechtsprechung für andere Währungen: In re Chesterman's Trusts [1923] 2 Ch. 466,478 (Lord Sterndale M.R.) (Reichsmark); Pyrmont Ltd. v. Schott [1939] A.C. 145,157 (P.C.) (Spanische Peseten); Ottoman Bank of Nicosia v. Chakarian [1938] A.C. 260,269 (P.C.) (Türkische Pfund).

428 Krispis 230ff.; van Hecke, Currency Nr. 4; Nußbaum, Money 349; Mann 267 und 275; Wolff, PIL 464; Kleiner 79; Hahn, Euro-Devisen 40; Rabel III 33.

429 So Mann 268 und 465ff. Siehe auch Hahn 383. Differenzierend Krispis 230.

430 Schlegelberger-Hefermehl, Anh. zu § 361 HGB Rn. 23. Dies gilt jedenfalls für die vertragliche Vereinbarung von Geldleistungspflichten. Anders können vertragliche Schadensersatzansprüche zu behandeln sein, deren Schuldwährung nicht von vornherein festliegt: Siehe hierzu Remien, RabelsZ 53(1989)264ff.

verabreden können, ist das Währungsstatut wandelbar: es muß der Schuldwährung folgen. Die Schuldwährung wird sachrechtlich vom Schuldstatut bestimmt. Deswegen wird das Währungsstatut nicht auf kollisionsrechtlicher, sondern auf sachrechtlicher Ebene festgelegt[431].

Ferner ist zu berücksichtigen, daß bei der Erfüllung einer Zahlungsverpflichtung währungsrechtliche und geldrechtliche Vorschriften des Rechts am Zahlungsort zu beachten sein können: Besteht eine Substitutionsbefugnis oder gar eine Verpflichtung des Schuldners, seine in einer bestimmten Schuldwährung ausgedrückte Geldschuld in der anderen Währung des Zahlungsorts zu zahlen, so wird das Währungsrecht und das Geldrecht dieses Staates darüber entscheiden, was der Schuldner unternehmen muß, um wirksam zu zahlen. Zur Vermeidung von Unklarheiten sollte die Bezeichnung "Währungsstatut" lediglich für das Recht des Staates der Schuldwährung benutzt werden.

Nicht vom Währungsstatut erfaßt sind strafrechtliche Bestimmungen, die die Fälschung von Geldzeichen betreffen: es sind zwar geldrechtliche Vorschriften[432], aber sie haben keinen Einfluß auf den Inhalt des Schuldverhältnisses und betreffen weder die Währungseinheit als Institution noch den Nominalwert der Währung. Die Frage, was eine deutsche Mark ist, kann zwar nur vom deutschen Recht beantwortet werden. Ob aber die Fälschung von deutschen Geldzeichen in Frankreich oder England strafbar ist, richtet sich nach dortigem und nicht nach deutschem Recht[433].

Der Begriff Währungsstatut wird gelegentlich auch in anderer Bedeutung verwendet, so insbesondere für die Frage nach der Währung, in der Schadenersatz- oder Unterhaltsansprüche entstehen. Das ist falsch, denn dies ist keine kollisionsrechtliche Frage, sondern im Regelfall eine sachrechtliche: Die Währung, in der ein Anspruch entsteht, richtet sich nach dem materiellen Recht des kolli-

---

431 MünchKomm-Martiny, Rn. 5 nach Art. 34 Anh. I; Horn, Anleihen 263; Soergel-Kegel, Rn. 895 vor Art. 7; Stoll, RabelsZ 21(1955)605; Neumeyer III/2, 155; Melchior 284. A.A. Roth, BerDtGesVR 20(1979)97 N. 32.

432 Siehe oben S. 49.

433 Vgl. BGH 27.1.1959, BGHSt 12,344 = IPRspr. 1962-1963 Nr. 162 S. 521; BGH 7.7.1964, BGHSt 19,357 = IPRspr. 1964-1965 Nr. 192 S. 577 und BGH 8.12.1983, WM 1984,222. Es besteht eine völkerrechtliche Pflicht, daß Staaten grundsätzlich das Fälschen der Währungen anderer Staaten verhindern und bestrafen müssen: Shuster 4 und Mann 484, jeweils mit weiteren Nachweisen. Zur historischen Entwicklung siehe Nussbaum, Money 314.

sionsrechtlich ermittelten Schuldstatuts[434]. Wenn infolge der Zersplitterung eines ursprünglich einheitlichen Währungsgebiets in mehrere selbständige Währungsgebiete[435] zu ermitteln ist, welche Währung nunmehr für bestimmte Geldschulden als Schuldwährung gilt, so ist dies ein Problem des Kollisionsrechts der Geldschulden, aber nicht eine Frage des Währungskollisionsrechts[436]: Erst wenn ersteres die neue Schuldwährung bestimmt hat, ist nach dem Währungskollisionsrecht zu ermitteln, welches Währungsrecht darauf anwendbar ist. Dies führt dann zum eigentlichen Währungsstatut.

IV. Währungsrecht als Eingriffsrecht

Das Phänomen Währung taucht bei der rechtlichen Bestimmung des Inhalts von Verträgen und ihrer Erfüllung in unterschiedlichem Zusammenhang auf. Für die Zwecke dieser Arbeit, die sich auf den internationalen Anwendungsbereich von Währungsrecht auf Verträge konzentriert, lassen sich verschiedene Typen von Regelungen unterscheiden, in denen Währung eine Rolle spielt. Dabei ist eine Differenzierung nach rein formalen Kriterien, wie sie oben für die Beschreibung von Währungsrecht[437] und die Abgrenzung von Währungsrecht und Devisenrecht für die Zwecke des Bretton-Woods-Abkommens[438] vorgenommen wurde, hier nur eingeschränkt förderlich. Denn die Frage der Anwendung eigenen und noch mehr der Berücksichtigung ausländischen Währungsrechts hängt weniger von der Form der jeweiligen Vorschrift ab als vielmehr von ihrem Inhalt und den hinter ihr stehenden Interessen des Erlaßstaates und möglicherweise auch den von ihr betroffenen Parteiinteressen.

Gleichfalls wenig hilfreich ist die Unterscheidung währungsrechtlicher Normen oder Normen mit Währungsbezug danach, ob sie öffentlich-rechtlicher oder privatrechtlicher Natur sind. Für die notwendige Bestandsaufnahme für eine Typo-

---

434 Richtig Remien, RabelsZ 53(1989)248; Rutz 19f.; Nussbaum, IPR 259; Neumeyer III 155f.; Melchior 284.

435 Beispiele sind die Errichtung zweier Währungsgebiete in Deutschland nach 1948, die Entstehung neuer Währungsgebiete in den Staaten der ehemaligen Sowjetunion oder des zerfallenden Jugoslawiens.

436 Der Begriff "Währungskollisionsrecht" ist hier im Sinn von Kollisionsrecht der (verschiedenen) Währungsrechtsysteme und nicht als Kollisionsrecht verschiedener Währungen zu verstehen.

437 S. 25ff.

438 S. 64ff.

logie von Währungsrecht aus kollisionsrechtlicher Sicht scheint daher eine Einteilung nach Interessegesichtspunkten sinnvoll zu sein. Hierbei bieten sich vier verschiedene Gruppen an, die im folgenden näher untersucht werden sollen: Interessenneutrales Währungsrecht, wirtschaftspolitisches Währungsrecht, ordnungspolitisches Schuldrecht mit Währungsbezug und schließlich (reines) Schuldrecht mit Währungsbezug[439].

1. Interessenneutrales Währungsrecht

Hierzu gehören die währungsrechtlichen Normen, die zusammen mit bestimmten geldrechtlichen Normen den Kern des Währungsstatuts ausmachen, also die für den Bestand einer Währung schlechthin konstitutiven währungsrechtlichen Rahmenvorschriften. Formal handelt es sich dabei um währungsrechtliche Organisations- und Funktionsnormen, also um Kompetenz- und Ausführungsnormen, die regeln, wer die staatliche Währungshoheit wie auszuüben hat, wie die Währung beschaffen ist und was wodurch Geldzeicheneigenschaft und die Qualität eines gesetzlichen Zahlungsmittels erhält und wieder verliert[440].

Ordnungspolitisch sind diese Normen neutral: Sie sind - bildlich gesprochen - Baumaterial für ein Währungs- und Geldsystem und dienen weder der staatlichen Durchsetzung eines bestimmten wirtschaftspolitischen Konzepts noch der Verwirklichung von wirtschaftlichen Privatinteressen. Zwar liegen ihnen gewisse währungsverfassungsrechtliche Entscheidungen über die Beschaffenheit des Währungssystems zugrunde, die auf bestimmten wirtschafts- und währungs-

---

439 Dabei sei darauf hingewiesen, daß die Bezeichnungen "wirtschaftspolitisches Währungsrecht" und "ordnungspolitsches Schuldrecht mit Währungsbezug" nicht zur Klassifizierung von Vorschriften zum Währungsrecht im formalen Sinn einerseits und damit zum öffentlichen Recht und zum privaten Schuldrecht und damit zum Privatrecht andererseits dienen sollen. Dieser Hinweis soll verhindern, daß diese Untersuchung als weiterer Beitrag zu dem alten, immer noch ungelösten Streit der "währungsrechtlichen" und der "schuldrechtlichen Theorie" hinsichtlich der Zuordnung und Behandlung von Aufwertungs- und Umstellungsvorschriften gezählt wird. Dieser Streit ist unfruchtbar, weil beide Seiten in ihren Kategorien verharren und deswegen keine befriedigende Lösung für die Behandlung solcher Vorschriften finden, die sowohl "rein währungsrechtliche" als auch schuldrechtliche, nämlich privatrechtsgestaltende Komponenten haben.

440 Obwohl gesetzliche Regeln, die Geldzeichen betreffen, kein Währungsrecht im formalen Sinn sind, werden sie hier und im folgenden dem interessenneutralen Währungsrecht zugeschlagen, denn sie gehören ohne Zweifel zum Währungsstatut, und ihr Anwendungsbereich ist grundsätzlich identisch mit dem der währungsrechtlichen Organisations- und Funktionsnormen.

politischen Grundvorstellungen beruhen. Hierzu gehören etwa die Frage nach der Gestaltung und der Kompetenz der Währungsbehörde und die Entscheidung für oder gegen eine Goldumlaufs-, Goldkern- oder Papierwährung. Dazu gehören auch Entscheidungen des Gesetzgebers, durch die diese statischen Parameter des Währungs- und Geldsystems verändert werden, also zum Beispiel die Einführung einer neuen Währung und die Bestimmung des rekurrenten Anschlusses in einem solchen Fall, der Beitritt zu einem multinationalen Währungssystem oder das Aufgeben des Goldstandards.

Diese Normen stehen organisatorisch auf einer Vorstufe zu solchen Normen, mit denen eine bestimmte Wirtschafts- und Finanzpolitik im einzelnen umgesetzt werden soll. Sie greifen daher regelmäßig nicht unmittelbar in Privatrechtsbeziehungen ein; sie enthalten weder Verbote noch Gebote, noch ordnen sie im allgemeinen privatrechtsgestaltende Rechtsfolgen an. Währungsrechtliche Normen, die bei Einführung einer neuen Währung das rekurrente Anschlußverhältnis zur alten festlegen, bilden eine Ausnahme, weil sie zur Folge haben, daß Geldschulden in einer neuen Währung zu erfüllen sind. Aber auch sie sind ordnungspolitisch neutral und lassen das zwischen den Parteien bestehende Wertverhältnis unangetastet, denn der rekurrente Anschluß dient, wie oben[441] näher dargelegt, allein dem Transport bestehender geldschuldrechtlicher Wertverhältnisse aus einer Währung in eine neue.

Anläßlich einer Währungsreform wirtschafts- und/oder sozialpolitisch für notwendig erachtete Korrekturen einzelner Gruppen von Wertverhältnissen erfolgen auf einer anderen Ebene durch Vorschriften, die Geldschuldverhältnisse umstellen, aufwerten oder abwerten und dabei die Umsetzung wirtschaftspolitischer Staatsinteressen mit der Berücksichtigung pauschalierter Individualinteressen kombinieren müssen. Solche Regeln sind ordnungspolitisch nicht neutral und gehören, wie gleich zu zeigen sein wird, in die Kategorie des ordnungspolitischen Schuldrechts mit Währungsbezug.

Die so beschriebenen interessenneutralen währungsrechtlichen Vorschriften sind also keine Eingriffsnormen im herkömmlichen Sinn. Diese neutralen Normen haben extraterritoriale Wirkung, denn nur unter ihrer Berücksichtigung läßt sich der Charakter und die Ausprägung der durch sie geregelten Währung erkennen.

---

441 S. 33ff.

2. *Wirtschaftspolitisches Währungsrecht*

Als nächste Gruppe sind solche Vorschriften zu nennen, die zwar nicht konstitutiv für die Existenz einer Währung sind, aber dennoch zum Währungsrecht im formalen Sinn gehören, weil sie die Thesaurierungsfunktion von Geld sicherstellen und damit die Funktionsfähigkeit der Währung schützen sollen[442], also Währungsfragen regeln. Ihr wesentliches Unterscheidungsmerkmal zum interessenneutralen Währungsrecht ist, daß sie der unmittelbaren Umsetzung wirtschaftspolitischer Zwecke dienen und unmittelbar in Privatrechtsbeziehungen eingreifen. Sie sind nicht mehr neutral, denn sie verfolgen als ordnungspolitisches Ziel, den Bestand des staatlichen Währungssystems durch Reglementierung zu sichern. Rechtstechnisch geschieht das im allgemeinen durch Verbotsnormen, allgemeiner durch Handlungsanweisungen[443] an Private, durch die ihre wirtschaftliche Handlungsfähigkeit beschränkt wird: Es kommt zum Konflikt zwischen dem wirtschaftspolitischen Staatsinteresse und den wirtschaftlichen Interessen Privater.

Diese Normengruppe sind Eingriffsnormen im klassischen Sinn; sie wurzeln ausschließlich im wirtschaftspolitischen Staatsinteresse[444]. Allgemein fallen unter den Begriff Eingriffsnormen Vorschriften, die die Parteiautonomie einschränken und in private Rechte und Rechtsverhältnisse eingreifen[445]. Die Kategorie der Eingriffsnormen ist in Deutschland seit langem anerkannt; schon Savigny behandelte "Gesetze von streng positiver, zwingender Natur", die "ihren Grund und Zweck außer dem reinen, in seinem abstracten Dasein aufgefaßten Rechtsgebiet [haben], so daß sie erlassen werden nicht lediglich um der Personen Willen, welche die Träger der Rechte sind"[446]. Charakteristisch für eine Eingriffsnorm ist die Verknüpfung des ordnungspolitischen Interesses, das der Erlaßstaat mit Hilfe dieser Norm durchsetzen will, mit ihrer privatrechtsbeschränkenden Wirkung.

---

442 Siehe dazu oben S. 31.

443 Handlungsanweisung ist weit gemeint: auch ein Verbot enthält eine (negative) Anweisung, eine Handlung nicht vorzunehmen; eine Genehmigungspflicht enthält eine "Anweisung", die Genehmigung einzuholen, um einer Sanktion zu entgehen.

444 Vgl. nur Drobnig, FS Neumayer 167 und 178.

445 Zum Begriff siehe Kreuzer, Ausländisches Wirtschaftsrecht 10; Siehr, RabelsZ 52(1988)41-44; MünchKomm-Martiny, Art. 34 Rn. 9; Kropholler 16f.

446 Savigny, System 33,35f.

Zu dieser Gruppe gehören unter anderem Verbote, Fremdwährungsverbindlichkeiten einzugehen[447] oder Wertsicherungsklauseln zu vereinbaren[448], historisch berühmte gesetzliche Goldklauselverbote[449] und gesetzliche Währungsauf- und -abwertungen[450]. Diese Vorschriften berücksichtigen die privaten Interessen, die hinter den von ihnen betroffenen Rechtsverhältnissen stehen, nicht[451].

Der internationale Anwendungsbereich dieser währungsrechtlichen Eingriffsnormen ist weniger leicht zu bestimmen als derjenige der ersten Gruppe: Die Schutznormen wie zum Beispiel § 3 WährungsG gehören nicht ohne weiteres zum Währungsstatut, denn das hätte die generelle Berücksichtigung ausländischer währungsrechtlicher Eingriffsnormen zur Folge. Für die Ermittlung des Anwendungsbereichs des wirtschaftspolitischen Währungsrechts der lex fori bedarf auch der Klärung, ob es sich um international zwingende Normen handelt, die den Sachverhalt unabhängig vom Schuldstatut zwingend regeln wollen[452]. Bei der Frage der Berücksichtigung ausländischen wirtschaftspolitischen Währungsrechts wird eine Rolle spielen, daß sie staatlichen Interessen dienen und Staaten sich zurückhalten, anderen Staaten bei der Durchsetzung ihrer Interessen zu helfen.

447 § 3 Satz 1 WährungsG.

448 § 3 Satz 2 WährungsG.

449 Wie die amerikanische Joint Resolution vom 5.6.1933 (31 U.S.C. 463).

450 Gesetzliche Währungsaufwertungen sind nicht zu verwechseln mit der Auf- bzw. Abwertung von Geldschulden, wie z.B. durch die Aufwertungsgesetze nach 1924: Bei einer Währungsaufwertung wird die Währung gegenüber anderen Währungen aufgewertet, aber die in dieser Währung ausgedrückten Geldschuldverhältnisse bleiben unverändert. Durch die Aufwertungsgesetze nach 1924 wurden dagegen Geldschuldverhältnisse dergestalt "aufgewertet", daß der Gläubiger nominell mehr erhielt als ursprünglich vereinbart.

451 Der Gegensatz zwischen staatlichen und privaten Interessen muß präzisiert werden: Staatliche Interessen sind die Gemeinschaftsinteressen aller Privater, und daher haben Private im Prinzip ein Interesse an der Verwirklichung der Gemeinschaftsinteressen. Wenn es allen besser geht, profitiert auch der Einzelne davon. Zum Konflikt kommt es, wenn ein Einzelner sein Privatinteresse höher ansetzt als das Gemeinschaftsinteresse (bzw. seinen Anteil daran), und seine individuellen Ziele ohne Rücksicht auf kollektive Ziele, also eventuell auf Kosten der Gemeinschaft erreichen will.

452 Zum Begriff "international zwingende Normen": MünchKomm-Martiny, Art. 34 Rn. 7; von Hoffmann, IPRax 1989,263f.; aus englischer Sicht ("internationally mandatory rules"): North, in: Contract Conflicts 19; Morse, Yb.Eur.L. 2(1982)143. Siehe ferner Philip, in: Contract Conflicts 100.

3. Ordnungspolitisches Schuldrecht mit Währungsbezug

Die dritte Gruppe bilden Normen, die nicht wie die eben beschriebenen ausschließlich im staatlichen Interesse wurzeln, sondern ebenso im Ausgleich der Interessen Privater. Hierzu zählen zum Beispiel Regelungen über die Aufwertung von Geldforderungen nach der Inflation in den zwanziger Jahren und über die Umstellung von Geldschulden durch die Währungsreform 1948 und die Währungsunion zwischen der ehemaligen DDR und der Bundesrepublik Deutschland 1990[453]. Sinn und Zweck dieser Vorschriften war in erster Linie, die Lasten extremer Geldwertveränderungen, volkswirtschaftlich notwendiger oder politisch begründeter Währungsreformen privatwirtschaftlich gerecht zu verteilen. Obwohl gesamtwirtschaftliche Erwägungen bei Erlaß dieser Vorschriften eine erhebliche Rolle spielten und aus praktischen Gründen regelmäßig pauschalierende Ausgleichsvorschriften erlassen wurden, war das Streben nach fairer, sozialpolitisch akzeptabler Regelung individueller Rechtsverhältnisse der Ausgangspunkt.

So wurden zum Beispiel die Umstellungssätze der Geldschuldverhältnisse im Rahmen der deutsch-deutschen Währungsreform von 1990 nicht nach ausschließlich geldpolitischen Kriterien festgelegt, sondern sie waren das Ergebnis verschiedener miteinander konkurrierender politischer, sozialer und ökonomischer Faktoren: Die Begrenzung des Inflationsrisikos und der Haushaltsbelastungen waren mit der erforderlichen sozialen Akzeptanz der Regelungen durch die Bevölkerung in West und Ost zu vereinbaren[454]. Dabei zeigte sich insbesondere, daß der auf rein monetären Erwägungen beruhende Vorschlag der Deutschen Bundesbank, Löhne, Gehälter und Renten nach einer Preisentzerrung und kompensatorischen Anhebung im Verhältnis von 2 : 1 umzustellen, politisch nicht durchsetzbar war[455].

---

453 Soweit der Staat einem Privaten als Gläubiger oder Schuldner gegenüberstand, kann er im Rahmen dieses Interessenausgleichs ebenfalls ein "Privater" sein.

454 Haferkamp, DtZ 1991,204 (Bundesbankdirektor Haferkamp war in der Hauptabteilung Recht der Deutschen Bundesbank maßgeblich an den Arbeiten am Staatsvertrag, soweit er die Währungsunion betraf, beteiligt.). Siehe auch "Die Währungsunion mit der Deutschen Demokratischen Republik", Monatsberichte der Deutschen Bundesbank, Juli 1990 S. 15f. zur Festlegung der Umstellungssätze.

455 "Die Währungsunion mit der Deutschen Demokratischen Republik", Monatsberichte der Deutschen Bundesbank, Juli 1990 S. 15f.

Zwar betrug der Umstellungssatz bezogen auf alle bilanziell erfaßten Forderungen und Verbindlichkeiten des Geld- und Kreditsystems der ehemaligen DDR im Ergebnis im Durchschnitt 1,8 : 1 und entsprach damit den Vorschlägen der Deutschen Bundesbank bei den Staatsvertragsverhandlungen[456]. Festzuhalten bleibt aber, daß die einzelnen Umstellungssätze entscheidend vom Ausgleich und der Befriedigung pauschalierter Individualinteressen geprägt sind.

Erste Entscheidungen, die sich mit der Rechtsnatur der Umstellungsvorschriften der Währungsunion befassen, kommen allerdings zu dem Ergebnis, daß es sich dabei um öffentlich-rechtliche Vorschriften handele, weil es Sache des Staates sei, aufgrund seiner Zuständigkeit für das Währungs- und Münzwesen eine Währungsumstellung anzuordnen[457]. Daran ist zweifellos richtig, daß die auf der Währungshoheit des Staates beruhende Entscheidung, eine Währungsreform durch die Einführung einer neuen Währung durchzuführen, durch öffentlich-rechtliche Normen umgesetzt wird: Dies gilt vor allem für die Bestimmung des rekurrenten Anschlusses und der Übernahme des materiellen Währungsrechts der neuen Währung. Eine ganz andere Frage ist, ob auch die Festlegung verschiedener Umstellungssätze für unterschiedliche Geldschuldverhältnisse auf öffentlich-rechtlicher Grundlage erfolgt. Dies ist jedenfalls zweifelhaft, soll aber für die Zwecke dieser Arbeit nicht weiter verfolgt werden, da die Differenzierung zwischen privatem und öffentlichem Recht für den internationalen Anwendungsbereich nicht weiterhilft.

Gleichwohl müssen alle Vorschriften dieser Art in einen währungspolitischen Gesamtrahmen eingefügt werden: Sie können auf Kosten von Privatinteressen nur so gestaltet werden, daß das Währungssystem als Ganzes keinen Schaden nimmt und funktionsfähig wird oder bleibt. Währungspolitische staatliche Interessen sind gegen privatwirtschaftliche Interessen abzuwägen, ebenso der gesamtwirtschaftliche Effekt bei unterschiedlicher Lastenverteilung zugunsten von Gläubigern und Schuldnern. Das Verhältnis der privaten zu den staatlichen Interessen kann von Fall zu Fall verschieden sein. Während bei den Aufwertungsregeln zur Bewältigung der Inflation der zwanziger Jahre der Ausgleich der

456 "Die Währungsunion mit der Deutschen Demokratischen Republik", Monatsberichte der Deutschen Bundesbank, Juli 1990 S. 17. Die geldpolitische Steuerung der Währungsunion verlief weitgehende problemlos: "Ein Jahr deutsche Währungs-, Wirtschafts- und Sozialunion", Monatsberichte der Deutschen Bundesbank Juli 1991 S. 19.

457 KrG Leipzig-Stadt 20.3.1991, WM 1991,1216 mit zustimmender Anm. von Krauskopf, WuB I L 6. - 1.91; KrG Chemnitz 19.6.1991, WM 1991,1832 und KrG Dresden, 26.7.1991, WM 1991,1835, jeweils mit zustimmender Anm. von Krauskopf, WuB I L 6. - 1.92.

Privatinteressen gegenüber den gesamtwirtschaftlichen Interessen im Vordergrund stand, war dies bei den Umstellungsregeln der Währungsreform von 1948 nicht ohne weiteres der Fall[458]: Die Umstellungsvorschriften hatten zumindest teilweise enteignenden Charakter, weil die durch die generelle Abwertung der Geldschuldverhältnisse im Verhältnis von 10 : 1[459] erzielten Schuldnergewinne zum Lastenausgleich herangezogen wurden[460].

Das Umstellungsrecht von 1948 verfolgte also auch fundamentale wirtschaftspolitische Staatsziele und steht insoweit wirtschaftspolitischem Währungsrecht nahe. Trotzdem kann es ebenso wie die Umstellungssätze der deutsch-deutschen Währungsunion von 1990 der Gruppe des ordnungspolitischen Schuldrechts mit Währungsbezug zugeordnet werden, weil bei den oben erwähnten wirtschaftspolitschen Währungsvorschriften die interidividuellen Interessen der beteiligten Parteien völlig außer Acht blieben.

Ordnungspolitisches Schuldrecht mit Währungsbezug ist wie währungspolitisches Währungsrecht nicht neutral. Es dient zwar einerseits dem privaten Interessenausgleich, soll aber gleichzeitig die Währung und das Währungssystem schützen und verfolgt weitere wirtschaftspolitische Zwecke: Es ist bifunktional[461]. Die ordnungspolitischen Funktionen sind so wesentlich, daß sie bei der Frage nach dem internationalen Anwendungsbereich dieser Normen nicht außer Acht gelassen werden können. Bei diesen Normen handelt es sich wie bei der zweiten Gruppe um Eingriffsnormen, denn sie greifen punktuell in bestehende Rechtsverhältnisse unabhängig vom Willen der Parteien ein.

Sie sind allerdings von einer anderen Qualität als Eingriffsnormen aus der Gruppe des wirtschaftspolitischen Währungsrechts: Da es keine Verbotsnormen sind, ist ein "Verstoß" gegen sie nicht mit einer Sanktion belegt. Aufwertungs- und Umstellungsvorschriften setzen gewisse Mindeststandards und gelten daher grundsätzlich für alle Schuldverhältnisse. **Nach** dem punktuellen Eingriff können

---

458 Vgl. Boesebeck, NJW 1948,509ff.

459 Vgl. § 16 Abs. 1 UmstellungsG.

460 § 16 Abs. 3 UmstellungsG. Siehe zu dem teilweise enteignenden Charakter des UmstellungsG OLG Frankfurt 2.4.1963, IPRspr. 1962-1963 Nr. 164 S. 526,528; Stoll, RabelsZ 21(1956)586ff.; Reithmann/Martiny 520f.; Duden, RabelsZ 20(1955)713; Kegel, Probleme 37. Die Enteignungsqualität des Umstellungsgesetzes wird allerdings durch die Abdingbarkeit der Umstellungsvorschriften (dazu oben S. 40) relativiert.

461 Bei den Umstellungsvorschriften der Währungsreform von 1948 läßt sich nicht feststellen, ob ordnungspolitische oder private Interessen Vorrang hatten.

die Parteien jedoch im Einzelfall andere als die gesetzlich vorgegebenen Aufwertungs- oder Umstellungssätze vereinbaren[462]. In diesem Sinn sind die Vorschriften disponibel. Dies führt im Regelfall zu einer (freiwilligen) Mehrleistung des Schuldners, die ordnungspolitisch unbedenklich und daher zulässig ist. Wird eine solche Vereinbarung getroffen, so ist sie rechtlich grundsätzlich durchsetzbar. Im Gegensatz dazu kann der Gläubiger die (freiwillige) Mehrleistung eines Schuldners aufgrund einer gegen § 3 WährungsG verstoßenden und daher nichtigen Wertsicherungsklausel nicht rechtlich durchsetzen, wenn der Schuldner die Mehrleistung verweigert. Die so beschriebene Disponibilität der Aufwertungs- und Umstellungsvorschriften von 1925, 1948 und 1990 ändert nichts an ihrem generellen Charakter als Eingriffsnormen.

Im Gegensatz zu ordnungspolitischem Schuldrecht ist wirtschaftspolitisches Währungsrecht im Regelfall dadurch charakterisiert, daß es Handlungsanweisungen erteilt, die betroffenen Parteiinteressen nicht berücksichtigt und allein die Währung schützen soll. Zeitlich wirkt es linear; es erfaßt alle während seiner zeitlichen Geltung abgeschlossenen Rechtsgeschäfte. Dabei ist es in der Regel zukunftsorientiert, will also den Abschluß künftiger Rechtsgeschäfte steuern[463]. Die Rechtsfolge der Anwendung ist im allgemeinen die Nichtigkeit des Rechtsgeschäfts; es verhindert also Schuldverhältnisse. Durch seine währungsschützende Ausrichtung wirkt es regelmäßig schuldnerbegünstigend.

Ordnungspolitisches Schuldrecht mit Währungsbezug berücksichtigt dagegen auch die Interessen der betroffenen Parteien. Es wirkt zeitlich an einem bestimmten Zeitpunkt punktuell nur auf schon bestehende Schuldverhältnisse, es hat einen konservierenden und nicht prohibitiven beziehungsweise destruktiven Effekt. Sein Schutzzweck ist nicht nur die Volkswirtschaft im weitesten Sinn, sondern es dient auch dem interindividuellen Interessenausgleich durch die pauschalierende Beseitigung oder Verhinderung gravierender Äquivalenzstörungen von Schuldverhältnissen. Daher ist die Rechtsfolge eine Umgestaltung der betroffenen Rechtsverhältnisse.

---

462 Siehe z.B. § 67 Abs. 3 AufwertungsG.

463 Einige Goldklauselverbote galten allerdings rückwirkend.

4. Schuldrecht mit Währungsbezug

a) Grundsatz

Zur vierten und letzten Gruppe von Vorschriften zählen solche, die ausschließlich dem Interessenausgleich Privater dienen, und lediglich einen zufälligen Bezug zu Währung haben. Hierzu gehört vor allem die Befugnis des Schuldners einer Fremdwährungsforderung, im Inland in heimischer Währung zahlen zu dürfen[464], und die (materiellrechtliche) Vermutung, daß im Zweifel Zahlung in der Landeswährung am Erfüllungsort vereinbart ist[465]. Diesen Rechtsfiguren fehlt jeder währungsrechtliche Charakter. Hier von Währungsrecht zu sprechen[466], ist verwirrend. Für diese Aussage ist es unerheblich, ob eine solche Regel im Einzelfall zwingend ausgestaltet ist: Zwingend kann sie auch aus pauschalierten Schuldnerschutzgründen sein. Anders gesagt: Es ist nicht erforderlich, daß eine solche Regel währungsrechtlicher und damit öffentlich-rechtlicher Art ist, um sie unabhängig vom Schuldstatut anzuwenden.

Der internationale Anwendungsbereich solcher Vorschriften richtet sich nach allgemeinen Grundsätzen; regelmäßig folgen sie dem Schuldstatut.

b) § 244 BGB als währungsrechtliche Kollisionsnorm?

§ 244 BGB regelt für das deutsche Recht die Befugnis des Schuldners, eine Fremdwährungsschuld im Inland in deutscher Währung zu zahlen[467]. Diese

---

[464] § 244 BGB. Diese Substitutionsbefugnis des Schuldners war vorübergehend durch § 15 Abs. 5 des UmstellungsG eingeschränkt: Danach konnte eine in ausländischer Währung eingegangene Verbindlichkeit gegenüber einem Angehörigen der Vereinten Nationen (Begriffsdefinition in § 13 Abs. 4 UmstellungsG) nur mit Zustimmung des Gläubigers in Deutscher Mark erfüllt werden. § 15 UmstellungsG wurde durch § 102 des Gesetzes zur Ausführung des Abkommens vom 27. Februar 1953 über deutsche Auslandsschulden ["Londoner Schuldenabkommen"] vom 24.8.1953 (BGBl. I S. 1003) aufgehoben.

[465] Z.B. § 361 HGB.

[466] Schlegelberger-Hefermehl, Anh. zu § 361 HGB Rn. 28.

[467] Die Vorschrift lautet:

> "Ist eine in ausländischer Währung ausgedrückte Geldschuld im Inlande zu zahlen, so kann die Zahlung in *Reichs*währung erfolgen, es sei denn, daß die Zahlung in ausländischer Währung ausdrücklich bedungen ist.
>
> Die Umrechnung erfolgt nach dem Kurswerte, der zur Zeit der Zahlung für den Zahlungsort maßgebend ist."

Regel gilt auch im englischen Recht[468]. Nach der wohl überwiegenden Ansicht in Rechtsprechung und Literatur ist § 244 BGB auch bei fremdem Schuldstatut anwendbar, weil es sich dabei um eine versteckte Kollisionsnorm[469] handeln soll[470]. Ob § 244 Abs. 1 BGB Kollisionsnorm ist, ist durch Auslegung nach Wortlaut, Sinn und Zweck der Bestimmung zu ermitteln[471].

Als Ursache für ihre Behandlung als Kollisionsnorm wird häufig ihr angeblicher Doppelcharakter angeführt: Neben dem individuellen Geldschuldner solle sie auch die einheimische Währung privilegieren[472]. Teilweise wird § 244 BGB sogar als währungsrechtliche Norm angesehen[473]. Diese Auffassung wird selten näher begründet. Ausnahmen sind Melchior und Neumeyer.

468 Siehe die Nachweise oben in N. 413. Zu Einzelheiten unten S. 96ff.

469 Selbstbegrenzte oder selbstbeschränkte Sachnorm; zur Terminologie siehe Kropholler 86f.

470 LG Stuttgart 14.3.1957, IPRspr. 1956-1957 Nr. 29 S. 114,118; Melchior 286; Drobnig 258; Reithmann-Martiny 219; MünchKomm-Martiny, Rn. 22 nach Art. 34 Anh. I; Kropholler 87; Palandt-Heinrichs, § 245 Anm. 3 b bb; AK-Brüggemeier, § 244 Rn. 6; Staudinger-Firsching [10./11. Auflage, Rn. 393 vor Art. 12; Roth, BerDtGesVR 20(1979)164; Alberts 18; Küng 39; Schlegelberger-Hefermehl, Anh. zu § 361 HGB Rn. 28; von Westphalen 136; Wolff, IPR 156 (Anders noch ders., Geld 640/641); im Ergebnis auch Nussbaum, IPR 259 und wohl auch Heymann-Horn § 361 Rn. 6. Im Ergebnis für Anwendung unabhängig vom Schuldstatut, aber offengelassen, ob Satz des deutschen materiellen Schuldrechts, materiellrechtlicher Satz des deutschen internationalen Geldschuldrechts (Schuldstatut im weiteren Sinn) oder einseitige Kollisionsnorm des deutschen internationalen Währungsrechts: Soergel-Kegel, Rn. 905 vor Art. 7; ähnlich Staudinger-Schmidt, § 244 Rn. 77. A.A. Wolfgang Mayer 101; Maier-Reimer, NJW 1985, 2049,2050; MünchKomm-von Maydell, § 244 Rn. 56; Birk, AWD BB 1973,425,436; Siehr, RabelsZ 46(1982)365; wohl auch Coester, ZVglRwiss 82(1983)16 N. 76 sowie Staudinger-Weber [11. Auflage], § 244 Rn. 13.

471 Vgl. zur Auslegung von Gesetzen allgemein: Larenz, Methodenlehre, Kapitel 4, S. 312ff.: Auslegungsziel ist die Ermittlung des normativen Sinnes des Gesetzes, also des heute rechtlich maßgebenden Sinnes. Dies ist aber nur unter Berücksichtigung der Regelungsabsichten und Normvorstellungen des historischen Gesetzgebers möglich (Larenz a.a.O. 318). Kriterien der Auslegung sind der Wortsinn (Larenz a.a.O. 320ff.), der Bedeutungszusammenhang des Gesetzes (Larenz a.a.O. 324ff.), die Regelungsabsicht sowie Zwecke und Normvorstellungen des historischen Gesetzgebers (Larenz a.a.O. 328ff.), objektiv-teleologische Kriterien (Larenz a.a.O. 333ff.) und schließlich das Gebot verfassungskonformer Auslegung (Larenz a.a.O. 339ff.). Vgl. auch Kropholler 87 und Siehr, RabelsZ 46(1982)374.

472 AK-Brüggemeier, § 244 Rn. 6; Nussbaum, Geld 216; Melchior 285-292; Schlegelberger-Hefermehl, Anh. § 361 Rn. 28; Soergel-Teichmann, § 244 Rn. 28; Erman-Sirp, § 244 Rn. 15; Staudinger-Schmidt, § 244 Rn. 2 und ders., ZZP 1985,38; MünchKomm-von Maydell, § 244 Rn. 40; von Westphalen, 136; Arend 49.

473 So Kegel, IPR 741. Nussbaum, Geld 216; Neumeyer III/2 195ff. und 320 und vor allem Melchior 285ff., auf den Kegel a.a.O. sich beruft. Wohl auch Seetzen, AWD BB 1969,254;

(1) Wortlaut und systematische Stellung im Gesetz

Der Wortlaut von § 244 Abs. 1 BGB gibt für die Auffassung, die Bestimmung habe mindestens auch währungsrechtlichen Charakter, nichts eindeutiges her. Der Schuldner erhält das Recht, seine Geldschuld in inländischer statt ausländischer Währung zu bezahlen, wenn nicht die Zahlung in ausländischer Währung ausdrücklich vereinbart ist. Zunächst wird also regelmäßig der Schuldner privilegiert; er muß sich im Inland keine Geldsumme in ausländischer Währung zur Zahlung seiner Geldschuld beschaffen, wenn er nicht will. Es ist nicht ersichtlich, daß mit der Formulierung von § 244 Abs. 1 BGB auch die inländische Währung bevorzugt werden soll. Der Wortlaut der Norm spricht sogar eher dagegen: die Anwendbarkeit einer währungsrechtlichen Norm mit Schutzcharakter[474] dürfte nicht in das Belieben der Parteien gestellt werden. Sollte sich § 244 Abs. 1 BGB tatsächlich positiv auf die inländische Währung auswirken, so ist das, legt man den Wortlaut zugrunde, zunächst nur ein Nebeneffekt, der nichts über den Charakter der Norm aussagt.

Systematisch betrachtet wäre § 244 Abs. 1 BGB an der falschen Stelle, wenn es sich dabei um Währungsrecht handelte.

(2) Entstehungsgeschichte der Norm

Weiterhelfen kann unter Umständen die Entstehungsgeschichte, die auch Melchior heranzieht. Melchior[475] führt § 244 BGB als wesentliches Beispiel dafür an, daß "deutsches Währungsrecht, also öffentliches Recht, über die allgemein international-privatrechtlichen Grundsätze hinaus Geltung beansprucht"[476]. Der Wortlaut lasse zwar nicht erkennen, ob die Anwendung der Bestimmung die Geltung deutschen Rechts als lex causae voraussetze oder nicht. Aus der Entstehungsgeschichte könne aber mit "genügender Sicherheit" abgeleitet werden, daß § 244 BGB unabhängig von der lex causae gelte[477].

Schlegelberger-Hefermehl, Anh. zu § 361 HGB Rn. 28 und Grundmann, EWS 1990,217. Nach Nussbaum, IPR 259 wollte der Gesetzgeber den inländischen Geldverkehr von der Verwendung ausländischer Zahlungsmittel entlasten.

474 Dazu oben S. 31.

475 IPR 285-288.

476 Melchior 285.

477 Melchior 286.

Auch Neumeyer bezieht sich auf die Entstehungsgeschichte: Die Vorschrift sei ihrem geschichtlichen Ursprung nach als Erleichterung für den Schuldner gedacht gewesen, habe aber eine allmähliche Umbildung erfahren und diene jetzt in erster Linie währungspolitischen Zwecken[478]. Unklar bleibt allerdings, welche Umstände der "allmählichen Umbildung" zugrundegelegen haben sollen.

Im ersten Entwurf zum BGB lautete die entsprechende Bestimmung (§ 215 Abs. 1 und 2):

> Die Zahlung einer im Inlande zahlbaren Geldschuld ist in Reichswährung auch dann zu bewirken, wenn die Schuld in ausländischer Währung ausgedrückt ist.
>
> Bei der erforderlichen Umrechnung der Geldschuld in die Reichswährung entscheidet der Kurswert zur Zeit und am Orte der Zahlung.

Die Motive führen zur Geldschuld zunächst aus, daß sie "wegen ihrer Eigenthümlichkeit besondere Vorschriften" erfordere[479]. Zu solchen sei "jedoch auf dem Boden des durch die Reichsgesetzgebung eingeführten gesetzlichen Währungssystems nur in sehr beschränktem Maße Raum und Bedürfnis"[480]. Die Motive fahren fort:

> "Die §§ 215, 216 beziehen sich nur auf im Inlande zahlbare Geldschulden, einschließlich der Zinsen aus einer Geldschuld. Handelt es sich um im Auslande zu erfüllende Geldschulden und steht demgemäß der Einfluß der ausländischen Münzgesetzgebung in Frage, so kommen wesentlich Normen des internationalen Privatrechts mit in Frage. Insbesondere vermeidet aus diesem Grunde der Entw., dasjenige als eine allgemeine Rechtsregel auszusprechen, was die Münzgesetze auszusprechen pflegen, daß nämlich bei Zahlungen, die nach dem Rechte des betr. Staates beurtheilt werden, die gesetzmäßige Münze zu leisten sei. Für im Inlande zahlbare Geldschulden folgt andererseits schon aus dem eingeführten Währungssysteme, daß der Werth einer in Reichswährung

478 Neumeyer III/2 320.
479 Mugdan II 7.
480 Mugdan II 7.

> ausgedrückten Schuld der Nennwerth ist und die Zahlung in Geld der Reichswährung zum Nennwerthe genommen werden muß. Aus dem unbedingten Annahmezwange ergiebt sich von selbst die Annahmepflicht zum Nennwerthe (ReichsmünzG. v. 13. Juli 1873 Art. 14 § 1). Dagegen erscheint die Vorschrift unerläßlich, daß auch eine in ausländischer, effektiver oder Rechnungswährung ausgedrückte Geldschuld, sofern sie im Inlande zahlbar ist, in Reichswährung zu bewirken ist, und daß solchenfalls für die erforderliche Umrechnung des Werthes der Geldschuld in Reichswährung der Kurswerth der bezeichneten ausländischen Währung am Orte und zur Zeit der Zahlung maßgebend ist, sofern die Parteien nicht ein anderes vereinbart haben. Dieses für den Verkehr äußerst wichtige Prinzip spricht der § 215 Abs. 1, 2 aus"[481].

Die Kommission für die zweite Lesung dieses Entwurfs änderte Abs. 1 wie folgt:

> Die Zahlung einer in ausländischer Währung ausgedrückten, im Inlande zahlbaren Geldschuld kann in Reichswährung bewirkt werden, wenn nicht die Zahlung in ausländischer Währung ausdrücklich bedungen ist.[482]

Den Protokollen der Kommission für die zweite Lesung ist nicht zu entnehmen, wieso die Kommission diese Formulierung wählte; es bestand Einigkeit, daß die Vorschrift nicht zwingend sei[483].

§ 208 des zweiten Entwurfs, der § 215 des ersten ersetzte, lautete:

> Ist eine in ausländischer Währung ausgedrückte Geldschuld im Inlande zu zahlen, so kann die Zahlung in Reichswährung erfolgen, es sei denn, daß Zahlung in ausländischer Währung ausdrücklich bedungen ist.
>
> Die Umrechnung erfolgt nach dem zur Zeit der Zahlung für den Zahlungsort maßgebenden Kurswerte.

[481] Mugdan II 7.
[482] Protokolle Band I 289f.
[483] Protokolle Band I 290.

Melchior entnimmt dem Verweis auf das internationale Privatrecht und dem dritten Satz der eben zitierten Passage der Motive[484] den währungsrechtlichen Charakter von § 244 BGB. Da die zweite Kommission den Motiven des ersten Entwurfs nicht widersprochen habe, sei der Inhalt der Motive insoweit gebilligt[485].

Melchior ist zuzugeben, daß die ursprüngliche Fassung von § 215 Abs. 1 des ersten Entwurfs unter Berücksichtigung des Hinweises in den Motiven auf die Münzgesetze wohl währungsrechtlichen Charakter hatte: Diese Fassung statuierte die sich aus dem Reichsmünzgesetz ergebende Pflicht, im Inland Geldschulden inländischer Währung mittels inländischer gesetzlicher Zahlungsmittel zu erfüllen[486], auch für in ausländischer Währung ausgedrückte Geldschulden. Diese Pflicht ist ein (erweitertes) Korrelat zur Obliegenheit des Gläubigers, gesetzliche Zahlungsmittel zur Erfüllung eines Geldanspruchs anzunehmen[487] und verstärkt den Gebrauch der inländischen Währung und schützt dadurch ihren Bestand. Eine solche Bestimmung privilegiert weder Schuldner noch Gläubiger; je nach Sachlage kann dadurch der eine oder der andere im Einzelfall begünstigt werden.

---

484 "Insbesondere vermeidet ..."

485 Melchior 287.

486 So auch schon § 11 der Reichsmünzordnung von 1559; siehe oben S. 5. Der Gegensatz einer solchen Bestimmung ist eine Regel, wonach eine ausländische Münze oder ausländisches Geld als gleichwertig mit inländischem oder als gesetzliches Zahlungsmittel erklärt wird; solche Bestimmungen waren im Mittelalter häufig und wurden noch im 18. und 19. Jahrhundert von (Klein-) staaten in Deutschland getroffen, deren eigenes Währungs- bzw. Münzsystem mangelhaft war: siehe Goldschmidt 1129 N. 44 m.w.N. Heute gelten solche Regelungen noch z.B. in Luxemburg, wo die belgische Währung der luxemburgischen gleichgestellt ist und in Liechtenstein (Schweizer Währung).

487 Nach § 14 Abs. 1 Satz 3 BundsbankG sind die von der Bundesbank ausgegebenen Banknoten das einzige unbeschränkte gesetzliche Zahlungsmittel. § 2 MünzG erklärt die nach § 1 MünzG ausgegebenen Bundesmünzen nach Maßgabe des § 3 MünzG zu gesetzlichen Zahlungsmitteln. Danach ist niemand verpflichtet, auf deutsche Mark lautende Münzen im Betrag von mehr als 20 DM und auf Pfennig lautende Münzen im Betrag von mehr als 5 DM in Zahlung zu nehmen. Dies gilt nach § 3 Abs. 2 MünzG nicht für Bundes- und Landeskassen sowie die Kassen der Deutschen Post, die Münzen in jedem Betrag in Zahlung zu nehmen haben. In diesem Zusammenhang ist es ungenau, von "Annahmezwang" zu sprechen (vgl. z.B. Mugdan II 7); es handelt sich um eine Annahmeverpflichtung, bei deren Verletzung der Geldschuldgläubiger in Annahmeverzug gerät (vgl. Wolff, Geld 580, dem die Bezeichnung "Annahmeverpflichtung" schon zu weit geht. Nach Gramlich B § 14 Rn. 13 ist jedermann kraft öffentlichen Rechts gehalten, von der Bundesbank ausgegebene Banknoten als ordnungsgemäße Erfüllung einer Geldschuld anzunehmen.)

Schon die erste Änderung von § 215 Abs. 1 des ersten Entwurfs gab der Vorschrift den endgültigen Inhalt des § 244 Abs. 1 BGB. § 208 Abs. 1 des zweiten Entwurfs und die Endfassung enthalten nur syntaktische Veränderungen. Die inhaltliche Änderung von § 215 Abs. 1 des ersten Entwurfs ist erheblich: Nicht nur erhält der Schuldner ein Wahlrecht, in welcher Währung er seine in ausländischer Währung ausgedrückte Geldschuld erfüllen möchte, ob in der geschuldeten oder der inländischen Währung, sondern zudem steht die Norm nun zur Disposition der Parteien: Wenn die Zahlung in ausländischer Währungs "ausdrücklich bedungen" ist, so ist der Schuldner entgegen § 244 Abs. 1 BGB nicht befugt, in inländischer Währung zu zahlen, sondern muß an den Gläubiger in der vereinbarten Währung leisten. Welche Gründe die Kommission zu dieser Änderung veranlaßten, ist aus den Gesetzgebungsmaterialien nicht ersichtlich. Die Motive zum ersten Entwurf decken die Änderung nicht; das gilt insbesondere für den Satz, wonach eine Vorschrift **unerläßlich** erscheine, daß eine in ausländischer Währung ausgedrückte Geldschuld im Inland in Reichswährung zu **bewirken sei**[488].

Grundsätzlich lassen die Motive es zweifelhaft erscheinen, ob die Redaktoren sich über den rechtlichen Charakter beziehungsweise den vorgesehenen internationalen Anwendungsbereich des § 215 des ersten Entwurfs endgültig klar waren. Die Verknüpfung des ausdrücklich betonten Nominalwertprinzips mit der Pflicht, Zahlungen mit gesetzlichen Zahlungsmitteln zu leisten, führt bei der Auslegung nicht weiter. Noch weniger hilft der Verweis auf die Regeln des internationalen Privatrechts. Worauf sich der letzte Satz der oben[489] zitierten Passage der Motive bezieht, ob auf die Pflicht, in inländischer Währung zu zahlen, oder auf die Modalität der Umrechnung oder auf beides, ist offen.

Wegen dieser Unklarheiten in den Motiven, und weil sie die geänderte Version des Entwurfs und die endgültige Fassung von § 244 Abs. 1 BGB teilweise nicht decken, kann ich Melchior nicht dahin folgen, der Standpunkt der Motive sei trotz der gravierenden inhaltlichen Änderung des Textes der Vorschrift stillschweigend gebilligt worden, da keine Einwände dagegen erhoben worden seien. Es scheint eher plausibel, daß man versäumt hat, die Gründe für die Neu-

---

488 Der Sinn dieses Satzes der Motive ist besonders schwer zu ermitteln: worauf sich das einleitende "dagegen" beziehen soll, ist kaum verständlich.

489 S. 91.

formulierung der ersten Fassung von § 215 Abs. 1 des ersten Entwurfs in den Gesetzgebungsmaterialien zu dokumentieren.

(3) Substitutionsbefugnis des Geldschuldners: Vergleichender rechtshistorischer Rückblick

Hilfe zum Verständnis von § 244 Abs. 1 BGB bietet ein vergleichender, rechtshistorischer Rückblick auf die Entwicklung des Instituts der Ersetzungsbefugnis des Schuldners von in ausländischer Währung ausgedrückten Geldschulden. Schon im Mittelalter hatte sich für die Rückzahlung von Geldschulden im Zusammenhang mit der Frage der Auswirkung von Münzveränderungen die Regel gebildet, daß der Schuldner in anderer als der geliehenen oder sonst geschuldeten Münze zahlen durfte[490]. Gesetzlich schlug sich diese Regel[491] in Deutschland schon in der Münzordnung von 1559 nieder. Allerdings basierte sie darauf, daß eine auf Verschaffung einer Anzahl einer bestimmten Münze gerichtete Schuld als Verpflichtung zur Verschaffung einer entsprechend bestimmten Menge Metalls (Silber oder Gold) betrachtet wurde[492]. Zahlte der Schuldner in anderer Münze zurück, mußte er dem Gläubiger einen auf einer Münzverschlechterung[493] beruhenden eventuellen Wertverlust ausgleichen[494].

Aus dieser in allen wichtigen europäischen Ländern anerkannten consuetudo generalis entwickelte sich die Substitutionsbefugnis des Schuldners einer in ausländischer Währung ausgedrückten Geldschuld[495], die sich zunächst ab dem 16. Jahrhundert im italienischen Wechselrecht ausbildete[496] und sich dann ins übrige Handels- und Privatrecht ausbreitete. Die Ursachen dieser Entwicklung lagen einerseits und vor allem in den Bedürfnissen des internationalen Handels und des internationalen Bankgeschäfts - es war für einen Kaufmann regelmäßig einfacher, sich am Zahlungsort den von ihm geschuldeten Betrag in Landes-

490 Dies war eine consuetudo generalis: Coing, Europäisches Privatrecht I 470; Ascarelli, La Moneta 23 m.w.N.

491 "Uno pro alia" (eine [Münzsorte] für eine andere): Ascarelli, La Moneta 23; und siehe schon Scaccia § 2 Gloss. 5 Nr. 184.

492 Dieses metallistische Verständnis hielt sich in Deutschland teilweise bis zum Ende des 19. Jahrhunderts: siehe dazu oben S. 8.

493 Siehe Goldschmidt 1083 und dort N. 11 zur Verschlechterung der sogenannten seit dem Ende des 12. Jahrhunderts bestehenden Kölnischen Mark bis zum 16. Jahrhundert.

494 Hierzu Coing, Europäisches Privatrecht I 470ff., insb. 472.

495 Ascarelli, La Moneta 24.

496 Nussbaum, Geld 209f.; Mann 307.

währung zu beschaffen - und andererseits in der Knappheit der jeweiligen Währungen begründet[497]: Der Aufwand, ausländisches geschuldetes Währungsgeld in ausreichendem Umfang zu besorgen, war im Zeitalter der Pferdereisen und der Edelmetallmünzen als einzigem gesetzlichem Zahlungsmittel hoch. Ferner lag es ursprünglich auch im finanziellen Interesse der territorialen Münzherren, daß die einheimische Währung genutzt wurde[498].

So war die Substitutionsbefugnis schließlich im 19. Jahrhundert in Deutschland zum Beispiel in Preußen anerkannt[499]; sie war in der Allgemeinen Deutschen Wechselordnung von 1848[500] sowie in Artikel 336 Satz 2 des ADHGB[501] enthalten.

Eine Abweichung von dieser Regel im neuen BGB wäre wirtschafts- und handelspolitisch ein Rückschritt gewesen. Deswegen liegt es nahe, daß die Redaktoren des BGB bei der Änderung von § 215 Abs. 1 des ersten Entwurfs lediglich die Anpassung des Gesetzestextes an die bisher anerkannte und praktikable Rechtslage im Auge hatten. Möglicherweise hatte es sich auch als unnötig herausgestellt, die damals noch sehr junge gemeinsame Reichswährung durch die ursprüngliche Fassung des § 215 des ersten Entwurfs zu schützen. Die Substitutionsbefugnis hatte sich über Jahrhunderte aus Verkehrserfordernissen entwickelt und bewährt. Der schützende Effekt, den die Zahlung in Inlandswährung für den Bestand der Inlandswährung haben kann, war ein (positiver) Nebeneffekt, aber nicht die Ursache dieser Entwicklung[502]. Mit der Aufgabe der

---

497 Ascarelli, Rivista del diritto commerciale e del diritto generale delle obbligazioni 21(1923-I) 447; Nussbaum, Geld 210; Mann 308.

498 Mann 308; Nussbaum, Geld 210 und siehe auch Neumeyer III/2 138.

499 Goldschmidt 1153 N. 35 gibt weitere rechtsvergleichende Beispiele. Siehe ferner zur historischen Entwicklung (mit rechtsvergleichenden Beispielen): Gruchot 82ff.

500 RGBl. 1848 S. 19. Art. 37 der Wechselordnung lautete:

> "Lautet ein Wechsel auf eine Münzsorte, welche am Zahlungsorte keinen Umlauf hat, oder auf eine Rechnungswährung, so kann die Wechselsumme nach ihrem Werthe zur Verfallzeit in der Landesmünze gezahlt werden, sofern nicht der Aussteller durch den Gebrauch des Wortes "effectiv" oder eines ähnlichen Zusatzes die Zahlung in der im Wechsel benannten Münzsorte ausdrücklich bestimmt hat."

Goldschmidt 1154 N. 37 nennt weitere Beispiele deutscher und ausländischer Wechselordnungen.

501 Siehe Goldschmidt 1156 N. B zur Gesetzgebungsgeschichte dieses Artikels. Siehe auch Staudinger-Schmidt, § 244 Rn. 2.

502 Daher geht Neumeyer III/2 138 fehl, wenn er meint, daß § 244 BGB im währungspolitischen Interesse die Nachfrage nach inländischer Währung erhöhen sollte.

ersten strengen Version des § 215 Abs. 1 des ersten Entwurfs zeigten die Redaktoren, daß ihnen der Schutz der Reichswährung an dieser Stelle weniger wichtig war als das Interesse des Verkehrs.

(4) Zwischenergebnis: Kein Währungsrecht

Als Ergebnis läßt sich schließlich festhalten, daß § 244 Abs. 1 BGB keinen währungsrechtlichen Charakter hat, sondern lediglich den Geldschuldner im Inland privilegiert[503]. In der faktischen Auswirkung der Norm mag ein währungsschützender Effekt zum Tragen kommen, der aber gerade nicht ein wesentliches gesetzgeberisches Ziel war. Daraus folgt, daß die Annahme, § 244 Abs. 1 BGB sei eine einseitige versteckte Kollisionsnorm, sich nicht auf währungsrechtliche Erwägungen stützen kann. Die Norm hat Währungsbezug, ist aber nicht im Währungsrecht verankert[504].

c) Substitutionsbefugnis in England

In England war die Substitutionsbefugnis für einzelne Rechtsgebiete eine zeitlang gesetzlich geregelt; so in s. 72 (4) des Bills of Exchange Act, 1882[505] und in s. 139 des Merchant Shipping Act, 1894[506]. Die Law Commission ging 1983 in ihrem Bericht an den Lord Chancellor über Geldschulden in ausländischer Währung[507] davon aus, daß nach englischem "internal law" eine in ausländischer

---

503 Gegen den angeblich währungsrechtlichen Charakter der Norm auch Küng, Zahlung 106, und vgl. Gutzwiller 63ff. zur entsprechenden Schweizer Vorschrift des Art. 84 OR.

504 Es liegt auch kein "Wandel der Normsituation" dergestalt vor, daß sich die tatsächlichen Verhältnisse und Rahmenbedingungen, die zur Zeit des Inkrafttretens von § 244 Abs. 1 BGB herrschten, so stark verändert haben, daß heute eine völlige Neubewertung der Vorschrift unter währungsschützenden Gesichtspunkten geboten wäre. Zur den Erfordernissen an einen solchen Wandel der Normsituation siehe Larenz, Methodenlehre 350ff.

505 45 & 46 Vict. c. 61. Die Vorschrift wurde durch s. 4 des Administration of Justice Act, 1977 (c. 38) aufgehoben und lautete:

> "Where a bill is drawn out of but payable in the United Kingdom and the sum payable is not expressed in the currency of the United Kingdom, the amount shall, in the absence of some express stipulation, be calculated according to the rate of exchange for sight drafts at the place of payment on the day the bill is payable."

506 57 & 58 Vict. c. 60; aufgehoben durch s. 100 (3), Schedule 5 des Merchant Shipping Act, 1970 (c.35).

507 The Law Commission, Private International Law - Foreign Money Liabilities, (Law Com. No. 124) 1983 S. 4.

Währung ausgedrückte Schuld nach Wahl des Schuldners grundsätzlich entweder in der fraglichen ausländischen Währung[508] oder in Pfund Sterling[509] bezahlt werden könne[510].

In einer alten Entscheidung aus dem 16. Jahrhundert[511] war dagegen noch dem **Gläubiger** ein Wahlrecht zugestanden worden, eine auf Dukaten und Portugieser gerichtete Forderung in der Schuldwährung oder in Sterling zu **verlangen**[512].

Bank International Ltd. v. Levin Bros. (Bradford) Ltd.[513] ist die erste englische Entscheidung, in der das Institut der Substitutionsbefugnis klar formuliert und als Bestandteil des englischen Rechts bezeichnet wird. Die Beklagte hatte Stoff gekauft, und der amerikanische Verkäufer hatte auf US-$ lautende, bei der Klägerin zahlbare Wechsel auf die Beklagte gezogen, die diese akzeptiert hatte. Der Verkäufer indossierte die Wechsel an die klagende Bank, und die Beklagte verweigerte bei Vorlage Zahlung wegen angeblicher Mängel des Stoffs. Die Klägerin klagte erfolgreich auf Zahlung in US-Dollar; die Beklagte berief sich auf die oben[514] zitierte s. 72 (4) Bills of Exchange Act 1882, wonach eine Verurteilung nur in Pfund Sterling zum Fälligkeitstag erfolgen könne. Seit dem Fälligkeitstag war das Pfund gegenüber dem US-$ stark im Wert gesunken.

Im Rahmen der Prüfung von s. 72 (4) hielt Mocatta J. die Substitutionsbefugnis, wie sie oben dargestellt ist, für völlig klar: "This proposition seems to me to be elementary and a matter of common sense"[515]. Genau genommen sind diese Aus-

---

508 Unter Berufung auf Marrache v. Ashton [1943] A.C. 311,317 (P.C.); Barclays Bank International Ltd. v. Levin Bros. (Bradford) Ltd. [1977] 1 Q.B. 270,277-278; George Veflings Rederi A/S v. President of India [1978] 1 W.L.R. 982,984 (Donaldson J.; die Entscheidung wurde durch den Court of Appeal bestätigt: [1979] 1 W.L.R. 59).

509 Unter Verweis auf Adelaide Electric Supply Co. Ltd. v. Prudential Assurance Co. Ltd. [1934] A.C. 122,148,151; Auckland Corporation v. Alliance Assurance Co. Ltd. [1937] A.C. 587,607 (Lord Wright, P.C.); Mount Albert Borough Council v. Australasian Temperance and General Mutual Life Assurance Society Ltd. [1938] A.C. 224,240-241 (Lord Wright, P.C.).

510 Ebenso Dicey & Morris 1453; Chitty(-North) Rn. 2194; Cheshire & North 503; Mann 317.

511 Willshalge v. Davidge (1586) 1 Leon. 41.

512 Willshalge v. Davidge (1586) 1 Leon. 41: " ... for it is in his [creditor] election to demand his debt in which of those coyns he pleaded, either in the proper coyn of the contract, or of sterling, scil. in currant money."

513 [1977] 1 Q.B. 270.

514 N. 505.

515 [1977] 1 Q.B. 270,277 mit Hinweis auf Dicey & Morris sowie Mann.

führungen allerdings obiter dicta, denn sie waren nicht für das Ergebnis der Entscheidung erforderlich oder ausschlaggebend. Darüber hinaus ist s. 72 (4) Bills of Exchange Act 1882 mittlerweile aufgehoben worden.

In der neuesten einschlägigen Entscheidung, Libyan Arab Foreign Bank v. Bankers Trust Co.[516] sagte Staughton J. über die Substitutionsbefugnis: "It must be admitted that the foundations of the rule appear to be somewhat shaky ..."[517]. In diesem Fall hatte die Libyan Arab Foreign Bank die amerikanische Bankers Trust Co. auf die Zahlung von einigen 100 Millionen US-Dollar in London verklagt. Libyan Bank unterhielt bei der Londoner Niederlassung von Bankers Trust ein "Call account" und bei Bankers Trust in New York ein "Demand account". Ferner bestand eine Vereinbarung, wonach sich auf dem Konto in New York täglich ein Saldo von 500.000 US-$ befinden sollte. Dies wurde dadurch erreicht, daß zweimal täglich, abhängig von den über das New Yorker Konto laufenden Transaktionen, Mittel von London nach New York oder andersherum transferiert wurden, so daß der Saldo immer in der vereinbarten Höhe blieb. Kurz bevor und nachdem der Präsident der USA Reagan im Januar 1986 eine executive order erließ, wonach sämtliche libyschen Vermögenswerte in den USA blockiert wurden, führte Bankers Trust Transfers von dem New Yorker Konto auf das Konto der Libyan Bank in London bei Bankers Trust nicht aus. Libyan Bank verlangte Zahlung des Saldos des Londoner Kontos in Höhe von 131 Millionen US-$, sowie die Zahlung weiterer 161 Millionen US-$, die Bankers Trust New York vor dem Erlaß der executive order von Präsident Reagan nach London hätte transferieren müssen. Die Zahlung sollte mittels banker's draft, in bar oder "by any other commercially recognised method of transferring funds"[518] in Dollar oder Sterling erfolgen.

Im Zusammenhang mit der Prüfung, ob Bankers Trust London die Zahlungsforderungen der Libyan Bank erfüllen konnte, ohne dabei US-amerikanisches Recht zu verletzen, untersuchte Staughton J. die Voraussetzungen zehn verschiedener Methoden, mittels derer Bankers Trust ihre Zahlungsverbindlichkeit gegenüber der Libyan Bank hätte erfüllen können, und gelangte zu dem Ergebnis, daß die Libyan Bank einen Anspruch auf Barzahlung in US-Dollar als der vereinbarten Schuldwährung und alternativ in Pfund Sterling als der Währung des Zahlungsorts hatte. Es ist zweifelhaft, ob die Passagen der Entscheidung, die

[516] [1989] 1 Q.B. 728. Siehe dazu Cranston, J.I.B.L. 3(1987)177-180.
[517] Libyan Arab Foreign Bank v. Bankers Trust Co. [1989] 1 Q.B. 728,765.
[518] Libyan Arab Foreign Bank v. Bankers Trust Co. [1989] 1 Q.B. 728,742f.

sich mit der Substitutionsbefugnis befassen[519], zur ratio decidendi gehören oder ob sie obiter dicta sind, denn die Verurteilung zur Barzahlung in US-Dollar genügte für die Entscheidung dieses konkreten Falls. Da Staughton J. jedoch auf die Frage ausführlich einging, ist seinen Ausführungen dazu einiges Gewicht beizumessen, obwohl es sich um ein erstinstanzliches Urteil handelt[520].

Oliver L.J. hatte in dem Fall In re Lines Brothers Ltd.[521] das Argument abgelehnt, die Entscheidung des House of Lords in Miliangos v. George Frank (Textiles) Ltd.[522] hätte nicht nur den neuen Grundsatz aufgestellt, wonach ein englisches Gericht einen Beklagten zur Zahlung in ausländischer Währung verurteilen kann[523], sondern einen weitergehenden Grundsatz, wonach der Schuldner einer Fremdwährungsforderung seine Zahlungspflicht ausschließlich durch Zahlung in dieser Währung erfüllen könne: " ... this is to stand Miliangos on its head." Dieser Aussage entnahm Staughton J., daß nach Ansicht des Court of Appeal die Miliangos-Entscheidung die Frage der Substitutionsbefugnis nicht berührt, und schloß sich der Barclays-Bank-Entscheidung an[524]. Praktisches Ergebnis der Entscheidung Libyan Bank ist, daß der Schuldner einer in ausländischer Währung ausgedrückten Geldschuld in England in englischen Pfund oder der Schuldwährung zahlen darf, und daß er in englischer Währung zahlen **muß**, wenn ihm die Zahlung in der Schuldwährung nicht möglich ist[525].

In einigen früheren Entscheidungen wurde die Substitutionsbefugnis wohl stillschweigend vorausgesetzt: so in einer Entscheidung des Privy Council[526], wo

---

519 Libyan Arab Foreign Bank v. Bankers Trust Co. [1989] 1 Q.B. 728, 764ff.

520 Da Bankers Trust im Ergebnis wegen des amerikanischen Verbots nicht in der Schuldwährung US-$ zahlen konnte, war die Bank verpflichtet, in Pfund Sterling zu zahlen. In einem solchen Fall kann also aus der Befugnis des Schuldners, in Inlandswährung zu zahlen, eine Pflicht werden. Dies gilt auch in Deutschland: vgl. BGH 30.9.1968, IPRspr. 1968-1969 Nr. 175 S. 438,440.

521 [1983] Ch. 1,25 (C.A.).

522 [1976] A.C. 443.

523 Siehe zu dieser bahnbrechenden Entscheidung unter anderem Mann 347ff.

524 Unter Verweis auf Dicey & Morris, Chitty und Mann: a.a.O. 766.

525 Libyan Arab Foreign Bank v. Bankers Trust Co. [1989] 1 Q.B. 728,766. Auch nach deutschem Recht gibt es Konstellationen, in denen der Fremdwährungsschuldner in inländischer Währung zahlen muß: siehe z.B. Drobnig 258 N. 39.

526 Marrache v. Ashton [1943] A.C. 311,317f. (Nach den strengen Regeln des englischen Präjudizienrechts sind Entscheidungen des Judicial Committee des Privy Council des House of Lords nicht unmittelbar bindend für englische Gerichte, sondern entfalten lediglich "persuasive authority", die allerdings sehr stark ist. In diesen Entscheidungen geben die Mitglieder des Judicial Committee, die regelmäßig Mitglieder des ordentlichen Gerichts

das Gericht davon ausging, daß ein Schuldner eines dem Recht von Gibraltar unterliegenden Hypothekendarlehens in spanischen Peseten in Gibraltar seine Schuld in Pfund Sterling, der offiziellen Währung Gibraltars, zurückzahlen durfte. Streitig war der Umrechnungskurs. Das Gericht hielt allerdings das über Peseten lautende Zahlungsversprechen für die Verpflichtung zur Lieferung einer bestimmten Ware für unwirksam, weil Peseten in Gibraltar keine Währung waren, so daß der Schuldner mangels "Lieferung" dem Gläubiger Schadensersatz in Pfund Sterling zu leisten hatte. Diese Entscheidung ist deshalb kein eindeutiger Beleg für die Existenz der Substitutionsbefugnis[527].

In Anderson v. Equitable Assurance Society of the United States[528] klagte nach der Inflation in Deutschland die Witwe eines Versicherungsnehmers der Beklagten in London auf Zahlung einer Lebensversicherungssumme von 60.000 Reichsmark aus einem 1887 abgeschlossenen Versicherungsvertrag, der englischem Recht unterlag. Im Zusammenhang mit der Hauptfrage, ob die Klägerin die Versicherungssumme in Pfund Sterling zum vor- oder nachinflationären Wechselkurs beanspruchen durfte, gingen die Richter davon aus, daß "the payment having to be made in London would be a payment in sterling"[529]. Der Wert dieser Entscheidung als Präjudiz für die Substitutionsbefugnis im bisher erläuterten Sinn ist dadurch begrenzt, daß sie auch so verstanden werden kann, als habe der Schuldner einer Fremdwährungsschuld keine Wahl, sondern **müsse** in England in Pfund zahlen[530].

House of Lords sind, keine individuellen Urteilsbegründungen ab, sondern eine einstimmige Empfehlung an die Königin, wie sie das ihr zustehende hoheitliche Recht ausüben sollte, Gerichtsentscheidungen der obersten Gerichte der Kolonien bzw. heute noch einiger Staaten des Commonwealth aufzuheben. Die Königin folgt der Empfehlung immer.)

527 Mocatta J. in Barclays Bank International Ltd. v. Levin Bros. (Bradford) Ltd. [1977] 1 Q.B. 270,278 stützte sich bei seiner Entscheidung trotzdem ausdrücklich auf Marrache v. Ashton. Mann 315 N. 36 mißt der Annahme des Gerichts, daß der Schuldner durch "Lieferung" spanischer Peseten seine Gattungsschuld erfüllt hätte, keine Bedeutung bei. Hieraus dürfe nicht geschlossen werden, der Geldschuldner ausländischer Währung könne **nur** durch Zahlung in ausländischer Währung seine Geldschuld erfüllen.

528 (1926) 134 L.T. 557.

529 (1926) 134 L.T. 557,564 (Warrington L.J.); ähnlich Bankes L.J. 562.

530 In Adelaide Electric Supply Co. Ltd. v. Prudential Assurance Co. Ltd. [1934] A.C. 122 gaben Lord Warrington (138), Lord Russell (148) sowie Lord Wright (156) ähnliche opinions ab. Vgl. auch Lord Reid in National Mutual Life Association of Australasia v. Att.-Gen. for New Zealand [1956] A.C. 369,389 (P.C.): "All payments which had to be made in Melbourne must be made in Australian currency." Siehe ferner Ralli Brothers v. Compañia Naviera Sota y Aznar [1920] 2 K.B. 287,291 (Lord Sterndale M.R.), 294 (Warrington L.J.), 299 (Scrutton L.J); Rhokana Corporation Ltd. v. Inland Revenue Commissioners [1937]

Festzuhalten bleibt, daß es keine englische Entscheidung gibt, nach deren ratio decidendi die Substitutionsbefugnis besteht. Die verschiedenen obiter dicta und die anderen Indizien, die den Entscheidungen zu entnehmen sind, machen es sehr wahrscheinlich, daß die Substitutionsbefugnis nach englischem Recht besteht[531]. Währungsrechtliche Anmerkungen oder Argumente für die Begründung der Substitutionsbefugnis gibt es nicht.

d) § 244 BGB und Substitutionsbefugnis: Zwingendes Recht?

Da weder § 244 BGB noch die Substitutionsbefugnis nach englischem Recht währungsrechtlichen Charakter haben, soll die Frage, ob § 244 BGB beziehungsweise die englischen Regel über die Substitutionsbefugnis als reine Sachnorm nur bei deutscher (englischer) lex causae anwendbar oder unabhängig davon aus ordnungspolitisch erheblichen, pauschalierten Schuldnerschutzinteressen als einseitige Kollisionsnorm unabhängig vom Schuldstatut anzuwenden ist, nur gestreift werden. Die praktische Bedeutung der Frage ist dadurch begrenzt, daß nach dem materiellen Recht sehr vieler Rechtsordnungen die Substitutionsbefugnis anerkannt ist[532] und es daher in vielen Fällen nicht darauf ankommen wird, ob der Schuldner aufgrund einer Sachnorm der lex causae oder infolge einer zwingenden Norm der lex fori seine Geldschuld in einheimischer Währung erfüllen kann.

Der Gesetzgebungsgeschichte zu § 244 BGB ist für die Annahme einer zwingenden Norm des Schuldrechts oder einer (einseitigen) auf Schuldnerschutzgründen beruhenden Kollisionsnorm nichts wesentliches zu entnehmen[533]. Aus deutscher Sicht spricht die sich aus dem eindeutigen Wortlaut ergebende Abdingbarkeit von § 244 BGB[534] jedenfalls gegen ihre schuldstatutsunabhängige Anwendung.

---

1 K.B. 788,797 Lord Wright (Die Entscheidung wurde aus anderen Gründen aufgehoben: [1938] A.C. 380); New Brunswick Railway Co. v. British and French Trust Corp., Ltd. [1939] A.C. 1,23 (Lord Maugham L.C.). Vgl. schließlich Heisler v. Anglo-Dal Ltd. [1954] 1 W.L.R. 1273,1278 (C.A.) (Somervell L.J.).

531 So auch Mann 316; Dicey & Morris 1453; Chitty(-North) Rn. 2194; Rabel III 26ff.; Cheshire & North 503.

532 Siehe Mann 308 mit zahlreichen rechtsvergleichenden Hinweisen.

533 Mit Recht weist Birk, AWD BB 1973,432f. darauf hin, daß der Verweis auf die Regeln des internationalen Privatrechts in den Motiven (oben S. 90f.) Ausdruck der "unklaren Vorstellungen des Gesetzgebers" sei.

534 Wolfgang Mayer 102; Birk, AWD BB 1973,433; MünchKomm-von Maydell § 244 Rn. 56; Grundmann, EWS 1990,216 und wohl auch Maier-Reimer, NJW 1985,2050. Kropholler (86

Nach englischem Recht ist die Regel immer dann anzuwenden, wenn der Zahlungsort in England liegt. Dabei ist es bisher ungeklärt, ob die Regel selbst rein sachrechtlicher Natur ist und ihre Anwendung auf dem kollisionsrechtlichen englischen Grundsatz beruht, nach dem sich die Art der Erfüllung nach der lex loci solutionis richtet[535], oder ob die Regel eigenen kollisionsrechtlichen Gehalt hat. Auf die lex causae kommt es jedenfalls nicht an.

Die praktische historische Legitimation der Substitutionsbefugnis, nämlich die Privilegierung des Geldschuldners, in inländischer Währung zahlen zu dürfen, weil es praktische Schwierigkeiten gab, ausländische Währung in ausreichender Menge zum Fälligkeitszeitpunkt am Zahlungsort anzuschaffen, besteht in dieser Form nicht mehr: Mit Hilfe der modernen Methoden zur Abwicklung internationaler Zahlungsgeschäfte läßt sich jeder beliebige Betrag in fast jeder beliebigen Währung innerhalb kürzester Zeit an fast jeden beliebigen Ort transferieren. Bei Verwendung geeigneter Strategien lassen sich dabei auch Kursverluste vermeiden. Die Barzahlung als Zahlungsart ist heute im Bereich internationaler Transaktionen von völlig untergeordneter Bedeutung. Rechtlich wird die Bedeutung des unbaren Zahlungsverkehrs durch die Anerkennung von Giralgeld als Geld im Rechtssinn reflektiert[536].

Dieses sind aus moderner Sicht die entscheidenden Argumente gegen den international zwingenden Charakter von § 244 BGB und gegen die Behandlung von § 244 BGB als einseitiger Kollisionsnorm.

N. 14) weist aber zutreffend darauf hin, daß dies nicht allein ausschlaggebend sein kann, denn die Geltung der inländischen Währung weicht nur dem ausdrücklichen Willen der Parteien, nicht aber ohne weiteres dem fremden Vertragsstatut.

535 Vgl. nur Dicey & Morris 1454; Cheshire & North 503.

536 Siehe hierzu oben S. 47f.

§ 4: Anwendungsbereich des Währungsrechts der lex fori

Im folgenden wird die deutsche und die englische Rechtsprechung darauf untersucht, welchen Anwendungsbereich sie dem jeweils eigenen Währungsrecht einräumt. Nicht berücksichtigt werden die materiellen Anwendungsvoraussetzungen einzelner währungsrechtlicher Normen; ob zum Beispiel eine Wertsicherungsklausel nach § 3 Satz 2 WährungsG genehmigungsbedürftig ist oder nicht, spielt für den internationalen Anwendungsbereich der Vorschrift keine Rolle. Ebensowenig wird die Feststellung eines bestimmten Schuldstatuts durch ein Gericht überprüft oder kommentiert, es sei denn, es ergeben sich daraus Anhaltspunkte, daß der Bestimmung des Schuldstatuts möglicherweise anwendungsorientierte oder anwendungsverhindernde Motive zugrundelagen[537].

Währungsrecht erfaßt hier drei der eben entwickelten Normengruppen: Interessenneutrales Währungsrecht, wirtschaftspolitisches Währungsrecht und währungspolitisches Schuldrecht. Schuldrecht mit Währungsbezug wird nicht behandelt. Unterschiede des Anwendungsbereichs können sich aus der Art des Währungsrechts ergeben[538] oder davon abhängen, ob das Schuldstatut mit der lex

537 In diesem Zusammenhang ist auf eine Besonderheit des englischen Prozeßrechts hinzuweisen: Die Parteien müssen dem Gericht nicht nur die Tatsachen des zu entscheidenden Falls, sondern auch die darauf anzuwendenden Rechtsgrundsätze vortragen. Der Grundsatz "iura novit curia" gilt im englischen Recht nicht. Barrister sind standesrechtlich verpflichtet, dem Gericht auch die Präzedenzfälle und Gesetze vorzutragen, die gegen ihren Fall zu sprechen scheinen. Das Gericht entscheidet nur aufgrund des ihm vorgetragenen Materials (In Einzelfällen kommt es vor, daß ein Richter die Barrister bittet, ihm zu einer Rechtsfrage Argumente vorzutragen, falls er glaubt, daß die Entscheidung des Falls davon abhängt, und die Barrister bisher versäumt haben, dazu vorzutragen). Wäre nach englischem IPR ausländisches Recht auf einen Fall anzuwenden, so geschieht auch dies nur, wenn dies entsprechend vorgetragen wird. Ausländisches Recht wird in englischen Prozessen als bloße Tatsache angesehen; es muß bewiesen werden und in den Prozeß durch sachverständige Zeugen (expert witnesses) eingeführt werden, die anschließend langwieriger cross-examination unterliegen. Diese experts hat jede Partei selbst zu stellen (und zunächst zu bezahlen!). Dies führt leicht zu einer dramatischen Steigerung der Prozeßkosten, da alle Beteiligten nach Zeitaufwand bezahlt werden, und macht das Verfahren komplizierter. Deswegen "einigen" sich die Barrister vor Gericht oft darauf, daß sich das anwendbare ausländische Recht nicht vom englischen materiellen Recht unterscheide, so daß dann der Fall auf der Grundlage englischen Rechts entschieden wird. Siehe Fentiman, L.Q.R. 108(1992)142ff.

538 Vgl. Braun 134; Gutzwiller 66ff.

fori zusammenfällt oder nicht. Ferner ist die betroffene Währung von Bedeutung. Schließlich kann insbesondere nach englischem Recht und der Praxis in der ersten Hälfte dieses Jahrhunderts in Deutschland der Erfüllungsort erheblich sein.

I. Interessenneutrales Währungsrecht

Es besteht kein Zweifel, daß ein deutsches Gericht eigenes interessenneutrales Währungsrecht auf Geldschulden, die in Deutscher Mark ausgedrückt sind, anwendet, unabhängig davon, welchem Statut die Geldschuld im übrigen unterliegt. Entsprechendes gilt nach englischem Recht. Vollständigkeitshalber erwähnt sei, daß interessenneutrales Währungsrecht vernünftigerweise nie auf fremde Währungen angewendet werden kann.

1. Heimisches Schuldstatut

Für Fälle, in denen lex fori, Schuldstatut und Währung zusammenfallen, ist die Anwendung eigenen interessenneutralen Währungsrechts so selbstverständlich, daß es Rechtsprechung hierzu kaum gibt.

Zwei Entscheidungen des Kammergerichts und des Reichsgerichts von 1926 und 1927[539] mögen als Beispiel dienen: Sie betrafen eine Eisenbahnanleihe der Kaiserlich-Königlichen österreichisch-ungarischen Staatseisenbahn von 1883 in alter deutscher Reichswährung[540]. Zahlstellen waren auch in Deutschland vorgesehen. Der Kläger verlangte Zahlung in neuer Währung[541] im gleichen Nennbetrag. Das Kammergericht gab der Klage statt: Vertragsstatut sei österreichisches Recht. Auf das Zahlungsgeschäft sei aber nur deutsches Recht anzuwenden, denn die Parteien hätten das goldene Zwanzigmarkstück als Wertmesser zugrundegelegt, weil die österreichische Währung nicht vertrauenswürdig gewesen sei. Es habe aber nicht die deutsche Währung, sondern ihre metallische Grundlage als Wertmesser dienen sollen. Deshalb könne sich die Beklagte nicht auf den Verfall der deutschen Währung berufen[542].

---

539 KG 12.6.1926, IPRspr. 1926-1927 Nr. 120 S. 99 und RG 23.6.1927, RGZ 118,370 = IPRspr. 1926-1927 Nr. 121 S. 100.

540 Also in Mark.

541 Das heißt in Reichsmark.

542 KG a.a.O. 100.

Das Reichsgericht hob diese auf der alten metallistischen Auffassung[543] beruhende Entscheidung auf: Zwar sei das allgemeine Vertragsstatut österreichisches Recht, und für das Zahlungsgeschäft gelte deutsches Recht. Die Parteien hätten aber keine Goldwertklausel vereinbart, sondern die deutsche Währung gewählt. Die Zahlungsverpflichtung der Beklagten folgte daher den "Wandlungen" des deutschen Währungsrechts, und es gelte § 5 MünzG 1924[544]. Durch diese im Ergebnis richtige Begründung vermied das Reichsgericht, die Frage zu beurteilen, ob und inwieweit deutsches Währungsrecht auch gegolten hätte, wenn es nicht eine Statutsspaltung angenommen hätte[545].

In der Folge der Währungsreform 1924, durch die die Reichsmarkwährung als neue Währung in Deutschland eingeführt wurde, hatte das Reichsgericht 1932 folgenden Fall zu entscheiden[546]: Die klagende niederländische Bank hatte 1913 dem Beklagten ein Darlehen von 100.000 Mark gegeben. Die Parteien vereinbarten die Geltung deutschen Rechts. Rückzahlungen sollten nach Wahl der Bank entweder in holländischer Währung oder in deutscher Reichsmark[547] in Holland erfolgen. 1914 kündigte die Bank das Darlehen und verlangte später im Prozeß 1.200 Gulden oder den Betrag in deutscher Währung, der erforderlich ist, 1.200 Gulden zu beschaffen. Das Kammergericht legte die Kündigung so aus, daß die Bank Zahlung in Mark verlangte. Diese Wahl sei gegenstandslos geworden, weil die Währung untergegangen sei. Das Reichsgericht hob die Entscheidung auf, da die frühere deutsche Währung nicht ersatzlos untergegangen, sondern durch die neue Reichswährung ersetzt worden sei. Für die Umrechnung gelte § 5 Abs. 2 des MünzG[548]. Mit dieser zutreffenden Entscheidung erkennt das Reichsgericht deutlich das Prinzip des rekurrenten Anschlusses[549] an, ohne dies allerdings ausdrücklich auszusprechen.

Englische Rechtsprechung zu dieser Frage gibt es nicht.

---

543 Dazu oben S. 8.

544 RG a.a.O. 373f.

545 Die Statutsspaltung war unnötig, denn allein wegen der Wahl der deutschen Währung durch die Parteien hätte das Reichsgericht das Münzgesetz anwenden müssen.

546 RG 17.3.1932, RGZ 136,127 = IPRspr. 1932 Nr. 112 S. 212.

547 A.a.O. 128. 1913 gab es die Reichsmarkwährung noch nicht. Es handelt sich entweder um einen Irrtum der Parteien oder des Reichsgerichts, der aber für das Ergebnis unerheblich ist.

548 MünzG vom 30.8.1924 (RGBl. II 254). RG a.a.O. 130.

549 Dazu oben S. 33.

2. Fremdes Schuldstatut

Auch für die Fälle, in denen ein fremdes Statut die Geldschuld beherrscht, gibt es keine Entscheidungen, die ausdrücklich feststellen, daß deutsches Währungsrecht bestimmt, wie die deutsche Währung beschaffen ist und welche Geldzeichen gelten[550].

Gelegentlich liegt dieses Prinzip einem Urteil implizit zugrunde, wie einer oben[551] schon genannten Entscheidung des Reichsgerichts von 1882[552] aus der Reihe der Entscheidungen über die Anleihen der österreichisch-ungarischen Eisenbahngesellschaften. In diesem Fall konnten die Gläubiger nach ihrer Wahl Zahlung in Österreich oder in Deutschland verlangen. Das Reichsgericht ließ offen, welchem Recht die Anleihe unterlag, nahm aber an, daß der Anleiheschuldner dem deutschen Münzgesetz von 1873 als einer Norm des "maßgebenden Erfüllungsortsrechtes in bezug auf die Art der Erfüllung unterworfen"[553] sei, so daß der Gläubiger Zahlung in neuer deutscher Goldwährung verlangen konnte und sich nicht mit Zahlung in schlechterer österreichischer Silberwährung begnügen mußte. Bei Anwendung dieses inländischen Rechts auf einen Ausländer sei allerdings die "Äquität" der Anwendung zu prüfen, die hier noch nicht dadurch verletzt sei, daß die Währungsänderung und die Aufstellung einer festen Umrechnungsnorm[554] auf einem "sich auf die eigenen Staatsgrenzen beschränkenden Interesse" beruhe[555], denn dies gelte für jede positive Rechtsordnung eines Staates. Eine Korrektur dieser Grundsätze aus Gründen der Äquität wäre nur möglich, wenn die Rechtsnorm "auf einer Hervorkehrung eines egoistischen Staatsinteresses auf Kosten des betreffenden Auslandes oder gegenüber demselben, oder auf einer vom Standpunkte eines idealen Gesetzgebers nicht zu rechtfertigenden reinen Willkür[556] beruhe.

Deutlicher noch als dieses Urteil, das auch auf das Recht am deutschen Erfüllungsort abstellte, ist eine spätere Entscheidung in einem ähnlichen Prozeß[557]: Hier war kein Zahlungsort in Deutschland vorgesehen, so daß der Gläubiger

---

550 Vgl. schon Nussbaum, Geld 138f.

551 Siehe S. 10 mit der Darstellung des Sachverhalts.

552 RG 1.3.1882, RGZ 6,125.

553 A.a.O. 130.

554 Art. 14 § 2 des MünzG von 1873.

555 RG a.a.O. 133.

556 RG a.a.O. 133.

557 RG 9.2.1887, RGZ 19,47. Siehe zum Sachverhalt oben N. 39.

Zahlung nur im Ausland verlangen konnte. Das Reichsgericht ließ die Frage des Schuldstatuts offen[558] und kam zu dem Ergebnis, daß der Emittent die deutsche Währung nicht wegen ihrer metallischen Grundlage, sondern als "deutsches Landesgeld" gewählt habe, das auch "bei Unterlegung eines anderen Metalles seine Kontinuität" als Zahlungsmittel bewahren sollte. Daher habe sich der Emittent für den Fall einer solchen Änderung des Metalls der "autoritativen Umrechnungsnorm" unterwerfen wollen[559].

Im Zuge der rechtlichen Bewältigung der Währungsreform von 1948 ist ein Urteil des Landgerichts Karlsruhe von 1955[560] erwähnenswert: Eine Schweizer Bank gewährte einem Deutschen 1931 über ihre Tochtergesellschaft in Frankfurt ein Darlehen über 300.000 Goldmark, das durch eine Hypothek auf einem deutschem Grundstück gesichert wurde. Erfüllungsort war der Sitz der Gläubigerin in der Schweiz. Bei der Beurteilung der Umstellung der persönlichen Forderung kam das Gericht zunächst zu dem Ergebnis, daß sie Schweizer Recht unterliege[561]. Das UmstellungsG wäre nur dann auf ausländischem Schuldstatut unterliegende Forderungen anwendbar, wenn es "reines Währungsrecht" wäre. Das sei nicht der Fall, denn es regele die Leistungspflicht des Schuldners und sei weitgehend schuldrechtlicher Art[562]. Wegen der Vereinbarung der deutschen Währung bei dem Darlehensgeschäft griffen allerdings diejenigen deutschen Vorschriften, die reines Währungsrecht verkörperten, in das Vertragsverhältnis ein[563]. Dieses Urteil basiert auf der Prämisse, daß bei einer auf deutsche Währung lautenden Geldschuld reines (interessenneutrales) Währungsrecht immer und unabhängig vom Schuldstatut anzuwenden ist. Englische Rechtsprechung gibt es zu diesen Fragen wiederum nicht.

---

558 RG a.a.O. 55.

559 RG a.a.O. 53. Zum gleichen Ergebnis, also Anwendbarkeit des deutschen Münzgesetzes, kamen das Reichsoberhandelsgericht und das Reichsgericht in anderen dieser sogenannten Kouponprozesse, bei denen allerdings jeweils auch in Deutschland Zahlstellen vorgesehen waren: ROHG 19.2.1878, ROHGE 23,205, 208f.; ROHG 8.4.1879, ROGHE 25,41,44f.; RG 12.12.1879, RGZ 1,23. Siehe zu diesen Prozessen Nussbaum, Geld 158ff. und L. v. Bar II 48-55.

560 LG Karlsruhe 21.1.1955, IPRspr. 1956-1957 Nr. 28a S. 106.

561 A.a.O. 109.

562 A.a.O.

563 A.a.O. 110.

3. *Würdigung*

Die Selbstverständlichkeit, mit der interessenneutrales Währungsrecht der lex fori auf in der Währung der lex fori ausgedrückte Geldschulden unabhängig vom Schuldstatut und Erfüllungsort angewendet wird, ist eine logische Folge der Tatsache, daß diese Normen des Währungsrechts für die Existenz und die Bestimmung des Charakters der Währung essentiell sind. Deswegen müssen diese Normen zwangsläufig und unabhängig vom Schuldstatut berücksichtigt werden. Das gilt für jede Währung und in jedem Land. Aus klassischer deutscher Sicht läßt es sich noch einfacher formulieren: Deutsches Währungsrecht ist öffentliches Recht, das nicht zur Disposition der Parteien steht. Es muß darum auf Geldschulden in deutscher Währung angewendet werden.

Dieses Ergebnis läßt sich nur umgehen, wenn die Parteien eine Goldwertklausel[564] vereinbaren, so daß der Bezug auf eine (Gold-)Währung in einem Vertrag nicht auf die Währung an sich, sondern auf den hinter der Währung stehenden Goldwert gerichtet ist. Dies ist durch Auslegung auf materiellrechtlicher Ebene nach dem Schuldstatut zu ermitteln. Dann handelt es sich nicht mehr um eine bestimmte Geldschuld, sondern um eine Goldwertschuld. Heute dürfte ein solcher Fall nicht mehr vorkommen, denn es existieren keine auf dem Goldwert basierenden Währungen mehr.

Die oben erwähnte Entscheidung des Kammergerichts von 1926[565] beruhte auf einer schon damals überholten metallistischen Anschauung. Sie macht aber ebenso wie das sie kassierende Urteil des Reichsgerichts[566] deutlich, welche Verwirrung im damaligen internationalen Geldrecht herrschte: Die Vereinbarung der Mark-Währung war kein Anlaß, zwischen dem Schuldstatut im allgemeinen und einem besonderen "Zahlungsstatut" zu unterscheiden. Das Schuldstatut bestimmt, was geschuldet wird; es setzt den Inhalt der Verpflichtung fest. Nur um zu ermitteln, was der damaligen deutschen Währung entsprach und wie sie zur deutschen Währung von 1883 in Bezug zu setzen war, hätte das Reichsgericht deutsches Währungsrecht anwenden dürfen und müssen.

564 Von Goldwertklauseln, nach denen der Wert einer bestimmten Menge Goldes geschuldet wird, sind Goldmünzklauseln zu unterscheiden, die Zahlung in Goldmünzen vorschreiben.

565 KG 12.6.1926, IPRspr. 1926-1927 Nr. 120 S. 99: oben N. 32 und S. 104.

566 RG 23.6.1927, RGZ 118,370 = IPRspr. 1926-1927 Nr. 121 S. 100.

II. Wirtschaftspolitisches Währungsrecht

Sofern wirtschaftspolitisches Währungsrecht der lex fori international zwingend ist, setzt es sich als Eingriffsrecht unabhängig vom Schuldstatut immer durch. Für das deutsche Recht folgt das aus Art. 34 EGBGB; für das englische Recht aus dem Grundsatz, daß englische Regeln, seien sie common law oder gesetzlicher Art, die Bestandteil der public policy sind und zur Nichtigkeit eines Vertrags führen würden, wäre englisches Recht Schuldstatut, als "overriding statutes" dem fremden Schuldstatut vorgehen und angewendet werden müssen[567]. International zwingend ist wirtschaftspolitisches Währungsrecht dann, wenn es unabhängig vom Vertragsstatut seine Geltung für internationale (grenzüberschreitende) Sachverhalte ausdrücklich bestimmt oder wenn sich dies aus dem Zweck der jeweiligen Norm ergibt[568].

567 Grell v. Levy (1864) 16 C.B. (N.S.) 73,79 (Erle C.J.) (common law rule: champertous contract); Rousillon v. Rousillon (1880) 14 Ch.D. 351,369 (Fry J.) (contract in restraint of trade); Dynamit A.G. v. Rio Tinto Co. [1918] A.C. 260 (Eine englische Gesellschaft, die Kupferbergwerke in Spanien besaß, hatte sich 1910 verpflichtet, einer deutschen Gesellschaft über einige Jahre Kupfererz zu liefern. Der deutschem Recht unterliegende Vertrag enthielt eine Klausel, wonach für den Fall des Kriegs die Verpflichtungen der Parteien für die Dauer der Feindseligkeiten suspendiert sein sollten. 1916 erhob die englische Gesellschaft in England Klage und begehrte die Feststellung, daß der Vertrag wegen des Kriegs nicht nur suspendiert, sondern aufgelöst sei. Die Klage war wegen Verstoßes gegen die public policy trotz des deutschen Vertragsstatuts erfolgreich: "It is illegal for a British subject to become bound in a manner which sins against the public policy of the King's realm": Lord Dunedin 294; vgl. Lord Atkin 297-299, Lord Parker of Waddington 302); Regazzoni v. K.C. Sethia [1958] A.C. 301,318 (Viscount Simonds) (breaking the laws of a friendly foreign state); Boissevain v. Weil [1950] A.C. 327. Overriding statutes können auch Gesetze sein, die internationale Übereinkommen in englisches Recht in der Form inkorporieren, daß sie den Vorschriften des jeweiligen Übereinkommens unmittelbare Gesetzeskraft verleihen, so daß die Übereinkommen unabhängig vom (gewählten) Vertragsstatut anzuwenden sind: The Hollandia [1982] 1 Q.B. 872 (C.A.), Lord Denning 883: " ...it means that, in all courts of the United Kingdom, the provisions of the [Hague-Visby] Rules are to be given the coercive force of law ..."; bestätigt vom House of Lords [1982] 3 W.L.R. 1111,1116 (Lord Diplock). Siehe auch Dicey & Morris 21-25 sowie rule 184 exception 2, S. 1225ff.; Cheshire & North 483; Schmitthoff, Select Essays 591; Morse, Yb.Eur.L. 2(1982)144.

568 MünchKomm-Martiny, Art. 34 Rn. 8; siehe auch schon Wengler, ZvglRWiss 54(1941) 176ff.

Wie international zwingendes Recht der lex fori gegen das Schuldstatut anzuwenden ist, ob dies eine Folge des nationalen positiven ordre public ist[569], oder ob es gesondert angeknüpft wird[570], ist für das Ergebnis belanglos. Nach deutschem Recht, jedenfalls nach der IPR-Reform, durch die Art. 34 EGBGB eingeführt wurde, findet eine Sonderanknüpfung statt[571]. Nach englischem Recht wird eigenes zwingendes Recht über den ordre public (public policy) angewendet[572].

Voraussetzung der Anwendung eigenen international zwingenden Rechts - ob mittels Sonderanknüpfung oder über den ordre public - ist, daß die jeweilige Norm sachlich, räumlich und persönlich angewendet werden will[573]. Diese Faktoren bestimmen den internationalen Anwendungsungsbereich einer Norm[574]: Sachlich kann sie auf Fälle mit Auslandsberührung Anwendung beanspruchen, unabhängig davon, wo und wer beteiligt ist. Territorial international ist sie, wenn sie auf Sachverhalte angewendet werden will, die im Ausland stattfinden. Wenn ihr Anwendungsanspruch sich auch oder nur auf Handlungen von Ausländern erstreckt, ist sie persönlich international. Zur Bestimmung des internationalen Anwendungsbereichs müssen Sinn und Zweck der Norm ermittelt werden. Ergibt sich der Anwendungswille nicht ausdrücklich aus der Norm, so ist er durch Auslegung festzustellen[575].

1. Beschränkungen von Fremdwährungsschulden

In Deutschland ist die Eingehung von Fremdwährungsschulden durch § 3 Satz 1 WährungsG gesetzlich geregelt, der lautet:

---

569 So die Schuldstatuttheorie: z.B. Mann, FS Beitzke 611f.; weitere Nachweise bei Kreuzer, Ausländisches Wirtschaftsrecht 55ff.

570 So schon Wengler, ZVglRWiss 54(1941)178; ebenso Sandrock-Steinschulte 66.

571 MünchKomm-Sonnenberger, Einleitung zum EGBGB, Rn. 49 und 254; MünchKomm-Martiny, Art. 34 Rn. 85.

572 Siehe z.B. Kahn-Freund 199; Dicey & Morris 24: "crystallised rules of public policy"; Cheshire & North 483.

573 Vgl. schon Wengler, ZVglRWiss 54(1941)174ff.; Zweigert, RabelsZ 14(1942)288ff.; MünchKomm-Martiny, Art. 34 Rn. 87; Coester, ZVglRWiss 82(1983)9; Gutzwiller 66f.

574 Zum allgemeinen Geltungsbereich einer Norm gehört als weiterer Faktor noch ihr zeitlicher Geltungsbereich. Er spielt aber für die Bestimmung des internationalen Geltungsbereichs keine Rolle, denn Zeit ist ein übernationales Element.

575 Siehe z.B. Lando, C.M.L.R. 24(1987)159, Morse, Yb.Eur.L. 2(1982)144; Von Hoffmann, IPRax 1989,264ff.; MünchKomm-Martiny, Art. 34 Rn. 88.

Geldschulden dürfen nur mit Genehmigung der für die Erteilung von Devisengenehmigungen zuständigen Stelle in einer anderen Währung als in Deutscher Mark eingegangen werden.

Zu dieser Vorschrift ist § 49 AWG[576] erlassen worden, der folgenden Text hat:

(1) § 3 Satz 1 des Währungsgesetzes findet auf Rechtsgeschäfte zwischen Gebietsansässigen und Gebietsfremden keine Anwendung.

(2) Für die Erteilung von Genehmigungen nach § 3 des Währungsgesetzes ist die Deutsche Bundesbank zuständig.[577]

Eine entsprechende Vorschrift oder sonstige Beschränkungen, Fremdwährungsverbindlichkeiten einzugehen, gibt es im englischen Recht nicht mehr[578]. In der durch § 49 AWG ergänzten Fassung bezweckt § 3 Satz 1 WährungsG, den Bestand von Fremdwährungsschulden[579] zwischen Inländern möglichst gering zu halten, um die Entstehung von Mißtrauen gegen die Inlandswährung zu

---

576 Vom 28.4.1961 (BGBl. I, 481) in der Fassung vom 28.2.1992 (BGBl. 1992 I 372).

577 Für das Gebiet der ehemaligen DDR gilt § 3 WährungsG nicht direkt, sondern es gilt eine entsprechende Vorschrift des Staatsvertrags. Artikel 3 der Anlage II zum Staatsvertrag lautet:

> "Das Eingehen von Verbindlichkeiten in einer anderen Währung als in Deutscher Mark durch Personen in der Deutschen Demokratischen Republik gegenüber Personen in der Bundesrepublik Deutschland oder in der Deutschen Demokratischen Republik bedarf der Genehmigung. Das gleiche gilt für auf Deutsche Mark lautende Verbindlichkeiten, deren Betrag durch den Kurs eine anderen Währung oder den Preis von Gold oder anderen Gütern oder Leistungen bestimmte werden soll. Über die Genehmigung entscheidet die Deutsche Bundesbank."

Für Berlin gilt § 3 WährungsG ebenfalls nicht direkt; die dort geltende Parallelvorschrift ist Nr. 2 c der Währungsverordnung vom 24.6.1948. Siehe hierzu BVerwG 3.10.1972, BVerwGE 41,13,15 und oben N. 133. Zu den unterschiedlichen Rechtsgrundlagen für die Geltung materiell gleichen Währungsrechts in Deutschland: oben S. 21f.

578 Vgl. Mann 196f. und 199. Es gab eine solche Bestimmung während der Geltung des Emergency Powers (Defense) Act 1939; siehe dazu oben N. 326 und unten N. 600.

579 Siehe Roth, BerDtGesVR 20(1979)88 zu den verschiedenen Bedeutungsmöglichkeiten des Begriffs "Fremdwährungsschuld", die davon abhängig sind, aus welcher Perspektive das Kriterium der Fremdheit betrachtet wird. Aus rein währungsrechtlicher Sicht ist eine Geldschuld eine Fremdwährungsschuld, wenn sie in anderer als der nationalen Währung ausgedrückt ist.

verhindern[580] und dadurch die Funktionsfähigkeit der DM-Währung zu schützen[581]. Die praktische Bedeutung von § 3 Satz 1 WährungsG ist durch § 49 Abs. 1 AWG und ferner dadurch erheblich eingeschränkt, daß die Deutsche Bundesbank gleichzeitig mit Inkrafttreten des AWG eine weitgehende Allgemeine Genehmigung über die Eingehung von Verbindlichkeiten in fremder Währung erteilt hat[582]. Diese Allgemeine Genehmigung wurde 1987 durch eine weitere ergänzt, wonach die Eingehung von Verbindlichkeiten in ECU im gleichen Umfang genehmigt wird wie die Eingehung von anderen Fremdwährungsverbindlichkeiten[583]. Durch eine Allgemeine Genehmigung von 1990 wurde schließlich auch die Begebung von Schuldverschreibungen in ausländischen Währungen durch Inländer gestattet[584]. Von Bedeutung ist die Vorschrift noch für die Aufnahme mittel- und langfristiger Fremdwährungskredite. Im Fall von Vereinbarungen gebietsansässiger Nichtbanken ist die Vereinbarung eines kurzfristigen Fremdwährungsdarlehens ebenfalls noch genehmigungspflichtig[585].

Der Anwendungsbereich von § 3 Satz 1 WährungsG ist, soweit ersichtlich, deshalb bisher nur in drei Gerichtsentscheidungen erwähnt worden. Davon betraf

580 Vgl. Bauer, Die Bank 1987,603; Hahn 368; Seetzen, AWD BB 1969,253.

581 Staudinger-Schmidt, Vorbem. D 191 zu § 244 und wohl auch Reithmann 294. Siehe auch BGH 17.9.1953, NJW 1953,1912; Schulze, AWD BB 1962,89. Die devisenrechtliche Bedeutung, die § 3 Satz 1 WährungsG bei seinem Erlaß hatte, wurde durch die Gestattung der freien Konvertierbarkeit der DM im Rahmen der gesetzgeberischen Gestaltung des Außenwirtschaftsverkehrs im AWG überholt: Siehe hierzu Gramlich W § 3 Rn. 2; Hahn 368; Dürkes Rn. B 20.

582 Mitteilung der Deutschen Bundesbank Nr. 1009/61 vom 24. August 1961, BAnz Nr. 167 vom 31. August 1961. Siehe dazu Wahlig, WM 1985,1054. Zur Rechtsnatur einer solchen Allgemeinen Genehmigung siehe Gramlich W § 3 Rn. 23 und Hahn 378. Die geringe praktische Bedeutung der Vorschrift betonen auch Hahn 368 und Dürkes Rn. B 20.

583 Mitteilung der Deutschen Bundesbank Nr. 1010/87 - Eingehung von Verbindlichkeiten, die in der Europäischen Währungseinheit ECU ausgedrückt sind - vom 16. Juni 1987, BAnz. Nr. 112 vom 24. Juni 1987. Zur Frage, ob die ECU schon jetzt eine Währung ist, siehe oben S. 24f.

584 Mitteilung Nr. 1001/90 - Eingehung von Verbindlichkeiten in fremder Währung (§ 3 des Währungsgesetzes), vom 5.1.1990, BAnz. Nr. 3 vom 5.1.1990. Die ersten beiden Allgemeinen Genehmigungen sind abgedruckt bei Hocke/Berwald/Maurer, AWG, Hauptteil III, Anhang 3 c.

585 Ob die Vorschrift im Rahmen der Errichtung der Europäischen Währungsunion und der Schaffung einer europäischen Einheitswährung Bestand haben kann, bleibt abzuwarten, erscheint aber sehr zweifelhaft.

eine die hier nicht weiter interessierende Frage, ob die Währung der ehemaligen DDR "fremd" im Sinn von § 3 WährungsG ist[586].

Der Bundesgerichtshof befaßte sich 1987 im Zusammenhang mit einem mißlungenen Börsentermingeschäft mit § 3 Satz 1 WährungsG[587]: Der Kläger aus München hatte einer amerikanischen Brokergesellschaft 150.000 US-$ gegeben, die für Warentermingeschäfte eingesetzt werden sollten. Der neben der Brokergesellschaft ebenfalls verklagte Kundenberater mit Wohnsitz in München hatte die Geschäfte für den Kläger durchgeführt; teilweise mit erheblichen Verlusten. Der Kundenberater hatte sich dem Kläger gegenüber in schriftlichen Vereinbarungen bereit erklärt, dem Kläger die Verluste in US-Dollar zu ersetzen. Für diese Vereinbarung hatten die Parteien keine Genehmigung nach § 3 WährungsG in Verbindung mit § 49 AWG eingeholt.

Der Bundesgerichtshof verwies die Sache zurück, weil der Klage nach dem Stand des Verfahrens nicht stattgegeben werden könne, da in der Revisionsinstanz davon auszugehen sei, daß die Rückzahlungsvereinbarung mangels Genehmigung nicht rechtswirksam sei[588]. Bei der Rückzahlungsverbindlichkeit handele es sich um eine rechtsgeschäftlich begründete einfache Fremdwährungsschuld, da die Zahlungsverpflichtung in US-Dollar angegeben sei. § 3 Satz 1 WährungsG gelte auch für einfache Fremdwährungsschulden[589]. Das Genehmigungserfordernis sei durch § 49 Abs. 1 AWG nur für Rechtsgeschäfte zwischen Gebietsansässigen und Gebietsfremden aufgehoben worden, und § 3 Satz 1 WährungsG gelte für die rechtsgeschäftliche Begründung von Fremdwährungsverbindlichkeiten zwischen Gebietsansässigen (wie hier) weiter. Die Rückzahlungsvereinbarung sei auch nicht von den von der Deutschen Bundesbank erlassenen allgemeinen Genehmigungen[590] zu § 3 Satz 1 WährungsG erfaßt und müßten daher von der Deutschen Bundesbank genehmigt werden, um wirksam zu sein.

Diese Entscheidung, bei welcher der Bundesgerichtshof deutsches Recht als Schuldstatut zugrundelegte, stellt zutreffend fest, daß § 3 Satz 1 Währungsgesetz

---

586 VG Frankfurt 28.8.1981, WM 1982,932,935f.

587 BGH 13.7.1987, BGHZ 101,296 = IPRspr. 1987 Nr. 19 S. 49.

588 BGH 13.7.1987, BGHZ 101,296,302.

589 A.a.O. 303.

590 Siehe oben N. 582.

nicht nur für echte, sondern auch für einfache (unechte)[591] Fremdwährungsschulden gilt[592].

Das OLG Frankfurt nahm in einem Urteil zum internationalen Anwendungsbereich von § 3 Satz 1 WährungsG Stellung[593]: Die klagende Schweizer Bank hatte der Beklagten zwei auf Deutsche Mark lautende Wechsel eines ausländischen Bezogenen diskontiert und ihr den Betrag in Schweizer Franken gutgeschrieben. Sie klagte wegen Verschlechterung des DM-Kurses bei Fälligkeit der Wechsel.

Vertragsstatut war Schweizer Recht. Danach bestand ein Anspruch der Bank. Die Beklagte machte ohne Erfolg geltend, es läge ein Verstoß gegen § 3 WährungsG vor: Zwar schließe die Geltung Schweizer Rechts grundsätzlich die Anwendbarkeit von § 3 WährungsG nicht aus. § 3 Satz 1 WährungsG sei jedoch nicht einschlägig, weil § 49 I AWG bestimme, daß § 3 Satz 1 WährungsG auf Rechtsgeschäfte zwischen Gebietsansässigen und Gebietsfremden keine Anwendung findet. Die Voraussetzungen von § 3 Satz 2 WährungsG seien ebenfalls nicht erfüllt[594].

Die Feststellung, daß das Gericht § 3 Satz 1 WährungsG unabhängig vom Schweizer Schuldstatut auf den Fall angewendet hätte, wenn die Tatbestandsvoraussetzungen der Bestimmung erfüllt gewesen wären, steht in Übereinstimmung mit der zutreffenden herrschenden Meinung in der Literatur[595]. Die Norm selbst legt ihren Anwendungsbereich zwar nicht explizit fest[596]. Aus dem Wortlaut in Verbindung mit § 49 Abs. 1 AWG sowie der Entstehungsgeschichte und ihrem Sinn und Zweck[597] ist aber zu entnehmen, daß sie im Kern möglichst

591 Zur Terminologie siehe Staudinger-Schmidt, § 244 Rn. 6-8.

592 Hieran gab es bisher auch keine Zweifel: Siehe nur Fögen 122f.; Staudinger-Schmidt, Vorbem. D 211 zu § 244; Hahn 368.

593 OLG Frankfurt 21.12.1982, IPRspr. 1982 Nr. 22 S. 59.

594 OLG Frankfurt 21.12.1982, IPRspr. 1982 Nr. 22 S. 59,60.

595 Hoffmann/Pauli, IPRax 1985,16; Dürkes B 23; Schulze, AWD BB 1962,89, 93; Gramlich W § 3 Rn. 11; Roth, BerDtGesVR 20 (1979)164; Staudinger-Schmidt, Vorbem. D 201 zu § 244 (zu § 3 WährungsG insgesamt); MünchKomm-Martiny, Rn. 21 nach Art. 34 Anh. I; Staudinger-Firsching Rn. 391 vor Art. 12. Unentschieden Hahn 389f.; kritisch Braun 128f.

596 Eine Einschränkung ihres persönlichen Anwendungsbereichs folgt aus § 21 WährungsG, nach dessen Nr. 1 die Vorschriften des Währungsgesetzes nicht auf Personen anzuwenden sind, die der deutschen Steuergesetzgebung nicht unterliegen oder deren Befugnisse unmittelbar mit der Besatzung verknüpft sind. Siehe zu letzteren Gramlich W § 21 Rn. 3.

597 Dazu oben bei N. 580 und 581.

alle Fälle der Eingehung von Fremdwährungsschulden durch Gebietsansässige im territorialen "Herrschaftsbereich" der Genehmigungsbehörde Deutsche Bundesbank erfassen will. Dazu gehören zum Beispiel auch solche Fremdwährungsverbindlichkeiten, die von Gebietsansässigen vereinbart werden, die sich vorübergehend im Ausland aufhalten: Denn eine solche Vereinbarung würde regelmäßig im Inland zu erfüllen sein und unterscheidet sich insoweit nicht von einer im Inland zwischen Gebietsansässigen vereinbarten Fremdwährungsverbindlichkeit. Eine Durchsetzung einer solchen im Ausland getroffenen Vereinbarung im Inland ist, solange sie nicht genehmigt ist, wegen schwebender Unwirksamkeit unmöglich.

§ 3 Satz 1 WährungsG ist demnach sachlich international, weil sie Verbindlichkeiten in **fremder** Währung verhindern will, sie ist persönlich international, weil sie jeden Gebietsansässigen unabhängig von seiner Staatsangehörigkeit erfaßt[598], und schließlich ist sie räumlich international, denn sie will sämtliche Fremdwährungsverbindlichkeiten[599] des betroffenen Personenkreises unabhängig vom Ort der Eingehung unterbinden.

In England galt während des zweiten Weltkriegs eine Verordnung, die es für Britische Staatsbürger unter Strafe stellte, ausländisches Geld ohne Genehmigung zu leihen[600]. Diese Verordnung war Gegenstand folgender Entscheidung[601]:

---

598 Hier ist allerdings zu bemerken, daß die Bedeutung der Staatsangehörigkeit als Anknüpfungspunkt für die Frage der Internationalität einer Norm nur noch gering ist, da sich dies immer mehr nach Aufenthaltskriterien (gewöhnlicher Aufenthalt, Wohnsitz, Wohnort) entscheidet.

599 Die Allgemeinen Genehmigungen der Deutschen Bundesbank ändern an der grundsätzlichen Genehmigungsbedürftigkeit dieser Vereinbarungen nichts; sie erteilen nur im voraus und generell eine Erlaubnis, so daß die Betreffenden keine Einzelgenehmigungen für die allgemein genehmigten Fremdwährungsverbindlichkeiten einholen müssen.

600 Reg. 2, Defense (Finance) Regulations, 1939, die nach s. 3 (1) des Emergency Powers (Defence) Act 1939 erlassen worden war, lautete im Juni 1944, soweit sie hier interessiert:

> "Except with permission granted by or on behalf of the Treasury, no person other than an authorized dealer shall buy or borrow any foreign currency or any gold coin from, or lend or sell any foreign currency or any gold to, any person ..."

Diese Vorschrift wurde im Zusammenhang mit der englischen Devisenkontrolle während des zweiten Weltkriegs erlassen und ist wohl als devisenrechtlich zu qualifizieren (siehe dazu oben S. 55), denn Darlehen und Kauf implizieren mehr als die bloße Eingehung einer Verbindlichkeit. Wegen ihrer Nähe zum Währungsrecht und weil kein Grund ersichtlich ist, weswegen ein englisches Gericht den Anwendungsbereich einer rein währungsrechtlichen Vorschrift dieser Art anders als bei dieser Bestimmung bestimmt hätte, paßt ihre Erörterung an diese Stelle.

Die Beklagte hatte 1944, als sie während der deutschen Besetzung Frankreichs unfreiwillig in Monaco weilte, 960.000 französische Franc von einem Holländer (Kläger) geliehen, der sich ebenfalls unfreiwillig in Monaco aufhielt. Die Beklagte versprach Rückzahlung in London so bald wie möglich nach Kriegsende.

Der Kläger klagte erfolglos auf Rückzahlung. Die Begründungen des Court of Appeal und des House of Lords wichen allerdings voneinander ab: Nach Tucker L.J. wirkte die Verordnung extraterritorial und erfaßte den Sachverhalt direkt[602], wohingegen nach der Auffassung von Denning L.J.[603] die Verordnung anzuwenden war, weil der Darlehensvertrag englischem Recht unterlegen habe. Obiter sagte er, daß ein Gesetz nur dann extraterritoriale Wirkung haben könne, wenn das Vertragsstatut englisches Recht sei, so daß zum Beispiel die Verpflichtung eines britischen Staatsbürgers, in New York geliehene Dollars dort zurückzuzahlen, nicht von dieser englischen Verordnung erfaßt werden würde. Gleichwohl wäre es in einem solchen Fall nicht möglich, den Darlehensvertrag in England durchzusetzen, weil dies gegen die public policy verstieße[604].

Das House of Lords bestätigte die Entscheidung des Court of Appeal und akzeptierte das Argument des Klägers[605] nicht, der in der Verordnung verwendetete Begriff "person" erfasse Staatsbürger im Ausland nicht. Lord Radcliffe, dem die anderen Lawlords beistimmten, bestätigte Tucker L.J.[606] und betonte, es sei eine "unmaintainable proposition", daß es vom Vertragsstatut abhängen könne, ob jemand eine Straftat nach der Verordnung begangen habe, falls die jeweilige Transaktion von der Verordnung erfaßt werde[607].

Der Emergency Powers (Defense) Act sah vor, daß alle danach erlassenen Verordnungen unter anderem für alle britischen Staatsbürger (mit einigen Ausnahmen) gelten sollten.

601 Boissevain v. Weil [1949] 1 K.B. 482 (C.A.), [1950] A.C. 327 (H.L.).

602 Boissevain v. Weil [1949] 1 K.B. 482,485.

603 Boissevain v. Weil [1949] 1 K.B. 482,491.

604 Boissevain v. Weil [1949] 1 K.B. 482,491.

605 Boissevain v. Weil [1950] A.C. 327,330.

606 Boissevain v. Weil [1950] A.C. 327,341.

607 Boissevain v. Weil [1950] A.C. 327,343. Mit guten Gründen kritisch zum konkreten Ergebnis dieser Entscheidung: Mann 364 N. 50 und 523 N. 55.

2. Beschränkungen von Wertsicherungsklauseln

Wertsicherungsklauseln sind so alt wie das Problem der Stabilität des Geldwertes[608]. Als Wertsicherungsklauseln werden im folgenden alle zahlungsbezogenen Klauseln verstanden, die der Kaufkraftsicherung einer bestimmten oder bestimmbaren Summe Geldes dienen, durch die also die Wirkungen des Nominalwertprinzips umgangen werden sollen. Dies kann durch verschiedene Mechanismen geschehen[609]. Hier interessiert insbesondere die Koppelung des geschuldeten Betrags an die Entwicklung des Wertes einer fremden Währung, eines Währungskorbs oder eines Preis- oder Wertindex für bestimmte Waren oder Leistungen[610].

a) Überblick

In Deutschland kamen solche Klauseln bis zum ersten Weltkrieg selten vor[611], da an der Erfüllung der Goldeinlösungspflicht kein Zweifel bestand[612]. Im Zusammenhang mit dem allmählichen Abrücken vom Goldstandard sowie den inflationären Entwicklungen wurden Geldwertklauseln immer häufiger[613]. Die meisten der Klauseln waren Goldklauseln im weitesten Sinn[614]; zudem gab es vor allem bei Grundpfandrechten die Möglichkeit der Verknüpfung des geschuldeten Betrags mit der Entwicklung fremder Währungen, Getreidepreisen oder Preisen von Kohle und Kali[615]. In Zeiten volkswirtschaftlicher Schwierigkeiten nahm aber nicht nur die Häufigkeit von Wertsicherungsklauseln zu,

608 Zur Entwicklung solcher Klauseln in Deutschland siehe Gutzwiller, Gleitklauseln 86ff.; Dürkes Rn. A 17ff.; Staudinger-Weber [11. Auflage], § 244 Rn. 87; von Caemmerer, Wertsicherungsklauseln 311ff. Für England siehe Mann 136ff. und 156ff., der ein schönes Beispiel gibt (157): 1575 wurde ein "Act for the maintenance of the Colleges in the Universities, and of Winchester and Eaton" erlassen, wonach " for the better maintenance of learning and the better relief of scholars" Miete und Pacht aus Verträgen der Colleges zu einem Drittel in Weizen oder Malz gezahlt werden mußte.

609 Siehe dazu Mann 137f.

610 Vgl. Staudinger-Schmidt, Vorbem. D 159 zu § 244; Hahn 106.

611 Hahn 106; Gutzwiller, Gleitklauseln 86.

612 Mügel 92.

613 Zur Währungsentwicklung siehe oben S. 17f.

614 Es gab Goldmünzklauseln (Zahlung in bestimmten Goldmünzen; ein metallistischer Ansatz), Goldpreisklauseln; Goldmarkklauseln (Zahlung in Goldmark) und Goldwertklauseln.

615 Einen knappen Überblick über diese Klauseln und die ihnen zugrundeliegenden Gesetze gibt Hahn 107f.

sondern der Staat schränkte deren Wirksamkeit regelmäßig faktisch wieder ein, indem zum Beispiel die Verpflichtung zur Zahlung in Goldmünzen aus Goldmünzklauseln für unverbindlich erklärt wurde[616] oder bestimmte Umwandlungsregelungen erlassen wurden[617].

Nach dem Zweiten Weltkrieg hielten es die Besatzungsmächte bei der Neuorganisation des Währungssystems in den drei Westzonen für erforderlich, die Vereinbarung von Wertsicherungsklauseln gesetzlich zu regeln und unter einen Genehmigungsvorbehalt zu stellen. Diese Regelung findet sich in § 3 Satz 2 WährungsG, der unverändert fortgilt[618].

Obwohl Goldklauseln international stark verbreitet waren, waren sie in England unüblich[619]. Wegen der im Vergleich zu anderen Währungen sehr lange etablierten und vergleichsweise stabilen Pfundwährung war das Vertrauen in die Währung groß[620]. England erließ im Gegensatz zu vielen anderen Staaten[621] daher auch keine gesetzliche Vorschrift, die unmittelbar Goldklauseln im internationalen oder nationalen Verkehr verboten oder für unwirksam erklärt hätte[622]. Es gibt auch keine moderne gesetzliche Regelung, welche die Vereinbarung von Wertsicherungsklauseln einschränkt.

616 Bekanntmachung über die Unverbindlichkeit gewisser Zahlungsverbindlichkeiten; Bundesratsverordnung vom 28. September 1914, RGBl. 1914,417.

617 Hier ist insbesondere die Verordnung über wertbeständige Rechte vom 16. November 1940 (RGBl. 1940 I 1521) zu nennen, wonach das Verhältnis von 1 Goldmark (= 1/2790 kg Feingold) zu 1 Reichsmark mit 1 : 1 festgelegt wurde. Dies wurde durch das UmstellungsG (§ 13 Abs. 3) übernommen.

618 Siehe Gramlich W § 24 Rn. 24 und Mathar 29ff. zur Eigenschaft von § 3 WährungsG als Besatzungsrecht. Für die in Berlin geltende Parallelvorschrift (Nr. 2 c Währungsverordnung vom 28.6.1948, VOBl. für Groß-Berlin 1948 I 363): BVerwG 3.10.1972, BVerwGE 41,13,15f.

619 Vgl. Mann 136 und Nussbaum, Money 228. Siehe aber Chitty(-Harris) Rn. 1545 N. 73 mit dem Hinweis auf die Jahrhunderte alte Praxis, Miet- bzw. Pachtzahlungen mit Kornpreisen zu verknüpfen.

620 So sah z. B. Art. 262 des Versailler Vertrags vom 28.6.1919 (abgedruckt bei Martin, The Treaties of Peace, Band 1, 157 und bei Mann 136), in dem die Zahlungsweise der Reparationszahlungen des Deutschen Reichs an England, die Vereinigten Staaten von Amerika, Frankreich und Italien geregelt war, die Zahlung in **Gold**dollars, **Gold**francs, **Gold**liren vor - und in Pfund Sterling. Siehe auch Nussbaum, Money 228 N. 24.

621 Siehe die Zusammenstellung bei Nussbaum, Money 280f.

622 Vgl. Chitty(-Harris) Rn. 1543 N. 58 und Mann 168. Siehe dort auch für Vorschriften aus dem Mittelalter und dem frühen 19. Jahrhundert.

Die Abkehr vieler Staaten vom Goldstandard in den dreißiger Jahren, der oft die gesetzliche Unwirksamkeitserklärung schon vereinbarter und zukünftiger Goldklauseln folgte[623], sowie die stärkere Fluktuation des Goldpreises hatten zur Folge, daß Goldklauseln innerhalb kurzer Zeit weitgehend obsolet wurden. Seit dem zweiten Weltkrieg haben sie keine praktische Bedeutung mehr[624]. Deswegen bietet es sich an, Regelungen über Wertsicherungsklauseln in zwei historische Gruppen aufzuteilen: Solche über Wertsicherungsklauseln (insbesondere Goldklauselverbote und ähnliche Bestimmungen) vor 1945 und solche nach 1945.

b) Wertsicherung bis 1945 - insbesondere Goldklauselverbote

1914 wurden durch eine Verordnung vom 28.9.1914[625] alle "vor dem 1. Juli 1914 getroffenen Vereinbarungen, nach denen eine Zahlung in Gold zu erfolgen hat", "bis auf weiteres" für "nicht verbindlich" erklärt. Diese Verordnung galt nur rückwirkend und hatte keinen wirtschaft- oder währungspolitischen Hintergrund, sondern war eine reine Schuldnerschutznorm und gehört systematisch zum ordnungspolitischen Schuldrecht[626]. Nach der Verordnung von 1914, die Goldklauselvereinbarungen nicht für die Zukunft untersagte, und nach einer Periode, in der Goldklauseln vor allem in Anleihen enthalten waren, die von deutschen Kommunen und der Industrie als Folge der Inflation und der Währungsreform von 1924 begeben wurden[627], gab es in Deutschland erst ab 1936 neue gesetzgeberische Eingriffe, durch die Goldklauseln in ihrer Wirksamkeit beschränkt wurden[628]. Vorausgegangen waren zahlreiche Gesetze dieser Art in anderen Ländern[629].

623 So wurde z.B. in den USA der Goldstandard am 6.3.1933 aufgegeben, und die wenig später erlassene Joint Resolution vom 5.6.1933 verbot Goldklauseln.

624 Siehe hierzu auch Braun 75ff.

625 RGBl. 1914,417. Siehe schon oben N. 616.

626 Siehe dazu näher unten S. 131ff.

627 Behrend 3 gibt zahlreiche Beispiele solcher Anleihen.

628 Die Zulässigkeit anderer Wertsicherungsklauseln war teilweise schon vorher beschränkt worden. Die Vereinbarung von Wertsicherungsklauseln wurde als Ausdruck des Mißtrauens in die deutsche Währung betrachtet und deswegen von den nationalsozialistischen Machthabern ungern gesehen: Siehe Gutzwiller, Gleitklauseln 90 m.w.N. in N. 42 und 43 sowie Asam 367 m.w.N. in N. 873.

629 Vgl. oben N. 621.

Zunächst wurden einzelne Typen von Goldklauseln insbesondere durch das Gesetz über Fremdwährungs-Schuldverschreibungen[630] für unwirksam erklärt[631]. Dieses Gesetz wurde unmittelbar zur Korrektur einer Entscheidung des Reichsgerichts[632] erlassen, in der das Reichsgericht die Joint Resolution wegen Verstoßes gegen den ordre public nicht anerkannt hatte[633]. Sein beabsichtigter Anwendungsbereich war sehr weit, denn es knüpfte lediglich an die Vereinbarung einer fremden Währung an, und hatte den Effekt, daß Schuldner, die Geld in vor Fälligkeit abgewerteter ausländischer Währung schuldeten, privilegiert wurden, denn sie mußten erheblich weniger zurückzahlen, als sie erhalten hatten[634]. Gleichwohl ist das Gesetz unklar: Goldklauseln wurden nach dem Wortlaut nicht direkt verboten. Stattdessen wurde das Verbot von Goldklauseln durch die Joint Resolution mit "Abwertung" gleichgesetzt. Das jedoch war

---

630 Gesetz über Fremdwährungs-Schuldverschreibungen vom 26.6.1936, RGBl. 1936 I 515, dessen §§ 1 und 2 lauteten:

§ 1: "Lautet eine im Ausland aufgenommene, in Wertpapieren verbriefte Anleihe auf eine ausländische Währung - unbeschadet ob mit oder ohne Goldklausel -, so ist im Falle einer Abwertung dieser Währung für den Umfang der Zahlungsverpflichtung des Schuldners die abgewertete Währung maßgebend."

§ 2: "(1) Rechtskräftige Entscheidungen stehen der Anwendung dieses Gesetzes nicht entgegen.

(2) Vereinbarungen, durch die nach dem Eintritt einer Abwertung der ausländischen Währung der Umfang der Schuldverpflichtung von § 1 abweichend geregelt ist, werden durch das Gesetz nicht berührt. Dies gilt auch, wenn die Beteiligten den Umtausch von Schuldverschreibungen, die auf eine ausländische Währung lauten, in Reichsmark-Schuldverschreibungen vereinbart haben.

(3) Bereits geleistete Zahlungen können auf Grund des Gesetzes nicht zurückgefordert werden."

Die amtliche Begründung ist in Deutsche Justiz 1936,995 und auszugsweise in RabelsZ 10(1936)392 abgedruckt.

631 Durch die Verordnung über Fremdwährungsschulden vom 5.12.1936, RGBl. I 1010 wurde die Geltung des Gesetzes über Fremdwährungs-Schuldverschreibungen "auf nicht in Wertpapieren verbriefte Schuldverpflichtungen des zwischenstaatlichen Geld- und Kapitalverkehrs" ausgedehnt. Die amtliche Begründung ist in Deutsche Justiz 1936,1873 und in RabelsZ 11(1937)265 abgedruckt. Siehe ferner Art. 5 der 9. Verordnung zur Durchführung der Landwirtschaftlichen Schuldenregelung vom 24.11.1937 (RGBl. 1937 I 1305), die die Umrechnung von Goldmarkforderungen, die nach Zwangsvergleichen durch Hypotheken gesichert waren, in Reichsmark betraf.

632 RG 28.5.1936, IPRspr. 1935-1944 Nr. 454 S. 915 = RabelsZ 10(1936)385 mit Anm. Duden; siehe dazu unten S. 192.

633 RG 28.5.1936, IPRspr. 1935-1944 Nr. 454 S. 915,923.

634 Durch das Gesetz über Abwertungsgewinne vom 23.12.1936 (RGBl. 1936 I 1126) und § 6 Abs. 1 der Verordnung vom 28.12.1936 (RGBl. 1936 I 1151) mußten 75% der "Abwertungsgewinne" als Sondersteuer an den Staat abgeführt werden.

falsch: Denn der US-Dollar war nicht durch gesetzlichen Eingriff abgewertet worden, sondern die Aufhebung des Goldstandards hatte eine Entwertung des Dollar zur Folge, die auf Marktkräften beruhte. Das Sicherungsmittel gegen diese Entwertung, nämlich Goldklauseln, wurde durch die Joint Resolution verboten.

Der Anwendungsbereich des Gesetzes über Fremdwährungs-Schuldverschreibungen spielte in einer Entscheidung des Kammergerichts[635] eine Rolle: Die American I.G. Chemical Corporation in New York hatte 1929 eine Golddollaranleihe begeben, für die sich die deutsche I.G. Farbenindustrie AG verbürgt hatte. Die Anleihe und die Zinsen waren "payable" in New York und "collectible" nach Wahl des Inhabers in London und in Berlin in Pfund Sterling beziehungsweise Reichsmark. Eine englische Gesellschaft klagte in Berlin aus Zinsscheinen gegen die Anleiheschuldnerin. Während das Verfahren in der zweiten Instanz anhängig war, wurde das Gesetz über Fremdwährungs-Schuldverschreibungen erlassen[636]. Das Kammergericht erklärte daraufhin die Fortsetzung des Verfahrens für unzulässig, denn das Gesetz sei nach seinem Wortlaut auf jede im Ausland aufgenommene Anleihe anzuwenden, unabhängig davon, ob es sich um einen inländischen oder ausländischen Schuldner handele. Laute eine Anleihe auf eine ausländische Währung, so falle sie unter das Gesetz, gleichgültig, ob der ausländische Staat Goldklauseln für wirksam hält oder nicht[637]. Die Beklagte mußte daher die Zinsen nicht zum Golddollarkurs, sondern lediglich zum Kurs des entwerteten Dollar zahlen.

1940 wurden Goldklauseln generell ihrer Wirksamkeit enthoben[638]. Dies geschah nicht auf direktem Weg durch ein einfaches Verbot, sondern durch die gesetzlich vorgeschriebene zwangsweise Gleichsetzung des Wertes einer Goldmark mit dem in § 14 Absatz 2 des Reichsbankgesetzes[639] festgesetzten Gold"preis" von 1 RM für 1/2790 kg Feingold. Diese Regelung galt nach § 1 Abs. 1 der Verordnung für Hypotheken, Grundschulden, Rentenschulden und Schiffspfandrechte und nach § 1 Abs. 2 für sonstige in Reichswährung zu erfüllende Geldschulden. Nach § 1 Abs. 2 Satz 2 waren entgegenstehende Vereinbarungen unwirksam. Damit war eine Goldmark faktisch einer Reichsmark gleichgestellt.

---

635 KG 3.9.1936, RabelsZ 10(1936)666.

636 Der Sachverhalt ist der Darstellung von Duden, RabelsZ 10(1936)666 entnommen.

637 KG 3.9.1936, RabelsZ 10(1936)666,667.

638 Verordnung über wertbeständige Rechte vom 16.11.1940, RGBl. 1940 I 1521.

639 ReichsbankG vom 15.6.1939, RGBl. 1939 I 1015.

Rechtsprechung über den internationalen Anwendungsbereich dieser Vorschriften scheint es nicht gegeben zu haben[640].

c) Wertsicherung nach 1945 - insbesondere § 3 Satz 2 WährungsG

Unmittelbar nach dem Ende des Zweiten Weltkriegs standen drängendere Probleme an als eine Währungsreform. Die westlichen Alliierten trafen allerdings schnell in drei Gesetzen der Militärregierung wichtige Währungs-, Vermögens- und Devisenregelungen[641] für die drei westlichen Besatzungszonen.

(1) Entstehung und Vorläufer - Bedeutung

Durch Art. 1 des MRG 51 wurden alliierte Militär-Marknoten als gesetzliches Zahlungsmittel eingeführt. Art. 2 verbot die Eingehung von Verbindlichkeiten in anderer als der Markwährung ohne Zustimmung der Militärregierung. Durch das erste Gesetz zur Änderung des MRG 51 vom 1. Juli 1947[642] wurde Art. 2 MRG 51 durch das sogenannte Mark = Mark-Gesetz ersetzt. Danach mußte jede Verbindlichkeit, die in Reichsmark, Rentenmark, einer anderen gesetzlichen Markwährung, Goldmark oder in mit einer Wertsicherungsklausel verbundenen Mark ausgedrückt war, durch Zahlung Mark für Mark in Reichsmark oder Alliierten Militär-Mark-Noten bezahlt werden. Das Gesetz war rückwirkend. Die Gläubiger waren danach verpflichtet, Reichsmark und Alliierte Militär-Mark-Noten zum Nennwert in Erfüllung der Verbindlichkeit anzunehmen. Jede Vereinbarung in einer anderen Währung bedurfte weiterhin der schriftlichen Zustimmung der Militärregierung[643].

---

640 Nach Pfundtner/Neubert, Reichsrecht, II. Rechtspflege, b) Bürgerliches und Handelsrecht, Nr. 72: Wertbeständige Rechte, Anm. 5 zur Verordnung sollte sie nur für Schuldverhältnisse gelten, die nach den Regeln des IPR deutschem Recht unterworfen seien, "insbesondere also für solche Verträge, die von deutschen Staatsangehörigen im Deutschen Reich abgeschlossen und hier zu erfüllen sind."

641 MRG 51 - Currency; MRG 52 - Blocking and Control of Property; MRG 53 - Foreign Exchange Control.

642 Amtsblatt der Militärregierung Deutschland - Amerikanisches Kontrollgebiet, Ausgabe E, 1. August 1947,15. Es erging gleichlautend in allen westlichen Besatzungszonen.

643 Der neue Art. 2 des MRG 51 lautete auf englisch:

"Payment of Obligations

Any obligation, secured or unsecured, expressed in terms of Reichsmark, Rentenmarks, any other legal tender mark currency, Goldmarks, or marks whose value is correlated according to a sliding scale or in any other way to the price of fine gold (gold clause) or to the price of other precious metals, merchandise,

Durch das "Mark = Mark-Gesetz" wurden Gold- und andere Wertsicherungsklauseln effektiv verboten; es brachte das nominalistische Prinzip strikt zum Ausdruck[644]. Rechtsprechung über seinen internationalen Anwendungsbereich scheint es nicht gegeben zu haben. Eine Erklärung hierfür dürfte sein, daß die Reichsmark-Währung, solange sie nach dem Zweiten Weltkrieg noch weiter bestand, beziehungsweise die Alliierte Militärmarknoten-Währung reine Binnenwährungen waren.

Parallel zu den Plänen der Alliierten über eine Währungsreform hatte eine Expertengruppe unter der Bezeichnung "Sonderstelle für Geld und Kredit" aufgrund eines Beschlusses des Wirtschaftsrates für das Vereinigte Wirtschaftsgebiet[645] unter Vorsitz von Ludwig Erhard den sogenannten "Homburger Plan"[646] entwikkelt und im April 1948 den Alliierten vorgelegt[647]. Mittlerweile hatten sich die Alliierten allerdings entschlossen, die Währungsreform selbst durchzuführen, wobei die meisten der Mitglieder der Sonderstelle als Berater hinzugezogen wurden[648]. Trotzdem war die Währungsreform als Ganzes von der Militärregierung bestimmt und wich in erheblichen Punkten vom Homburger Plan und den Zielvorstellungen seiner Verfasser ab[649]. Die Währungsreform wurde schließlich

---

securities or currencies other than German currencies (stabilization clauses), whether falling due before or after the effective date of the law, shall, notwithstanding the provisions of Sections 157, 242 and 607 of the German Civil Code or the provisions of any other German law, be satisfied, upon falling due, by payment, mark for mark, of Reichsmark or Allied Military Mark notes; and the creditor is in all cases bound to accept Reichsmark and allied Military Mark notes at their face value in dis-charge of the obligation. Except as authorised by Military Government, no person shall make or [c]enter, or offer to enter into, any arrangement or transaction providing for payment in or delivery of a currency other than marks."

644 Zur Tragweite des Gesetzes und der Kritik daran siehe Duden, Landesreferate 318f.

645 Die Bezeichnung für das gemeinsame Gebiet der englischen und der amerikanische Besatzungszonen.

646 "Entwurf eines Gesetzes zur Neuordnung des Geldwesens".

647 Nach der Währungsreform von Juni 1948 wurde der Homburger Plan veröffentlicht: Verwaltung für Finanzen des Vereinigten Wirtschaftsgebiets, Entwurf eines Gesetzes zur Neuordnung des Geldwesens (Homburger Plan), 1948.

648 Harmening/Duden, Währungsgesetze 79.

649 Harmening/Duden, Währungsgesetze 79.

im Juni 1948 in Kraft gesetzt[650]. Für die Gesetze gab es keine Begründungen, und Gesetzgebungsmaterialien fehlen ebenso[651].

Das Mark = Mark-Gesetz wurde im Zug der Währungsreform 1948 durch § 3 WährungsG ersetzt, dessen oben[652] zitierter Satz 1 die Eingehung von Fremdwährungsverbindlichkeiten reglementiert und von einer Genehmigung abhängig macht, und dessen Satz 2 die Vereinbarung von Wertsicherungsklauseln auf gleiche Weise beschränkt. § 3 Satz 2 WährungsG lautet:

> Das gleiche gilt für Geldschulden, deren Betrag in Deutscher Mark durch den Kurs einer solchen anderen Währung oder durch den Preis oder eine Menge von Feingold oder von anderen Gütern oder Leistungen bestimmt werden soll[653].

Eine entsprechende gesetzliche Vorschrift fehlt im englischen Recht. § 3 WährungsG ist weitergeltendes Besatzungsrecht, dessen Verfassungsmäßigkeit nicht von allgemeinen Gerichten geprüft werden durfte[654]. Heute, nach Wiedererlangung der vollen staatlichen Souveränität Deutschlands, gilt § 3 WährungsG nach wie vor[655]. Zu § 3 Satz 2 WährungsG hat die Deutsche Bundesbank ebenso wie zu Satz 1 weitreichende Allgemeine Genehmigungen erteilt[656]. Gleichwohl spielt Satz 2 eine größere Rolle in der Praxis, weil die Vereinbarung von Wert-

---

650 Siehe dazu oben S. 20f.

651 Harmening/Duden, Währungsgesetze 80.

652 S. 111.

653 Für das Gebiet der ehemaligen DDR gilt entsprechend Artikel 3 Satz 2 der Anlage II zum Staatsvertrag: Siehe oben N. 577.

654 BVerfG 20.3.1963, BVerfGE 15,337,346ff.; 14.11.1973, 36,146,169ff.; 3.11.1982, 62,169,181f.; Durch Art. 1 Abs. 1 Satz 1 des Überleitungsvertrags (BGBl. 1955 II 405) wurde der Bundesgesetzgeber zur Änderung oder Aufhebung ermächtigt und ist daher nach der Rechtsprechung des Bundesverfassungsgerichts verpflichtet, besatzungsrechtliche Vorschriften, die mit dem Grundgesetz nicht vereinbar sind, aufzuheben oder zu ändern; davon hat er bisher hinsichtlich von § 3 WährungsG, abgesehen von der Einschränkung des Anwendungsbereichs von § 3 Satz 1 WährungsG durch § 49 AWG, keinen Gebrauch gemacht. Vgl. Gramlich W § 3 Rn. 24 und BVerwG 3.10.1972, BVerwGE 41,13.

655 Zur Frage der Verfassungsmäßigkeit von § 3 WährungsG siehe Mathar, oben N. 199 und Hahn 110ff. Rechtspolitisch war die Vorschrift von Anfang an stark umstritten und war 1953 Gegenstand der Verhandlungen des Vierzigsten Deutschen Juristentags, auf dem ihre Aufhebung empfohlen wurde: Siehe dazu Duden, Gutachten; von Caemmerer, Referat und Mann, Korreferat.

656 Die Genehmigungen sind im Rahmen der deutsch-deutschen Währungsunion auf das Gebiet der ehemaligen DDR ausgedehnt worden: Siehe BAnz vom 23.6.190 Nr. 114 S. 3214.

sicherungsklauseln bei langfristigen Dauerschuldverhältnissen und insbesondere im gewerblichen Mietrecht üblich ist.

(2) Internationaler Anwendungsbereich von § 3 Satz 2 WährungsG

Im folgenden geht es nicht um den sachlichen Anwendungsbereich, die Reichweite der Allgemeinen Genehmigungen der Bundesbank oder die zahlreichen Arten von Wertsicherungsklauseln[657], sondern um den internationalen Anwendungsbereich von § 3 Satz 2 WährungsG. Hierzu existiert ähnlich spärliche Rechtsprechung wie zu § 3 Satz 1 WährungsG. Eine mit § 49 Abs. 1 AWG vergleichbare Vorschrift gibt es für § 3 Satz 2 WährungsG nicht. Die Entstehungsgeschichte von § 3 Satz 2 WährungsG ist eng mit der des Satz 1 verknüpft; sowohl das Mark = Mark-Gesetz als auch der "Homburger Plan"[658] regelten die Eingehung von Fremdwährungsschulden und die Vereinbarung von Wertsicherungsklauseln. Das gesetzgeberische Ziel beider Teile des § 3 WährungsG muß daher als Einheit angesehen werden: Geschützt werden sollte die Funktionsfähigkeit der neuen Währung als Ganzes[659], wobei das generelle Verbot der Vereinbarung von Wertsicherungsklauseln inflationshemmend wirken soll[660].

In dem einzigen mir bekannten Urteil zum internationalen Anwendungsbereich von § 3 Satz 2 WährungsG hielt das OLG Frankfurt in seiner schon oben erwähnten Entscheidung[661] ohne nähere Begründung die Anwendung der Vorschrift trotz Schweizer Schuldstatuts für nicht grundsätzlich ausgeschlossen.

---

657 Siehe hierzu insbesondere die Einzeldarstellungen von Dürkes sowie von Braun, Mittelbach, Nies, Robertz, Samm/Hafke und Ziehm; ferner die Darstellung bei Staudinger-Schmidt, Vorbem. D 158-330 zu § 244. Aus rechtsvergleichender Sicht: Zehetner und Gutzwiller, Gleitklauseln.

658 Dazu oben N. 646. § 1 Abs. 3 des Homburger Plans entspricht inhaltlich § 3 WährungsG. Nicht richtig erscheint daher die Ansicht von Gutzwiller, Gleitklauseln 96, es sei mehr als zweifelhaft, ob eine § 3 WährungsG entsprechende Vorschrift beschlossen worden wäre, wenn die Währungsreform allein von deutschen Ökonomen und Juristen geregelt worden wäre.

659 Zum Normzweck vgl. ferner die oben in N. 199 Genannten sowie von Caemmerer, Wertsicherungsklauseln 323.

660 Für die Feststellung des gesetzgeberischen Motivs ist es unerheblich, ob § 3 Satz 2 WährungsG die erwünschte Funktion tatsächlich erfüllt: Nachweise hierzu bei Hahn 111-112.

661 OLG Frankfurt 21.12.1982, IPRspr. 1982 Nr. 22 S. 59; siehe oben S. 114.

Aus der Einheitlichkeit des Schutzzweckes der beiden Teile von § 3 WährungsG folgt, daß die Kriterien für den internationalen Anwendungsbereich[662] von Satz 1 und Satz 2 grundsätzlich gleich sind. Insoweit kann auf die Ausführungen zu § 3 Satz 1 WährungsG verwiesen werden[663]. Insbesondere ist § 3 Satz 2 WährungsG als unter Erlaubnisvorbehalt stehende Verbotsnorm unabhängig vom Schuldstatut anzuwenden, wenn die übrigen Anwendungsvoraussetzungen erfüllt sind[664]. Der Bundesgerichtshof hat zwar in einer Entscheidung festgestellt, daß sich die Wirksamkeit einer 1931 als Goldklausel vereinbarten Wertsicherungsklausel nach dem Schuldstatut richte[665]. Das ist grundsätzlich natürlich zutreffend, widerspricht aber der eben dargelegten Auffassung über die Eigenschaft von § 3 Satz 2 WährungsG als Eingriffsnorm nicht[666]: In dem vom Bundesgerichtshof entschiedenen Fall war deutsches Recht Schuldstatut, so daß sich die Frage der schuldstatutsunabhängigen Anwendung von § 3 Satz 2 WährungsG nicht stellte.

(3) Einschränkungen des internationalen Anwendungsbereichs durch EG-Recht

Allerdings ist bei der Feststellung des internationalen personalen Anwendungsbereichs von § 3 Satz 2 WährungsG EG-Recht zu berücksichtigen: Die Anwendung von § 3 WährungsG darf nicht gegen die bestehenden Kapitalverkehrsrichtlinien verstoßen[667].

Hier kommt insbesondere die 4. Richtlinie des Rates zur Liberalisierung des Kapitalverkehrs[668] in Betracht. Grundsätzlich ist die Kapitalverkehrsfreiheit[669] als eine der vier Grundfreiheiten in Art. 67 Abs. 1 EGV[670] geregelt. Da die Mit-

---

662 Sachlich ist die Vorschrift eng auszulegen: BGH 17.9.1954, BGHZ 14, 306,308; BVerwG 3.10.1972, BVerwGE 41,1,6; Asam 370.

663 Siehe oben S. 114.

664 Siehe die Nachweise in N. 595 oben und ferner Hafke, ZKredW 1981,458; Fögen 150 (Er rechnet § 3 Satz 2 WährungsG unzutreffenderweise dem Währungsstatut zu.).

665 BGH 24.3.1960, IPRspr. 1960-1961 Nr. 159 S. 525,529.

666 Zweifelnd Hahn 390.

667 Hierauf hat Grundmann, EWS 1990,214ff. als erster hingewiesen.

668 Richtlinie 88/361 des Rates vom 24.6.1988 zur Durchführung von Artikel 67 des Vertrages; ABl. EG L 178/5.

669 Zum Begriff "Kapitalverkehr" und der Abgrenzung zu "Zahlungsverkehr": Kiemel in: Groeben/Thiesing/Ehlermann, EGV Art. 67 Rn. 3f. sowie Grabitz-Ress, EGV Art. 67 Rn. 7.

670 Vertrag zur Gründung der Europäischen Wirtschaftsgemeinschaft vom 25.3.1957 (BGBl. 1957 II 766; berichtigt in BGBl. 1957 II 1768 und in BGBl. 1958 II 64); zuletzt geändert durch die Einheitliche Europäische Akte vom 28.2.1986 (ABl. EG 1987 Nr. L 169,1; BGBl.

gliedstaaten nach Art. 105 Abs. 2 EGV ihre währungspolitische Autonomie bisher weitgehend behalten haben, hat der Europäische Gerichtshof der Kapitalverkehrsfreiheit nach Art. 67 Abs. 1 EGV einen geringeren Stellenwert eingeräumt als den übrigen Grundfreiheiten[671]: Bisher lehnte der Europäische Gerichtshof ein auf Art. 67 Abs. 1 EGV gestütztes unmittelbares Recht des Einzelnen im Gegensatz zu den anderen Grundfreiheiten ab[672].

Durch die 4. Kapitalverkehrsrichtlinie, welche die bisherigen ersetzt[673], wird die Kapitalverkehrsfreiheit umfassend verwirklicht, denn sie verpflichtet die Mitgliedsstaaten, den Kapitalverkehr vollständig zu liberalisieren. Die Richtlinie zielt auch darauf ab, die Kapitalverkehrsfreiheit ebenso wie die anderen Grundfreiheiten unmittelbar anwendbar zu machen, und statuiert deswegen unmittelbare Individualrechte[674].

§ 3 Satz 2 WährungsG enthält zwar keine den Kapitalverkehr unmittelbar einschränkende Regel. Jedoch stellt das Verbot der Vereinbarung von Wertsicherungsklauseln eine Maßnahme gleicher Wirkung[675] dar, weil die Vorschrift im Ergebnis dazu führt, daß Vereinbarungen, die Kapitalverkehr zur Folge haben würden, nicht getroffen oder jedenfalls nicht durchgesetzt werden können[676].

1986 II 1104), die seit dem 1.7.1987 in Kraft ist (ABl. EG Nr. L 169,29; BGBl. 1987 II 451).

671 Kiemel in: Groeben/Thiesing/Ehlermann, EGV Art. 67 Rn. 7; Grabitz-Ress, EGV Art. 67 Rn. 6; Grundmann, EWS 1990,214 m.w.N.

672 EuGH 11.11.1981 - Rs. 203/80 (Strafverfahren gegen Guerrino Casati) Slg. 1981,2595, 2614f.; EuGH 31.1.1984 - Rs. 286/82 und 26/83 (Graziana Luisi/Giuseppe Carbone gegen Ministero del Tesoro) Slg. 1984,377,405. Dazu Grundmann, EWS 1990,214 m.w.N. in N. 11. Siehe auch Grabitz-Ress, EGV Art. 67 Rn. 8 und Kiemel in: Groeben/Thiesing/ Ehlermann, EGV Art. 67 Rn. 15.

673 Richtlinien des Rates vom 11.5.1960, ABl. 921/60; 63/21 vom 18.12.1962, ABl. 62/63 und 86/566 vom 17.11.1986, ABl. L 332/22.

674 Grundmann, EWS 1990, 214,216; Grabitz-Ress, EGV Art. 67 Rn. 20. Für die Vorläuferrichtlinie noch offengelassen in EuGH 4.2.1988 - Rs. 143/86 (Margetts and Addenbrook gegen Cuddy), Slg. 1988,625,643; Oliver, Europ.L. Rev. 1984, 401-421; Oliver/Baché, C.M.L.R. 26(1989)61,77f.

675 Art. 30 EGV. Zum Begriff und seiner Entwicklung: Müller-Graf in: Groeben/Thiesing/ Ehlermann, EGV Art. 30 Rn. 16ff. Das Institut hat seinen Ursprung zwar in den Regeln des EGV über den Warenverkehr, ist aber auch im Rahmen der übrigen Grundfreiheiten zu berücksichtigen. Für den Kapitalverkehr siehe Grabitz-Ress, EGV Art. 67 Rn. 4; Kiemel in: Groeben/Thiesing/Ehlermann, EGV Art. 67 Rn. 8; Grundmann, EWS 1990,215.

676 Wertsicherungsklauseln, die nicht von der Bundesbank nach § 3 Satz 2 WährungsG i.V.m. § 49 Abs. 2 AWG genehmigt sind, sind schwebend unwirksam.

Gegen die Annahme einer Maßnahme gleicher Wirkung spricht nicht, daß § 3 Satz 2 WährungsG nicht eine Ermächtigungsgrundlage für einen hoheitlichen Eingriff bei einem Verstoß gegen das darin enthaltene Verbot darstellt, sondern durch die Nichtigkeit der jeweiligen Vereinbarung privatrechtsgestaltend wirkt. Denn auch zwingende privatrechtsgestaltende Normen können "Maßnahmen gleicher Wirkung" sein. Dies gilt jedenfalls, seit der Europäische Gerichtshof die Existenz einer Maßnahme gleicher Wirkung nach funktionalen und nicht formellen Gesichtspunkten prüft, wie es seit den sogenannten Dassonville- und Cassis de Dijon-Entscheidungen der Fall ist[677].

Daher ist der Anwendungsbereich von § 3 Satz 2 WährungsG auf innerstaatliche Fälle zu beschränken, so daß seine Anwendung nicht unter den EGV fällt. § 3 Satz 2 WährungsG ist also entsprechend der Regelung des § 49 Abs. 1 AWG nur noch auf Fälle mit ausschließlicher Beteiligung Gebietsansässiger anzuwenden[678]. Daraus und aus dem Gebot der engen sachlichen Auslegung folgt, daß die Vereinbarung von Wertsicherungsklauseln durch ausländische Tochtergesellschaften deutscher Unternehmen auch dann nicht mehr von § 3 Satz 2 WährungsG erfaßt werden, wenn sie wirtschaftlich betrachtet im Interesse der Muttergesellschaft vereinbart werden oder sich im Inland auswirken. Das im internationalen Kartellrecht anwendbare Auswirkungsprinzip[679] gilt hier nicht.

677 EuGH 11.7.1974, Rs. 8/74 (Staatsanwaltschaft gegen Benoît und Gustave Dassonville), Slg. 1974,837 und EuGH 20.2.1979, Rs. 120/78 (Rewe-Zentral-AG gegen Bundesmonopol für Branntwein), Slg. 1979,649; Müller-Graf in: Groeben/Thiesing/Ehlermann, EGV Art. 30 Rn. 22ff. und 77ff.; Grabitz-Matthies, EGV Art. 30 Rn. 12ff. und 18ff. Siehe auch Grundmann, EWS 1990,214,219.

678 Ebenso Grundmann, EWS 1990,214,220 m.w.N. in N. 71. Das gilt jedenfalls für das Gebiet der "alten" Bundesländer und West-Berlin. Für das Gebiet der ehemaligen DDR gilt diese Beschränkung ohnehin, denn Artikel 3 des Anhangs II zum Staatsvertrag (Siehe das Zitat der Bestimmung oben N. 577) enthält in Satz 1 (Verbot der Eingehung von Fremdwährungsverbindlichkeiten) die § 49 Satz 1 AWG entsprechende Beschränkung "eingebaut". Art. 3 Satz 2 (Verbot der Eingehung von Wertsicherungsklauseln) schließt sich unmittelbar an: "Das gleiche gilt ...". Dem Wortlaut nach ist damit die Beschränkung auf "Personen in der Deutschen Demokratischen Republik" des Satzes 1, also die territoriale Beschränkung auf Gebietsansässige, hinsichtlich der Eingehung von Fremdwährungsverbindlichkeiten von Satz 2 erfaßt. Bei § 3 Satz 2 WährungsG gilt das trotz der gleichen Einleitung ("Das gleiche gilt ...") nicht, weil § 3 Satz 1 WährungsG keine territoriale Beschränkung enthält. Also ist das Verbot der Eingehung von Wertsicherungsklauseln auf dem Gebiet der ehemaligen DDR territorial auf dort und im übrigen Bundesgebiet ansässige Personen beschränkt.

679 Statt aller: Immenga-Mestmäcker-Rehbinder, § 98 GWB Rn. 248,271ff.; Basedow, NJW 1989,632f.

Wegen der auf der 4. Kapitalverkehrsrichtlinie beruhenden Beschränkung des internationalen persönlichen Anwendungsbereichs von § 3 Satz 2 WährungsG ist die Diskussion darüber, ob sich aus der Vorschrift selbst ergibt, daß die sie nur auf Fälle anzuwenden ist, bei denen der Schuldner Gebietsansässiger ist[680], gegenstandslos geworden. Wegen dieser Beschränkung besteht also zwischen dem internationalen persönlichen Anwendungsbereich von § 3 Satz 1 und § 3 Satz 2 WährungsG kein Unterschied mehr.

(4) Wertsicherung in England

In England gibt es zwar keine gesetzliche Vorschrift, die die Vereinbarung von Wertsicherungsklauseln beschränkt[681]. Gleichwohl ist die unbegrenzte Zulässigkeit solcher Vereinbarungen nicht völlig sicher. Denn in Treseder-Griffin v. Co-Operative Insurance Society Ltd.[682] äußerte Denning L.J. starke Zweifel an der Zulässigkeit einer Goldklausel in einem rein inländischen Mietvertrag zwischen zwei Engländern in England. Er fand es "disturbing", daß eine Goldklausel in einem inländischen Vertrag vereinbart sei und war "not altogether sure that it is lawful"[683]. Er führte aus, Goldklauseln seien in einer ganzen Reihe von Ländern zum Schutz der jeweiligen Währung verboten, und befürchtete, solche Klauseln könnten sich im Inland zu stark verbreiten: "What, then, is to become of sterling? It would become a discredited currency unable to look its enemy inflation in the face. That should not be allowed to happen."[684] Da es für das Ergebnis der Entscheidung schließlich nicht auf die Wirksamkeit der Goldklausel ankam, ist seine Ansicht dazu ein obiter dictum. Es wurde seitdem in keinem Urteil befolgt und ist in der Literatur kritisiert worden, weil es im Gegensatz zur Praxis des House of Lords stünde, das Goldklauseln grundsätzlich anerkenne,

680 So die richtige bisherige ganz h.M.: Schulze, AWD BB 1962,92; Robertz 159f.; Hafke, ZKredW 1981,458; MünchKomm-Martiny, Nach Art. 34 Anh. I Rn. 20; Seetzen, AWD BB 1969,255; Hahn 389; Roth, BerDtGesVR 20(1979)117; wohl auch Gramlich W § 3 Rn. 11. Diesen Standpunkt vertritt auch die Bundesbank bei ihrer Genehmigungspraxis nach § 3 Satz 2 WährungsG i.V.m. § 49 Abs. 2 AWG: Im Fall eines Antrags auf Genehmigung einer Wertsicherungsklausel eines Vertrags, dessen Gläubiger gebietsansässig ist, würde die Bundesbank ein Negativattest erteilen, also bescheinigen, daß eine Genehmigung nicht erforderlich ist.

681 Vgl. oben S. 118 unten mit N. 622.

682 [1956] 2 Q.B. 127 (Q.B.D. und C.A.).

683 [1956] 2 Q.B. 127,145.

684 A.a.O.

und es Aufgabe des Parlaments und nicht eines Gerichts sei, eine solche rechtspolitische Frage zu entscheiden[685].

In Multiservice Bookbinding Ltd. v. Marden[686] hatte Browne-Wilkinson J. 1977 über die Wirksamkeit einer Wertsicherungsklausel in einem Hypothekendarlehensvertrag von 1966 zu befinden. Die Klausel war eine Währungsklausel und koppelte den Betrag des durch die Hypothek gesicherten Darlehens an die Entwicklung des Wechselkursverhältnisses zwischen dem Pfund Sterling und dem Schweizer Franken. Seit Vertragsschluß war das Pfund gegenüber dem Schweizer Franken erheblich im Wert gesunken, und der Schuldner strengte ein Verfahren an mit dem Ziel, die Hypothek durch die Zahlung eines Betrags zum ursprünglichen Nominalwert des Darlehens abzulösen. Der Schuldner argumentierte, gestützt auf die eben erwähnten Ausführungen von Denning L.J.[687], die Wertsicherungsklausel verstoße gegen die public policy und sei unwirksam.

Browne-Wilkinson J. fühlte sich nicht an das dictum von Denning L.J. gebunden, da dieser sich seiner Sache selbst nicht völlig sicher gewesen sei, und fand "I do not feel that in 1977[688] I can declare that an index-linked money obligation is contrary to public policy"[689]. Denning L.J. habe die Vereinbarung von Indexklauseln nicht als Symptom, sondern als Ursache von Inflation angesehen. Da aber selbst Ökonomen nicht darüber einig seien, ob Indexklauseln inflationsfördernd seien, müsse eine Entscheidung über das Verbot solcher Klauseln dem Parlament überlassen bleiben[690].

3. *Würdigung*

Die Rechtsprechung zum internationalen Anwendungsbereich wirtschaftspolitischen Währungsrechts ist blaß: Es gibt in Deutschland und England nur sehr spärliches Material. Begründungen hierfür liefern zu wollen, wäre spekulativ. Insbesondere scheint es keine deutsche Entscheidung zu geben, in der § 3 WährungsG gegenüber einem ausländischen Schuldstatut unmittelbar durch-

---

685 Unger, M.L.R. 20(1957)266-270; Mann, L.Q.R. 73(1957)181-193; Goodhart, Note, in: L.Q.R. 72(1956)311,312; Bishop/Hindley, M.L.R. 42(1979)338,342.
686 [1979] 1 Ch. 84. Siehe dazu Bishop/Hindley, M.L.R. 42(1979)338-342.
687 [1979] 1 Ch. 84,91.
688 Das Pfund verlor zu dieser Zeit stark an Wert.
689 [1979] 1 Ch. 84,104.
690 A.a.O. Kritisch Chitty(-Harris) Rn. 1545 m.w.N. in N. 77.

gesetzt worden wäre, denn bei dem erwähnten vom OLG Frankfurt entschiedenen Fall lagen die Voraussetzungen von § 3 WährungsG gerade nicht vor[691].

Gleichwohl ist davon auszugehen, daß nach deutschem und englischem Recht Normen dieser Art ohne weiteres unabhängig vom Schuldstatut angewendet werden; nationale Gerichte sind insoweit verpflichtet, der legislativen Anordnung einer bestimmten Wirtschaftpolitik zur praktischen Durchsetzung zu verhelfen. Dagegen ist es nicht ihre Aufgabe, wie es die zuletzt zitierte englische Entscheidung demonstriert, an Stelle des Staates solche Politik selbst zu formulieren.

III. Ordnungspolitisches Schuldrecht mit Währungsbezug

Hier wird erneut die fundamental unterschiedliche Währungsentwicklung in Deutschland und England offensichtlich: Während in Deutschland innerhalb von 65 Jahren drei Währungsreformen stattfanden[692], die jeweils zugleich die Anpassung von Geldschuldverhältnissen erforderten, blieb England von beidem völlig unberührt[693]. Ordnungspolitisches Schuldrecht mit Währungsbezug, wie es oben[694] beschrieben worden ist, fehlt daher in England.

Aus deutscher Sicht gehören zum währungspolitischen Schuldrecht insbesondere die Verordnung vom 28.9.1914, durch die Goldzahlungsvereinbarungen für unverbindlich erklärt wurden[695], sowie die Regeln des Aufwertungsrechts[696], das

---

691 OLG Frankfurt 21.12.1982, IPRspr. 1982 Nr. 22 S. 59.

692 1925, 1948 und 1990.

693 Eine Währungsreform, durch die eine Währung neu eingeführt oder materiell geändert wird (Zum Begriff der Währungsänderung s. oben S. 31ff.), verlangt nicht notwendigerweise die Anpassung von Geldschuldverhältnissen: Bei der bevorstehenden Europäischen Währungsunion, durch die die ECU als gemeinsame europäische Währungseinheit einer gemeinsamen Währung aller Mitgliedsstaaten der Europäischen Gemeinschaften eingeführt werden und alle bisherigen nationalen Währungen ersetzen soll, wird keine Anpassung der dann bestehenden Geldschuldverhältnissen erforderlich sein. Die zum Zeitpunkt der Einführung der ECU als neuer Währung bestehenden Geldschuldverhältnisse behalten ihren Wert und werden mittels Umrechnung entsprechend dem dann bestimmten rekurrenten Anschlußverhältnis der verschiedenen nationalen Währungen zur ECU in die neue Währung übertragen.

694 S. 83.

695 RGBl. 1914,417. Siehe schon oben S. 119.

die Folgen der Inflation von 1922/1923 mildern sollte, ferner das UmstellungsG von 1948[697], das im Zug der Währungsreform von 1948 die Lasten der zurückgestauten Inflation der Reichsmark während des 2. Weltkriegs verteilen sollte. Schließlich sind dazu auch die Vorschriften[698] zu zählen, durch die Geldschuldverhältnisse im Rahmen der kurzen Währungsunion zwischen der ehemaligen DDR und der Bundesrepublik Deutschland umgestellt wurden.

Die praktische Bedeutung dieser letzten Gruppe und ihr Gewicht für diese Arbeit ist allerdings aus mehreren Gründen erheblich geringer als die der ersten beiden Gruppen. Denn vom Aufwertungsrecht und vom UmstellungG waren erheblich mehr Transaktionen mit internationalem (Währungs-)Bezug betroffen: Dies ist eine Folge der seit dem 1. Weltkrieg verbreiteten Neigung, Wertsicherungsklauseln mit der Wertentwicklung einer ausländischen (Gold-)Währung als Bezugsgröße zu vereinbaren. Ferner betrafen die gesonderten Umstellungsvorschriften der deutsch-deutschen Währungsunion, die vom rekurrenten Anschlußverhältnis von 3 : 1 abwichen, solche Geldschuldverhältnisse, bei denen in aller Regel ein internationaler Bezug fehlt.

1. Abwertung: Verordnung vom 28.9.1914

In Deutschland erfolgte der erste gesetzgeberische Eingriff seit der Schaffung der einheitlichen Reichswährung von 1871 in die Freiheit, Goldklauseln zu vereinbaren, durch Verordnung 28.9.1914[699]: Durch § 1 wurden alle "vor dem 1. Juli 1914 getroffenen Vereinbarungen, nach denen eine Zahlung in Gold zu erfolgen hat", "bis auf weiteres" für "nicht verbindlich" erklärt. Diese Verordnung war Folge eines kurz nach Ausbruch des Ersten Weltkriegs erlassenen Gesetzes[700], durch das die Goldeinlösungspflicht der Reichsbank ebenfalls "bis auf weiteres"

696 AufwertungsG und richterliche Aufwertung nach § 242 BGB, zugelassen als "freie Aufwertung" nach § 62 AufwertungsG.

697 Drittes Gesetz zur Neuregelung des Geldwesens (MRG Nr. 63 [ABlAmMilReg Ausgabe J 21; ABlBrMilReg Nr. 25 S. 862]; französische MRVO 160 [JO Nr. 177 S. 1537]).

698 Siehe die Nachweise oben in N. 237.

699 RGBl. 1914,417. Siehe schon oben S. 119.

700 § 1 des Gesetzes, betreffend Änderung des Münzgesetzes, vom 4.8.1914, RGBl. 1914, 326: "Bis auf weiteres werden die Vorschriften im § 9 Abs. 2 Satz 2 und 3 des Münzgesetzes vom 1. Juni 1909 (RGBl. S. 507) dahin geändert, daß an Stelle der Goldmünzen Reichskassenscheine und Reichsbanknoten verabfolgt werden können."

aufgehoben wurde[701]. Die Verordnung wurde im nachhinein damit amtlich begründet, daß sie erforderlich gewesen sei, um während der Zeit, während der die Reichsbank ihre Banknoten nicht in Gold einlöse, die Schuldner solcher Vereinbarungen vor schikanösen Gläubigern zu schützen[702].

Die Verordnung enthielt kein ausdrückliches Verbot von Goldzahlungsvereinbarungen und war nicht währungs- oder wirtschaftspolitisch motiviert. Sie griff vielmehr in bestehende Schuldverhältnisse ein und "entwertete" die Zahlungsansprüche der Gläubiger. Insoweit hatte die Verordnung auch enteignenden Charakter. Die spätere Aufwertungsgesetzgebung bewirkte das Gegenteil: Dort wurden die durch die Hyperinflation wertlos gewordenen Zahlungsverpflichtungen der Schuldner erhöht und die Zahlungsansprüche der Gläubiger entsprechend "aufgewertet".

Eine Einschränkung des Anwendungsbereichs ergibt sich aus dem Wortlaut: Die Verordnung gilt nur rückwirkend für alle vor dem 31.7.1914 eingegangenen Vereinbarungen[703]. Ob sie nur Goldmünzklauseln[704] oder auch Goldwertklauseln[705] erfaßte, ist unklar. Gleichfalls offen blieb, ob sie nur Markschulden erfaßte[706].

Rechtsprechung zum internationalen Anwendungsbereich dieser Verordnung ist dementsprechend spärlich. Stark betroffen von der Verordnung waren Schweizer Hypothekenbanken und Versicherungsgesellschaften, die deutschen Grundstückseigentümern Darlehen zur Verfügung gestellt hatten, die durch die Eintragung von Hypotheken mit Goldklauseln gesichert waren. Sie hatten sich überwiegend in der Schweiz in Schweizer Währung refinanziert und hatten nun aufgrund der Verordnung nur noch einen Rückzahlungsanspruch gegen ihre Schuldner in entwerteter Papierwährung. Deswegen argumentierten sie, die Ver-

---

701 Dieses Gesetz zählt zum interessenneutralen Währungsrecht, denn es betrifft die Ausgestaltung der Währung und des Währungssystems.

702 Güthe-Schlegelberger, Kriegsbuch I, 369 [Mir nicht zugänglich; zitiert nach Mügel 92f. und Nussbaum, Geld 182.]. Zum Hintergrund der Verordnung: Nussbaum, Geld 182.

703 Zur materiellen Anwendbarkeit und Reichweite der Verordnung insbesondere in Verbindung mit dem Hypothekenrecht siehe Nussbaum, Geld 182ff.

704 So RG 3.12.1924, JW 1925,1483,1484 mit kritischer Anmerkung von Nussbaum; Behrend 54.

705 So wohl richtig Nussbaum, Geld 182.

706 So wohl zutreffend Behrend 55, mit dem Hinweis, daß ihr keine andere Entscheidung bekannt geworden sei.

ordnung sei nicht anwendbar, weil sie ihren Geschäftssitz nicht in Deutschland hätten und die Rückzahlungsansprüche Schweizer Recht unterlägen.

Das Reichsgericht lehnte dies ab und hielt in einem solchen Fall die Verordnung vom 28.9.1914 für anwendbar, weil auf die Rückzahlungsverpflichtung des Schuldners wegen seines Wohnsitzes in Deutschland und wegen des deutschen Erfüllungsorts deutsches Recht anwendbar sei. Die Goldmarkschuld war dadurch zu einer Papiermarkschuld geworden[707]. Obwohl das Reichsgericht in diesem Fall von der Geltung deutschen Rechts als Schuldstatut ausging, und es sich deshalb nicht mit der Frage zu befassen brauchte, ob die Verordnung unabhängig vom Schuldstatut allein wegen der Vereinbarung deutscher Währung als Schuldwährung anwendbar gewesen wäre[708], wird in dem Urteil obiter die Anwendung über den nationalen ordre public für nicht ausgeschlossen gehalten[709].

2. Aufwertung[710]

Die verheerende Inflation nach dem 1. Weltkrieg erreichte ihren Höhepunkt Ende 1923[711]. Sie begünstigte die Geldschuldner in einem so ungeheuren und bisher unbekannten Maß bei entsprechender Benachteiligung der Gläubiger, daß sie eine rechtliche Korrektur des nominalistischen Mark = Mark-Grundsatzes erzwang: Das Ungleichgewicht zwischen einem vor dem 1. Weltkrieg in Goldmark

---

707 RG 18.12.1920, RGZ 101,141,144f. und RG 11.1.1922, RGZ 103,384,386. Vgl. hierzu Behrend 15. Zum weiteren Hintergrund Nussbaum, Geld 183ff., der zu Recht bemerkt, daß deutsches Recht schon deswegen anwendbar war, weil dem dinglichen Hypothekenrecht im Verhältnis zur persönlichen Forderung ein Übergewicht zukomme. Der deutsch-schweizerische Konflikt wegen dieser Fälle nahm ein solches Ausmaß an, daß er 1920 in einem Abkommen geregelt werden mußte (zu den Einzelheiten Nussbaum, Geld 185f.).

708 Über die Ablehnung der Anwendbarkeit der Verordnung vom 28.9.1914 durch ausländische Gerichte siehe Behrend 27.

709 RG 18.12.1920, RGZ 101,141,143; Behrend 45.

710 Zum Begriff Aufwertung siehe oben S. 3 und S. 44. Im folgenden wird der Begriff Aufwertung in Anlehnung an die Bezeichnung "AufwertungsG" im üblichen Sinn verwendet; terminologisch sinnvoller wäre es, das Begriffspaar Auf- und Abwertung auf die Bezeichnung staatlich verordneter Veränderungen des Außenwerts der Währung zu beschränken, und für die "Aufwertung" von Geldschuldverhältnissen den Begriff "Revalorisation" zu benutzen.

711 Siehe oben S. 17. Siehe zur Entwicklung der Inflation seit 1914 und ihrer rechtlichen Bewältigung vor der Entwicklung der Aufwertungsgrundsätze: Dawson, Mich.L.R. 33(1934) 171-211.

gewährten Hypothekendarlehen und der Rückzahlung der Darlehenssumme mit wertlosem Papiergeld war unerträglich geworden.

Trotzdem hielt sich der Reichsgesetzgeber zunächst mit einer umfassenden gesetzlichen Regelung des Problems zurück und griff anfangs nur punktuell durch einzelne Verordnungen ein[712], ohne die zentralen Schwierigkeiten zu lösen. Das Reichsgericht zögerte und hatte noch Anfang 1922 in einer Entscheidung über die Rückzahlung eines "in deutscher Goldwährung" zurückzuzahlenden Hypothekendarlehens festgestellt, daß der Schuldner durch Zahlung von fast wertlosem Papiergeld das Darlehen wirksam zurückbezahlt hatte[713].

Das OLG Darmstadt durchbrach als erstes Gericht den Nominalismusgrundsatz und verweigerte im März 1923 die Erteilung einer vormundschaftsgerichtlichen Genehmigung zur Löschung einer Hypothek, weil das Angebot, in Papiergeld zu zahlen, gegen Treu und Glauben verstoße[714].

Nachdem im Herbst die Inflationsrate geradezu explodiert war[715] und noch immer keine Aktivitäten des Gesetzgebers zu erkennen waren, leitete das Reichsgericht mit einem Urteil vom 28.11.1923 die Aufwertung ein[716]: Der Kläger war Eigentümer eines Grundstücks in Lüderitzbucht/Südwestafrika, vor 1918 eine Kolonie des Deutschen Reichs. Der Beklagte war Gläubiger einer auf dem Grundstück seit 1913 lastenden Hypothek. Das deutschem Recht unterliegende Hypothekendarlehen war 1920 zurückzuzahlen. Der Kläger zahlte in entwerteten Papiermark und verlangte den Hypotheken-Brief vom Beklagten heraus. Die Klage wurde abgewiesen, denn nach deutschem Recht sei die Möglichkeit der Aufwertung von Hypothekenforderungen nach § 242 BGB anzuerkennen, und die Bestimmungen des Währungsrechts stünden der Zulässigkeit der Aufwertung nicht entgegen[717]. Der Gesetzgeber habe bei Erlaß der Währungsvorschriften an

712 Z.B. durch die Verordnung vom 1.2.1919 über die schiedsrichterliche Erhöhung von Preisen bei der Lieferung von elektrischer Arbeit, Gas und Leitungswasser, RGBl. 1919,135. Siehe Staudinger-Weber [11. Auflage], § 242 Rn. F 15 mit weiteren Beispielen.

713 RG 11.1.1922, RGZ 103,384,387f.

714 OLG Darmstadt 29.3.1923, JW 1923,459. Siehe dazu Dawson, Mich.L.R. 33(1934)204 und Nussbaum, Geld 124 m.w.N. über die gespaltenen Reaktionen auf dieses Urteil.

715 Siehe oben S. 17.

716 RG 28.11.1923, RGZ 107,78.

717 RG, a.a.O. 87.

eine derart hohe Entwertung der Papierwährung nicht gedacht, und deswegen müßten diese Vorschriften gegenüber § 242 BGB zurücktreten[718].

Kurz nach dieser Entscheidung reagierte der Gesetzgeber durch den Erlaß der Dritten Steuernotverordnung[719], durch welche die wichtigsten Markforderungen (insbesondere Hypotheken, Schuldverschreibungen, Sparkassenguthaben, Lebensversicherungsansprüche) aufgewertet wurden[720]. Daneben blieb es für alle nicht von der Steuernotverordnung erfaßten Markforderungen bei der freien richterlichen Aufwertung nach § 242 BGB.

Auch das schließlich erlassene AufwertungsG vom 16.7.1925[721], das die Steuernotverordnung ablöste, regelte nicht die Aufwertung aller Markforderungen, sondern beschränkte sich auf die Aufwertung von Hypotheken (§§ 4 - 30), Grundschulden und einigen Pfandrechten (§§ 31 und 32), Industrieobligationen und verwandten Schuldverschreibungen (§§ 33 - 46), Pfandbriefen (§§ 47 - 50), öffentlich-rechtlichen Schuldverschreibungen (§§ 51 - 54), Sparkassenguthaben (§§ 55 - 58) sowie Versicherungsansprüchen (§§ 59 - 61). Nach § 62 AufwertungsG richtete sich die Aufwertung aller übrigen Markforderungen mit einigen Ausnahmen nach den "allgemeinen Vorschriften", also nach § 242 BGB[722]. Soweit Ansprüche nach dem AufwertungsG aufgewertet wurden, betrug der aufgewertete Betrag regelmäßig 25% des Goldmarkbetrags. Für die Ermittlung des Goldmarkbetrags waren für ältere Ansprüche der Nennbetrag maßgebend, für

---

718 RG, a.a.O. 88. Die Entscheidung ist wegen ihrer Begründung teilweise heftig kritisiert (Nussbaum, Geld 124-128), teilweise sehr gelobt worden (Dawson, Mich.L.R. 33(1934) 205: "landmark in German legal history and a fitting climax to the magnificent work of the Reichsgericht").

719 Vom 1.2.1924, RGBl. 1924 I 74. Die Verordnung beruhte auf dem Ermächtigungsgesetz vom 8.12.1923, RGBl. 1923 I 1179. Bis zum Erlaß des Aufwertungsgesetzes vom 16.7.1925, RGBl. 1925 I 117, waren vier Durchführungsverordnungen zur Dritten Steuernotverordnung ergangen (Fundstellen bei Staudinger-Weber [11. Auflage], § 242 Rn. F 16).

720 Zu den Einzelheiten siehe Staudinger-Weber [11. Auflage], § 242 Rn. F 17ff. Eine sehr ausführliche Darstellung des Aufwertungsrechts ist in der Vorauflage enthalten: Staudinger-Weber [10. Auflage], § 242 Rn. 861ff. Da die Wirksamkeit der Steuernotverordnung umstritten war, wurde ihre Geltung durch die Verordnung des Reichspräsidenten zur einstweiligen Regelung der Aufwertung vom 4.12.1924 (RGBl. 1924 I 765) aufgrund Art. 48 der Weimarer Reichsverfassung bis zur Regelung durch ein ordentliches Gesetz angeordnet.

721 RGBl. 1925 I 117. Auch hierzu ergingen eine Reihe von Durchführungsverordnungen (Fundstellen bei Staudinger-Weber [11. Auflage], § 242 Rn. F 23).

722 Das AufwertungsG wurde mehrfach ergänzt und geändert; für Einzelheiten siehe Staudinger-Weber [11. Auflage], § 242 Rn. F 24 m.w.N.

jüngere Ansprüche eine dem AufwertungsG beigefügte Umrechnungstabelle[723]. Die Parteien konnten aber auch nach § 67 Abs. 3 AufwertungsG andere Vereinbarungen über die Aufwertung treffen; das AufwertungsG war also abdingbar.

Das AufwertungsG enthält keine Bestimmungen, die seinen internationalen Anwendungsbereich direkt regeln. Vorschriften mit Auslandsbezug und kollisionsrechtlichem Gehalt sind § 86, der die Ermächtigungsgrundlage für eventuelle Retorsionsvorschriften ist[724], sowie § 87, der Ansprüche aus internationalen Vereinbarungen betrifft[725].

Nach Inkrafttreten des AufwertungsG erfolgte die Aufwertung von Markansprüchen also entweder nach den Vorschriften dieses Gesetzes[726] oder gemäß § 242 BGB[727]. Ob und gegebenenfalls wie Fremdwährungsansprüche aufzuwerten seien, war zunächst unklar. Völlig unklar und lange streitig war die Frage, ob das

723 §§ 2 und 3 AufwertungsG.

724 Davon wurde wohl nicht Gebrauch gemacht. § 86 AufwertungsG lautet:
"(1) Soweit Reichsangehörige in einem fremden Staate hinsichtlich der Aufwertung ungünstiger behandelt werden als dessen eigenen Angehörigen, wird die Reichsregierung ermächtigt, eine entsprechende unterschiedliche Behandlung der Angehörigen dieses Staates anzuordnen.
(2) Sofern nach der Gesetzgebung eines fremden Staates dieser Staat oder seine Angehörigen nicht verpflichtet sind, Reichsangehörigen einen höheren Betrag zu zahlen, als den, der ihnen im Deutschen Reiche unter den gleichen Bedingungen auf Grund der deutschen Aufwertungsbestimmungen zufallen würde, wird die Reichsregierung ermächtigt, einem solchen Staate gegenüber eine entsprechende Regelung zu treffen.
(3) Die Reichsregierung wird ermächtigt, die Aufwertung der im § 1 bezeichneten Ansprüche zugunsten der Angehörigen solcher Staaten auszuschließen, nach deren Recht diese Ansprüche einer Aufwertung nicht unterliegen."

725 § 87 AufwertungsG lautet:
"Rechte, Ansprüche und Befugnisse, die auf internationalen Vereinbarungen oder den zu ihrer Durchführung erlassenen Gesetzen beruhen, oder die zur Erfüllung von Verpflichtungen aus solchen Vereinbarungen begründet sind, bleiben unberührt."

726 Es wurde 1930 durch das Gesetz über die Fälligkeit und Verzinsung von Aufwertungshypotheken vom 18.7.1930 (RGBl. 1930 I 300) ergänzt.

727 Zur Klarheit sei darauf hingewiesen, daß der Begriff "Aufwertungsrecht" sowohl die Aufwertung nach dem AufwertungsG als auch die sogenannte "freie Aufwertung" nach § 242 BGB umfaßt: Siehe Wolff, IPR 160 und Staudinger-Schmidt, Vorbem. D 92 vor § 244, der zu Recht darauf hinweist, daß eine generelle freie Aufwertung durch die Gerichte schwer mit dem Gewaltenteilungsprinzip zu vereinbaren ist, daß aber andererseits eine individuelle Aufwertung, die auf die Besonderheiten des Einzelfalls Rücksicht nimmt, nur durch Gerichte möglich ist.

AufwertungsG unabhängig vom Schuldstatut auf alle Markforderungen anwendbar war, oder ob seine Anwendung deutsches Recht als Schuldstatut voraussetzte. Zu dieser Frage bildeten sich zwei Lager: Die einen hielten das AufwertungsG für Währungsrecht und deshalb als öffentliches Recht für anwendbar auf alle Markansprüche[728]. Die anderen betrachteten das AufwertungsG als Schuldrecht und damit als Privatrecht, das nur bei Geltung deutschen Rechts als Schuldstatut Anwendung finden könne[729]. Wer immer also das AufwertungsG privatrechtlich als Schuldrecht qualifizierte, lehnte seine Anwendung bei Geltung fremden Schuldstatuts ab, und wer andersherum das AufwertungsG öffentlich-rechtlich als Währungsrecht ansah, ging von der Anwendung auch bei fremdem Schuldstatut aus. Ansatzpunkt der Kontroverse war immer die Frage der Qualifikation als privates oder öffentliches Recht, nie hingegen die Frage nach dem Anwendungswillen des Gesetzes oder seinem potentiell zwingenden Charakter. Der Streit ist bis heute unentschieden geblieben. Die im folgenden zu untersuchende Rechtsprechung bietet kein einheitliches Bild[730].

a) Deutsches Schuldstatut

(1) Deutsche Währung

(a) Forderung in Deutschland belegen

Es bedarf keiner weiteren Erörterung, daß deutsches Aufwertungsrecht auf Markforderungen anzuwenden war, die auf einem deutschem Recht unterliegenden Schuldverhältnis beruhten und in Deutschland belegen waren.

(b) Hypothek, persönliche Forderung und Souveränitätswechsel

In der oben[731] erwähnten ersten Aufwertungsentscheidung des Reichsgerichts[732] ging das Gericht ohne weiteres davon aus, daß die nach § 242 BGB vorzunehmende Aufwertung auch bei einer in Deutschland zu erfüllenden Forderung

728 Z.B. Neumeyer III/2 356ff.; Nussbaum, Geld 142f.; Lewald 30.

729 Z.B. Frankenstein 222f.; Raape 534; Schlegelberger, RabelsZ 3(1929) 869ff.; Melchior 295ff; Reichel, JW 1928,3146; Wolff IPR 160.

730 Neumeyer III/2 359 spricht von einem "unerbaulichen Schauspiel", daß das Reichsgereicht "seither je zwischen seine Entscheidungen nach Währungsrecht andere gesetzt [hat], die die schuldrechtlich maßgebliche Rechtsordnung anwenden."

731 S. 135 N. 716.

732 RG 28.11.1923, RGZ 107,78.

durchzuführen sei, die durch eine Hypothek auf einem im Ausland befindlichen Grundstück gesichert sei. Da es die Frage der Aufwertung der Hypothek nach der lex rei sitae nicht erörterte, anerkannte es, daß die der Hypothek zugrundeliegende Forderung trotz ihrer Akzessorietät zur Hypothek hinsichtlich der Aufwertung einem anderen Recht unterliegen kann als die Hypothek selbst.

Im Ergebnis ähnlich wurden Fälle beurteilt, in denen es zu einem Souveränitätswechsel kam: In diesen Fällen handelte es sich um die Frage der Aufwertung von in Mark ausgedrückten, ursprünglich deutschem Recht unterliegenden Forderungen, die durch Hypotheken auf Grundstücken gesichert waren, die nicht mehr zum Territorium des Deutschen Reichs gehörten. Regelmäßig war zu entscheiden, ob trotz des Souveränitätswechsels deutsches Aufwertungsrecht anzuwenden war.

Einer der ersten dieser Fälle betraf die Anerkennung und Vollstreckung eines dänischen Urteils, durch das die Hypothekengläubigerin verurteilt worden war, gegen Zahlung von 14.000 Papiermark die Löschung einer Hypothek auf dem Grundstück der Schuldnerin zu bewilligen. Das Grundstück lag in dem nach dem Ersten Weltkrieg an Dänemark abgetretenen Teil Schleswigs. Das OLG Kiel[733] gab der Klage statt: Das AufwertungsG wolle nur die Aufwertung der auf inländischen Grundstücken lastenden Hypotheken regeln. Hypotheken auf ausländischen Grundstücken sollten dagegen nicht erfaßt werden. Da das AufwertungsG nicht generell die allgemeine Aufwertung der Hypotheken anordne, verstoße das dänische Urteil nicht gegen den deutschen ordre public[734].

Das Reichsgericht hob das Urteil wegen Verstoßes gegen den deutschen ordre public auf[735]: Das dänische Urteil verstoße gegen die guten Sitten, weil es die Löschung der Hypothek ohne Gegenleistung anordne. Darüber hinaus verstieße es gegen den Zweck eines deutschen Gesetzes, das der Aufrechterhaltung der Grundlagen des deutschen staatlichen oder wirtschaftlichen Lebens diene: Denn hierfür sei die Aufwertbarkeit der durch die Geldentwertung vernichteten Geldforderungen von großer Bedeutung[736]. Es sei unerheblich, daß das AufwertungsG sich nur auf Hypotheken beziehe, die auf inländischen Grundstücken eingetragen seien. Das Reichsgericht nahm hier also nicht einen Verstoß gegen den Zweck

733 OLG Kiel 12.12.1925, IPRspr. 1926-27 Nr. 5 S. 10.
734 OLG Kiel 12.12.1925, IPRspr. 1926-27 Nr. 5 S. 10,11.
735 RG 25.6.1926, RGZ 114,171 = IPRspr. 1926-1927 Nr. 6 S. 12.
736 RG 25.6.1926, RGZ 114,171,172f.

des AufwertungsG (und seiner Durchführungsverordnungen) an, sondern einen Verstoß gegen den auf § 242 BGB beruhenden allgemeinen Rechtsgrundsatz der Aufwertbarkeit[737].

Das Kammergericht legte in einer Entscheidung deutsches Aufwertungsrecht zugrunde, weil deutsches Recht trotz des Souveränitätswechsels Vertragsstatut geblieben sei, da kein gemeinsamer Wille der Parteien vorhanden sei, sich dem polnischen Recht zu unterwerfen, und sie örtlich nicht unter der Herrschaft des neuen Rechts stünden[738]. Zwar gälten für den Anwendungsbereich des AufwertungsG nicht die Regeln des IPR, weil das AufwertungsG währungsrechtlichen Charakter habe. Daher sei der Parteiwille für die Frage, nach welchem Recht aufgewertet werde, unerheblich. Aus dem AufwertungsG ergebe sich auch, daß das Recht des belasteten Grundstücks[739] nicht für die Aufwertung persönlicher Forderungen gelte, die auf Grundstücken in früher deutschen und nach dem Krieg abgetretenen Gebieten hypothekarisch gesichert seien[740].

Zum gleichen Ergebnis, aber mit einer anderen Begründung kam das Kammergericht in einer etwas späteren Entscheidung[741]: Das deutsche Vertragsstatut habe sich nicht geändert. Offenbleiben könne, ob grundsätzlich ein einheitliches Recht für die Aufwertung des dinglichen Rechts und der persönlichen Forderung gelte[742], da es in diesem Fall jedenfalls aus Billigkeitsgründen geboten sei, die persönliche Forderung aufzuwerten, weil das polnische Recht weder eine Aufwertung des dinglichen Rechts noch der persönlichen Forderung zulasse[743]. Offenbleiben könne auch, ob sich die Aufwertung stets nach dem Recht des Staates richte, in dessen Währung die Schuld ausgedrückt sei[744], denn welche Währung nach einem Souveränitätswechsel gelte, richte sich nach dem Partei-

737 Die Ausführungen über den territorialen Anwendungsbereich des AufwertungsG des Reichsgerichts in dieser Entscheidung waren obiter dicta.

738 KG 21.9.1927, IPRspr. 1928 Nr. 86 S. 131,132.

739 Also hier polnisches Recht.

740 Dies ergab sich aus § 15 Nr. 2 AufwertungsG in Verbindung mit § 2 Abs. 2 Satz 1 der Verordnung über die Einrichtung von Aufwertungsstellen vom 21.7.1925 (RGBl. 1925 I S. 154) und Art. 118 der Durchführungsverordnung zum AufwertungsG vom 29.11. 1925 (RGBl. 1925 I 392). Vgl. auch KG 1.12.1927, IPRspr. 1928 Nr. 87 S. 134.

741 KG 2.2.1928, IPRspr. 1928 Nr. 88 S. 134.

742 Das würde bedeuten: lex rei sitae.

743 KG, a.a.O. 136.

744 So z.B. Neumeyer, JW 1928,140.

willen, obwohl in der Regel die Währung des Nachfolgestaates gelte. Hier sei die deutsche Währung gewollt[745].

Das Reichsgericht folgte diesem Trend in einer ganzen Reihe von Entscheidungen: Es hielt daran fest, daß ein Souveränitätswechsel nur zu einem Statutenwechsel führe, wenn sich entweder beide Parteien dem am Erfüllungsort neu geltenden Recht unterworfen hätten oder beide örtlich unter der Herrschaft des neuen Rechts stünden[746]. Nach § 1 AufwertungsG seien Ansprüche aufzuwerten, die auf einem vor dem 14.2.1924 begründeten Rechtsverhältnis beruhten und die Zahlung einer bestimmten, in Mark oder in einer anderen nicht mehr geltenden inländischen Währung ausgedrückten Geldsumme zum Gegenstand hätten. Sei die streitige Forderung eine Markforderung in diesem Sinn, so sei die Frage ihrer Aufwertung wegen des währungsrechtlichen Charakters der Aufwertung nach deutschem Recht zu entscheiden, unabhängig davon, ob der Erfüllungsort im Inland oder im Ausland liege[747].

Gelegentlich sprach das Reichsgericht aus, daß die Unterstellung einer rechtsgeschäftlichen Verpflichtung unter deutsches Recht als Unterstellung unter das jeweilige deutsche Recht anzusehen sei, so daß Rechtsänderungen auch für die Parteien maßgeblich seien[748]. In einem Urteil ging das Reichsgericht so weit

---

745 KG, a.a.O. 137.

746 RG 27.6.1928, RGZ 121,337,344; KG 2.12.1926, IPRspr. 1926-1927 Nr. 39 S. 35; KG 2.6.1927, IPRspr. 1926-1927 Nr. 40 S. 36; LG Königsberg 18.2.1927, IPRspr. 1926-1927 Nr. 41 S. 36 = JW 1927,3019. Für den Statutenwechsel ist es nicht ausreichend, wenn die Parteien vorübergehend wegen des Souveränitätswechsels ihren Wohnsitz in einem anderen Staat haben: RG 1.11.1928, IPRspr. 1929 Nr. 119 S. 173.

747 RG 5.3.1928, RGZ 120,277,279 unter Verweis auf Mügel 246 Anm. 1 und 247; Neumeyer JW 1928,137f.; Nussbaum, JW 1928,327. Ebenso RG 10.5.1928, IPRspr. 1928 Nr. 82 S. 126; RG 5.7.1928, IPRspr. 1928 Nr. 83 S. 127; RG 15.10.1928, IPRspr. 1928 Nr. 84 S. 129; RG 25.10.1928, IPRspr. 1928 Nr. 85 S. 129; RG 2.2.1931, RGZ 131,250 = IPRspr. 1931 Nr. 165 S. 285; OLG Dresden 30.6.1931, IPRspr. 1932 Nr. 119 S. 228,229. Für den währungsrechtlichen Charakter der Aufwertung ferner RG 9.2.1931, IPRspr. 1931 Nr. 117 S. 221.

748 RG 22.3.1928, IPRspr. 1926-1927 Nr. 42 (Dieses Urteil ist bei dieser Fundstelle mit Datum 22.3.1927 angegeben; richtig muß es 1928 lauten: vgl. JW 1928,1447 und Warn. Rspr. 1928 Nr. 57.) und ferner implizit in RG 18.2.1926, RGZ 113,42,44 = IPRspr. 1926-1927 Nr. 36 S. 31; RG 5.3.1928, RGZ 120,277,279. Siehe schließlich RG 27.1.1927, IPRspr. 1926-1927 Nr. 222 S. 156,157 und IPRspr. 1928 Nr. 35 S. 56,57 (Beide Entscheidungen ergingen zum AnleiheablösungsG vom 16.7.1925).

festzustellen, daß die Vereinbarung über ein auf ein Rechtsverhältnis anzuwendendes Recht "unabhängig von den territorialen Grenzen dieses Rechts" sei[749].

(c) Anleihen

Aus der Reihe der oben schon beschriebenen Couponprozesse[750] ist hier noch einmal ein Nachzügler zu erwähnen[751]: Es ging in den beiden Entscheidungen des Kammergerichts und des Reichsgerichts nicht nur um die Frage, ob in der österreichischen Eisenbahnschuldverschreibung eine wirksame Goldklausel vereinbart worden war, sondern auch darum, ob gegebenenfalls die Forderung mangels Goldklausel aufzuwerten war. Da das Kammergericht entschied, es sei eine Goldklausel vereinbart gewesen, und daher von einer wertbeständigen Schuld ausgehen konnte, spielte das AufwertungsG keine Rolle[752].

Das Reichsgericht dagegen lehnte eine Goldklauselvereinbarung ab und hatte daher über die Aufwertung zu entscheiden. Wie oben beschrieben[753], hatte das Reichsgericht eine Statutenspaltung angenommen: Danach war allgemeines Vertragsstatut österreichisches Recht, nur für das Zahlungsgeschäft sollte deutsches Recht gelten. Das Reichsgericht siedelte allerdings nicht nur die Frage der Vereinbarung einer Goldklausel beim Zahlungsgeschäft an, sondern auch die Frage der Aufwertung, die es daher ebenfalls deutschem Recht unterstellte[754]: Die Aufwertung habe in der Entwertung der deutschen Mark ihre Ursache und gehöre zur Frage nach dem Inhalt der Schuld. Das AufwertungsG sei gleichwohl nicht anwendbar, weil es nur für deutsche Schuldverschreibungen gelte. Die Aufwertung müsse daher nach § 242 BGB erfolgen[755].

Eine weitere Entscheidung des Reichsgerichts zur Aufwertung von Schuldverschreibungen mit internationalem Bezug betraf Teilschuldverschreibungen einer estländischen Zellstoffabrik AG über 16 Mio. Mark, die vor dem Ersten Welt-

749 RG 6.2.1930, IPRspr. 1930 Nr. 115 S. 214,216.

750 Siehe N. 37 und S. 104f.

751 KG 12.6.1926, IPRspr. 1926-1927 Nr. 120 S. 99 und RG 23.6.1927, RGZ 118,370 = IPRspr. 1926-1927 Nr. 121 S. 100. Siehe zu diesem Fall schon oben bei N. 539 bei der Behandlung interessenneutralen Währungsrechts. Dort ist auch der Sachverhalt wiedergegeben.

752 KG 12.6.1926, IPRspr. 1926-1927 Nr. 120 S. 99,100.

753 S. 105.

754 RG 23.6.1927, RGZ 118,370,204.

755 RG a.a.O. 375.

krieg begeben worden waren und für die die deutsche Muttergesellschaft die selbstschuldnerische Bürgschaft übernommen hatte. Die Kläger verlangten von der Bürgin Aufwertung[756]. Das OLG Karlsruhe hatte in einem Parallelfall die Aufwertung dieser Schuldverschreibungen nach dem AufwertungsG zugelassen[757], weil die Anleihe so sehr auf den deutschen Mark zugeschnitten sei, daß sich die Bürgin so behandeln lassen müsse, als sei das estländische Unternehmen in Deutschland ansässig.

Das Reichsgericht hielt wie die Vorinstanz, (wiederum) das OLG Karlsruhe, deutsches Recht auf die Schuldverschreibung für anwendbar und bestätigte die Entscheidung des OLG, das diesmal die Aufwertung nach dem AufwertungsG abgelehnt hatte, weil die Vorschriften des AufwertungsG über die Industrieobligationen nicht anwendbar seien, wenn es sich um ein ausländisches Unternehmen handele. Deswegen war die Aufwertung nach den allgemeinen Aufwertungsvorschriften, also nach § 242 BGB vorzunehmen[758].

(d) Versicherungsansprüche

Eine weitere typische Fallgruppe des Aufwertungsrechts mit internationalem Bezug betrifft die Aufwertung von Versicherungs- und insbesondere von Lebensversicherungsansprüchen: Versicherungsnehmer hatten vor der Inflation auf Mark lautende Lebensversicherungsverträge mit ausländischen Versicherungsgesellschaften geschlossen und verlangten nun Aufwertung. War deutsches Recht Vertragsstatut, wurden die Versicherungssummen aufgewertet.

Dies geschah nicht nach den Vorschriften des AufwertungsG[759], sondern nach allgemeinen Grundsätzen[760], falls die Versicherungsgesellschaften nicht der deutschen Versicherungsaufsicht unterlagen. Dabei war bei der Bemessung der

---

756 RG 21.1.1929, IPRspr. 1929 Nr. 36 S. 54.

757 OLG Karlsruhe 24.11.1926, IPRspr. 1926-1927 Nr. 119 S. 97.

758 RG 21.1.1929, IPRspr. 1929 Nr. 36 S. 54,55.

759 Nach den §§ 59 - 61 AufwertungsG wurden Versicherungsansprüche in der Weise aufgewertet, daß das aufgewertete Vermögen der Versicherungsgesellschaft einem Treuhänder überwiesen wurde und dieser es nach einem Teilungsplan verwenden mußte, der von der Aufsichtsbehörde zu genehmigen war.

760 OLG Jena 8.2.1928, IPRspr. 1928 Nr. 80 S. 123,124; OLG Hamburg 16.1.1929, IPRspr. 1929,166,167 (insoweit bestätigt, aber aus anderen Gründen aufgehoben durch RG 20.9.1929, IPRspr. 1929,166,168); KG 21.5.1930, IPRspr. 1930 Nr. 114 S. 213,214; KG 15.4.1931, IPRspr. 1931 Nr. 116 S. 218,219; RG 28.6.1932, IPRspr. 1932 Nr. 117 S. 224,225.

Aufwertung sämtliches Vermögen der Versichungsgesellschaften zu berücksichtigen[761].

War der Versicherungsvertrag in Deutschland abgeschlossen und unterlag die ausländische Versicherungsgesellschaft der deutschen Versicherungsaufsicht, so fanden dagegen die Vorschriften des AufwertungsG Anwendung[762]. Dies war im Regelfall für die Versicherungsgesellschaften günstiger, denn die Versicherungsnehmer hatten darüber hinaus keinen Anspruch auf weitere Aufwertung nach allgemeinen Grundsätzen[763].

Einen Sonderfall stellt eine Entscheidung des Reichsgerichts[764] dar: Dort hatte ein österreichischer Versicherungsnehmer in Wien einen auf Mark lautenden Lebensversicherungsvertrag bei der Generalvertretung einer deutschen Gesellschaft abgeschlossen. Sein Erbe verlangte Aufwertung. Das Reichsgericht nahm mangels ausdrücklicher Rechtswahl aufgrund des mutmaßlichen Parteiwillens deutsches Recht als Vertragsstatut an, obwohl die beklagte Versicherungsgesellschaft in ihren Allgemeinen Versicherungsbedingungen Klauseln eingefügt hatte, die gewissen zwingenden österreichischen Versicherungsgesetzen entsprachen[765]. Deutsches Recht führte hier im Ergebnis zur Aufwertung nach allgemeinen Grundsätzen[766].

(2) Ausländische Währung

Mit der Aufwertung von deutschem Schuldstatut unterliegenden Geldschulden in fremder Währung war die Rechtsprechung zunächst zurückhaltend. Zuerst lehnte das Reichsgericht in einigen Urteilen die Aufwertung von Ansprüchen in fremder Währung ab. Sie betrafen Geldschulden in französischen Franken und nieder-

761 RG 20.9.1929, IPRspr. 1929 Nr. 116 S. 168.

762 Dies folgte aus Art. 115 der Durchführungsverordnung zum AufwertungsG vom 29.11.1925. OLG Hamburg 12.2.1929, IPRspr. 1929 Nr. 117 S. 169,170, bestätigt durch RG 13.12.1929, RGZ 127,20,21 = IPRspr. 1930 Nr. 108 S. 206; OLG München 15.4.1929, IPRspr. 1929 Nr. 118 S. 171,172f., bestätigt durch RG 21.2.1930, RGZ 127,360 = IPRspr. 1930 Nr. 109 S. 209; KG 5.2.1930, IPRspr. 1930 Nr. 110 S. 211,212 und weitere Nachweise in IPRspr. 1930 Nr. 111 und 112; RG 10.3.1931, RGZ 131,359 = IPRspr. 1931 Nr. 115 S. 214; KG 20.12.1933, IPRspr. 1934 Nr. 104 S. 215,216, bestätigt von RG 6.7.1934, RGZ 144,306 = IPRspr. 1934 Nr. 105 S. 217.

763 RG 13.12.1929, RGZ 127,20,22. Ebenso KG 5.2.1930, IPRspr. 1930 Nr. 110 S. 211,212.

764 RG 11.4.1933, IPRspr. 1933 Nr. 21 S. 40.

765 RG a.a.O. 42.

766 RG a.a.O. 43.

ländischen Gulden[767]. Die Kaufkraft dieser Währungen war zwar auch gesunken, aber in diesen Währungen ausgedrückte Geldschulden waren nicht völlig wertlos geworden.

Markstein für einen Wandel war eine Entscheidung des Reichsgerichts von 1928[768]: Der in Wien wohnende deutsche Kläger hatte einen über österreichische Kronen lautenden Lebensversicherungsvertrag bei einer deutschen Versicherungsgesellschaft abgeschlossen. Die Prämien hatte der Kläger in der Regel an die Kasse der beklagten Versicherungsgesellschaft in Stuttgart geleistet. Nach der Inflation, die auch die österreichische Kronen-Währung erfaßt und vollkommen entwertet hatte, verlangte der Kläger Aufwertung.

Das Reichsgericht unterstellte den Versicherungsvertrag deutschem Recht[769] und hielt die Aufwertung der Versicherungssumme nach allgemeinen Grundsätzen für erforderlich. Das AufwertungsG sei nicht anwendbar, da es nur die Aufwertung von solchen Versicherungsansprüchen regele, die auf Markwährung oder eine andere nicht mehr geltende inländische Währung lauteten[770]. Das AufwertungsG habe die Aufwertung von Versicherungsansprüchen nicht abschließend geregelt. Da die deutsche Aufwertungsgesetzgebung keine Vorschriften über die Aufwertung von Ansprüchen in fremder Währung enthalte, "ist die Frage, ob und in welchem Maße solche Ansprüche aufzuwerten sind, nach den allgemeinen Grundsätzen des hier anzuwendenden deutschen Rechts zu beurteilen."[771]. Das Reichsgericht lehnte es ausdrücklich ab, die österreichische Rechtslage hinsichtlich der Aufwertung zu berücksichtigen[772], behandelte also die Aufwertung als

---

767 RG 6.4.1925, JW 1925,1986,1987 mit Anmerkung Nussbaum JW 1925,1986f. und RG 25.2.1926, JW 1926,1323 (jeweils französische Franken); RG 3.3.1925, Deutsche Richterzeitung 1925 Nr. 200 (holländische Gulden) und siehe auch KG 25.9.1928, IPRspr. 1929 Nr. 108 S. 149,157 (belgische Franken).

768 RG 27.1.1928, RGZ 120,70 = IPRspr. 1928 Nr. 75 S. 118.

769 RG a.a.O. 73.

770 RG a.a.O. 74; siehe auch zur Beschränkung der Geltung des AufwertungsG auf Markforderungen: KG 20.2.1929, IPRspr. 1929 Nr. 45 S. 64 (Lebensversicherung auf ungarische Kronen) und RG 27.3.1928, RGZ 120,398,401 = IPRspr. 1928 Nr. 78 S. 123 (Sicherungshypothek in dänischen Kronen). Für diese Forderungen war die freie Aufwertung nach § 242 BGB möglich: siehe OLG Stettin 22.2.1932, IPRspr. 1932 Nr. 35 S. 79,81 über Kronenforderungen eines österreichischen Versicherungsnehmers gegen eine deutsche Gesellschaft.

771 RG a.a.O. 75.

772 RG a.a.O. 76.

eine Angelegenheit des Schuldstatuts und unabhängig von der gewählten Währung[773].

Obwohl seit dieser Entscheidung die Aufwertung von Fremdwährungsforderungen von den Gerichten für grundsätzlich möglich gehalten wurde, blieb das Reichsgericht bei seiner Ansicht, daß deutschem Recht unterliegende Forderungen in fremder Währung, die nicht von einer so tiefgreifenden Geldentwertung betroffen waren wie die deutsche Mark, nicht aufzuwerten seien[774].

Eine eigene Gruppe unter den Fällen der Aufwertung von Fremdwährungsforderungen bilden die Kriegsanleihen: In einem Fall, den das Reichsgericht zweimal zur neuen Entscheidung zurückverwies[775], hatte der Beklagte, ein Deutscher mit Wohnsitz in Deutschland, 1916 bei der Prager Filiale einer k.k. österreichischen Bank ungarische Kriegsanleihen über 65.000 (österreichische) Kronen gezeichnet. Davon hatte er einen Teil in bar sofort bezahlt, den Rest zahlte er in Raten. Nach dem Ersten Weltkrieg übernahm die klagende tschechische Bank die tschechoslowakischen Filialen der österreichischen Bank und damit auch die Restforderung gegen den Beklagten. Streitig war die Berechtigung der Forderung und ihre Umwandlung in (neue) tschechische Kronen.

Das Reichsgericht kam schließlich zum Ergebnis, daß weder tschechisches noch österreichisches, sondern deutsches Recht Vertragsstatut sei. Die Umwandlung der österreichisch-ungarischen Kronenforderung in eine Tschechokronenforderung erfolge nach deutschem Recht, nicht nach tschechoslowakischem Wäh-

[773] Ähnlich KG 20.2.1929, IPRspr. 1929 Nr. 45 S. 64,66: Es wäre unbillig, den Gläubigern von Markforderungen die Aufwertung zuzugestehen, nicht aber den Gläubigern von Fremdwährungsschulden, obwohl "beide Ansprüche unter den gleichen Schutz des deutschen Rechts gestellt worden" seien. Vgl. ferner KG 17.12.1930, IPRspr. 1931 Nr. 114 S. 213 (Aufwertung eine Lebensversicherung über 30.000 österreichische Kronen nach § 242 BGB) und schließlich OLG Dresden 21.12.1934, IPRspr. 1935-1944 Nr. 112 S. 215,216: Zulassung der Aufwertung einer in ausländischer Währung ausgedrückten Versicherungssumme nach den allgemeinen Bestimmungen.

[774] RG 28.6.1934, RGZ 145,51,55 = IPRspr. 1934 Nr. 89 S. 178: Der Fall betraf ein 1926 gewährtes Darlehen über englische Pfund, das in Reichsmark unter Umrechnung zum Fälligkeitstag zurückgezahlt werden sollte. Das englische Pfund war nach dem Abrücken vom Goldstandard 1931 im Wert gesunken. Vgl. auch RG 21.6.1933, RGZ 141,212 = IPRspr. 1933 Nr. 76 S. 159 und RG 6.10.1933, IPRspr. 1934 Nr. 87 S. 175.

[775] RG 13.7.1929, IPRspr. 1930 Nr. 30 S. 71; erneute Entscheidung des KG vom 31.5.1930, IPRspr. 1930 Nr. 31 S. 74, wiederum zurückverwiesen durch RG 14.1.1931, IPRspr. 1931 Nr. 30 S. 60.

rungsrecht[776], denn nach der Schuldrechtstheorie komme es darauf an, ob die Forderung nach den Grundsätzen des Aufwertungsrechts berechtigt sei. Fraglich sei, ob die Aufwertung einer in österreichisch-ungarischen Kronen ausgedrückten Schuld zu einer Forderung in Tschechokronen führen könne. Denn eigentlich käme als neue Schuldwährung die Nachfolgewährung der ursprünglichen Schuldwährung, also die neue österreichische Währung in Betracht. Die Bezifferung des Klaganspruchs in Tschechokronen und Reichsmark habe daher nur die Bedeutung eines Wertmessers und sei dahin auszulegen, daß der Wert der beanspruchten Beträge gefordert werde[777].

In einem Fall schließlich nahm das Reichsgericht einen Statutenwechsel an: Der russische Kläger hatte seinem beklagten Landsmann 1900 in Rußland ein Darlehen über 300.000 Goldrubel gewährt. Nach der Revolution flohen beide; der Kläger ließ sich in Riga nieder, der Beklagte in Deutschland. 1922 gab der Beklagte in Riga ein schriftliches Schuldanerkenntnis ab. Ursprünglich unterstand der Darlehensvertrag russischem Recht. Danach war eine Aufwertung der Forderung auf wertlos gewordene Papierrubel unmöglich. Das Reichsgericht nahm aber an, daß "die Vertragsteile wegen der völligen Lösung ihrer wirtschaftlichen Beziehungen zu Rußland das Darlehensverhältnis nicht nur hinsichtlich der Verjährung, sondern auch sonst nicht mehr nach russischem Recht beurteilt wissen wollten."[778]. Daher gelte jetzt deutsches Recht. Hiernach sei eine Aufwertung der völlig entwerteten Rubelforderung nach § 242 BGB möglich[779].

b) Fremdes Schuldstatut

Die Aufwertung von Geldschuldverhältnissen, die fremdem Schuldstatut unterlagen, konnte nach dem Schuldstatut erfolgen. Sofern das Schuldstatut bei Markforderungen die Aufwertung ablehnte, weil es die Aufwertung generell nicht kannte oder die Aufwertung nur für in der Währung des Schuldstatuts ausgedrückte Geldschulden vorsah, war eine Aufwertung von Markforderungen nach damaligem Verständnis nur möglich, wenn die Aufwertung als währungsrechtliches Phänomen betrachtet wurde. Lehnte das Schuldstatut die Aufwertung

776 RG 14.1.1931, IPRspr. 1931 Nr. 30 S. 60,62.

777 RG a.a.O. 63. Zum gleichen Ergebnis kam das Reichsgericht in einem Parallelfall (RG 16.12.1931, IPRspr. 1932 Nr. 113 S. 215,217), wo es nochmals festhielt, daß das AufwertungsG auf diese Aufwertungsforderung in österreichischer Währung nicht anwendbar war, sondern die Aufwertung nach § 242 BGB erfolgen mußte.

778 RG 4.7.1935, IPRspr. 1935-1944 Nr. 66 S. 136,138.

779 RG a.a.O.

ab, konnte es zur Aufwertung von Fremdwährungsschulden[780] nur kommen, wenn deutsche Gläubiger gegenüber ausländischen Schuldnern über den ordre public privilegiert wurden, wenn also die Ablehnung der Nichtaufwertbarkeit der Forderung nach dem Schuldstatut wegen Verstoßes gegen den ordre public zur Anwendung deutscher Aufwertungsgrundsätze führte.

Die Aufwertung von Fremdwährungsschulden im eben[781] beschriebenen Sinn bei Ablehnung der Aufwertbarkeit durch das Schuldstatut durch die Annahme eines "währungsrechtlichen Charakters" der Aufwertung mit anschließender Anwendung der eventuellen Aufwertungsgrundsätze des Rechts des Staates, dessen Währung gewählt war, hätte die Anwendung drittstaatlichen Währungsrechts bedeutet. Dieser Weg schien damals noch verschlossen.

(1) Deutsche Währung

Die Rechtsprechung bietet auch bei der Frage der Aufwertung von fremdem Schuldstatut unterstehenden Markforderungen kein einheitliches Bild: Das OLG Dresden lehnte die Aufwertung einer Markforderung, die tschechischem Recht unterstand, ab, weil tschechisches Recht keine Aufwertung kannte. Dies sei kein Verstoß gegen den ordre public[782]. Hierdurch wurde der deutsche Schuldner bevorteilt, weil er seinen tschechischen Gläubiger in entwerteter Mark zum Nennwert bezahlen durfte. Das Reichsgericht bestätigte das Urteil[783], dem folgender Sachverhalt zugrunde lag: Die deutschen Beklagten waren Gesellschafter einer oHG in der Tschechoslowakei, die 1867 eine Markschuld übernommen hatte, deren Gläubiger der Erblasser der Kläger war. Das Reichsgericht meinte, daß die Frage der Aufwertung "nur nach den inneren Verhältnissen des einzelnen Landes getroffen werden"[784] könne, und wenn ein Staat, dessen Währung nicht so stark gefallen sei, sich nicht veranlaßt sähe, die Aufwertung einzuführen, so verstoße dies nicht gegen den deutschen ordre public[785].

---

780 Fremdwährungsschuld bedeutet hier eine in einer Währung ausgedrückte Schuld, die weder die Währung der lex fori (also die deutsche Währung) noch die des Schuldstatuts ist.

781 Siehe vorige N.

782 OLG Dresden 28.3.1927, IPRspr. 1926-1927 Nr. 9 S. 13,14. Das Gericht berücksichtigte allerdings, daß auch nach deutschem Recht fraglich sei, ob die streitigen Ansprüche aufwertbar seien.

783 RG 14.12.1927, RGZ 119,259 = IPRspr. 1928 Nr. 11 S. 21.

784 RG 14.12.1927, RGZ 119,259,263.

785 RG a.a.O. 264. Vgl. auch OLG München 18.11.1926, IPRspr. 1926-1927 Nr. 7 S. 13: Die Anwendung österreichischen Rechts, wonach Pensionsforderungen nicht aufwertbar waren,

Ein noch deutlicheres Beispiel für den schuldrechtlichen Ansatz ist eine Entscheidung des Bayerischen Obersten Landesgerichts[786]. Ein Deutscher mit Wohnsitz in der Schweiz hatte dort 1909 mit einer Schweizer Versicherungsgesellschaft einen Lebensversicherungsvertrag geschlossen, nach dem er eine Leibrente in Schweizer Franken erhalten sollte. Später vereinbarten die Parteien die Umstellung der Rente in Mark und die Auszahlung in München. Das Gericht wandte Schweizer Recht als Schuldstatut an und lehnte es ab, aus der späteren Zahlungsvereinbarung einen Statutenwechsel herzuleiten. Für die Aufwertung sei Schweizer Recht maßgebend, denn die Aufwertung sei Erfüllung. Dies gelte ohne Rücksicht auf die Schuldwährung. Eine Korrektur dieses Grundsatzes über Art. 30 EGBGB [a.F.] sei nicht erforderlich, da nach Schweizer Recht eine Aufwertung der Rente vorzunehmen sei. Voraussetzung für die Anwendung deutschen Aufwertungsrechts sei, daß der jeweilige Versicherungsvertrag deutschem Recht überhaupt unterstehe[787].

Einen währungsrechtlichen Ansatz wählte das OLG Hamburg[788]: Nach einem tschechischem Recht unterliegendem Scheidungsfolgenvertrag hatte der Ehegatte für das von seiner Frau in die Ehe eingebrachte Vermögen einen Betrag von 106.000 Mark zu zahlen. Das OLG wandte deutsches Aufwertungsrecht an, weil die Parteien bei Vertragsschluß nicht an die Möglichkeit der Aufwertung gedacht hatten und die Frage der Aufwertung der Geldansprüche im Zweifel nach deutschem Recht zu entscheiden seien, da sie auf deutsche Währung lauteten[789].

---

verstieß nicht gegen den ordre public. Ein Verstoß gegen den Zweck eines deutschen Gesetzes lag nicht vor, weil das Aufwertungsrecht die Sicherung der Interessen des deutschen staatlichen und wirtschaftlichen Lebens bezwecke und solche Interessen im konkreten Fall vollständig ausschieden. Siehe dagegen aber OLG München 19.5.1927, IPRspr. 1926-1927 Nr. 8 S. 13: Die Versagung des Aufwertungsanspruchs gegenüber einem deutschen Markgläubiger eines Österreichers nach österreichischem Recht war ein Verstoß gegen den ordre public.

786 BayObLG 24.6.1931, IPRspr. 1931 Nr. 5 S. 13.

787 BayObLG 24.6.1931, IPRspr. 1931 Nr. 5 S. 13,16.

788 OLG Hamburg 30.11.1928, IPRspr. 1928 Nr. 76 S. 112.

789 OLG Hamburg 30.11.1928, IPRspr. 1928 Nr. 76 S. 112,113. Siehe auch LG Berlin I 28.3.1929, IPRspr. 1932 Nr. 118 S. 226,227: Ein Deutscher hatte 1899 in Guatemala mit einer amerikanischen Versicherungsgesellschaft eine auf Mark lautende Lebensversicherung geschlossen. Das Recht von New York ist Vertragsstatut. Das Gericht schloß sich der "Währungstheorie" an und gab der Klage der Erbin auf Aufwertung statt.

(2) Ausländische Währung

Versuche, die Aufwertung von Fremdwährungsschulden zu erreichen, scheiterten regelmäßig daran, daß das vom jeweiligen Gericht zugrundegelegte Schuldstatut die Aufwertung nicht kannte: In einem Fall[790] hatte der ursprünglich russische Beklagte dem ebenfalls ursprünglich russischen Kläger vor der russischen Revolution von 1917 einen Schuldschein in Moskau über 150.000 Rubel gegeben. Nach der Revolution flohen beide, der Beklagte nach Lettland, der Kläger nach Polen, und nahmen jeweils dort die Staatsangehörigkeit ihres neuen Heimatlandes an. Der klagende Gläubiger verlangte erfolglos Aufwertung der vollkommen wertlos gewordenen Rubelforderung: Das Reichsgericht ging von der Geltung russischen Schuldstatuts aus, das keine Aufwertung kannte. Der deutsche ordre public sei nicht verletzt, weil die aus dem russischen Recht folgende Versagung der Aufwertung des nicht im Deutschen Reich begründeten Forderungsrechts eines Ausländers an einen anderen Ausländer in ausländischer Währung nicht gegen den Zweck irgendwelcher deutschen Gesetze verstoße. Denn die besonderen deutschen Aufwertungsvorschriften richteten sich nur auf Forderungen in inländischer Währung, und jeder Staat könne Aufwertungsfragen nur nach den Notwendigkeiten seiner Lage regeln[791].

Das OLG Stettin[792] lehnte es ab, die österreichischem Recht unterliegende Kronenforderung eines Österreichers gegen eine deutsche Versicherungsgesellschaft mit Hilfe des deutschen ordre public aufzuwerten, da es jedem Staat selbst überlassen werden müsse, ob und wie er die Aufwertung regele. Die deutschem Recht unterstehenden Kronenforderungen aus einem anderen Vertrag desselben Versicherungsnehmers wurden dagegen frei nach § 242 BGB aufgewertet[793].

---

790 RG 13.12.1929, IPRspr. 1930 Nr. 8 S. 20.

791 RG 13.12.1929, IPRspr. 1930 Nr. 8 S. 20,26 (Mit Verweis auf RGZ 119,259,264. Dazu schon oben N. 783). Ähnlich OLG Kiel 10.5.1930, IPRspr. 1930 Nr. 10 S. 34: Eine Russin mit Wohnsitz in Reval gewährte einer anderen Russin mit Wohnsitz in Riga 1913 in Berlin ein Darlehen über 9.000 Rubel. Die Erbin der Gläubigerin verlangte Aufwertung. Daß nach dem russischen Vertragsstatut keine Aufwertung möglich war, verstieß nicht gegen den deutschen ordre public, denn "diese in den wirtschaftlichen Verhältnissen begründeten andersartigen Anschauungen eines anderen Volkes sind zu respektieren" (OLG Kiel a.a.O. 36).

792 OLG Stettin 22.2.1932, IPRspr. 1932 Nr. 35 S. 79,81.

793 Siehe schon oben N. 770.

c) Würdigung der Rechtsprechung zum Aufwertungsrecht

Der Rechtsprechung ist keine klare Linie hinsichtlich des internationalen Anwendungsbereiches des Aufwertungsrechts zu entnehmen. Bei Betrachtung der verschiedenen Fallgruppen ergibt sich in etwa folgendes Bild: Grundsätzlich war die Rechtsprechung aufwertungsfreundlich. Dabei ist jedoch eine Tendenz feststellbar, in zweifelhaften Fällen die Aufwertung eher zuzulassen, wenn es sich um einen deutschen Gläubiger handelte, und sie bei ausländischen Gläubigern eher abzulehnen.

Bei ursprünglich deutschem Recht unterliegenden und auf deutsche Währung lautenden Hypothekenforderungen neigte die Rechtsprechung zur "währungsrechtlichen" Theorie, wenn die jeweiligen Grundstücke aufgrund eines Souveränitätswechsels nunmehr in einem anderen Staat lagen, denn dies sicherte die Anwendung deutschen Aufwertungsrechts auf diese Forderungen. Ein frühes Urteil des Reichsgerichts hatte dagegen die Anerkennung eines dänischen Urteils, das die Aufwertung einer Hypothekenforderung versagt hatte, wegen Verstoßes gegen den ordre public abgelehnt. Dies blieb jedoch ein Einzelfall, obwohl er die Kontroverse Währungsrecht/Schuldrecht dogmatisch elegant vermied.

Deutschem Recht unterliegende Markforderungen aus Anleihen wurden im Regelfall ebenfalls nach der währungsrechtlichen Theorie aufgewertet, oft allerdings nicht nach dem AufwertungsG, sondern mittels "freier Aufwertung" nach § 242 BGB. Für die Aufwertung von auf Mark lautenden Versicherungsansprüchen spielte der Theorienstreit keine Rolle.

Dagegen wurde bei der Frage der Aufwertung deutschem Recht unterliegender Fremdwährungsansprüche nach anfänglichem Zögern, ob solche Ansprüche überhaupt aufzuwerten waren, eine Aufwertung eher auf der Grundlage der "schuldrechtlichen" Theorie zugelassen, denn bei Anwendung der währungsrechtlichen Theorie wäre die Aufwertung oft ausgeschlossen gewesen. Dabei zeigt sich, daß regelmäßig in den Fällen, in denen die Aufwertung zugelassen wurde, deutsche Gläubiger in den Genuß der Aufwertung kamen.

Ähnlich war die Praxis bei der Aufwertung von fremdem Recht unterliegenden Ansprüchen: Bei Markforderungen stützte sich die Rechtsprechung überwiegend auf die Schuldrechtstheorie, wenn dadurch deutsche Schuldner bevorteilt oder deutsche Interessen nicht berührt wurden. Dagegen wurde in einem Fall die

Versagung der Aufwertung durch das ausländische Recht als Verstoß gegen den deutschen ordre public angesehen; dabei handelte es sich um den Anspruch eines deutschen Gläubigers gegen einen ausländischen Schuldner. Ausländischem Recht unterliegende Fremdwährungsforderungen wurden nicht aufgewertet, wenn eine Aufwertung nach dem Schuldstatut nicht möglich war: Hier folgte die Rechtsprechung der schuldrechtlichen Theorie. Sie lehnte es ab, solche Ansprüche ausländischer Gläubiger mit Hilfe des deutschen ordre public aufzuwerten. Fälle, bei denen deutsche Gläubiger die Aufwertung ausländischem Recht unterstehender Fremdwährungsansprüche begehrt hätten, sind mir nicht bekannt.

Aus heutiger Sicht erscheint die deutliche Bevorzugung inländischer Parteien ungerechtfertigt. Dogmatisch unbefriedigend ist das im allgemeinen ergebnisorientierte Schwanken zwischen der Anwendung "schuldrechtlicher" und "währungsrechtlicher" Grundsätze. Eine klare Linie fehlt; die Gerichte produzierten mit ihren begrüßenswert aufwertungsfreundlichen Entscheidungen wild wucherndes case law, das mangels entsprechender Regeln, Erfahrung und Tradition mit der Kohärenz englischen case laws nicht zu vergleichen ist.

3. Umstellung

Unter "Umstellung" ist die Umstellung von Geldsummenschuldverhältnissen durch gesetzlichen Eingriff des Gesetzgebers zu verstehen. Häufig wird dabei gleichzeitig das Wertverhältnis von Leistung und Gegenleistung verändert. Bei Einführung einer neuen Währung geschieht zweierlei: Die neue Währungseinheit ersetzt die alte grundsätzlich in einem bestimmten mathematischen Verhältnis, dem rekurrenten Anschlußverhältnis, als gesetzliches Zahlungsmittel. Darüber hinaus werden regelmäßig zeitgleich mit Einführung der neuen Währung Geldsummenschulden zum Teil oder fast vollständig in der Weise umgestellt, daß verschiedene Umstellungssätze für unterschiedliche Forderungen und Verbindlichkeiten gelten. Diese Umstellung betrifft nicht die Rechnungseinheit der neuen Währung, sondern den Inhalt von Schuldverhältnissen.

Sofern rekurrentes Anschlußverhältnis und Umstellungsverhältnis zusammenfallen, ergeben sich keine weiteren Probleme, denn sofern alle Geldschuldverhältnisse im selben Verhältnis wie das rekurrente Anschlußverhältnis umzustellen sind, entfällt die Erforderlichkeit besonderer Umstellungsvorschriften[794]. Schwierigkeiten bereitet die Umstellung dann, wenn aus irgendwelchen Gründen differenzierte Umstellungssätze verordnet werden. Verändert wird dabei das Wertverhältnis eines Geldschuldverhältnisses, das mittels des rekurrenten Anschlußverhältnisses grundsätzlich unverändert in ein neues Währungssystem übertragen wird. Hieraus wird die enge Verknüpfung von Umstellungsvorschriften und Schuldrecht unmittelbar deutlich: Umstellungsvorschriften betreffen den Inhalt von Schuldverhältnissen. Gleichwohl sind Umstellungsvorschriften nicht isoliert hinsichtlich ihrer schuldrechtlichen Komponente, sondern nur im Zusammenhang mit der regelmäßig parallel einhergehenden Währungsreform und den hierfür erheblichen volkswirtschaftlichen und monetären Faktoren sinnvoll erfaßbar.

a) Währungsreform 1948, UmstellungsG und Londoner Schuldenabkommen

Das UmstellungsG regelte im Rahmen der Währungsreform von 1948 die Umstellung von Geldschulden. Es wurde durch das FestkontoG[795] ergänzt. Zu beiden Gesetzen ergingen zahlreiche Durchführungsverordnungen[796]. Eingeführt wurde die neue DM-Währung durch das WährungsG, dessen § 2 das rekurrente Anschlußverhältnis von 1 : 1 festlegte. Dadurch war gleichzeitig in allen Geldschulden die Währungseinheit Reichsmark durch die neue Einheit Deutsche Mark im Verhältnis von 1 : 1 ersetzt. Dieser Vorgang fiel zusammen mit der Umstellung von Geldschulden durch das UmstellungG. Hierdurch wurden die meisten Geldschuldverhältnisse neu geordnet[797].

794 Dies war zum Beispiel bei der deutschen Währungreform von 1873 der Fall: Art. 14 § 2 des MünzG von 1873 (RGBl. 1873,233) bestimmte als rekurrenten Anschluß der alten Thaler-Währung zur Markwährung das Verhältnis von 3 : 1. Besondere differenzierende Umstellungsvorschriften für Geldschulden waren nicht vorgesehen. Daher betrug auch das Umstellungsverhältnis 3 : 1. Siehe hierzu schon oben S. 16 N. 82.

795 Viertes Gesetz zur Neuordnung des Geldwesens vom 30.9.1948, VOBl. für die Britische Zone S. 304.

796 Zusammengestellt bei Harmening, Währungsgesetze - Vorschriften zur Neuordnung des Geldwesens in der Bundesrepublik und in Berlin (West), Textsammlung. Endgültig abgeschlossen wurden die Umstellung und die Währungsreform erst durch das Gesetz zum Abschluß der Währungsumstellung vom 17.12.1975 (BGBl. I 3123): siehe Gramlich W Einführung Rn. 3 und ferner Staudinger-Weber [11. Auflage], Recht der Schuldverhältnisse, Einleitung Rn. T 5.

797 Siehe zu diesem Komplex und zum Erfordernis der strikten Trennung zwischen dem rekurrenten Anschlußverhältnis von 1 : 1, das die Einführung einer neuen Währungseinheit

Teil II des UmstellungG enthielt neben einigen Begriffsbestimmungen die wesentlichen Umstellungsregelungen[798]. Territorial war das Gesetz wie alle Gesetze zur Neuregelung des Geldwesens auf das Gebiet der drei westlichen Besatzungszonen (ohne Berlin) beschränkt[799], es privilegierte Gläubiger von "Verbindlichkeiten gegenüber Angehörigen der Vereinten Nationen"[800] und erfaßte keine Fremdwährungsverbindlichkeiten[801].

Aus einer Reihe von Gründen war die Frage des internationalen Anwendungsbereichs des UmstellungsG selten Gegenstand gerichtlicher Erörterungen: Fremde Währungen spielten im Wirtschaftsverkehr während der Zeit des Nationalsozialismus eine geringere Rolle als während der Phase vor und nach dem Ersten Weltkrieg. Darüber hinaus hatte der grenzüberschreitende Wirtschaftsverkehr in dieser Zeit abgenommen und war während des Zweiten Weltkrieges weitgehend zum Erliegen gekommen. Schließlich wurde durch das sogenannte Londoner Schuldenabkommen vom 27.2.1953[802] die Behandlung deutscher (internationaler) Vorkriegsschulden umfassend geregelt[803].

---

betraf, und der Umstellung von Geldschuldverhältnissen schon oben S. 39f. Zur Gesetzgebungsgeschichte der Währungsreform (Homburger Plan) siehe oben S. 123.

798 Im **Anhang** dieser Arbeit sind die wichtigsten Vorschriften des UmstellungsG wiedergegeben.

799 Siehe dazu und zu den Regelungen für Berlin: Harmening-Duden, Währungsgesetze 85f.

800 § 15 UmstellungsG; Legaldefinition des Begriffs "Angehörige der Vereinten Nationen" in § 13 Abs. 4 UmstellungsG.

801 Harmening-Duden, Währungsgesetze 89.

802 Abkommen über deutsche Auslandsschulden; es hat durch Art. II Abs. 1 des Gesetzes vom 24.8.1953 betreffend das Abkommen vom 27.2.1953 über deutsche Auslandsschulden (BGBl. 1953 II 331) unmittelbare Gesetzeskraft erlangt. Ferner wurde ebenfalls am 24.8.1953 das Gesetz zur Ausführung des Abkommens vom 27. Februar 1953 über deutsche Auslandsschulden beschlossen: BGBl. 1953 I 1003. Siehe zum Abkommen Staudinger-Weber [11. Auflage] Vorbem. zu §§ 244, 245 Rn. 479-549.

803 Zu international-privatrechtlichen Fragen des Londoner Schuldenabkommens siehe Henn, RabelsZ 20(1955)270-290. Da das Londoner Schuldenabkommen ausschließlich die Regelung von Geldschuldverhältnissen betrifft und keinen währungspolitischen Bezug hat, wird es hier nicht weiter behandelt. Darüber hinaus griff das Abkommen nicht unmittelbar in einzelne Schuldverhältnisse ein, sondern Gläubiger und Schuldner mußten jeweils eine Vereinbarung darüber treffen, daß ihr Schuldverhältnis nach den Bestimmungen des Abkommens geregelt werden sollte: Nach Art. 15 Abs. 4 des Abkommens war ein Schuldner dem im Abkommen vorgesehenen Regelungsverfahren nur unterworfen, wenn er bezüglich seiner Schuld einen "Regelungsvorschlag" gemacht oder eine Beitrittserklärung abgegeben hatte. Ein Gläubiger hatte nach Art. 15 Abs. 1 des Abkommens nur dann Anspruch auf Vorteile aus dem Abkommen, wenn er das Regelungsangebot angenommen hatte oder mit

In diesem Zusammenhang wurde § 15 UmstellungsG, wonach Gläubiger von Reichsmarkverbindlichkeiten, die den Vereinten Nationen angehörten, der Anwendung des UmstellungsG entgehen konnten, wenn sie die Annahme der Leistung verweigerten oder der Umstellung widersprachen[804], durch § 102 des Ausführungsgesetzes zum Londoner Schuldenabkommens[805] rückwirkend mit Wirkung vom 21. Juni 1948 aufgehoben[806].

Die generelle Privilegierung von Gläubigern aus Mitgliedstaaten der Vereinten Nationen wurde dadurch beseitigt und durch eine Unterscheidung zwischen bestimmten privilegierten "Forderungen und Rechten mit spezifisch ausländischem Charakter"[807] ersetzt, so daß die Umstellung sämtlicher nicht privilegierter

---

der Festsetzung von Zahlungs- und sonstigen Bedingungen für die jeweilige Schuld gemäß den Abkommensbestimmungen einverstanden war. Siehe hierzu Leverkuehn, MDR 1953,522 und MDR 1953, 705; Henn, RabelsZ 20(1955)275; Wolff, NJW 1953,1410; Kroog/Luther, NJW 1953,1692,1694; Staudinger-Weber [11. Auflage], Vorbem. zu §§ 244, 245 Rn. 519. Vgl. auch BFH 24.3.1959, IPRspr. 1958-1959 Nr. 103 S. 350,352. Für bestimmte Fälle war nach Art. 17 des Abkommens eine zwangsweise Regelung der Schuld möglich; hierzu Henn, a.a.O. 286. Falls das Abkommen jedoch im konkreten Fall anwendbar war, so galten unter anderem auch detaillierte Vorschriften über die Währung der zu zahlenden Beträge (Art. 11), die Behandlung von Goldklauseln (Art. 12) und die Umrechnungskurse (Art. 13) (Siehe zur Behandlung von "Goldmarkschulden mit spezifisch ausländischem Charakter" auch §§ 52,53 des AusführungsG zum Londoner Schuldenabkommen.).

804 Nach § 15 Abs. 4 UmstellungsG konnten Gläubiger, die der Anwendung des UmstellungsG widersprochen hatten, Ansprüche aus dem betreffenden Schuldverhältnis nicht geltend machen, solange "das Schicksal der Reichsmarkverbindlichkeiten gegenüber Angehörigen der Vereinten Nationen nicht endgültig geregelt worden ist." Siehe hierzu BGH 14.7.1953, NJW 1953,1428,1429; OLG Bremen 17.12.1953, IPRspr. 1952-1953 Nr. 329 S. 691,692 und OLG Frankfurt 27.7.1957, IPRspr. 1956-1957 Nr. 94 S. 308,311. Siehe ferner und insbesondere zu § 2 Nr. 4 der 40. Durchführungsverordnung zum UmstellungsG (Umstellung von Hypotheken, Grundschulden, Rentenschulden und Reallasten) (BAnz. 1949 Nr. 11), der die Umstellung von Grundpfandrechten, die Angehörigen der Vereinten Nationen zustanden, im Verhältnis von 1 : 1 vorsah: Harmening-Duden, Währungsgesetze Ergänzungsband 60 und die S. 200 insoweit abgedruckte Begründung zur 40. Durchführungsverordnung.

805 Gesetz betreffend die Ausführung des Abkommens vom 27. Februar 1953 über deutsche Auslandsschulden vom 24. August 1953 (BGBl. 1953 I 1003).

806 Siehe BayObLG 8.3.1960, IPRspr. 1960-1961 Nr. 65 S. 215,217f.

807 Nach Anlage VII Abschnitt I Nr. 1 des Londoner Schuldenabkommens waren dies in Goldmark oder in Reichsmark mit Goldklausel oder Goldoption ausgedrückte Forderungen aus bestimmten Anleihen und nach Nr. 2 zählten ferner gewisse Grundpfandrechte dazu.

Forderungen einheitlich für alle Gläubiger erfolgte[808]. Diese Regelung galt für alle Gläubiger aus Staaten der Vereinten Nationen unabhängig davon, ob der Heimatstaat des Gläubigers dem Londoner Schuldenabkommen beigetreten war oder es ratifiziert hatte[809].

(1) Deutsches Schuldstatut

Im Zusammenhang mit der Anwendung der gesetzlichen Umstellungsregeln stellte sich der Rechtsprechung bald eine ähnliche Frage wie bei der Anwendung des Aufwertungsrechts einige Jahrzehnte früher: Entscheidend für den Anwendungsbereich der Umstellunggesetze war wieder, ob sie dem Währungsrecht zuzuordnen und damit als öffentliches Recht im Rahmen ihrer Tatbestandsvoraussetzungen auf alle Reichsmarkverbindlichkeiten unabhängig vom Schuldstatut anzuwenden waren, oder ob sie schuldrechtlicher und damit privatrechtlicher Natur waren, so daß sich ihre Anwendung nach dem Schuldstatut richtete. Wegen des starren und schiefen Ausgangspunktes führte weder die eine noch die andere Alternative zu uneingeschränkt befriedigenden Ergebnissen.

(a) Deutsche Währung

Die währungsrechtlich-schuldrechtliche Kontroverse spielte allerdings nicht immer eine Rolle: In einer Entscheidung des Bundesgerichtshofs[810] ging es um die Anwendung deutschen Umstellungsrechts auf Versicherungsansprüche[811]: Der Kläger, ein Sudetendeutscher, hatte 1942 in Wien mit der dortigen Zweig-

808 § 102 AusführungsG änderte § 2 Nr. 4 der 40. DurchführungsVO zum UmstellungsG (Amtsblatt der AHK Nr. 17 S. 245), die die Umstellung von Hypotheken, Grundschulden, Rentenschulden und Reallasten betraf. Ursprünglich waren diese Rechte, sofern Angehörige der Vereinten Nationen Berechtigte waren, im Verhältnis von 1 : 1 umgestellt worden. § 102 AusführungsG führte dazu, daß nunmehr nur noch solche Rechte dieser Art im Verhältnis 1 : 1 umgestellt wurden, die entsprechend § 52 des AusführungsG mit einer Goldklausel versehen waren und spezifisch ausländischen Charakter hatten.

809 KG Berlin 18.10.1955, IPRspr. 1954-1955 Nr. 71 S. 224,225 und OLG Frankfurt 27.7.1957, IPRspr. 1956-1957 Nr. 94 S. 308,309f.

810 BGH 24.3.1955, BGHZ 17,74 = IPRspr. 1954-1955 Nr. 32 S. 94.

811 Die Umstellung von Versicherungen war in Teil 2, 4. Abschnitt des UmstellungsG (§§ 23 - 25) geregelt; dazu gab es verschiedene Durchführungsverordungen, unter anderem die Verordnung über die Lebens- und Rentenversicherung aus Anlaß der Neuordnung des Geldwesens vom 5.7.1948 (Harmening, Währungsgesetze 89) sowie die Zweite Verordung über die Lebens- und Rentenversicherung aus Anlaß der Neuordnung des Geldwesens vom 27.7.1948 (Harmening, Währungsgesetze 98).

niederlassung der beklagten italienischen Versicherungsgesellschaft einen auf Reichsmark lautenden Rentenversicherungsvertrag geschlossen. 1946 zog der Kläger in die Bundesrepublik. Die Beklagte weigerte sich zu zahlen, unter anderem wegen der Enteignung von Versicherungsansprüchen Sudetendeutscher in der damaligen CSSR.

Der Bundesgerichtshof stellte zunächst fest, daß das Versicherungsverhältnis ursprünglich deutschem Recht unterlegen hatte und dies fortgalt[812]. Wegen der territorialen Bindung der Versicherungsforderung an Deutschland sei sie zu keinem Zeitpunkt in der CSSR belegen gewesen und habe deswegen nicht von dortigen Enteignungsmaßnahmen erfaßt werden können[813]. Daher sei für die Frage, ob die Zweigniederlassung der Beklagten im Währungsgebiet die Versicherungsforderung zu erfüllen habe, die gesetzliche Regelung maßgeblich, die im Zusammenhang mit der Währungsreform hinsichtlich der Verbindlichkeiten der (ausländischen) im Währungsgebiet zum Geschäftsbetrieb zugelassenen Versicherer getroffen worden sei. Der Bundesgerichtshof prüfte danach die in den Verordnungen über die Lebens- und Rentenversicherung[814] enthaltenen Ausnahmevorschriften, die bestimmte Versicherungen von der Anwendung des UmstellungG ausnahmen[815], und kam zu dem Ergebnis, daß kein Ausnahmetatbestand vorlag. Die Beklagte mußte daher dem Kläger die im Verhältnis 10 : 1 von Reichsmark auf DM umgestellte Versicherungsrente zahlen[816].

In einer späteren Entscheidung wurde die Rechtsnatur des Umstellungsrechts erheblich, und der Bundesgerichtshof ordnete es dem Schuldrecht zu[817]: Der Kläger hatte dem Beklagten 1931 in Berlin ein Darlehen über 22.000 Reichsmark gegeben, das mit einer Goldmarkklausel wertgesichert war. Der Kläger wanderte 1933 nach Frankreich aus und kehrte 1952 nach Berlin zurück. Der Beklagte emigrierte 1935 nach England und wurde englischer Staatsbürger. Der Kläger verlangte nun Rückzahlung des Darlehens. Fiel die Forderung unter das UmstellungsG mit der Folge, daß sie im Verhältnis von 10 : 1 umgestellt wurde?

---

[812] BGH a.a.O. 77.
[813] BGH a.a.O. 78.
[814] Siehe oben N. 811.
[815] BGH a.a.O. 79ff.
[816] Siehe OLG Hamburg 3.2.1953, IPRspr. 1952-1953 Nr. 36 S. 116 (Berufungsinstanz).
[817] BGH 24.3.1960, IPRspr. 1960-1961 Nr. 159 S. 525.

Der Bundesgerichtshof nahm deutsches Recht als Vertragsstatut an[818] und untersuchte dann, ob das UmstellungsG anwendbar war, obwohl die Forderung im Ausland belegen war: Es sei zwar richtig, daß die Bestimmungen des öffentlichen Rechts grundsätzlich nicht über die Grenzen des rechtssetzenden Staates hinaus wirkten. Währungsrecht als solches habe in seinem Grundgehalt öffentlich-rechtlichen Einschlag. Hier handele es sich jedoch um die Vorschriften des Umstellungsrechts. Nach dem Wegfall der Reichsmarkwährung sei die Umstellungsgesetzgebung dazu bestimmt gewesen, aus Anlaß der Währungsänderung die Rechtsbeziehungen zwischen Gläubigern und Schuldnern neu zu ordnen. Die einzelnen Bestimmungen ließen "deutlich erkennen, daß sie jedenfalls in erster Linie die Interessen der Einzelpersonen abgrenzen und einen billigen Ausgleich zwischen ihnen schaffen" wollten. Der Grundsatz der Umstellung 10 : 1 habe mit Rücksicht auf die Verhältnisse zur Zeit der Währungsreform dem Schuldnerschutz gedient; das Umstellungsverhältnis von 1 : 1 für einige Sonderfälle habe die Gläubiger dieser Ansprüche begünstigt[819]. Da die Umstellungsvorschriften dem Privatrecht angehörten, richte sich ihre Anwendbarkeit nach den Kollisionsgrundsätzen des internationalen Privatrechts. "Diesem ist jedenfalls im Schuldrecht der Grundsatz der Territorialität fremd."[820]

Der Bundesgerichtshof wies auch die Auffassung zurück, die Forderung unterliege nicht der Umstellung, weil ihr zur Zeit der Währungsumstellung jede öffentlich-rechtliche Beziehung zum Währungsgebiet der Westzonen gefehlt habe und sie deswegen vom Zweck der Währungsgesetze, das Geldwesen im Inland grundlegend zu reformieren, nicht erfaßt sei[821]. Ferner habe es keinen Statutenwechsel gegeben, und es fehle an jeder gesetzlichen Grundlage für die Annahme, "daß eine von Deutschen unter deutschem Recht in deutscher Währung begründete Forderung später deshalb einer fremden Währung unterstellt worden wäre, weil Gläubiger und Schuldner ins Ausland gegangen waren"[822]. Das deutsche Währungs- und Umstellungsrecht lasse nirgends erkennen, daß es auf einen Fall dieser Art nicht angewandt werden wolle[823].

Diese Entscheidung enthält eine Reihe von wichtigen Ansätzen: Zur Qualifikation der Rechtsnatur des Umstellungsrechts rekurriert der Bundesgerichtshof auf

818 BGH a.a.O. 527.
819 BGH a.a.O. 527.
820 BGH a.a.O. 527.
821 BGH a.a.O. 527.
822 BGH a.a.O. 528.
823 BGH a.a.O. 528.

die "Interessen der Einzelpersonen" und die zu ordnenden "Rechtsbeziehungen zwischen Gläubigern und Schuldnern". Überdies berücksichtigt das Gericht den Anwendungswillen des Währungs- und Umstellungsrechts. Diese Gedanken führen weg von der überkommenen Differenzierung zwischen Schuldrecht und Währungsrecht als öffentlichem Recht und weisen in eine richtige Richtung.

Etwas überraschend sind daher die Ausführungen des Bundesgerichtshofs zu der Goldklausel des Darlehensvertrags[824]: Die Vereinbarung einer Wertsicherungsklausel betreffe den Inhalt und Umfang des Schuldverhältnisses; ihre Wirksamkeit richte sich daher nach dem Schuldstatut. Aus der Anwendung des deutschen Schuldstatuts ergebe sich aber die Außerkraftsetzung der Wertsicherungsklauseln[825]. Vollends merkwürdig fährt das Urteil fort, es sei zwar nicht zu verkennen, daß die besatzungsrechtliche Vorschrift, welche die Wertsicherungsklauseln für unwirksam erkläre, öffentlich-rechtlichen Einschlag habe; nicht minder als die Umstellungsgesetzgebung habe sie aber auch privatrechtliche Bedeutung, und es bestünden daher keine Bedenken, sie auch zugunsten von Schuldnern im Ausland anzuwenden. Hier stimmt die Terminologie nicht mehr: Die Vorschrift ist eine nationale währungsrechtliche Eingriffsnorm und deswegen jedenfalls von einem deutschen Gericht anzuwenden. Wenn dem Urteil zu entnehmen ist, daß der Bundesgerichtshof - anscheinend wegen der vorgeblichen Beschränkung der Anwendbarkeit öffentlich-rechtlicher Vorschriften auf das Territorium des Erlaßstaates - Zweifel hatte, ob die Vorschrift infolge ihres öffentlich-rechtlichen Einschlags nicht zugunsten eines ausländischen Schuldners anwendbar war, zeigt dies, daß die Entscheidung lediglich Ansätze eines befriedigenden Umgangs mit dem Anwendungsbereich von Eingriffsnormen aufweist.

Völlig anders als der Bundesgerichtshof in der eben besprochenen Entscheidung behandelte das OLG Frankfurt das Umstellungsrecht[826]: Ein Schweizer hatte 1930 zwei Franzosen ein Darlehen über 12.000 Reichsmark gewährt, das durch eine Goldmark-Briefhypothek auf einem Grundstück der Schuldner in Wiesbaden gesichert war. Die Erbin des Gläubigers stellte einen Antrag auf Umstellung der Hypothek im Verhältnis 1 : 1 nach § 2 Nr. 1 der 40. Durchführungsverordnung zum UmstellungsG[827]. Hiernach waren unter anderem Hypotheken im Ver-

---

824 BGH a.a.O. 529. Siehe zu diesem Aspekt der Entscheidung schon oben bei N. 665.

825 Ob das Gericht diese Formulierung auch gewählt hätte, wenn englisches Recht Schuldstatut gewesen und danach die Goldklausel wirksam gewesen wäre?

826 OLG Frankfurt 2.4.1963, IPRspr. 1962-1963 Nr. 164 S. 526.

827 Abgedruckt bei Harmening, Währungsgesetze Nr. 80.

hältnis 1 : 1 umzustellen, wenn die durch das dingliche Recht gesicherte Forderung nicht den Vorschriften des UmstellungsG unterlag. Die Schuldner hatten ihren Wohnsitz in Frankreich.

Dem Antrag wurde stattgegeben: Die gesicherte Forderung unterliege zwar deutschem Recht, aber das UmstellungsG sei darauf nicht anwendbar[828]: "Die Anwendung von Währungsvorschriften auf ein zwischen fremden Staatsangehörigen bestehendes Rechtsverhältnis bestimmt sich nach dem unabhängig vom Schuldstatut zu ermittelnden Währungsstatut der Darlehensforderung. Die Vorschriften des UmstellungsG greifen als Maßnahmen auf dem Gebiet des öffentlichen Rechts aus währungs- und wirtschaftspolitischen Zwecken in Geldforderungen ein. Die Einführung einer neuen Währungseinheit durch das WährungsG vom 20.6.1948 war mit einer generellen Abwertung von Reichsmarkforderungen - und als solche sind auch auf Goldmark oder Rentenmark lautende Forderungen anzusehen (§ 13 III UmstellungsG) - im Verhältnis 10 : 1 verbunden. Dieser Währungseingriff hatte zugleich enteignenden Charakter. Das folgt unmittelbar aus § 16 III UmstellungsG[829], in dem von einer Heranziehung des Schuldgewinns zum Lastenausgleich gesprochen wird ..."[830]. Sowohl im Völkerrecht als auch im internationalen Privat- und Verfahrensrecht gelte der Grundsatz, "daß die Wirkungen von Staatshoheitsakten an den Gebietsgrenzen der tätig werdenden Staatsgewalt enden (Territorialitätsprinzip)[831]".

Enteignungen und Beschlagnahmen ergriffen nur das der Gebietshoheit des betreffenden Staates unterliegende Vermögen. Eine tatsächliche Zugriffsmöglichkeit bestehe bei einer Forderung dann, wenn die Parteien entweder durch Vereinbarung das Rechtsverhältnis der örtlichen Maßnahme unterworfen hätten oder der Schuldner seinen Wohnsitz in dem Gebiet des den Eingriff vornehmenden Staates habe. Nur die Anknüpfung an den Schuldnerwohnsitz trage dem Umstand Rechnung, daß öffentlich-rechtliche Eingriffe ein Ausfluß der staatlichen Hoheitsmacht seien, die der Gesetzgebungs- und Zwangsgewalt des Staates unterlägen. Darüber hinaus erfordere das mit dem UmstellungsG erstrebte Ziel einer Geldabschöpfung nur die Abwertung von Forderungen gegenüber deutschen Schuldnern. Die Verpflichtung eines ausländischen Schuldners, seine nach

---

828 OLG Frankfurt a.a.O. 527.

829 § 16 Abs. 3 UmstellungsG: "Die Heranziehung der Schuldnergewinne zum Lastenausgleich obliegt der deutschen Gesetzgebung."

830 OLG Frankfurt, a.a.O. 527f.

831 OLG Frankfurt a.a.O. 528.

§ 2 WährungsG umgestellte Reichsmarkverplichtung nunmehr voll in Deutscher Mark zu zahlen, berühre diese währungspolitische Zielsetzung des UmstellungsG nicht[832].

Eine Anknüpfung an den hypothetischen Parteiwillen sei bei öffentlich-rechtlichen Eingriffen nicht möglich, und die Parteien hätten die Darlehensforderung weder ausdrücklich noch stillschweigend öffentlich-rechtlichen Währungseingriffen des deutschen Staates unterstellt[833].

Diese Entscheidung des OLG Frankfurt gründet auf der einseitigen Annahme, die gesetzlichen Umstellungsvorschriften seien öffentlich-rechtliche, enteignende Währungseingriffe. Den schuldrechtlichen Bezug berücksichtigt das Gericht nicht. Zudem beruht die Entscheidung auf einer unzutreffenden Vorstellung über die Ermittlung des Währungsstatuts: Wie oben näher dargelegt[834], ist das Währungsstatut nicht unabhängig vom Schuldstatut zu ermitteln, sondern folgt dem Schuldstatut, da dieses und nicht das "Währungsstatut" bestimmt, welche Währung geschuldet wird. Steht die Schuldwährung fest, ist zu prüfen, welche währungsrechtlichen Normen des Währungsstaates anzuwenden sind[835].

(b) Ausländische Währung

Es gab eine Reihe von Urteilen, die sich mit der Anwendung von Umstellungsrecht auf Fremdwährungsforderungen befaßten: So lehnte es der Oberste Gerichtshof für die Britische Zone ab, das UmstellungsG auf eine auf der Grundlage von schwedischen Kronen entstandene Schadenersatzforderung aus einer Schiffskollision anzuwenden, weil dies keine Reichsmarkverbindlichkeit im Sinn der §§ 13, 14 UmstellungsG darstelle[836].

---

832 OLG Frankfurt a.a.O. 529.

833 OLG Frankfurt a.a.O. 529.

834 Seite 68ff.

835 Schließlich stützt sich das Gericht auf eine zweifelhafte Anwendung des "Territorialitätsprinzips": Wenn das UmstellungsG enteignende Wirkung hat, ist es zumindest fraglich, ob es nicht doch auf die Umstellung einer auf einem deutschen Grundstück lastenden Hypothek anzuwenden ist, da es für eine solche Enteignung nicht ohne weiteres auf den Schuldnerwohnsitz ankommt, sondern im Regelfall auf die Belegenheit des Grundstücks, so daß insoweit eine deutsche internationale Kompetenz zur Enteignung bestanden haben dürfte: Vgl. MünchKomm-Kreuzer, Nach Art. 38 Anh. III Rn. 50 und 60; Reithmann/ Martiny 521f.; jeweils m.w.N.

836 OGH 17.11.1949, OGHZ 2,379,387 = IPRspr. 1945-1949 Nr. 10 S. 17; ebenso BGH 6.11.1951, BGHZ 3,321,328 = IPRspr. 1950-1951 Nr. 30 S. 96 im selben Verfahren.

Ähnlich entschied der Bundesgerichtshof im Fall eines Fremdwährungsdarlehens[837]: Die Entscheidung betraf die Frage der Umstellung einer deutschem Recht unterliegenden, in Schweizer Franken ausgedrückten Rückzahlungsverbindlichkeit. Die Schuld unterlag nicht der Umstellung, weil sie keine Reichsmarkverbindlichkeit im Sinn von § 13 UmstellungsG war[838]. Sie unterläge auch dann nicht der Umstellung, wenn der geschuldete Betrag zum Tag der Zahlung am Zahlungsort in deutsche Währung umgerechnet würde, weil es sich dann um eine Geldwertschuld und nicht um eine Geldsummenschuld[839] handeln würde. Nur Geldsummenschulden würden vom UmstellungsG erfaßt[840].

Das OLG Hamburg entschied mit Recht, daß eine 1940 von einer amerikanischen Gesellschaft an einen Inländer abgetretene, in US-Dollar ausgedrückte Darlehensforderung dadurch nicht zu einer Reichsmark-Forderung im Sinn des § 13 Abs. 3 UmstellungG wird, daß sie nunmehr gemäß § 244 Abs. 1 BGB wahlweise auch durch Zahlung von Reichsmark erfüllt werden konnte[841]. Sie blieb Fremdwährungsforderung und unterlag daher nicht der Umstellung.

Ähnlich und überzeugend ist folgende Entscheidung des Bundesgerichtshofs[842]: Die holländische Klägerin hatte dem Beklagten einen Kahn vermietet. Die Miete sollte in holländischen Gulden bezahlt werden[843]. Die deutsche Wehrmacht sprengte den Kahn 1945 und die Klägerin forderte nun rückständige Miete. Zuerst stellt der Bundesgerichtshof fest, daß die Beklagte nach § 244 BGB berechtigt sei, die in Gulden vereinbarte Miete in Inlandswährung zu zahlen. Diese Schuld unterliege aber nicht der Währungsumstellung, denn Fremdwährungsforderungen mit Ersetzungsbefugnis nach § 244 BGB fielen nicht unter § 13 Abs. 3 UmstellungsG.

---

837 BGH 17.12.1953, IPRspr. 1952-1953 Nr. 20 S. 44.

838 BGH a.a.O. 53.

839 Zur Terminologie Geldsummenschuld und Geldwertschuld siehe oben S. 14f.

840 BGH a.a.O. 54, und siehe ferner BGH 6.11.1951, BGHZ 3,321,328 = IPRspr. 1950-1951 Nr. 30 S. 96.

841 OLG Hamburg 22.10.1953, IPRspr. 1952-1953 Nr. 275 S. 548,550; ebenso Harmening-Duden, Währungsgesetze 193.

842 BGH 22.5.1958, IPRspr. 1958-1959 Nr. 100 S. 332.

843 Wo der Zahlungs- bzw. Erfüllungsort sein sollte, läßt sich dem abgedruckten Sachverhalt nicht entnehmen.

(2) Fremdes Schuldstatut

(a) Deutsche Währung

Die Frage der Anwendung des Umstellungsrechts auf eine fremdem Recht unterliegende Reichsmarkforderung war Gegenstand einer Entscheidung des LG Karlsruhe[844], die wegen ihrer Ausführungen zum Währungsrecht erwähnenswert ist: Eine Schweizer Bank hatte einem Deutschen 1931 in Frankfurt ein Darlehen über 300.000 Goldmark gewährt, das durch eine Hypothek auf einem deutschen Grundstück gesichert war. Erfüllungsort war der Sitz der Gläubigerin. Zu entscheiden war, ob und wie die Hypothek und die persönliche Forderung umzustellen waren.

Das Gericht kam zu dem Ergebnis, daß die Hypothek nach § 2 der 40. Durchführungsverordnung zum UmstellungsG[845] im Verhältnis von 1 : 1 umzustellen sei, weil die durch die Hypothek gesicherte Forderung Schweizer Recht unterstände und daher nicht unter das UmstellungsG falle[846]. Unter Berufung auf Mann[847] hält das Landgericht das UmstellungsG nicht auf Forderungen für anwendbar, die einem fremden Schuldstatut unterliegen. Das UmstellungG sei nur dann auf solche Forderungen anwendbar, wenn es reine Währungsrecht wäre: "Wenn eine Währung durch eine neue ersetzt wird, so kann nur das Währungsstatut bestimmen, in welchem Verhältnis die neue Währungseinheit zur alten steht. Eine solche währungsrechtliche Bestimmung ist z.B. § 2 des 1948 in Deutschland erlassenen WährungsG"[848]. Das Währungsstatut gebe aber hinsichtlich der Umrechnung von Schulden nur das nominelle Verhältnis der alten zur neuen Währungseinheit vor. Dagegen beinhalte die Umstellung nach dem UmstellungsG etwas anderes: sie regele die Leistungspflicht des Schuldners. Das UmstellungsG sei zwar Teil der Währungsreform von 1948, aber kein reines Währungsrecht, sondern weitgehend schuldrechtlicher Art[849]. Daher unterliege die durch die Hypothek gesicherte Forderung, die nach Schweizer Recht zu beurteilen sei, nicht dem UmstellungsG, obwohl wegen der Vereinbarung der

[844] LG Karlsruhe 21.1.1955, IPRspr. 1956-1957 Nr. 28a S. 106.
[845] Siehe dazu schon oben N. 808.
[846] LG Karlsruhe a.a.O. 108.
[847] Mann, NJW 1953,647.
[848] LG Karlsruhe a.a.O. 109.
[849] LG Karlsruhe a.a.O. 109.

deutschen Währung für das Darlehensverhältnis diejenigen deutschen Vorschriften, die reines Währungsrecht seien, in das Vertragsverhältnis eingriffen[850].

Aus währungsrechtlicher Sicht ist dieses Urteil bemerkenswert, weil es klar und zutreffend zwischen rekurrentem Anschlußverhältnis und Umstellungsverhältnis unterscheidet, ferner die Frage der geschuldeten Währung vom Inhalt des Währungsstatuts trennt und schließlich wegen der vereinbarten deutschen Währung rein währungsrechtliche Normen[851] für anwendbar erklärt.

(b) Fremde Währung

Es hat, soweit ersichtlich, keine Rechtsprechung zur Frage der Einwirkung deutschen Umstellungsrechts auf fremdem Rechts unterstehende vertragliche Fremdwährungsforderungen gegeben[852].

(3) Würdigung der Rechtsprechung zur Umstellung 1948

Die Qualität der Rechtsprechung zum Anwendungsbereich der Umstellungsvorschriften der Währungsreform von 1948 wird dadurch beeinträchtigt, daß sich der Bundesgerichtshof mit der angeblichen Territorialität des öffentlichen Rechts einen Stolperstein in den Weg legte, der wiederum dazu zwang, die Umstellungsvorschriften in die Kategorien des privaten beziehungsweise öffentlichen Rechts einpassen zu müssen. Das wurde den Bestimmungen nicht gerecht, denn sie vereinen Elemente beider Kategorien. Dies führte dazu, daß Gerichte - abhängig von der Gewichtung der Elemente - die Vorschriften entweder dem Schuldrecht oder dem öffentlichen Recht zuschlugen. Hier fehlte, wie bei der Bewältigung der Aufwertung, eine klare Linie.

850 LG Karlsruhe a.a.O. 110.

851 Gleichzusetzen mit interessenneutralem Währungsrecht.

852 Der Vollständigkeit halber sei ein Urteil des LG Düsseldorf 13.6.1952, IPRspr. 1952-1953 Nr. 203 S. 383 erwähnt, das einen in österreichischer Währung nach österreichischem Recht entstandenen Unterhaltsanspruch betraf. Der Schuldner hatte seinen Wohnsitz in Deutschland. Das Gericht (a.a.O. 386) hielt die Auswirkungen der Währungsreform für grundsätzlich auf inländische Forderungen beschränkt. Dies ist so pauschal formuliert zu weit. In einer weiteren Entscheidung lies es das LG Düsseldorf offen, ob auf einen in österreichischer Währung entstandenen Unterhaltsanspruch "die deutsche Währungsreform" unmittelbar anwendbar sei: LG Düsseldorf 24.10.1952, IPRspr. 1952-1953 Nr. 207 S. 394.

Ferner führte die Bestimmung eines eigenen "Währungsstatuts" zu Unklarheiten, weil dadurch zwei verschiedene Dinge vermengt wurden: Die Frage, in welcher Währung ein Anspruch entsteht und ob sich diese Schuldwährung möglicherweise ändert, wurde nicht getrennt von der Frage, welches Währungsrecht (hier: einschließlich des Umstellungsrechts) auf einen in einer bestimmten Währung ausgedrückten Anspruch anzuwenden ist.

b) Deutsch-Deutsche Währungsunion 1990

Die durch den Staatsvertrag zwischen der ehemaligen DDR und der Bundesrepublik Deutschland mit Wirkung vom 1.7.1990 begründete deutsch-deutsche Währungsunion verlief trotz und wegen eines sehr hohen organisatorischen Aufwandes erstaunlich reibungslos[853], und die meisten Vorschriften haben ihren Sinn und Zweck bereits erfüllt und sind Teil der Rechtsgeschichte[854]. Dies gilt vor allem für die Umstellungsregelungen[855]. Entscheidungsmaterial der Rechtsprechung zu praktischen Fragen der Währungsunion im Zusammenhang mit Umstellungsregelungen ist bisher sehr spärlich[856]. Urteile, die sich mit dem internationalen Anwendungsbereich dieser Vorschriften befassen, fehlen völlig. Deswegen wird darauf verzichtet, die einzelnen Regeln auf ihren (theoretischen) internationalen Anwendungsbereich hin zu untersuchen; es fehlt hierfür das praktische Bedürfnis[857].

---

853 Siehe die Aufsätze der Deutschen Bundesbank: "Die Währungsunion mit der Deutschen Demokratischen Republik", Monatsberichte der Deutschen Bundesbank, Juli 1990, 14ff.; "Technische und organisatorische Aspekte der Währungsunion mit der Deutschen Demokratischen Republik", Monatsberichte der Deutschen Bundesbank, Oktober 1990, 25ff. und "Ein Jahr deutsche Währungs-, Wirtschafts- und Sozialunion", Monatsberichte der Deutschen Bundesbank, Juli 1991, 1ff. Vgl. ferner: Tietmeyer, Die deutsche Vereinigung und die D-Mark, in: Deutsche Bundesbank, Auszüge aus Presseartikeln 1992 Nr. 4.

854 Vgl. Haferkamp, DtZ 1991,205.

855 Siehe dazu oben S. 37 N. 237.

856 Siehe jedoch KrG Leipzig-Stadt 20.3.1991, WM 1991,1216; KrG Chemnitz 19.6.1991, WM 1991,1832 und KrG Dresden, 26.7.1991, WM 1991,1835 zur Rechtsnatur der Umstellungsregeln (dazu oben S. 83f.) und BVerfG 8.8.1990, DtZ 1990, 253 und BVerfG 26.2.1991, WM 1991,565 zur Frage der Verfassungsmäßigkeit des Umstellungsverhältnisses von 3 : 1 für Guthaben von Personen mit Wohnsitz außerhalb der ehemaligen DDR (Siehe oben S. 37 N. 237 am Ende).

857 Zur Behandlung von Verbindlichkeiten, die in Transferrubeln ausgedrückt waren, siehe Budde/Flüh, ZIP 1992,369ff.

IV. Zusammenfassung

Die Rechtsprechung zum internationalen Anwendungsbereich des Währungsrechts der lex fori zeigt, daß der Anwendungsbereich des interessenneutralen Währungsrechts unproblematisch ist: Es ist unabhängig von allen anderen Faktoren immer anzuwenden, wenn die Währung der lex fori betroffen ist. Ebenso klar scheint, daß wirtschaftspolitisches Währungsrecht der lex fori als klassisches Eingriffsrecht immer und unabhängig vom Schuldstatut und der jeweiligen Schuld- oder Zahlungswährung anzuwenden ist, wenn es angewendet werden will.

Sehr viel bunter und verschwommener ist das Bild, wenn der internationale Anwendungsbereich ordnungspolitischen Schuldrechts mit Währungsbezug zu ermitteln ist: Englische Rechtsprechung hierzu fehlt, weil es keine entsprechenden englischen Vorschriften gibt. Die deutsche Rechtsprechung hat es weder bei der Bewältigung der Aufwertung nach der Inflation der Zwanziger Jahre noch bei der Anwendung der Umstellungsvorschriften der Währungsreform von 1948 vermocht, klare Prinzipien zu formulieren. Die Fixierung auf die Unterscheidung zwischen Währungsrecht einerseits und Schuldrecht andererseits sowie die deutliche Tendenz, Inländer gegenüber Ausländern vorzuziehen, waren die wesentlichen Schwächen der Aufwertungsrechtsprechung. Die rechtliche Bewältigung der internationalen Fragen der Umstellung litt ebenfalls unter der fruchtlosen Kontroverse zwischen Währungs- und Schuldrecht und zusätzlich unter dem Irrläufer der falsch verstandenen Territorialität öffentlichen Rechts.

§ 5: Berücksichtigung ausländischen Währungsrechts

Für die Untersuchung des Anwendungsbereichs ausländischen Währungsrechts ist ebenso wie im vorigen Kapitel zwischen den verschiedenen Arten währungsrechtlicher Normen zu differenzieren.

Hinter der Beachtung ausländischen interessenneutralen Währungsrechts verbirgt sich die implizite Anerkennung der monetären Souveränität des Währungsstaates, der allein darüber entscheiden kann, wie seine Währung beschaffen und ausgestaltet ist. Solches Recht müßte daher weitgehend berücksichtigt werden.

Dagegen ist ausländisches wirtschaftspolitisches Währungsrecht und ordnungspolitisches Schuldrecht mit Währungsbezug Eingriffsrecht. Bei dem Problem der Behandlung dieser Normen durch nationale Gerichte stellen sich die mittlerweile schon klassischen Fragen der Reichweite, Berücksichtigung und Anwendung ausländischer Eingriffsnormen. Bei der Untersuchung des Anwendungsbereichs bzw. der Reichweite ausländischen Währungseingriffsrechts ist von vornherein klarzustellen, daß ausländisches Eingriffsrecht nicht wie inländisches "angewandt" wird, sondern daß es dabei lediglich um die Beachtung und Berücksichtigung der zivilrechtlichen Rechtsfolgen der jeweiligen ausländischen Eingriffsnorm gehen kann[858]. Die Differenzierung zwischen den beiden Normgruppen wirtschaftspolitisches Währungsrecht und ordnungspolitisches Schuldrecht mit Währungsbezug ist auch hier sinnvoll, denn sie berücksichtigen verschiedene Interessensphären unterschiedlich stark: Ersteres wurzelt ausschließlich im wirtschaftlichen Interesse des Erlaßstaates; letzteres betrachtet auch die Interessen der beteiligten Parteien.

Vor der Untersuchung der Berücksichtigung ausländischen Währungsrechts ist nochmals auf die oben[859] erläuterte Notwendigkeit der Differenzierung zwischen Devisenrecht und Währungsrecht hinzuweisen: Da internationale Übereinkommen dem autonomen Kollisionsrecht vorgehen, sind alle Fälle, in denen es um die Frage der Berücksichtigung von Devisenkontrollbestimmungen im Sinn von

---

[858] Siehe Drobnig, RabelsZ 52(1988)7; Großfeld/Junker 111.

[859] S. 3 und S. 51.

Art. VIII 2 (b) des Bretton-Woods-Abkommens geht[860], nicht nach den Regeln des autonomen Währungskollisionsrechts, sondern des internationalen Devisenrechts zu lösen[861].

I. Interessenneutrales Währungsrecht

Aus dem Bereich des interessenneutralen Währungsrechts ist die Währungshoheit eines fremden Staates in einem ungewöhnlichen englischen Fall von 1861[862] ausdrücklich anerkannt worden: Der ungarische Revolutionär Louis Kossuth, der die Loslösung Ungarns aus der österreichisch-ungarischen Monarchie anstrebte, hatte im Exil in London Banknoten im Wert von über 100 Millionen ungarischen Forint herstellen lassen, die er im Namen der ungarischen Nation gezeichnet hatte, und die er nach einer erfolgreichen Revolution[863] in Ungarn als Ersatzwährung für die dort umlaufenden Banknoten einführen wollte. In seiner Eigenschaft als König von Ungarn versuchte der Kaiser von Österreich, die Beschlagnahme der bereits hergestellten Banknoten, die Sicherstellung der Druckplatten in England und die anschließende Herausgabe an sich zu erreichen.

Der Chancery Court erließ eine entsprechende Verfügung, die vom Lord Chancellor bestätigt wurde: Königin Victoria habe den Kaiser von Österreich und König von Ungarn als solchen anerkannt. Die Befugnis, Banknoten auszugeben, gehöre zum Hoheitsrecht des Souveräns eines jeden Staates. Die österreichische Nationalbank gebe in Vollmacht des Kaisers in Ungarn umlaufende Banknoten aus. Ob dies in Verletzung ungarischer Rechte geschähe, dürfe das Gericht nicht

860 Zum Begriff Devisenkontrollbestimmung und seiner Abgrenzung zu Währungsrecht siehe oben S. 64f.

861 Ferner ist auf eine Besonderheit der englischen Rechtsprechung hinzuweisen: Entscheidungen des Privy Council des House of Lords (siehe dazu schon oben N. 526) sind keine Entscheidungen über englisches Recht im strengen Sinn, sondern betreffen jeweils das nationale Recht der englischen Kolonie oder des Staates, für die die englische Krone (faktisch ausgeübt durch den Privy Council) oberste Revisionsinstanz ist. Wenn also der Privy Council im Rahmen eines cypriotischen Verfahrens über die Auslegung von cypriotischem Währungsrecht entscheidet (Z.B. Sforza v. Ottoman Bank of Nicosia [1937] A.C. 282), so ist das keine Entscheidung über fremdes Währungsrecht. Entsprechend ist das cypriotische Schuldstatut dann heimisches Schuldstatut. Siehe zur Funktion und (schwindenden) Bedeutung des Privy Council: Clarke, I.C.L.Q. 39(1990)741-756.

862 Emperor of Austria v. Day (1861) 3 De G.F. & J. 217.

863 Er nannte es in seiner Verteidigung: "restoration of the laws and rights of Hungary": Emperor of Austria v. Day (1861) 3 De G.F. & J. 217,221.

prüfen, weil es die Ausübung des kaiserlichen Hoheitsrechts nicht beurteilen könne[864]. Würde der Beklagte Kossuth die Banknoten, die er hatte anfertigen lassen, in Ungarn einführen, würde dies Vermögensrechte des Kaisers verletzen[865].

1. Inländisches Schuldstatut und ausländische Währung

Im Vertragsrecht gab es einige deutsche und englische Urteile, die den Grundsatz bestätigten, wonach jeder Staat über die Beschaffenheit und den Charakter seiner Währung und die Festlegung der gesetzlichen Zahlungsmittel selbst bestimmt. Die ausländischen funktionellen währungsrechtlichen Normen[866] einschließlich der Geltung des technischen Nominalismus[867] im Währungsstaat werden in Deutschland und England anerkannt und berücksichtigt.

a) Anerkennung der Währungshoheit

Ausländische währungsrechtliche Organisationsnormen[868] und ihre Auswirkung auf Verträge sind bisher nur selten von deutschen oder englischen Gerichten behandelt worden.

Das Kammergericht hatte 1928 über eine belgische Eisenbahnanleihe von 1903 zu entscheiden, deren einzelnen Stücke über "500 Fr." lauteten und in Paris, Brüssel, Lüttich, Köln, Amsterdam und London zurückzuzahlen waren[869]. Der Kläger machte geltend, die Eisenbahngesellschaft schulde aus der Anleihe (Gold-)Franken der lateinischen Münzunion[870] und nicht erheblich weniger werte

---

864 Emperor of Austria v. Day (1861) 3 De G.F. & J. 217,234 (Lord Campbell, L.C.).

865 Siehe schon oben N. 426 zu den beiden Entscheidungen des Bundesgerichtshofs (BGH 27.1.1959, BGHSt 12,344 = IPRspr. 1962-1963 Nr. 162 S. 521 und BGH 7.7.1964, BGHSt 19,357 = IPRspr. 1964-1965 Nr. 192 S. 577; gegen OLG Oldenburg 5.1.1963, IPRspr. 1962-1963 Nr. 165 S. 530) zur nach englischem Recht zu beurteilenden Frage, ob der englische Goldsovereign noch Geld im Sinn des strafrechtlichen Geldfälschungsverbot ist.

866 Zum Begriff siehe oben S. 28f.

867 Zum Begriff siehe oben N. 23.

868 Zum Begriff siehe oben S. 27f.

869 KG 25.9.1928, IPRspr. 1929 Nr. 108 S. 149.

870 Die "Lateinische Münzunion" war ein Zusammenschluß zwischen Fankreich, Belgien, Italien, Schweiz und Griechenland von 1865 (Griechenland ab 1868), wonach diese Länder "sont constituées à l'état d'Union pour ce qui regarde le poids, le titre, le module et le cours de leurs espèces monnayeés d'or de d'argent." (Zitiert nach Gutzwiller 83 und Mann 52). Diese Staaten verpflichteten sich, die vereinbarten gemeinsamen Goldmünzen, die auf dem

belgische Franken[871]. Es kam also darauf an, ob es bei Ausgabe der Anleihe in Belgien eine eigenständige Währung gegeben hatte.

Währung sei, so das Gericht im Anschluß an Helfferich[872], "der als Einheit aufgefaßte Inbegriff des Geldes eines bestimmten Staates oder einer bestimmten Staatengemeinschaft"[873]. Daraus folge aber nicht, daß Belgien keine eigene Währung gehabt habe, sondern die belgische Währung sei eben gleichzeitig die Währung der lateinischen Münzunion gewesen[874]: Zum Geldwesen eines Staates gehöre mehr als die Währung, und keiner der Vertragsstaaten habe durch die Münzunion auf seine Münzhoheit und sein Münzregal verzichtet[875]. Vor allem hätten die Bestimmungen der lateinischen Münzunion in Belgien nicht auf Grund der völkerrechtlichen Verträge unmittelbar, sondern nur mittelbar auf Grund nationalbelgischer Gesetze gegolten.

Die belgische ZwangskursVO[876] gelte unabhängig davon, ob deutsches oder belgisches Recht Schuldstatut der Rückzahlungsverpflichtung sei: Sie sei nach deutschem Verständnis keine "loi de police et de sûreté", deren Geltung sich nach belgischem Recht nur auf Gebietsansässige beschränke[877]. Sowohl nach deutschem wie nach belgischem Recht gelte der Grundsatz des Münznominalismus, so daß in Belgien ausgegebene Schuldverschreibungen auf den Inhaber, die Geldschulden und nicht Geldsortenschulden zum Gegenstand hätten, in belgischen Franken nach dem Nominalbetrag zu erfüllen seien, unabhängig von der Entwicklung des Wertes des belgischen Franken[878].

---

französischen (Gold-)Franken beruhten, gegenseitig bei ihren öffentlichen Kassen als gesetzliches Zahlungsmittel anzunehmen (Nussbaum, Money 506; Gutzwiller 83; Mann 52). Die teilnehmenden Staaten hatten aber nicht darauf verzichtet, eigene Münzen zu schlagen oder Papiergeld auszugeben.

871 Belgien hatte durch die ZwangskursVO vom 2.8.1914 verordnet, daß Banknoten zum Nominalwert als gesetzliches Zahlungsmittel angenommen werden mußten: KG 25.9.1928, IPRspr. 1929 Nr. 108 S. 149,155. Dadurch war die Bindung an den Goldstandard der lateinischen Münzunion beendet worden.

872 Helfferich 374f.

873 KG 25.9.1928, IPRspr. 1929 Nr. 108 S. 149,151.

874 KG a.a.O. 152.

875 KG a.a.O. 153.

876 Siehe oben N. 871.

877 KG a.a.O. 155.

878 KG a.a.O. 156f. Zum gleichen Ergebnis gelangte der High Court in einem Parallelfall, der eine Anleihe gleicher Art betraf: Hopkins v. Compagnie Internationale des Wagon-Lits (1927), unveröffentlicht, abgedruckt bei Mann, Appendix I, 560. Swift J. lehnte die Existenz eines "international franc", auf die sich der Kläger berief, ab und kam zu dem Ergebnis, daß

Aus dem Rahmen fallen vier Entscheidungen, die auf österreichische Kronen lautende Kriegsanleihen des 1. Weltkriegs betrafen[879], und deren Sachverhalt im wesentlichen identisch war[880]: Die deutschen Zeichner der Anleihe mit Wohnsitz in Deutschland hatten jeweils einen Teil des Kaufpreises als Darlehen von der k.k. österreichischen Kreditanstalt erhalten, die ihrerseits nach dem ersten Weltkrieg und dem Auseinanderbrechen der österreichisch-ungarischen Monarchie diese Darlehensforderungen an eine Prager Bank abgetreten hatte. Diese klagte jeweils auf Zahlung der Darlehensforderung in (neuen) tschechischen Kronen. Die Klagen wurden abgewiesen.

Tschechisches Währungsrecht, auf das sich die Prager Bank stützte[881], habe keinen Einfluß auf die nach deutschem Recht zu beurteilenden Rechtsbeziehungen der Parteien[882]. Die ersten drei dieser Urteile stützten dies auf eine ältere Entscheidung des Reichsgerichts[883]: Dort hatte das Reichsgericht bei der Frage der Aufwertung eines deutschem Recht unterliegenden Versicherungsanspruchs, der auf österreichische Kronen lautete, jede Bedeutung österreichischen Rechts hinsichtlich der Beurteilung der **Aufwertung** abgelehnt[884]. Das ist aber etwas völlig anderes als die hier wesentliche Frage, welche **Währung** nach dem Zerfall der österreichisch-ungarischen Monarchie nunmehr in der neugegründeten Tschechoslowakei galt.

---

die Rückzahlung der belgischem Recht unterliegenden Anleihe in belgischen Franken zu bewirken sei, "whatever their value might be when the date came for redemption."

879 RG 13.7.1929, IPRspr. 1930 Nr. 30 S. 71; KG 31.5.1930, IPRspr. 1930 Nr. 31 S. 74; RG 14.1.1931, IPRspr. 1931 Nr. 30 S. 60 und RG 16.12.1931, IPRspr. 1932 Nr. 113 S. 215. Siehe zu diesen Entscheidungen schon oben S. 146 bei N. 775.

880 Die drei ersten in der vorigen Note genannten Entscheidungen betrafen denselben Fall.

881 Nach § 6 eines tschechoslowakischen Gesetzes vom 10.4.1919 waren auf österreichisch-ungarische Kronen lautende Verbindlichkeiten, welche auf dem Gebiet des tschechischen Staates zahlbar waren, in tschechischen Kronen zu zahlen, wobei eine tschechische Krone gleich einer österreichisch-ungarischen Krone zu rechnen war (Zitiert nach BayObLG 15.10.1930, IPRspr. 1931 Nr. 32 S. 68,73 und RG 30.4.1931, IPRspr. 1931 Nr. 31 S. 63, 67.).

882 RG 13.7.1929, IPRspr. 1930 Nr. 30 S. 71,73; KG 31.5.1930, IPRspr. 1930 Nr. 31 S. 74,77; RG 14.1.1931, IPRspr. 1931 Nr. 30 S. 60,62 und RG 16.12. 1931, IPRspr. 1932 Nr. 113 S. 215,216.

883 RG 27.1.1928, RGZ 120,70 = IPRspr. 1928 Nr. 75 S. 118 (Siehe zu dieser Entscheidung schon oben N. 768.)

884 RG 27.1.1928, RGZ 120,70,76.

In Bonython v. Commonwealth of Australia[885] waren die Kläger Inhaber von Nachfolgepapieren gewisser 1895 von der Regierung Queensland begebener Schuldverschreibungen, die auf "pounds sterling" lauteten und 1945 nach Wahl der Gläubiger entweder in Brisbane, Sydney, Melbourne oder London zahlbar waren. Die Kläger verlangten Zahlung in London, weil zu diesem Zeitpunkt das englische Pfund mehr wert war als das australische.

Nachdem Lord Simonds für den Privy Council zunächst festgestellt hatte, daß zur Zeit der Begebung der ursprünglichen Schuldverschreibungen 1895 der Begriff "Sterling" in Verbindung mit "Pfund" nicht nur die englische, sondern auch die Währung der englischen Kolonie Queensland bezeichnete[886], gelangte er zu dem Ergebnis, daß gleichwohl die Währungen schon 1895 nicht identisch gewesen seien, obwohl sie in vielen Bereichen übereingestimmt hätten[887]. Entscheidend hierfür war die Gesetzgebungskompetenz von Queensland[888]. Die Benennung von London als einem von vier alternativen Zahlungsorten reiche nicht, um englisches Recht als Schuldstatut anzunehmen. Schuldstatut sei vielmehr das Recht von Queensland[889]. Daher bestimme dieses Recht die Bedeutung des Wortes "Pfund", und danach werde die Zahlungsverpflichtung durch Zahlung mit den jeweils in Queensland gültigen gesetzlichen Zahlungsmitteln erfüllt[890].

b) Anerkennung der gesetzlichen Zahlungsmittel

In einigen anderen Entscheidungen wurde die Maßgeblichkeit der legal tender legislation eines fremden Staates für die Frage der Bestimmung des gesetzlichen

885 [1951] A.C. 201 (P.C.).

886 A.a.O. 216.

887 A.a.O. 218f.: " ... though there were in a real sense two monetary systems, the money of account was the same and the money of payment substantially the same in the two countries ..."

888 a.a.O. 217: "The power to determine what is lawful money of a country is a power exercisable by the legislature of such a country, and that which was lawful money in the self-governing Colony of Queensland in 1895 was lawful money by virtue of the law of Queensland."

889 A.a.O. 221.

890 A.a.O. 222. Von der Frage der Ermittlung der maßgeblichen Währung, die nach dem Recht von Queensland zu entscheiden war, ist die Frage nach der Art der Erfüllung (mode of performance) am Zahlungsort London (z.B. Ersetzungsbefugnis des Schuldners?) zu trennen: Letztere richtet sich wohl nach englischem Recht: a.a.O. 219.

Zahlungsmittels für in der Währung dieses Staates zu erfüllender Geldschulden ebenfalls anerkannt[891].

c) Abrücken vom Goldstandard

Das Reichsgericht hatte kurz hintereinander in zwei Fällen die Wirkung des englischen Gold Standard (Amendment) Act von 1931[892] auf einen in englischen Pfund ausgedrückten Kaufpreis zu untersuchen. In beiden Fällen[893] hatten die jeweils deutschen Parteien Kaufverträge über Garne geschlossen, die in englischen Pfund bezahlt werden sollten. Beide Verträge unterlagen deutschem Recht. Im ersten Fall erfolgte die Zahlung in Reichsmark, und zwar teilweise zum Goldpfundkurs von 20,40 RM und teilweise - nachdem England vom Goldstandard abgewichen war - zum niedrigeren Tageskurs. Die Verkäuferin verlangte wegen Wegfalls der Geschäftsgrundlage die Kursdifferenz[894]. Das Reichsgericht ging davon aus, daß die Identität der englischen Währung trotz der Loslösung des Pfundes vom Goldstandard gleich geblieben sei[895]. Die Geschäftsgrundlage sei daher nicht ohne weiteres weggefallen[896]. Im zweiten Fall enthielt der Vertrag eine Klausel, wonach die Zahlung stets den "vollen Goldwert des Kaufpreises darstellen"[897] mußte. Hierin sah das Reichsgericht eine Goldwertklausel, die den Verwender bei der Pfundabwertung infolge der Loslösung vom Goldstandard schützte, obwohl die Identität der früheren Goldwährung mit der jetzigen Papierwährung bestehen geblieben sei[898].

891 So z.B. in Broken Hill Proprietary Co., Ltd. v. Latham [1933] 1 Ch. 373 (Ch.D. & C.A.) und Adelaide Electric Supply Co. Ltd. v. Prudential Assurance Co. Ltd. [1934] A.C. 122: beide Entscheidungen betrafen unter anderem auch die Frage, ob und gegebenenfalls ab wann es in Australien eine im Verhältnis zur englischen Währung eigenständige Währung gab. Vgl. auch In re Chesterman's Trusts [1923] 2 Ch. 466 zur alten deutschen Mark- und Reichsmarkwährung.

892 21 & 22 Geo. 5 c. 46.

893 RG 21.6.1933, RGZ 141,212 = IPRspr. 1933 Nr. 76 S. 159 und RG 6.10.1933, IPRspr. 1934 Nr. 87 S. 175.

894 RG 21.6.1933, RGZ 141,212,213.

895 RG 21.6.1933, RGZ 141,212,214.

896 RG a.a.O. 217.

897 RG 6.10.1933, IPRspr. 1934 Nr. 87 S. 175.

898 RG a.a.O. 175. Ähnlich auch OLG Hamm 17.9.1934, IPRspr. 1934 Nr. 93 S. 191 für den US-$: Ein deutschem Recht unterstehender Lebensversicherungsvertrag sah Zahlungen in US-$ vor. Als die USA im März 1933 die Goldeinlösungspflicht aufhoben, sank der Wert des Dollar, und der Versicherungsnehmer verlangte ohne Erfolg den Differenzbetrag. Ebenso für eine Dollaranleihe: RG 15.3.1937, RGZ 154,187 = IPRspr. 1935-1944 Nr. 473 S. 948: Kein Wegfall der Geschäftsgrundlage und keine Aufwertung. Das Urteil BGH

d) Nominalismus

Gleiches gilt für die Anerkennung des in einem fremden Staat für dessen Währung geltenden nominalistischen Prinzips: In British Bank for Foreign Trade, Ltd. v. Russian Commercial and Industrial Bank[899] hatte die klagende englische Bank von der beklagten russischen Bank 1914 gegen Sicherheit ein Darlehen von 750.000,- Rubeln erhalten. Damals war die russische Währung eine Goldwährung. Infolge der Revolution von 1917 wurde die Goldwährung abgeschafft und durch eine reine Papierwährung ersetzt. Die Klägerin verlangte die Freigabe der Sicherheiten gegen Zahlung von 750.000 fast wertlosen Papierrubeln[900]. Das Gericht stellte zunächst als Ergebnis der Beweisaufnahme fest, daß Goldrubel in Rußland kein gesetzliches Zahlungsmittel mehr, sondern durch im Namen der sowjetischen Regierung herausgegebenes Papiergeld substituiert worden seien. Da keine Goldklausel vereinbart sei, sei die Schuldnerin berech-

28.10.1959, IPRspr. 1958-1959 Nr. 165 S. 543 betraf die Ermittlung des Wertes von £ 20 der 1934 in Palästina geltenden Währung zum Zweck der Berechnung einer Entschädigung eines jüdischen Emigranten. Das Landgericht hatte den Sterling-Wechselkurs von £ 1 = 11,786 DM zugrundegelegt, das Oberlandesgericht den Kurs des israelischen Pfundes von £ 1 = 2,33 DM. Der Bundesgerichtshof bestätigte dies und führte aus, daß die Währungsgesetze Israels dafür maßgebend seien, ob dort das Palästina-Pfund noch gesetzliche Währung sei bzw. ob es in die jetzige Währung überführt worden sei (BGH a.a.O. 544). In BGH 30.9.1968, IPRspr. 1968-1969 Nr. 175 S. 438 (siehe zu dieser Entscheidung schon oben N. 520) hatte der Kläger dem Beklagten zur Erfüllung eines Auftrags 1.500 ghanaische £ aus Deutschland überweisen lassen. Das Konto des Klägers in Deutschland wurde mit ca. 17.000 DM belastet, der Beklagte erhielt in Ghana £ 1.500 ausbezahlt. Da er den Betrag auftragswidrig verwendete, klagte der Auftraggeber auf Zahlung von 17.000 DM aus § 667 BGB. Der BGH stellte zunächst fest, daß sich ein Anspruch aus § 667 BGB hier nur auf ghanaische Währung beziehen könnte. § 244 BGB gestehe lediglich dem Schuldner die Ersetzungsbefugnis zu, gewähre dem Gläubiger aber kein Wahlrecht. Die allenfalls geschuldete ghanaische Währung habe sich geändert; es gelte nicht mehr die Pfundwährung, sondern die Cediwährung. Eine Verurteilung zur Leistung in Cedi wäre in Betracht gekommen, aber der Kläger habe sie nicht beantragt (BGH a.a.O. 439).

899 (1921) 38 T.L.R. 65.

900 In einem ersten Verfahren hatte das House of Lords in der dritten Instanz mehrheitlich festgestellt, daß die Schuldwährung Rubel und nicht Pfund Sterling war. Im Anschlußverfahren war zu entscheiden, was ein Rubel war. Erwähnenswert ist die Methode, mittels derer sich das Gericht 1921 Kenntnis über das neue sowjetrussische Recht verschaffte: "A gentleman who had recently returned from Russia, but whose name was not allowed to be disclosed, gave evidence of the monetary position in Russia" (a.a.O. 66).

tigt, das Darlehen in der jeweils staatlich autorisierten Währung, also in Papierrubeln, zurückzuzahlen[901].

Ebenso und noch drastischer fielen die Entscheidungen in Re Chesterman's Trusts[902] und Anderson v. Equitable Assurance Society of the United States[903] aus: In Re Chesterman's Trusts hatten einige Begünstigte eines trust fund ihre Anteile zur Sicherung eines Kredits in alter deutscher Markwährung 1912 an holländische Banken verpfändet. Im Rahmen der Verwaltung des trust fund war von Bedeutung, gegen welchen in englische Währung umgerechneten Betrag die Banken die englischem Recht unterliegenden Kreditsicherheiten freigeben müßten. Das Ergebnis hing davon ab, ob die Darlehenssummen in Goldmark oder in stark entwerteter Papiermark zurückgezahlt werden konnten. Obwohl zum Zeitpunkt der Entscheidung die Inflation in Deutschland ihren Höhepunkt noch nicht erreicht hatte, hätte die Umrechnung nach dem Wert der Papiermark im Verhältnis zum englischen Pfund bedeutet, daß die Darlehen gegen Zahlung einer "absurdly small sum[904]" von wenigen Pfund hätten zurückgezahlt werden können. Zu diesem Ergebnis kamen sowohl Russell J. in der ersten Instanz[905] als auch ein einstimmiger Court of Appeal[906]. Alle vier Richter stützten ihre Entscheidung auf die Entwicklungen der deutschen Münz- und Währungsgesetzgebung. Diese deutschen Bestimmungen in ihrer jeweiligen Fassung seien für eine in deutscher Währung vereinbarte Geldschuld zur Bestimmung des gesetzlichen Zahlungsmittels maßgeblich[907].

In Anderson hatte der Ehegatte der Klägerin 1887 eine englischem Recht unterliegende Lebensversicherung über 60.000 Reichsmark zu ihren Gunsten bei der Beklagten abgeschlossen. 1907 waren alle Beiträge voll eingezahlt. 1922 starb er, und seine Witwe verlangte 1925 Auszahlung der Versicherungssumme zum Goldwert. Acton J. gab der Klage statt, obwohl keine Goldklausel vereinbart

---

901 British Bank for Foreign Trade, Ltd. v. Russian Commercial and Industrial Bank (1921) 38 T.L.R. 65,67.

902 [1923] 2 Ch. 466.

903 (1926) 134 L.T. 557 (C.A.).

904 In re Chesterman's Trusts [1923] 2 Ch. 466,477 (Lord Sterndale M.R.).

905 In re Chesterman's Trusts [1923] 2 Ch. 466,473: Die Verträge enthielten "an obligation to repay, and an obligation to accept payment in whatever, at the date of repayment, was legal tender and legal currency in the foreign country whose money was being lent."

906 A.a.O. 479 (Lord Sterndale M.R.), 486 (Warrington L.J.) und 489 (Younger L.J.).

907 In re Chesterman's Trusts [1923] 2 Ch. 466,478 (Lord Sterndale M.R.) und 483f. (Warrington L.J.).

gewesen sei und obwohl er deutsches Aufwertungsrecht auf die in London zahlbare Forderung nicht anwenden wollte[908]. Die Versicherungsgesellschaft hatte aber während der Inflation in ihren Büchern bei der Bewertung zukünftiger Verbindlichkeiten den Goldwert zugrundegelegt und dürfe sich daher nicht darauf berufen, der Versicherungsvertrag habe keine Goldklausel enthalten[909].

Diese Begründung, die offensichtlich von dem Bemühen des Richters getragen war, der Witwe ihre Altersversorgung zu sichern, akzeptierte der Court of Appeal nicht. Grundsätzlich sei der Versicherungsvertrag so auszulegen, daß sich die Versicherung verpflichtet habe, die in Mark ausgedrückte Versicherungssumme in London in Sterling, umgerechnet zum Zeitpunkt der Fälligkeit, zu zahlen, und alle drei Richter gingen dabei implizit davon aus, daß die Frage, was eine Mark ist, nach deutschem Recht zu beantworten ist[910]. Die Anwendung des deutschen Aufwertungsrechts auf die Zahlungsforderung lehnten sie ab, weil das Aufwertungsrecht nicht die Währung betreffe, sondern das jeweilige Schuldverhältnis: "It is the debt that is valorised and not the currency."[911] Schließlich lägen die Voraussetzungen des estoppel (venire contra factum proprium) nicht vor[912].

2. Fremdes Schuldstatut und identische Währung

Es scheint keine deutsche und nur eine englische Entscheidung zur Beachtung fremden interessenneutralen Währungsrechts gegeben zu haben, bei der das

908 Anderson v. Equitable Assurance Society of the United States (1926) 134 L.T. 557,559.

909 Acton J. a.a.O. 561f.

910 Anderson v. Equitable Assurance Society of the United States (1926) 134 L.T. 557,562 (Bankes L.J.), 564 (Warrington L.J.), 565 (Atkin L.J.). Warrington L.J. 565: " ...it is perfectly plain that the decision did not in any way affect or interfere with the fiscal law which fixes what shall be the currency of the country."

911 Atkin L.J. a.a.O. 566; ähnlich Bankes L.J. 563 und Warrington L.J. 565.

912 Bankes L.J. 563, Warrington L.J. 565 und Atkin L.J. 566. Alle drei bedauerten das Ergebnis ihrer Entscheidung, das dazu führte, daß die Witwe überhaupt nichts erhielt, und appellierten an die Versicherung, "to pay their bond at its intrinsic value and not at its face value." (Atkin L.J. 567). Siehe ferner zur Anerkennung des nominalistischen Prinzips bei fremden Währungen Buerger v. New York Life Ass. Co., (1927) 43 T.L.R. 601, 605f. (Scrutton L.J.), 608 (Atkin L.J.) (C.A.) für russische Rubel sowie Kricorian v. Ottoman Bank (1932) 48 T.L.R. 247,248 (K.B.); Ottoman Bank of Nicosia v. Chakarian [1938] A.C. 260 (P.C.) und Sforza v. Ottoman Bank of Nicosia [1938] A.C. 282 (P.C.) für das türkische Pfund, sowie schließlich Modiano Bros. & Sons v. Bailey & Sons, Ltd. (1933), 47 Ll.L.R. 134 (K.B.) für den US-$: Das Abrücken der Vereinigten Staaten von Amerika vom Golddollarstandard im März 1933 wurde zu Recht nicht als Währungsänderung angesehen und eine in US-$ vereinbarte Fracht war zum Nominalwert zu zahlen: a.a.O. 141.

Schuldstatut gleichfalls das Recht der gewählten Währung war[913]: St. Pierre v. South American Stores (Gath & Chaves) Ltd.[914] betraf die Auslegung eines Mietvertrags über ein Gebäude in Santiago de Chile. Der Mietvertrag unterlag chilenischem Recht und bestimmte die Zahlung der Miete in chilenischen Pesos nach Wahl des Vermieters in Chile oder in Europa "according to the instructions which the owner may give one month in advance". Im Juli 1935 sandte der Vermieter den Mietern eine Nachricht und verlangte von nun an Zahlung der Miete in Pfund Sterling auf Goldbasis. Das Gericht lehnte die Annahme einer Goldklausel ab, und Slesser L.J. prüfte die Frage, was ein chilenischer Peso war und ob eine Vereinbarung, in Goldpesos zu zahlen, wirksam war, nach dem chilenischen Währungsgesetz[915].

3. Fremdes Schuldstatut und nicht identische Währung

Den Einfluß tschechoslowakischen Währungsrechts auf eine österreichischem Recht unterliegende Anleihe hatten 1930 das Bayerische Oberste Landesgericht[916] und 1931 das Reichsgericht[917] zu beurteilen[918]. Die Sachverhalte deckten sich weitgehend mit den oben[919] geschilderten Fällen. Das Bayerische Oberste Landesgericht nahm jedoch österreichisches Recht als Vertragsstatut an[920]. Das Reichsgericht kam zum selben Ergebnis, weil hier der Beklagte Österreicher war[921]. Beide Klagen wurden abgewiesen.

---

913 Aus deutscher Sicht ist allerdings die eben bei N. 873 geschilderte Entscheidung KG 25.9.1928, IPRspr. 1929 Nr. 108 S. 149 zu erwähnen, in der das Kammergericht offenlassen konnte, ob belgisches oder deutsches Recht auf die Schuldverschreibung anwendbar war, weil beide zum selben Ergebnis führten. Das Kammergericht hätte also (selbstverständlich) belgisches interessenneutrales Währungsrecht auf eine belgischem Recht unterliegende Forderung in belgischen Franken angewendet.

914 [1937] 3 All E.R. 349 (C.A.).

915 St. Pierre v. South American Stores (Gath & Chaves) Ltd. [1937] 3 All E.R. 349,355f. und ebenso MacKinnon L.J., 357.

916 BayObLG 15.10.1930, IPRspr. 1931 Nr. 32 S. 68.

917 RG 30.4.1931, IPRspr. 1931 Nr. 31 S. 63.

918 Soweit ersichtlich, gibt es keine englische Rechtsprechung zur Beachtung ausländischen interessenneutralen Währungsrechts bei einem Vertragsverhältnis, das von einem weiteren ausländischen Recht als Schuldstatut beherrscht wird. Interessenneutrales Währungsrecht dürfte nach englischem Recht auch in einem solchen Fall zu beachten sein.

919 Bei N. 775.

920 BayObLG 15.10.1930, IPRspr. 1931 Nr. 32 S. 68,70. Es folgte den Feststellungen des Berufungsgerichts.

921 RG 30.4.1931, IPRspr. 1931 Nr. 31 S. 63,65.

Das Bayerische Oberste Landesgericht lehnte die Anwendung des tschechischen Währungsgesetzes ab: Sei es privatrechtlich, so fehle es an einer österreichischen Verweisungsbestimmung, die seine Anwendung anordne[922]. Sei es dagegen währungrechtlicher Natur und damit öffentliches Recht, so sei das tschechische Währungsgesetz nicht anwendbar, weil der Beklagte eine Schuld in österreichischen Kronen eingegangen sei und sich deshalb nur dem österreichischen Währungsrecht unterworfen habe[923].

Auch das Reichsgericht berücksichtigte in dem Parallelfall das tschechische Währungsgesetz nicht. Das Rechtsverhältnis der Parteien sei unter österreichischem Recht entstanden, und dieses Recht bleibe maßgebend, auch wenn das Recht am Erfüllungsort sich durch die Einführung einer neuen Rechtsordnung und einer neuen Währung grundlegend geändert habe[924]. Das Kammergericht als Berufungsinstanz habe daher nach österreichischem Recht geprüft, ob die in österreichischer Kronenwährung entstandene Schuld in tschechoslowakischen Kronen zurückzuzahlen sei. Die Erwägungen dazu unterlägen irrevisiblem Recht. Nach dem Kammergericht könne der Untergang der österreichischen Kronenwährung nicht bewirken, daß die Schuld in tschechischen Kronen zu bezahlen sei, sondern die Folge sei nur, daß die alte österreichische Kronenforderung der neuen österreichischen Währung anzupassen sei. Im übrigen, so das Kammergericht, enthalte das österreichische Recht keine Bestimmung, die zur Anwendung des tschechischen Währungsgesetzes führen könnte[925].

4. Würdigung

Bei der Behandlung der Frage der Anerkennung und Berücksichtigung ausländischen interessenneutralen Währungsrechts durch deutsche und englische Gerichte wird deutlich, daß der Grundsatz, wonach jeder Staat über die Beschaffenheit und Ausgestaltung seiner Währung und seines Währungssystems selbst entscheidet und dies durch andere Staaten zu respektieren ist, grundsätzlich unangefochten ist.

Bei einigen englischen Entscheidungen führte die starre Anwendung der Schuldstatutstheorie bei grundsätzlich zutreffender Beachtung des eben genannten

922 BayObLG 15.10.1930, IPRspr. 1931 Nr. 32 S. 68,73.
923 BayObLG a.a.O. 74.
924 RG 30.4.1931, IPRspr. 1931 Nr. 31 S. 63,66.
925 RG a.a.O. 66f.

Grundsatzes allerdings zu kaum erträglichen Ergebnissen: Re Chesterman's Trust[926] und Anderson v. Equitable Assurance Society of the United States[927] zeigen deutlich die Schwäche der Schuldstatutstheorie, weil wegen des englischen Schuldstatuts, das aufgrund der stabilen englischen Währung keine Aufwertung kannte, das deutsche Aufwertungsrecht nicht berücksichtigt wurde.

Negativ fallen ferner die auf der Grundlage deutschen Schuldstatuts ergangenen deutschen Entscheidungen zu den österreichischen Kriegsanleihen auf, deren Begründungen Folge einer nicht ausreichenden Differenzierung zwischen interessenneutralem Währungsrecht und ordnungspolitischem Schuldrecht mit Währungsbezug sind: Nur die neugegründete Tschechoslowakei konnte darüber bestimmen, welche Währung auf ihrem Territorium als Ersatz der bisherigen österreichischen Kronenwährung gelten und welches rekurrente Anschlußverhältnis zwischen den Währungen bestehen sollte. Für die Bestimmung der neuen Schuldwährung wäre also zunächst nach deutschem Recht zu prüfen gewesen, durch welche Währung die ursprüngliche Schuldwährung nach dem Untergang der alten österreichischen Kronenwährung, der Zersplitterung des alten Währungsgebiets und dem Ersatz der alten Währung durch eine neue österreichische und eine neue tschechoslowakische Währung ersetzt werden sollte[928]. Hier spricht einiges dafür, daß danach die neue tschechoslowakische Währung als Schuldwährung hätte angesehen werden müssen.

II. Wirtschaftspolitisches Währungsrecht

Bei der Untersuchung der Anwendung fremden wirtschaftspolitischen Währungsrechts bietet sich eine systematische Trennung an: Es ist zu unterscheiden zwischen Fällen, bei denen Schuldstatut und Schuldwährung gleich sind[929], und solchen, bei denen Schuldstatut und Schuldwährung auseinanderfallen. Diese Zweiteilung folgt aus dem Befund, daß sowohl nach deutscher als auch nach englischer Praxis währungsrechtliche Eingriffsnormen des fremden Schuldstatuts eher angewendet werden als solche eines dritten fremden Staates.

926 [1923] 2 Ch. 466.

927 (1926) 134 L.T. 557 (C.A.).

928 Ähnliche Fragen stellten sich nach den Währungsreformen 1948 in den drei westlichen Besatzungszonen und der sowjetischen Besatzungszone, insbesondere im Zusammenhang mit Unterhaltsansprüchen.

929 Also z. B. deutsche lex fori, englisches Vertragsstatut und englische Schuldwährung.

1. Grundzüge der Beachtung ausländischer Eingriffsnormen

a) Deutschland

Hier genügt wegen der Vielzahl der Einzeldarstellungen zu diesem Thema[930] ein äußerst knapper Überblick: In Deutschland wurden früher ausländische Eingriffsnormen im Regelfall angewendet, wenn sie zum Schuldstatut gehörten. Seit einer Leitentscheidung des Bundesgerichtshofs von 1959[931] werden ausländische Eingriffsnormen nur dann und immer dann unabhängig vom Schuldstatut über eine Sonderanknüpfung angewendet, wenn der Erlaßstaat die Norm faktisch durchsetzen kann[932]. Eine Ausnahme soll möglich sein, wenn die Eingriffsnorm ausschließlich oder vorwiegend dem Ausgleich "schutzwürdiger privater Belange" gilt[933]. Darüber hinaus sind ausländische Eingriffsnormen mittelbar über § 138 BGB berücksichtigt worden, wenn die Durchsetzung des ausländischen öffentlichen Rechts im Einzelfall auch deutschen Interessen diente: Der Verstoß gegen die ausländische Vorschrift begründete die Sittenwidrigkeit nach deutschem Recht[934].

b) England

(1) Keine Durchsetzung ausländischer "fiscal, penal and other public laws"

Für englisches Recht ist eine etwas detailliertere Übersicht erforderlich. Ausgangspunkt ist der Grundsatz, wonach grundsätzlich ausländische steuer- und strafrechtliche Vorschriften von englischen Gerichten weder direkt noch indirekt

---

930 Siehe insbesondere Kreuzer, Ausländisches Wirtschaftsrecht; Anderegg sowie die Kommentierung von Art. 34 EGBGB in MünchKomm-Martiny.

931 BGH 17.12.1959, BGHZ 31,367 = IZRspr. 1958-1959 Nr. 136. Siehe zu dieser Entscheidung Drobnig, NJW 1960,1088ff.

932 Territorialitätsprinzip (siehe auch BGH 16.4.1975, BGHZ 64,183,189), näher dazu MünchKomm-Martiny Art. 34 Rn. 28. Über die deutsche Rechtsprechung zur Anwendung ausländischer Eingriffsnormen geben Anderegg 9 - 28 und Kreuzer, Ausländisches Wirtschaftsrecht 13-54 einen guten Überblick. Siehe auch die Darstellung bei Großfeld/Junker 93ff. (Aus dem Blickwinkel des Außenwirtschaftsrechts).

933 BGH 17.12.1959, BGHZ 31,367,371; BGH 16.4.1975, BGHZ 64,183,189. Diese Ausnahme ist bisher theoretisch geblieben.

934 BGH 21.12.1960, BGHZ 34,169; BGH 24.5.1962, NJW 1962,1436; BGH 22.6.1972, BGHZ 59,82; BGH 29.9.1977, BGHZ 69,295; BGH 8.2.1984, NJW 1984, 1746; BGH 8.5.1985, BGHZ 94,268; siehe dazu Drobnig, FS Neumayer 161f.; Kreuzer, Ausländisches Wirtschaftsrecht 21ff.,24 und 52f.

durchgesetzt werden[935]. Dies ist ein Teil des weitergehenden allgemeinen Prinzips, daß ein Staat seinem öffentlichen Recht und seinen hoheitlichen Befugnissen nicht außerhalb seiner territorialen Grenzen Geltung verschaffen kann[936].

Nicht völlig klar, aber ziemlich sicher ist, ob es neben ausländischen steuer- und strafrechtlichen Vorschriften eine Kategorie von "other public laws" gibt, die ebenfalls nicht durchgesetzt werden[937]. Die Qualifikation einer ausländischen Norm unter eine der genannten Kategorien richtet sich nach der lex fori; auf das Recht des Erlaßstaates kommt es nicht an[938].

Da Staaten nur selten versuchen, ihre eigenen Hoheitsinteressen direkt im Ausland auf dem Rechtsweg zu verfolgen, gibt es nur wenig Rechtsprechung zur Frage, was unter einem "public law" zu verstehen ist. Zudem sind englische Gerichte aus rechtsmethodologischen Gründen grundsätzlich sehr vorsichtig bei der Formulierung von Prinzipien und vermeiden es, sich unnötig festzulegen. Die entschiedenen Fälle haben bis auf einen gemeinsam, daß ein fremder Staat immer direkt an dem Verfahren beteiligt war. Es ging also regelmäßig um die direkte Durchsetzung ordnungspolitischer Interessen eines fremden Staates durch den Staat selbst.

Nicht betroffen und genau zu unterscheiden von der Frage der Durchsetzung ausländischer ordnungspolitischer Normen ist die Frage, ob und inwieweit nach

---

935 Williams & Humbert Ltd. v. W. & H. Trade Marks (Jersey) Ltd. [1986] A.C. 368,428 (Lord Templeman). Siehe auch Dicey & Morris 100 und Collier 331ff.

936 United States of America v. Inkley [1989] Q.B. 255,264-265 (C.A., einstimmig); vgl. Dicey & Morris 106.

937 Att.- Gen. of New Zealand v. Ortiz [1984] A.C. 1,20 (Lord Denning M.R.); Williams and Humbert Ltd. v. W. and H. Trade Marks (Jersey) Ltd. [1986] A.C. 394 (Fox L.J.), 401 (Lloyd L.J.) (C.A.) und [1986] 1 A.C. 368,437 (Lord Mackay) (H.L.); Re State of Norway's Application [1987] Q.B. 433,478 (Kerr L.J.) (C.A.); United States of America v. Inkley [1989] Q.B. 255,265 (C.A). Siehe auch Dicey & Morris 100 und 106; Cheshire & North 112 und 120; Mann, Further Studies in International Law 352ff.; Carter C.L.J. 1989,426ff.; zweifelnd Collier 340 und Lowe, RabelsZ 52(1988)193..

938 Huntigdon v. Attrill [1893] A.C. 150,155 (P.C.); Att.- Gen. of New Zealand v. Ortiz [1984] A.C.1,32 (Ackner L.J.) (C.A.); Dicey & Morris 101; Cheshire & North 118. Anders ist es bei der Qualifikation von Normen, die für die Frage der Anwendung eines internationalen Übereinkommens zu qualifizieren sind. Dort erfolgt die Qualifikation autonom bzw. nach Art. 31-33 der Wiener Konvention über das Vertragsrecht vom 23.5.1969 (Vienna Convention on the Law of Treaties, UN Doc. A/CONF. 39/11/Add. 2, S. 287): Dazu Mann, L.Q.R. 102 (1986)507.

englischem Recht die Wirkungen ausländischen öffentlichen Rechts als Vorfrage zur Lösung eines zivilrechtlichen Streits zu berücksichtigen sind[939].

In Re Lord Cable[940] wollten die Begünstigten eines testamentarischen trusts die Testamentsvollstrecker daran hindern, Geld nach Indien zurückzutransferieren. Die indische Regierung beantragte, sie als Streitgenossin auf der Seite der Testamentsvollstrecker an dem Verfahren zu beteiligen, weil nach indischem Devisenrecht das Geld nach Indien zurückgezahlt werden mußte. Der Antrag wurde abgelehnt. Ob Devisenrecht in die Kategorie Steuerrecht oder die der "other public laws" fällt, ist zweifelhaft; Exportkontrollen zum Schutz der Devisenreserven wurden in einem Fall wie ein Steuergesetz behandelt[941], in zwei anderen Fällen wurden ausländische Devisenbestimmungen nicht als Steuergesetze angesehen[942]. Für diesen Fall kam es darauf nicht an, denn das Gericht hielt es für ausgeschlossen, daß sich ein englisches Gericht je in einem Fall für zuständig halten würde, in dem ein fremder Staat seine Devisenbestimmungen direkt durchsetzen will.

Die Entscheidung Att.-Gen. of New Zealand v. Ortiz[943] betraf eine neuseeländisches Gesetz, das den Export historisch bedeutender Gegenstände von einer Genehmigung abhängig machte und wonach Gegenstände, die ohne Genehmigung exportiert wurden, dem Staat verfielen. Der Beklagte hatte eine geschnitzte Maori-Statue aus Neuseeland nach England geschafft und wollte sie dort von Sotheby's versteigern lassen. Neuseeland verlangte die Statue von Sotheby's heraus. Der Beklagte baute seine Verteidigung vor allem auf zwei Argumenten auf: Der Verfall werde vom Gesetz nicht automatisch angeordnet, und das Gesetz habe entweder strafrechtlichen[944] oder öffentlich-rechtlichen Charakter und könne deswegen nicht durchgesetzt werden.

939 Siehe hierzu Dicey & Morris 102.

940 In re Lord Cable [1977] 1 W.L.R. 7 (Ch.D.).

941 King of the Hellenes v. Brostrom (1923) 16 Ll.L.R. 167,190,193 (K.B.).

942 Frankman v. Prague Credit Bank [1948] 1 K.B. 730,746; Kahler v. Midland Bank [1950] A.C. 24,46-47 (Lord Reid), 57 (Lord Radcliffe). Im allgemeinen fällt Devisenrecht wohl unter "public law".

943 Att.-Gen. of New Zealand v. Ortiz [1982] Q.B. 349, [1984] A.C. 1 (C.A. und H.L.).

944 Unter die Kategorie der nicht durchsetzbaren ausländischen "penal laws" fallen nicht nur strafrechtliche Vorschriften im eigentlichen Sinn, sondern "all breaches of public law punishable by pecuniary mulct or otherwise, at the instance of the state government, or someone representing the public": Huntingdon v. Attrill [1893] A.C. 150,156 (P.C.).

In der ersten Instanz war die Klage erfolgreich, weil es nach der Auffassung von Staughton J. keine allgemeine Kategorie von ausländischem öffentlichem Recht gibt, das nicht durchsetzbar wäre. Der Court of Appeal hob die Entscheidung im Ergebnis einstimmig auf, allerdings mit unterschiedlicher Begründung. Lord Denning M.R. betrachtete das Gesetz als öffentlich-rechtlich und hielt es deshalb für nicht durchsetzbar[945]: Zwar sei das Konzept der "other public laws" ungenau, aber es handele sich dabei um Gesetze der gleichen Art wie straf- oder steuerrechtliche Bestimmungen. Alle drei Gesetzestypen hätten gemeinsam, daß sie zu den Normen gehörten, die nach den Grundsätzen des Völkerrechts nicht durchsetzbar seien, soweit sie die extraterritoriale Ausübung von Staatsmacht über Eigentum bedeuteten[946].

Ackner und O'Connor L.JJ. hielten das neuseeländische Gesetz für unbeachtlich, weil es strafrechtlichen Charakter habe[947]. Einstimmig gelangte der Court of Appeal aber zu dem Ergebnis, daß der Verfall nicht automatisch angeordnet sei[948]. Die Ausführungen über den rechtlichen Charakter des Gesetzes gehören also nicht zur ratio decidendi, sondern erfolgten obiter. Das House of Lords bestätigte den Court of Appeal: Der Verfall sei nicht automatisch[949]. Es lehnte es ausdrücklich ab, den Charakter des Gesetzes zu beurteilen[950].

In Williams & Humbert Ltd. v. W. & H. Trade Marks (Jersey) Ltd.[951] hatte Spanien die Gesellschafter mehrerer spanischer Gesellschaften, die zum Rumasa-Konzern gehörten, enteignet und neue Geschäftsführer in die spanischen Muttergesellschaften und deren englische Tochtergesellschaften eingesetzt. Die neuen Geschäftsführer verlangten für die Gesellschaften die Herausgabe von Vermögensgegenständen von ehemaligen Gesellschaftern der englischen Tochtergesellschaften in England. Diese beriefen sich unter anderem darauf, daß durch dieses Verfahren ein ausländisches strafrechtliches Gesetz, hilfsweise ein ausländisches öffentlich-rechtliches Gesetz indirekt durchgesetzt werde. Im Gegen-

945 Att.-Gen. of New Zealand v. Ortiz [1984] A.C. 1,20-24.
946 Lord Denning M.R. a.a.O. 20f.
947 Att.-Gen. of New Zealand v. Ortiz [1984] A.C. 1,31f. (Ackner L.J.) und 35 (O'Connor L.J.).
948 Att.-Gen. of New Zealand v. Ortiz [1984] A.C. 1,17f.,29,35.
949 Att.-Gen. of New Zealand v. Ortiz [1984] A.C. 1,46f. (Lord Brightman). Die anderen Law Lords stimmten zu.
950 A.a.O. 46.
951 Williams & Humbert Ltd. v. W. & H. Trade Marks (Jersey) Ltd. [1986] A.C. 368. Kritisch dazu Mann, L.Q.R. 102(1986)192,195 und L.Q.R. 103(1987) 26-28.

satz zu den bisher erwähnten Fällen klagte hier der ausländische Staat nicht direkt.

Das House of Lords entschied, es handele sich nicht um die indirekte Durchsetzung ausländischer Staatsinteressen, sondern um eine rein gesellschaftsrechtliche Frage: die spanischen Gesellschaften wollten lediglich ihre eigenen Rechte geltend machen[952]. Die Frage der Durchsetzbarkeit ausländischen öffentlichen Rechts blieb offen, obwohl sowohl der Court of Appeal als auch Lord Mackay im House of Lords als Grundregel von der Nichtdurchsetzbarkeit ausländischer steuer-, straf- und sonstiger öffentlich-rechtlicher Vorschriften ausgingen[953].

In Kingdom of Spain v. Christie, Manson & Woods Ltd.[954] wollte Spanien mit einer Klage in England die Feststellung erreichen, daß Urkunden, die angeblich den Export eines Goya-Bildes genehmigten, Fälschungen seien. Die Beklagte beantragte Klagabweisung wegen offensichtlicher Unbegründetheit[955]. Der Antrag wurde abgelehnt, weil Spanien jedenfalls einen "arguable case" hatte, mit einer Klage in England spanisches Staatseigentum schützen zu dürfen[956].

In zwei neueren Entscheidungen aus Australien und Neuseeland im Zusammenhang mit dem "Spycatcher"-Skandal hatten sich die Gerichte mit der Durchsetzung staatlicher Geheimhaltungsinteressen im Ausland zu befassen. Das ehemalige englische Geheimdienstmitglied Wright schrieb seine Memoiren, die einiges an bisher geheimem Material enthielten. Mit einer Veröffentlichung hätte er seine vertragliche Verschwiegenheitspflicht gegenüber der Krone verletzt. Die

952 Williams & Humbert Ltd. v. W. & H. Trade Marks (Jersey) Ltd. [1986] A.C. 368,429 (Lord Templeman). Nach englischem Gesellschaftsrecht ist die Eigenschaft einer Gesellschaft als von ihren Gesellschaftern unabhängige juristische Person sehr stark ausgeprägt (Salomon v. A. Salomon & Co. Ltd. [1897] A.C. 22), und nur ganz selten durchstößt ein Gericht den "corporate veil": siehe dazu z.B. Palmer's Company Law I 215-221.

953 Williams & Humbert Ltd. v. W. & H. Trade Marks (Jersey) Ltd. [1986] A.C. 368,394 (Fox L.J.), 401 (Lloyd L.J.) und 437 (Lord Mackay). Diese Dreiteilung wurde auch in Re State of Norway's Application [1987] Q.B. 433,477 (Kerr L.J.) akzeptiert.

954 Kingdom of Spain v. Christie, Manson & Woods Ltd. [1986] 1 W.L.R. 1120 (Ch.D.).

955 Nach Order 18 Rule 19 der Rules of the Supreme Court, die das Zivilverfahren regeln, kann ein Beklagter in einem stark verkürzten summarischen Verfahren beantragen, die Klage vor Eröffnung des Hauptverfahrens wegen offensichtlicher Unbegründetheit ("no arguable case") abzuweisen. Hierüber wird sehr schnell entschieden; in diesem konkreten Fall binnen 10 Tagen.

956 Kingdom of Spain v. Christie, Manson & Woods Ltd. [1986] 1 W.L.R. 1120,1130f.

englische Regierung wollte die Publikation mit allen Mitteln verhindern. Dies führte zu zahlreichen, aufwendigen Prozessen in mehreren Ländern.

In Att.-Gen. (U.K.) v. Heinemann Publishers Australia Pty. Ltd.[957] lehnte der High Court von Australien den Erlaß einer einstweiligen Verfügung gegen die Veröffentlichung des Buches "Spycatcher" ab, weil nationale Gerichte fremde Staaten bei der Durchsetzung ihrer staatlichen Interessen, die sich auf die Ausübung von Regierungsgewalt beziehen, nicht unterstützen[958]. Dagegen entschied der Court of Appeal von Neuseeland in einem Parallelverfahren[959], daß der Antrag der englischen Regierung lediglich auf die Durchsetzung der arbeitsrechtlichen Verschwiegenheitspflicht gerichtet sei. Dies verstieße nicht gegen die Regel der Nichtdurchsetzbarkeit ausländischen öffentlichen Rechts, weil Ziel des Antrags sei, die Sicherheit eines ausländischen befreundeten Staates zu schützen und dieses Ziel von der neuseeländischen Regierung unterstützt werde[960].

Eine Analyse dieser Rechtsprechung ergibt folgendes Bild: Bisher fehlt es an einer Entscheidung des House of Lords zu der Frage, ob es eine Kategorie von fremden "other public laws"[961] gibt, die neben ausländischen Straf- und Steuergesetzen nicht durchsetzbar sind. Die Gerichte haben bisher zu vermeiden gesucht, diesen Punkt zu entscheiden[962], bis hin zur Ablehnung des House of Lords in Att.-Gen. of New Zealand v. Ortiz, sich zu der Frage überhaupt zu äußern. Lord Denning M.R. hat als einziger hoher Richter die Kategorie der public laws ausdrücklich akzeptiert[963]. Lord Mackay ging im Rumasa-Fall im House of Lords obiter von der Existenz der Kategorie aus; desgleichen der Court of Appeal im selben Fall und in Re State of Norway's Application[964] und der High Court von Australien im Spycatcher-Fall.

---

957 Att.-Gen. v. Heinemann Publishers Australia Pty. Ltd. and Wright (1988) 78 A.L.R. 449; mit kritischer Anmerkung von Mann, L.Q.R. 104(1988) 497-501.

958 Hierzu kritisch Mann L.Q.R. 104(1988)497 und Collier C.L.J. 1989,33.

959 Att.-Gen. (U.K.) v. Wellington Newspapers Ltd. [1988] 1 N.Z.L.R. 129,173f. (Cooke P.), 178 (McMullin J.), 179 (Casey und Bisson JJ.).

960 Diese Begründung war jedoch streng genommen obiter, denn im Ergebnis wurde die einstweilige Verfügung abgelehnt, weil das Buch mittlerweile veröffentlicht war, so daß das Material nicht mehr geheim war: Att.-Gen. (U.K.) v. Wellington Newspapers Ltd. [1988] 1 N.Z.L.R. 129,175f. (Cooke P.).

961 Die Einteilung in diese drei Kategorien stammt von Dicey & Morris (Rule 3 (1), S.100).

962 So z.B. in Re Lord Cable.

963 In Att.-Gen. of New Zealand v. Ortiz [1984] A.C. 1,20 und 24.

964 Re State of Norway's Application [1987] Q.B. 433,478 (Kerr L.J.). Siehe auch Griffiths L.J. in R. v. Governor of Pentonville Prison, ex parte Budlong [1980] 1 W.L.R. 1110,1125.

Die Entscheidung des neuseeländischen Court of Appeal im Parallelfall gibt nicht viel her, weil das Gericht dort die Einhaltung der arbeitsvertraglichen Verschwiegenheitspflicht mit den außenpolitischen Interessen Neuseelands verknüpfte; gleiches gilt für Kingdom of Spain v. Christie, da es sich um ein summarisches Verfahren handelte. Es gibt kein ausdrückliches Richtervotum, nach dem die Kategorie nicht existiert; Ackner L.J. äußerte jedoch Zweifel[965]. In den letzten Jahren häufen sich aber die Urteile, die von der Existenz der Kategorie der "public laws" ausgehen, und dies ist auf Zustimmung gestoßen[966].

Deswegen ist trotz verbleibender Zweifel[967] wohl davon auszugehen, daß nach englischem IPR neben fremdem Steuer- und Strafrecht auch fremde öffentlich-rechtliche Vorschriften generell nicht durchgesetzt werden. Öffentlich-rechtlich sind sie dann, wenn sie in Ausübung staatlicher Hoheitsrechte (prerogative rights) erlassen worden sind[968]. Hierunter fallen zum Beispiel Im- und Exportkontrollen, Feindhandelsgesetze, Preiskontrollvorschriften, Anti-Trust-Vorschriften sowie enteignende Gesetze.

(2) Berücksichtigung von Eingriffsnormen

Die Reichweite des eben beschriebenen Grundsatzes ist unklar, denn die Grenze zwischen indirekter Durchsetzung einer fremden Norm und der Anerkennung ihrer (zivilrechtlichen) Wirkungen ist verschwommen[969]. So gibt es Entscheidungen, in denen ein Vertrag wegen Verstoßes gegen eine straf- oder steuerrechtliche Vorschrift des proper law oder der lex loci solutionis in England für unwirksam oder nicht durchsetzbar gehalten wurde[970]. Entscheidend für die Annahme eines Versuchs der indirekten Durchsetzung eines "penal, fiscal or

965 In Att.-Gen. of New Zealand v. Ortiz [1984] A.C. 1,34.

966 Cheshire & North 120; Dicey & Morris 108; Mann, Further Studies in International Law 352ff.; Carter C.L.J. 1989,426ff.

967 Collier 340 und Lowe, RabelsZ 52(1988)193.

968 Emperor of Austria v. Day (1861) 3 De G.F. & J. 217,251 (Turner L.J.) und vgl. Att.-Gen. v. Heinemann Publishers Australia Pty. Ltd.

969 Vgl. Dicey & Morris 102 und Mann 427ff. Siehe auch Lowe, RabelsZ 52(1988)190ff., der betont, daß in diesem Bereich des englischen Rechts erhebliche Unsicherheit über die maßgeblichen anwendbaren Rechtsgrundsätze besteht.

970 Ralli Brothers v. Compañia Naviera Sota y Aznar [1920] 2 K.B. 287 (C.A.); Foster v. Driscoll [1929] 1 K.B. 470 (C.A.); Regazzoni v. K.C. Sethia [1958] A.C. 301 = [1957] 3 All E.R. 286 (Viscount Simonds 292, Lord Reid 293, Lord Somervill 296). Siehe auch In re Claim by Helbert Wagg & Co. Ltd. [1956] Ch. 323,351f. (Upjohn J.).

other public law" dürfte sein, ob die Berufung einer Partei auf eine solche Vorschrift stellvertretend für den ausländischen Staat geschieht[971]: In der oben besprochenen Entscheidung Williams & Humbert Ltd. v. W. & H. Trade Marks (Jersey) Ltd.[972] gelangte das House of Lords zu dem Ergebnis, daß die klagenden Gesellschaften eigene Rechte geltend machen und nicht indirekt die spanische Enteignungsanordnung durchsetzen wollten.

Sofern jedoch weder ein direkter noch ein indirekter Versuch der Durchsetzung einer straf-, steuerlichrechtlichen oder sonstigen öffentlich-rechtlichen Eingriffsnorm vorliegt, werden die zivilrechtlichen Wirkungen ausländischer Eingriffsnormen berücksichtigt: Die englische Rechtsprechung folgt der Schuldstatutstheorie und wendet ausländische Eingriffsnormen über eine Einheitsanknüpfung[973] nur dann und immer dann an, wenn sie zum Schuldstatut gehören[974]. Die Regel, wonach ein Vertrag unwirksam ist, soweit seine Erfüllung nach der lex loci solutionis rechtswidrig ist[975], ist ein Prinzip des englischen Sachrechts und keine Kollisionsregel[976]. Ob es eine Kollisionsregel gleichen Inhalts gibt, ist offen[977].

---

971 Vgl. Dicey & Morris 103 und Lowe, RabelsZ 52(1988)193.

972 [1986] A.C. 368 (C.A. und H.L.).

973 Zur Terminologie siehe Kreuzer, Ausländisches Wirtschaftsrecht 55ff.; MünchKomm-Martiny Art. 34 Rn. 26.

974 Für ausländisches Devisenrecht: De Beéche v. South American Stores (Gath & Chaves) Ltd. [1935] A.C. 148; Pyrmont Ltd. v. Schott [1939] A.C. 145 (P.C.); Kleinwort, Sons & Co. v. Ungarische Baumwolle Industrie Aktiengesellschaft [1939] 2 K.B. 678 (C.A.); Kahler v. Midland Bank Ltd. [1950] A.C. 24; Zivnostenska Banka National Corp. v. Frankman [1950] A.C. 57; Toprak Mahsulleri Ofisi v. Finagrain Compagnie Commerciale Agricole et Financière S.A. [1979] 2 Ll.L.R. 98 (C.A.). Währungsrecht: St. Pierre v. South American Stores (Gath & Chaves) Ltd. [1937] 3 All E.R. 349 (Chilenisches Verbot von Wertsicherungsklauseln); R. v. International Trustee for the Protection of Bondholders Aktiengesellschaft [1937] A.C. 500 (H.L.) (Anerkennung des amerikanischen Goldklauselverbots). Vgl. ferner allgemein Dicey & Morris 1220 m.w.N. in N. 56; Cheshire & North 483, 486ff.; Lowe, RabelsZ 52(1988)195. Für England gilt dies auch nach Inkrafttreten des EVÜ, denn Großbritannien hat ebenso wie Deutschland von seinem Recht Gebrauch gemacht, gegen Art. 7 Abs. 1 EVÜ einen Vorbehalt einzulegen: Siehe s. 2 ss. 2 Contracts (Applicable Law) Act 1990. Hierzu Dicey & Morris, Suppl. 275 und für Deutschland Martiny, IPRax 1987,277ff. Für deutsches und englisches Recht gilt im übrigen selbstverständlich, daß die Anwendung ausländischer Eingriffsnormen jeweils durch den ordre public beschränkt ist.

975 Vgl. nur Dicey & Morris 1218.

976 Cheshire & North 485ff. und insbesondere 488.

977 Cheshire & North 488; Dicey & Morris 1220 N. 56.

2. Schuldstatut und Währungsrecht desselben fremden Staates

a) Zahlungsmoratorien und ähnliche Eingriffe

Die Stadt Wien hatte 1902 eine Investitionsanleihe begeben, die auf bunte Währung lautete[978] und nach Wahl des Überbringers in Wien in inländischer Währung und in Berlin, Frankfurt, Paris, Lyon, Amsterdam, Brüssel, Genf, London und New York jeweils in der Währung des Zahlungsorts zurückzuzahlen war. Durch Bundesgesetz vom 27.1.1922 wurde die Stadt Wien ermächtigt, die Teilschuldverschreibungen der Anleihe zum Nennwert in österreichischen Kronen zurückzuzahlen und sich bei nicht bis zu einem bestimmten Termin vorgelegten Stücken durch Hinterlegung des Nominalbetrags in österreichischer Währung von ihren Zahlungsverbindlichkeiten zu befreien. Die Kronenwährung war zu diesem Zeitpunkt nahezu wertlos. Am 28.1.1922 rief die Stadt Wien die Teilschuldverschreibungen der Anleihe zur vorzeitigen Rückzahlung auf. Ein Österreicher klagte in Berlin auf Rückzahlung in Schweizer Franken in Zürich oder nach Wahl der Stadt Wien deren Gegenwert in deutscher Währung in Berlin. Das Kammergericht[979] und das Reichsgericht[980] gaben der Klage statt.

Das Kammergericht nahm eine Statutsspaltung an: Österreichisches Recht sei für den Begründungsakt sowie den Inhalt der Schuldverpflichtung maßgeblich. Das Recht des jeweiligen Erfüllungsorts gelte dagegen für alle mit dem Erfüllungsgeschäft zusammenhängenden Fragen[981]. Das Bundesgesetz vom 27.1.1922 könne entweder als Ermächtigung zur Leistung an Erfüllungs Statt angesehen werden, nämlich zur Befriedigung der Gläubiger in österreichischen Kronen und in Wien an Stelle der gleichfalls geschuldeten Zahlung in fremder Währung im Ausland. Dann wäre es unbeachtlich, weil es ausschließlich das Erfüllungsgeschäft beträfe, das jeweils vom Rechts des Erfüllungsorts beherrscht werde[982]. Oder aber es solle die Aufhebung der Verpflichtung zur Zahlung in ausländischer Währung und im Ausland bewirken. Dann verstoße es gegen den deutschen ordre public, denn es gestatte die Zahlung in völlig entwerteter Währung[983].

---

978 100 Kronen = 85 Mark = 105 Franken = 4 Pfund Sterling 3 Schillinge = 50,30 holländische Gulden = 20 Golddollar der Vereinigten Staaten.

979 KG 2.7.1928, IPRspr. 1928 Nr. 18 S. 37.

980 RG 14.11.1929, RGZ 126,196 = IPRspr. 1930 Nr. 34 S. 82.

981 KG a.a.O. 38.

982 KG a.a.O. 39.

983 KG a.a.O. 39f. Das KG verurteilte die Stadt Wien zur Zahlung in Schweizer Franken in Zürich. Dies ergibt sich nicht aus den abgedruckten Entscheidungsgründen, wird aber aus

Das Reichsgericht ließ einen Verstoß gegen den deutschen ordre public offen, denn das österreichische Bundesgesetz erfasse die im Ausland in fremder Währung zu erfüllenden Ansprüche der Anleihegläubiger nicht[984]: Das Gesetz sei ein öffentlich-rechtlicher Eingriff des Staates in ein einzelnes Schuldverhältnis, das die Zahlung in einem völlig entwerteten Geld gestatte. Es wolle seine Wirkung nicht auf die im Machtbereich des österreichischen Staates zu erbringenden Leistungen beschränken, sondern die Obligation gerade da treffen, wo sie im Ausland zahlbar sei. Es bedürfe keiner Untersuchung, ob nicht ein Eingriff in ein bestehendes privatrechtliches Schuldverhältnis aus öffentlich-rechtlichen Gesichtspunkten an den Grenzen des österreichischen Staates enden müßte und daher eine Einwirkung auf die Fortdauer der Schuldverpflichtung dem gesetzgeberischen Machtbereich des Schuldnerstaates entzogen wäre, soweit sich der Schuldner verpflichtet habe, an ausländischen Plätzen in dortiger Währung zu leisten[985]. Denn nach deutschem IPR sei das Gesetz nicht anwendbar, weil die Obligation trotz der Geltung österreichischen Rechts für ihre Begründung und Auslegung nach ihrer wirksamen Begründung dem Recht der Erfüllungsorte folge[986].

Das einzige englische Urteil[987] in dieser Kategorie betraf ein devisenrechtliches Moratorium. Es ging um ein nach deutschem Recht zu beurteilendes Darlehen über £ 350.000 der Helbert Wagg & Co. an eine deutsche Gesellschaft. Im Juni 1933 wurde in Deutschland ein Zahlungsmoratorium angeordnet, und alle Zahlungen zur Reduzierung von Verbindlichkeiten gegenüber ausländischen Gläubigern waren an die neu errichtete Konversionskasse zu leisten. Der Schuldner zahlte bis Anfang 1945 das Darlehen mit Zinsen in Raten an die Konversionskasse vollständig zurück. Bei Kriegausbruch im September 1939 standen noch ca. £ 175.000 offen. Nach dem Krieg beantragte die Gläubigerin, diese Forderung nach dem Distribution of German Enemy Property Act, 1949 zu registrieren. Der Antrag wurde abgelehnt, weil der Schuldner durch die vollständige Zahlung des Darlehens an die Konversionskasse frei geworden sei.

---

dem Revisionsurteil deutlich: RG 14.11.1929, RGZ 126,196,213. Das KG nahm infolgedessen anscheinend einen Verstoß gegen den deutschen ordre public trotz Geltung Schweizer Schuldstatuts an.

[984] RG 14.11.1929, RGZ 126,196,204.

[985] RG a.a.O. 204.

[986] RG a.a.O. 211. Diese Entscheidung wurde später vom Reichsgericht nochmals bestätigt: RG 16.4.1931, IPRspr. 1931 Nr. 33 S. 74.

[987] Re Claim by Helbert Wagg & Co. Ltd. [1956] Ch. 323.

Upjohn J. stellte zunächst fest: "It cannot be doubted that legislation to protect the economy of the nation and the general welfare of its inhabitants regardless of their nationality by various measures of foreign exchange control or by altering the value of its currency, is recognized by foreign courts although its effect is usually partially confiscatory."[988] Solche Vorschriften müßten angewendet werden[989], wenn das Recht des Erlaßstaates Vertragsstatut sei, oder wenn sich das betroffene bewegliche Vermögen im Bereich der territorialen Hoheitsgewalt[990] des Erlaßstaates befinde. Das Gericht habe die Befugnis zu prüfen, ob die entsprechende Vorschrift zweckgemäß erlassen sei; dies erfordere "a law passed with the genuine intention of protecting its economy in times of national stress and for that purpose regulating (inter alia) the rights of foreign creditors ..."[991]. Zudem dürfe die Vorschrift nicht gegen die public policy verstoßen[992]. Das Moratorium wurde im Ergebnis berücksichtigt.

b) Goldklauselverbote

Eine der wirtschaftlich bedeutsamsten währungspolitischen gesetzlichen Maßnahmen in der ersten Hälfte des Jahrhunderts war das amerikanische Goldklauselverbot vom 5. Juni 1933, das als gemeinsames Gesetz beider parlamentarischer Kammern des Kongresses verabschiedet wurde[993]. Die Joint Resolution hatte ganz erhebliche internationale Auswirkung[994], weil die Dollar-Währung schon damals im internationalen Handelsverkehr eine führende Rolle spielte. So gab es zahlreiche Anleihen, die von deutschen Unternehmen nach der Inflation in den zwanziger Jahren in US-$ begeben wurden[995]. Die Auswirkungen der Joint

988 In re Claim by Helbert Wagg & Co. Ltd. [1956] Ch. 323,349.

989 Upjohn J. in re Claim by Helbert Wagg & Co. Ltd. [1956] Ch. 323,351: "Effect must be given ...".

990 "Territorial Jurisdiction".

991 Upjohn J. a.a.O. 351.

992 Upjohn J. a.a.O. 352.

993 31 U.S.C. 463. Künftig: "Joint Resolution".

994 Nussbaum, Money 282: "In legal history there is probably no other enactment of a purely private-law character which has engendered financial dislocations to such a vast extent and which though national in itself has caused such severe repercussions in the international field." Zu den inneramerikanischen Auseinandersetzungen über die Wirksamkeit und den Anwendungsbereich der Joint Resolution siehe Nussbaum, Money 283-291. Siehe ferner zum Anwendungsbereich der Joint Resolution aus rechtsvergleichender Sicht: Duden, RabelsZ 9(1935)615ff. und Rabel, RabelsZ 10(1936)492ff.

995 Siehe Behrend 3 für Beispiele.

Resolution auf diese Anleihen waren Gegenstand zahlreicher deutscher und einiger englischer Entscheidungen.

(1) Deutschland

Die ersten deutschen Urteile hierzu stammen vom Landgericht und Oberlandesgericht Düsseldorf[996]. Eine deutsche Anleiheschuldnerin hatte 1926 in den USA eine Dollaranleihe begeben. Die Zahlung der Zinsen und die Rückzahlung des Kapitals sollte "in gold coin of the USA of or equal to the standard of weight and fineness existing January 1926" erfolgen. Eine Rechtswahlklausel bestimmte die Geltung New Yorker Rechts und des Bundesrechts der Vereinigten Staaten. Nach Erlaß der Joint Resolution verlangte ein deutscher Anleihegläubiger Zahlung der Zinsen zum Kurswert des Dollar vom 1.1.1926.

Die Klage wurde abgewiesen: Das Recht von New York sei Vertragsstatut. Die USA und der Staat New York hätten für alle Schuldverpflichtungen die Goldeinlösungspflicht und sämtliche Goldklauseln aufgehoben. Dies erfasse auch die Goldklausel in den Schuldverschreibungen des Klägers[997]. Das OLG Düsseldorf bestätigte das Urteil[998]: Es könne dahingestellt bleiben, ob die Joint Resolution nur Zahlungen erfasse, welche auf dem Territorium der Vereinigten Staaten stattfänden. Denn der amerikanische Gesetzgeber habe die Gleichstellung von Dollar und Dollar auf Schuldverpflichtungen erstrecken wollen, die aus einer in Amerika begebenen Anleihe herrührten. Es komme nicht darauf an, daß nach der Begebung der Anleihe Schuldverschreibungen auch nach Deutschland verkauft wurden und insoweit der deutschen Schuldnerin deutsche Gläubiger gegenüberstünden. Die Parteien des Begebungsvertrags hätten nicht beabsichtigt, die Anwendung des amerikanischen Rechts auf das damals geltende Recht zu beschränken[999]. Die Übernehmer der Teilschuldverschreibungen müßten daher die Konsequenzen der neuen amerikanischen Gesetzgebung gegen sich gelten lassen. Der ordre public werde dadurch nicht verletzt, denn die Joint Resolution sei in einer wirtschaftlichen Notzeit erlassen worden und diene dem Gesamtinteresse[1000].

996 LG Düsseldorf 20.12.1933, IPRspr. 1934 Nr. 93a S. 298 und OLG Düsseldorf 26.9.1934, IPRspr. 1934 Nr. 93b S. 300.

997 LG Düsseldorf a.a.O. 299.

998 OLG Düsseldorf 26.9.1934, IPRspr. 1934 Nr. 93b S. 300.

999 OLG Düsseldorf a.a.O. 301.

1000 OLG Düsseldorf a.a.O. 302. Zum gleichen Ergebnis kamen das LG Essen 13.7.1934, IPRspr. 1934 Nr. 98 S. 207 und das OLG Köln 13.9.1935, IPRspr. 1935-1944 Nr. 104

Das Kammergericht stützte seine entgegengesetzte Entscheidung in einem ähnlichen Fall vor allem auf zwei Gründe[1001]: Zunächst nahm es eine Goldwertklausel an, die von der Joint Resolution nicht erfaßt werde, denn nach dem Willen der Parteien bei Ausgabe der Schuldverschreibungen sollten amerikanische Gesetze, soweit sie einen solchen Inhalt wie die Joint Resolution haben würden, nicht auf das Schuldverhältnis angewendet werden[1002]. Der Parteiwille, die Anwendung eines bestimmten Rechts für bestimmte Fragen auszuschließen, sei zu beachten. Natürlich nütze den Parteien ein solcher Wille nichts, soweit ein Staat positiven Zwang auf Gläubiger oder Schuldner ausüben könne. Daher würden die Parteien durch die Joint Resolution gehindert, danach verbotene Handlungen vorzunehmen, soweit sich der Zahlungsvorgang innerhalb der Vereinigten Staaten von Amerika vollziehe[1003]. Soweit ein solcher Zwang durch die Joint Resolution nicht ausgeübt werden könne, sei der Wille der Parteien zu beachten. Zweitens beanspruche die Joint Resolution nur Geltung innerhalb der USA. Dies folge aus ihrem Inhalt, wonach Goldklauseln lediglich als "der öffentlichen Politik zuwiderlaufend" erklärt würden[1004]. Die Joint Resolution sollte und könne ein Rechtsverhältnis zwischen einem deutschen Anleiheschuldner und einem deutschen Anleihegläubiger nicht berühren, soweit es den Zwecken der Joint Resolution nicht zuwiderlaufe und außerhalb des Machtbereichs der Vereinigten Staaten abgewickelt werde[1005].

Das Reichsgericht bestätigte die Entscheidung im Ergebnis, aber mit anderer Begründung[1006]: Es sei nicht möglich, ein Schuldverhältnis dem Recht eines bestimmten Staates zu unterwerfen, dabei jedoch gegenwärtiges oder zukünftiges zwingendes Recht auszuschließen. Nur eine solche uneingeschränkte Unterwerfung unter eine Rechtsordnung biete die Gewähr dafür, "daß das Schuldverhältnis auch gegen den selbstsüchtigen Willen des wirtschaftlich stärkeren Partners oder auch beider Partner unter Berücksichtigung der jeweiligen

S. 195, das Darüber hinaus den Wegfall der Geschäftsgrundlage grundsätzlich für möglich hielt, aber im konkreten Fall ablehnte (a.a.O. 199).

1001 KG 7.3.1935, IPRspr. 1934 Nr. 92 S. 185.

1002 KG a.a.O. 186.

1003 KG a.a.O. 187.

1004 KG a.a.O. 187.

1005 KG a.a.O. 187f.

1006 RG 28.5.1936, IPRspr. 1935-1944 Nr. 454 S. 915 = RabelsZ 10(1936)385.

allgemeinen Belange entsprechend den gemeinsamen Rechtsanschauungen der durch die gleiche Gesittung verbundenen Staaten geregelt wird."[1007]

Hinsichtlich der Reichweite der Joint Resolution sei nicht einzusehen, weshalb die Vereinigten Staaten nicht in den Bestand einer amerikanischem Recht unterstehenden Schuld sollten eingreifen können, auch wenn Gläubiger und Schuldner weder Bürger der Vereinigten Staaten seien noch dort ansässig seien und die Leistungen außerhalb ihrer Grenzen stattfänden. Der Wortlaut der Joint Resolution könnte vielmehr ihre Erstreckung auf Zahlungen in amerikanischer Währung im Ausland und zwischen Ausländern rechtfertigen[1008]. Im Ergebnis sei die Joint Resolution aber nicht anzuwenden, denn sie verstoße gegen den Zweck deutscher Gesetze, die "seit der Übernahme der Staatsführung durch den Nationalsozialismus" zum Schutz der deutschen Volkswirtschaft erlassen worden seien[1009].

(2) England

In England stellte sich die Frage nach der Auswirkung der Joint Resolution im Zusammenhang mit einer Kriegsanleihe der englischen Regierung über US-$ 250.000.000, die sie 1917 in New York emittiert hatte. Die Schuldverschreibung hatte eine Laufzeit von 20 Jahren und sah die Zahlung nach Wahl des Inhabers in New York in Goldwährung der Vereinigten Staaten oder in London in Pfund Sterling zu einem bestimmten Wechselkursverhältnis zum Dollar vor[1010]. In R. v. International Trustee for the Protection of Bondholders Aktiengesellschaft[1011]

1007 RG a.a.O. 920f.

1008 RG a.a.O. 922.

1009 RG a.a.O. 923. Das RG machte schließlich noch einen Vorbehalt für die Nichtanwendung der Joint Resolution: Es müsse sich um eine Schuldverschreibung handeln, die sich schon bei Erlaß der Joint Resolution in inländischem Besitz befunden habe. Dies sollte verhindern, daß nunmehr weitere auf Dollar lautende Schuldverschreibungen ins Inland gelangten und die privilegierte Stellung inländischer Gläubiger spekulativ ausgenutzt werden könnte: RG a.a.O. 926. Diese Entscheidung des Reichsgerichts rief zahlreiche Kommentierungen hervor (Fundstellen in IPRspr. 1935-1944 S. 917) und führte unmittelbar zum Erlaß des Gesetzes über Fremdwährungsschuldverschreibungen, wonach Fremdwährungsanleihen, deren Währung abgewertet worden war, immer in abgewerteter Währung zu verzinsen und zurückzuzahlen waren; siehe dazu schon oben N. 630.

1010 R. v. International Trustee for the Protection of Bondholders Aktiengesellschaft [1937] A.C. 500, 533: " ...to be payable ... in New York in United States gold coin or, at the option of the holder, in London in sterling at the fixed rate of $ 4.86½ to the pound."

1011 [1937] A.C. 500.

klagte der Inhaber einer Schuldverschreibung auf Zahlung eines Betrags in Dollar, der dem Wert seines Anteils in alten Golddollar von 1917 entsprach.

Der einstimmige Court of Appeal[1012] nahm aufgrund einer überholten alten Regel englisches Recht als Vertragsstatut an[1013]. Die Wahlklausel enthalte zwei unabhängige Zahlungsversprechen, und das Versprechen, in New York in Golddollar zu zahlen, sei eine Goldwertklausel. Goldklauseln jeglicher Art seien zwar rückwirkend durch die Joint Resolution verboten worden. Danach könne der Schuldner zwar nicht mehr gezwungen werden, seine ursprüngliche Verpflichtung voll zu erfüllen, andererseits sei es dem Schuldner unbenommen, den Differenzbetrag zwischen dem ursprünglich vereinbarten Goldwert und dem nunmehr geschuldeten niedrigeren Wert als Schenkung an den Gläubiger zu leisten. Deshalb führe die Verurteilung des Gläubigers nach englischem Recht zur Zahlung des Goldwertes in New York nicht dazu, daß er eine dort illegale Handlung vornehmen müsse[1014].

Das House of Lords hob die Entscheidung auf: Sämtliche Richter nahmen die Geltung amerikanischen Rechts als Schuldstatut an[1015]. Anschließend fielen die Begründungen zur Anwendung der Joint Resolution kurz aus: Nach der Joint Resolution waren alle Schuldverschreibungen Dollar für Dollar zum Nominalwert zu erfüllen, und daher müsse die Klage abgewiesen werden[1016]. Lord Russel führte aus, das Urteil des Court of Appeal stelle fest, daß der Kläger einen Anspruch auf Zahlung des Goldwertes in New York habe. Dieser Anspruch ließe sich in New York nicht durchsetzen, denn er lasse sich nicht mit der Joint Resoution vereinbaren. Die englische Krone als Schuldnerin dürfe zwar den Goldwert zahlen, könne aber nicht dazu verpflichtet werden[1017]. Lord Maugham sah die Joint Resolution als "change in the currency of the United States" an[1018].

1012 Lord Wright M.R., Slesser und Romer L.JJ.

1013 R. v. International Trustee for the Protection of Bondholders Aktiengesellschaft [1937] A.C. 500, 509: Kreditverträge, die die Regierung eines Staates als Darlehensnehmer in einem anderen Land abschließt, unterliegen dem Recht des Darlehensnehmers.

1014 R. v. International Trustee for the Protection of Bondholders Aktiengesellschaft [1937] A.C. 500, 521f.

1015 Lord Atkin 532, Lord Russell 556, Lord Maugham 565, Lord Roche 575 und Lord Macmillan 575.

1016 Lord Atkin 555, Lord Maugham 573, Lord Roche und Lord Macmillan 575.

1017 Lord Russell 560.

1018 Lord Maugham 562. Später sprach er von einer radical alteration of the "currency position" (562f.). Letzteres ist richtig. Eine rechtlich erhebliche Währungsänderung lag nicht vor: Siehe zu den Voraussetzungen einer Währungsänderung oben S. 41f.

Kurz nach dieser Entscheidung hatte das House of Lords erneut über die Anwendung eines fremden Goldklauselverbotes zu entscheiden[1019]: Eine kanadische Eisenbahngesellschaft hatte 1884 eine Schuldverschreibung begeben, wonach sie sich verpflichtete, den jeweiligen Inhabern der Anteile 1934 "one hundred pounds sterling gold coin of Great Britain" entweder in London oder nach Wahl der Gläubiger in Kanada zu zahlen. In der ersten Instanz wurde zunächst durch Versäumnisurteil festgestellt, daß die Eisenbahngesellschaft wegen der Goldklausel den Goldwert zu zahlen habe. Als sie dies bei Präsentierung der Schuldverschreibungen verweigerte, wurde sie erneut verklagt. In der ersten Instanz lehnte der Richter die Annahme einer Goldklausel ab[1020]. Während des weiteren Verfahrens, das zeitweise ausgesetzt wurde, um die soeben besprochene Entscheidung R. v. International Trustee for the Protection of Bondholders abzuwarten, erließ Kanada ein gesetzliches Goldklauselverbot[1021].

Der Court of Appeal gab der Berufung statt: Es sei eine wirksame Goldklausel vereinbart, auf die kanadisches Recht anwendbar sei. Soweit Zahlung in London vorgesehen sei, gelte englisches Recht, und insoweit könnten die Verpflichtungen der Eisenbahngesellschaft nicht vom kanadischen Goldklauselverbot

1019 New Brunswick Railway Co. v. British and French Trust Corp., Ltd. [1939] A.C. 1.

1020 Die Prozeßgeschichte ist in der opinion von Lord Maugham 14ff. wiedergegeben.

1021 Gold Clauses Act, 1937, (1 Geo. 6, c. 33) vollständig wiedergegeben in der opinion von Lord Maugham in New Brunswick Railway Co. v. British and French Trust Corp., Ltd. [1939] A.C. 1,16. Auszugsweise lautete das Gesetz:

" 1. ...

2. The expression "gold clause obligation" in this Act means any obligation heretofore or hereafter incurred ... which purpots to give to the creditor a right to require payment in gold or in gold coin or in an amount of money measured thereby ...

3. ...

4. In the case of any gold clause obligation governed by the law of Canada payable in Canada or elsewhere, in money other than money of Canada, tender of the nominal or face amount of the obligation in currency which is legal tender for the payment of debts in the country in the money of which the obligation is payable shall, on making payment in accordance with such a tender, be entitled to a discharge of the obligation.

5. ...

6. Every gold clause obligation is hereby declared to be contrary to public policy and no such provision shall hereafter be contained in, or made in respect of, any obligation.

7. ..."

erfaßt werden. Schließlich sei das Goldklauselverbot erst lange nach dem ursprünglichen Versäumnisurteil und der Einleitung des zweiten Verfahrens ergangen. Der Richter der ersten Instanz habe fehlerhaft keine Goldklausel angenommen; der Court of Appeal müsse nun das Urteil erlassen, das in der ersten Instanz hätte erlassen werden müssen. Dann wäre das auf einem Vertrag beruhende Recht des Klägers auf Zahlung des Goldwertes in ein auf einem Urteil eines englischen Gerichts beruhendes Recht umgewandelt worden, auf das ein anschließend erlassenes kanadisches Gesetz keinen Einfluß nehmen könnte[1022]. Dieser Begründung ist zu entnehmen, daß das Gericht grundsätzlich bereit war, das kanadische Goldklauselverbot zu berücksichtigen.

Das House of Lords bestätigte die Entscheidung hinsichtlich der Beachtlichkeit des kanadischen Goldklauselverbots: Lord Maugham L.C. prüfte die einzelnen Vorschriften des Gold Clauses Act, 1937 und hielt den Anwendungsbereich von s. 4 beschränkt auf Fälle, in denen in Kanada geklagt werde. S. 6 sei auf zukünftige Fälle beschränkt[1023]. Darüber hinaus könne das Gesetz nicht die Rechte eines englischen Gläubigers einschränken oder vernichten, wenn dieser schon ein Gerichtsverfahren in England begonnen habe. Dies gelte umsomehr, wenn in der Sache schon ein Urteil erlassen worden sei[1024]. Deswegen sei es unerheblich, ob Schuldstatut der Schuldverschreibung kanadisches oder englisches Recht sei[1025].

c) Verbot von Fremdwährungsverbindlichkeiten

Nach 1945 scheint es nur ein deutsches Urteil[1026] gegeben zu haben, das sich direkt mit der Frage der Anwendung ausländischen wirtschaftspolitischen Währungsrechts bei identischem Schuldstatut befaßte: Die Parteien waren Deutsche. Der Kläger hatte dem Beklagten 1959 in São Paulo ein Darlehen über US-$ 5.550 für geschäftliche Zwecke gewährt. Der Beklagte unterschrieb eine Zahlungsverpflichtung und gab später ein weiteres Schuldversprechen ab. Unmittelbar danach reiste er nach Europa ab und lebte seit 1961 in Deutschland.

1022 Siehe Lord Maugham 18.
1023 A.a.O. 24.
1024 A.a.O. 24.
1025 A.a.O. 25, ähnlich Lord Thankerton 26, Lord Russell 29, Lord Wright 32 und Lord Romer 44-46, der obiter darüber hinaus für das in London zu erfüllende Zahlungsgeschäft englisches Recht für anwendbar hielt, dessen Geltung die Anwendung des Gold Clauses Act ohnehin ausschließen würde.
1026 OLG Karlsruhe 15.12.1965, IPRspr. 1964-1965 Nr. 194 S. 583 (abgekürzt) = WM 1966,1312.

Das Gericht nahm die Geltung brasilianischen Rechts als Vertragsstatut an. Brasilianisches Recht erklärte die Vereinbarung einer Zahlung in fremder Währung für unwirksam. Statt des vereinbarten Devisenbetrags wurde ein in Cruzeiros umzurechnender Betrag geschuldet[1027].

Das OLG Karlsruhe lehnte die Anwendung der brasilianischen Verbotsvorschrift ab: Es sei zwischen privatem und öffentlichem Kollisionsrecht zu unterscheiden. Für letzteres gelte "das Prinzip der Territorialität, d.h. daß Bestimmungen des öffentlichen Rechts, wozu auch devisenrechtliche Bestimmungen gehören, nicht über die Landesgrenzen hinaus wirken"[1028]. Das brasilianische Dekret sei offensichtlich ein staatlicher Eingriff in Geldforderungen, der in währungs- und damit wirtschaftspolitischer Absicht erfolgt sei. Nach herrschender Meinung seien derartige Währungseingriffe nur in den territorialen Grenzen der Macht des fremden Staates anzuerkennen[1029]. Während das "Schuldvertragsstatut" meist an den Ort des Vertragsabschlusses oder den Erfüllungsort angeknüpfe, knüpfe man für die "Anerkennung von Währungseingriffen (Währungsstatut)" an den Schuldnerwohnsitz oder die Lage des Schuldnervermögens an[1030]. Daher gelte das "brasilianische Währungsstatut" nicht[1031]. Es lasse sich auch kein übereinstimmender Parteiwille feststellen, die Schuldversprechen dem brasilianischen Dekret zu unterstellen. Für das "Währungsstatut" sei daher deutsches Recht zugrunde zu legen. Nach dem anzuwendenden deutschen Währungsrecht seien brasilianische Währungseingriffe unbeachtlich, und der Beklagte schulde daher dem Kläger die beanspruchte Summe in US-$[1032].

1027 OLG Karlsruhe 15.12.1965, IPRspr. 1964-1965 Nr. 194 S. 583,585 mit wörtlichem Zitat der brasilianischen Vorschriften.

1028 OLG Karlsruhe a.a.O. 585 unter Verweis auf BGH 17.12.1959, BGHZ 31, 370-372 und Kegel. Die brasilianische Vorschrift war keine devisenrechtliche, sondern eine währungsrechtliche Bestimmung. Zur Abgrenzung siehe oben S. 64f.

1029 OLG Karlsruhe a.a.O. 586.

1030 OLG Karlsruhe a.a.O. 586 unter Verweis auf die zu interzonalen Fällen ergangenen Entscheidungen BGH 30.9.1952, BGHZ 7,234-236 = IZRspr. 1945-1953 Nr. 213b S. 389; BGH 30.3.1955, BGHZ 17, 92-94 = IZRspr. 1954-1957 Nr. 146 S. 388; BGH 19.2.1959, BGHZ 29,327-328 = IZRspr. 1958-1959 Nr. 114 S. 316.

1031 OLG Karlsruhe a.a.O. 586. Das Gericht stellt zutreffend fest, daß die Anerkennung ausländischer währungsrechtlicher Eingriffe aufgrund völkerrechtlicher Verträge möglich sei, und untersucht, ob das brasilianische Dekret unter Art. VIII 2 (b) des Bretton-Woods-Abkommens fällt. Dies lehnte es mit Recht ab, weil es sich bei dem Dekret nicht um eine Devisenkontrollbestimmung handele. Siehe zu diesem Aspekt der Entscheidung oben N. 373.

1032 OLG Karlsruhe a.a.O. 587. Das Gericht prüfte nicht, ob die Vereinbarung nicht nach deutschem Währungsrecht, also § 3 Satz 1 WährungsG in Verbindung mit § 49 Abs. 1 AWG,

d) Verbot von Wertsicherungsklauseln

Hier ist nur ein Urteil zu erwähnen, das in anderem Zusammenhang schon oben genannt ist: In St. Pierre v. South American Stores (Gath & Chaves) Ltd.[1033] wandte das Gericht chilenisches Recht nicht nur an, um festzustellen, was ein chilenischer Peso war, sondern ohne Umschweife auch, um die Wirksamkeit der Vereinbarung einer Wertsicherungsklausel zu prüfen[1034].

Weitere deutsche oder englische Entscheidungen über die Anwendung fremden wirtschaftspolitischen Währungsrechts bei identischem fremdem Schuldstatut scheint es nicht gegeben zu haben[1035].

3. Schuldstatut und Währungsrecht verschiedener Staaten

Zu dieser Gruppe gehören aus deutscher Sicht die Urteile, die sich mit der Wirkung der Joint Resolution auf in US-Dollar ausgedrückten Geldschulden befaßten, deren Wirkungsstatut nicht amerikanisches Recht war. Wenn deutsches Recht Schuldstatut war, wurde in allen Fällen die Berücksichtigung der Joint Resolution abgelehnt[1036].

---

unwirksam war. Das Urteil zeigt eine völlige Verwirrung geld- und währungsrechtlicher Begriffe.

1033 [1937] 3 All E.R. 349; dazu oben N. 914 und 974.

1034 Slesser L.J. 356f. und MacKinnon L.J. 357.

1035 Es gab hingegen einige englische Urteile, die sich mit der Berücksichtigung bzw. Anwendung ausländischen autonomen (also nicht unter das Bretton-Woods-Abkommen fallenden) Devisenrechts befaßten, das von seinen Normstrukturen mit wirtschaftspolitischem Währungsrecht vergleichbar ist. Eine Abgrenzung dieser Normen ist nach englischem Recht bisher nicht vorgenommen worden und wahrscheinlich nicht erforderlich. In diesen Fällen wurde das fremde Devisenrecht berücksichtigt, wenn es zum Schuldstatut gehörte: De Beéche v. South American Stores (Gath & Chaves) Ltd. [1935] A.C. 148; Pyrmont Ltd. v. Schott [1939] A.C. 145 (P.C.); Kleinwort, Sons & Co. v. Ungarische Baumwolle Industrie Aktiengesellschaft [1939] 2 K.B. 678 (C.A.); Kahler v. Midland Bank Ltd. [1950] A.C. 24; Zivnostenska Banka National Corp. v. Frankman [1950] A.C. 57; Toprak Mahsulleri Ofisi v. Finagrain Compagnie Commerciale Agricole et Financière S.A. [1979] 2 Ll.L.R. 98 (C.A.).

1036 Siehe z.B. RG 14.12.1934, RGZ 146,1 = IPRspr. 1935-1944 Nr. 103 S. 195 (Dies Urteil betraf dieselbe Anleihe wie die oben dargestellten Entscheidungen LG Düsseldorf 20.12.1933, IPRspr. 1934 Nr. 93a S. 298 und OLG Düsseldorf 26.9.1934, IPRspr. 1934 Nr. 93b S. 300, ging aber im Gegensatz zu diesen beiden Entscheidungen unter Bezugnahme auf die nicht näher referierten Gründe des Berufungsgerichts von der Geltung deutschen

Englische Rechtsprechung zur Anwendbarkeit ausländischen wirtschaftspolitischen Währungsrechts auf ein dem Recht eines dritten Staates unterliegendes Vertragsverhältnis gibt es, soweit ersichtlich, nicht[1037].

4. *Würdigung*

Die englische Rechtsprechung zeigt hinsichtlich der Beachtung ausländischen wirtschaftspolitischen Währungsrechts eine klare Linie: Gehört es zum Schuldstatut, so wird es angewandt. Auch die Rechtsfolgen werden dann dem Schuldstatut entnommen, wie in den Entscheidungen zum deutschen Zahlungsmoratorium von 1933 und zur Joint Resolution deutlich wird[1038]. Gelegentlich wird jedoch ein Ansatz zur Bevorzugung von Inländern deutlich: Das Urteil zum kanadischen Goldklauselverbot beruhte zwar auf einem ungewöhnlichen Sachverhalt; das Ergebnis benachteiligte aber den kanadischen Schuldner zu Lasten des englischen Gläubigers.

Die deutsche Rechtsprechung ist uneinheitlich: Solange sie der Schuldstatutstheorie folgte, wurde ausländisches währungspolitisches Währungsrecht berücksichtigt, wenn es zum Vertragsstatut gehörte. Dies zeigen die meisten der zur Joint Resolution ergangenen Entscheidungen. Gleichwohl gab es schon früh Tendenzen, die Berücksichtigung solcher Vorschriften abzulehnen; dies zeigen

Rechts als Schuldstatut aus.); RG 27.4.1936, IPRspr. 1935-1944 Nr. 468 S. 945; RFH 21.1.1937, IPRspr. 1935-1944 Nr. 471 S. 946.

1037 Auch hier ist auf ein Urteil hinzuweisen, das die Anwendung ägyptischen Devisenrechts auf Versicherungsverträge betraf, die dem Recht von Ontario unterlagen: In Rossano v. Manufacturers' Life Insurance Co. [1963] 2 Q.B. 352,372f. lehnte McNair J. dies ab, weil ägyptisches Recht nicht Schuldstatut war. Das ägyptische Devisenrecht könne auch dann nicht angewendet werden, wenn die streitige Forderung in Ägypten belegen sei. Ferner sei es auch nicht als Recht des Erfüllungsorts anwendbar, weil der Erfüllungsort in diesem Fall nicht in Ägypten lag. Schließlich sei die "fundamental objection" gegen die Anerkennung der devisenrechtlichen Bestimmungen, daß sie gegen den Grundsatz verstoßen würde, wonach ein englisches Gericht ein ausländisches Steuergesetz oder einen darauf beruhenden Anspruch weder direkt noch indirekt anerkennen oder durchsetzen würde (a.a.O. 376). Zu dieser Regel schon oben S. 180ff.

1038 Es ist allerdings nicht auszuschließen, daß die Bereitschaft des House of Lords in R. v. International Trustee for the Protection of Bondholders Aktiengesellschaft [1937] A.C. 500, die Joint Resolution zu berücksichtigen, dadurch gefördert wurde, daß dies dem englischen Staat als Dollarschuldner viel Geld sparte.

die Entscheidung des Reichsgerichts zur Wiener Investitionsanleihe[1039] und die in ihrer Begründung völlig mißglückte Entscheidung des Kammergerichts zur Joint Resolution, das unter anderem annahm, die Rechtswahl könne sich auf ausländisches Recht in einem bestimmten Zeitpunkt beschränken. Das Reichsgericht rückte zwar diese schiefen Ausführungen wieder gerade, beugte sich aber im Ergebnis den vermeintlichen Zielen der damaligen nationalsozialistischen Wirtschaftsgesetzgebung.

Das einzige deutsche Urteil nach dem Zweiten Weltkrieg zur Behandlung ausländischen wirtschaftspolitischen Währungsrechts[1040] vermag in weiten Teilen nicht zu überzeugen: Es geht von einem falsch verstandenen Territorialitätsprinzip aus, vermengt Währungs- und Devisenrecht, rekurriert für die Ermittlung des Schuldstatuts auf schon damals überholte Anknüpfungspunkte, benutzt den Begriff "Währungsstatut" unklar und wendet schließlich deutsches Währungsrecht, das nach den Urteilsgründen anwendbar sein soll, nicht an.

III. Ordnungspolitisches Schuldrecht mit Währungsbezug

Deutsche Gerichte hatten sich in den zwanziger und dreißiger Jahren gelegentlich mit der Frage der Aufwertung ausländischem Schuldstatut unterliegender Forderungen zu befassen. Soweit ausländisches Recht keine Aufwertung kannte und darüber keine Regelungen enthielt, ist die Nichtbeachtung dieser "Regelungslücke" keine Frage der Reichweite beziehungsweise des Anwendungsbereichs ausländischen Eingriffsrechts, sondern eine Frage der Durchsetzung eigenen Rechts. Dies ist oben behandelt worden[1041].

1. Schuldstatut und Eingriffsrecht desselben Staates

In einer Entscheidung des OLG Hamburg war der Anwendungsbereich österreichischen Währungsrechts hinsichtlich eines österreichischem Recht unterliegenden Auftragsverhältnisse zu prüfen[1042]: Der deutsche Kläger hatte dem

[1039] RG 14.11.1929, RGZ 126,196: Die Entscheidung enthält Ansätze des Territorialitätsprinzips, wie es später der Bundesgerichtshof auslegte.

[1040] OLG Karlsruhe 15.12.1965, IPRspr. 1964-1965 Nr. 194 S. 583.

[1041] Siehe S. 144f.,148f.

[1042] OLG Hamburg 28.3.1957, IPRspr. 1956-1957 Nr. 172 S. 544. Im folgenden wird der Sachverhalt stark vereinfacht.

österreichischen Beklagten 1945 nach Kriegsende in Wien eine größere Summe Reichsmark zum Teil bar übergeben und zum Teil überwiesen, die der Beklagte für ihn verwahren sollte, damit das Geld nicht beschlagnahmt werde. Der Kläger begehrte die Rückzahlung. Das OLG Hamburg wandte österreichisches Recht als Schuldstatut auf das Auftragsverhältnis an[1043].

Ohne weiteres untersuchte das Gericht dann die Auswirkungen des österreichischen Schillinggesetzes, wonach eine Reichsmark gleich ein Schilling umzurechnen war[1044], und des österreichischen Währungsschutzgesetzes, wonach 60 % der Bankguthaben und des Betrags der bar eingelieferten in Schillinge umzurechnenden Reichsmarknoten vom Staat in Anspruch genommen wurden, auf die Rückzahlungsforderung[1045]. Die Behandlung der Guthaben durch diese österreichischen Währungsregelungen gehöre zum Risiko des Klägers als Auftraggebers[1046]. Das Gericht stellte die Anwendbarkeit dieser österreichischen Vorschriften nicht in Frage und hielt sie offenbar für so selbstverständlich, daß es dazu nichts weiter ausführte.

Ganz anders dagegen verhielt sich der Bundesgerichtshof in einem Fall von 1965[1047]: Die ursprünglich polnische Klägerin hatte 1935 auf Wunsch des in Leipzig ansässigen deutschen Beklagten 26.000 Zloty in seinen Betrieb in Warschau einbezahlt, wo sie arbeitete. Der Beklagte hatte nach dem Krieg den Firmensitz in die Bundesrepublik verlegt; die jüdische Klägerin war 1943 unter falschem Namen nach Deutschland gekommen und zog 1945 nach Schweden, wo sie die schwedische Staatsangehörigkeit erwarb. Nach einem polnischen Gesetz von 1950 wurden alle in Zloty ausgedrückten Geldschulden zwischen natürlichen Personen im Verhältnis von 100 : 3 umgestellt. Sie verlangte die Rückzahlung des Betrags nach den Bestimmungen des Londoner Schuldenabkommens. Das Londoner Schuldenabkommen war im Ergebnis nicht anwendbar, so daß der Bundesgerichtshof das Schuldverhältnis autonom auslegen mußte.

1043 OLG Hamburg a.a.O. 546.

1044 Die Festlegung des Ersetzungsverhältnisses zwischen Reichsmark und österreichischem Schilling durch das Schillinggesetz mußte das Gericht schon deswegen berücksichtigen, weil das Schillinggesetz insoweit interessenneutrales Währungsrecht enthielt: Nur österreichisches Recht konnte dies rekurrente Anschlußverhältnis bestimmen.

1045 OLG Hamburg a.a.O. 549.

1046 OLG Hamburg a.a.O. 549f.

1047 BGH 18.2.1965, BGHZ 43,162 = IPRspr. 1964-1965 Nr. 193 S. 579 = JZ 1965,448 mit sehr kritischer Anmerkung von Mann. Die Darstellung des Sachverhalts wird vereinfacht.

Das Gericht hielt polnisches Recht für die Begründung der Forderung für maßgeblich[1048], lehnte jedoch die Anwendung des polnischen UmstellungsG ab: Es könne offenbleiben, ob es sich dabei um öffentliches Recht handele, das der Verwirklichung wirtschafts- oder staatspolitischer Ziele des rechtssetzenden Staates diene und infolgedessen dem Territorialitätsprinzip unterliege, oder ob es Privatrecht sei, das von der Parteiautonomie erfaßt werde[1049]. Wäre das Gesetz öffentlich-rechtlich, unterläge es dem Territorialitätsprinzip und wäre nicht anzuwenden. Sei es dagegen privatrechtlicher Natur, so sei es ebenfalls nicht anzuwenden, weil neben dem Schuldstatut ein davon unabhängiges Währungsstatut zu ermitteln sei, wenn "sich die währungsrechtliche Entwicklung in dem betreffenden Land so weit von ihrem Ausgangspunkt entfernt hat, daß eine Übertragung auf das alte Schuldverhältnis nicht mehr möglich ist."[1050] Dies sei zwar bisher nur für den im Jahr 1948 eingetretenen Fall geschehen, daß das ursprünglich einheitliche deutsche Währungsgebiet in zwei neue voneinander abweichende Währungsgebiete gespalten worden sei. "Ähnliche Erwägungen sind aber auch dann geboten, wenn das alte Währungsgebiet erhalten bleibt, jedoch grundlegenden währungs- und umstellungsrechtlichen Änderungen unterworfen wird. Auch hier fehlt es an jedem vernünftigen Grund, die Parteien einem solchen Eingriff, der das Schuldverhältnis vollkommen umgestalten würde, zu unterwerfen, wenn sie keinerlei Beziehungen mehr zu jenem Land haben. Deswegen muß dann, ebenso wie in den vom BGH entschiedenen Fällen, nach einem neuen Währungsstatut[[1051]] gesucht werden, das den veränderten Verhältnissen gerecht wird."[1052] Das auf objektiver Grundlage zu ermittelnde neue Währungsstatut führe zum Recht der Bundesrepublik, weil dort 1950 der Schwerpunkt des Schuldverhältnisses gelegen habe. Die Höhe der Forderung müsse nach § 242 BGB ermittelt werden. Im übrigen bleibe sie polnischem Recht unterworfen[1053].

1048 BGH 18.2.1965, BGHZ 43,162,164.

1049 BGH a.a.O. 165 unter Verweis auf BGH 17.12.1959, BGHZ 31,367.

1050 BGH a.a.O. 166f.

1051 Dies ist ein Beispiel für die unpassende Verwendung des Begriffs "Währungsstatut" als Bezeichnung des Rechts, das die Schuldwährung bestimmt.

1052 BGH a.a.O. 167.

1053 BGH a.a.O. 168. Der BGH bezog sich ferner auf die Entscheidung BGH 24.3.1960, IPRspr. 1960-1961 Nr. 159 S. 525 (Siehe dazu oben N. 817): soweit Ausführungen des früheren Urteils der jetzigen Entscheidung widersprächen, werde daran nicht festgehalten. Siehe auch LG Tübingen, 16.2.1966, IPRspr. 1966-1967 Nr. 22 S. 74,76 zur "Begründung eines besonderen Währungsstatuts" unter Verweis auf BGH 18.2.1965, BGHZ 43,162.

Vor englischen Gerichten scheint die rechtliche Bewältigung der deutschen Währungsreform von 1948 nicht praktisch relevant geworden zu sein. Dagegen hatten sich die Gerichte mehrfach mit Aufwertungsproblemen zu befassen. Kornatzki v. Oppenheimer[1054] betraf die Auslegung einer Verpflichtung aus einem 1905 in Deutschland geschlossenen gerichtlichen Vergleich, eine jährliche Rente von 8.000 Mark auf Lebenszeit zu zahlen. Farwell J. ging ohne weiteres davon aus, daß dies und die Frage, welcher Betrag geschuldet sei, nach deutschem Recht zu beurteilen sei[1055]. Daher war auch deutsches Aufwertungsrecht anwendbar. Weitere englische Entscheidungen zu dieser Frage gibt es nicht.

2. *Schuldstatut und Eingriffsrecht verschiedener Staaten*

Deutsche Entscheidungen in dieser Kategorie scheint es nicht gegeben zu haben[1056]. Auf zwei englische Entscheidungen dieser Art ist oben schon hingewiesen[1057]; in beiden wurde die Anwendung deutschen Aufwertungsrechts abgelehnt, weil deutsches Recht nicht Schuldstatut war. In Re Schnapper[1058] war ein englisches Testament auszulegen, in welchem der Erblasser ein 1911 in Deutschland schriftlich abgegebenes Versprechen bestätigte, wonach seine Nichte 100.000 Mark an ihrem 25. Geburtstag erhalten sollte. Die Testamentsvollstrecker baten 1934 um Anweisungen des Gerichts, ob und gegebenenfalls welchen Betrag sie an die Nichte zahlen sollten. Clauson J. hielt das deutsche schriftliche Versprechen für unwirksam[1059]. Durch das Testament sei aber eine Zahlungsverpflichtung in der Weise begründet worden, daß die Nichte den Betrag zu erhalten habe, den sie erhalten hätte, wenn das deutsche schriftliche Zahlungsversprechen wirksam gewesen wäre[1060]. Diesen Betrag ermittelte er unter Anwendung deutschen Aufwertungsrechts.

1054 [1937] 4 All E.R. 133 (Ch.D.).

1055 Kornatzki v. Oppenheimer [1937] 4 All E.R. 133,137.

1056 Man kann allerdings die eben erwähnte Entscheidung BGH 18.2.1965, BGHZ 43,162 = IPRspr. 1964-1965 Nr. 193 S. 579 hierzu zählen, denn der BGH nahm für die Frage der Bestimmung der Schuldwährung die Geltung deutschen Rechts an und lehnte deswegen die Anwendung des polnischen UmstellungsG ab.

1057 S. 175: In re Chesterman's Trusts [1923] 2 Ch. 466; Anderson v. Equitable Assurance Society of the United States (1926) 134 L.T. 557 (C.A.).

1058 Westminster Bank Ltd. v. Schnapper [1936] 1 Ch. 322.

1059 Re Schnapper, Westminster Bank Ltd. v. Schnapper [1936] 1 Ch. 322,325.

1060 Re Schnapper, Westminster Bank Ltd. v. Schnapper [1936] 1 Ch. 322,326.

Wieso der Richter deutsches Aufwertungsrecht anwandte, wird aus der Entscheidung nicht recht klar: Das Testament unterlag ohne jeden Zweifel englischem Recht. Das deutsche Zahlungsversprechen war nichtig. Es wurde durch das Testament auch nicht geheilt. Denkbar ist, daß er deutsches Recht für die Ermittlung des geschuldeten Betrags zugrunde legte, weil die Verpflichtung ihren Ursprung in dem zwar nichtigen, aber immerhin später bestätigten Zahlungsversprechen hatte[1061]. Möglich ist allerdings auch, daß Clauson J. die Frage der Aufwertung dem Recht des Währungsstaates unterstellte, denn im Zusammenhang mit der Darstellung der Aufwertungsprinzipien spricht er von einer "re-valuation of the mark", zu der es gekommen sei, wogegen früher gegolten habe, daß "debts expressed in marks of the old currency were not to be re-evaluated at all"[1062]. Beide Erklärungsversuche sind unbefriedigend. Es ist eher wahrscheinlich, daß die Entscheidung ergebnisorientiert begründet ist.

3. *Würdigung*

Englische Rechtsprechung steht auch hier fest auf dem Boden der Schuldstatutstheorie, deren Anwendung, wie schon bei der Behandlung währungspolitischen Währungsrechts durch die englischen Gerichte deutlich wurde, eine klare Linie ergibt: In den wenigen Entscheidungen, die es zur Anwendung ausländischen ordnungspolitischen Schuldrechts mit Währungsbezug in England gab, wurde es angewendet, wenn es zum Schuldstatut gehörte. Die Ergebnisse sind aber teilsweise höchst unbefriedigend, wie die Entscheidungen zeigen, in denen die Anwendung deutschen Aufwertungsrechts auf Markforderungen abgelehnt wurde, weil englisches Recht Wirkungsstatut war. Für solche Fälle ist zu erwägen, ob nicht die gesetzlichen Ausgleichsregeln für katastrophale Wertveränderungen der Schuldwährung dem Recht des Staates der Schuldwährung entnommen werden sollten, denn ein davon abweichendes Schuldstatut wird oft für diesen Fall keine Regelung vorsehen, wenn die eigene Währung stabil ist. Ein Ansatz in diese Richtung findet sich in der Entscheidung in Re Schnapper[1063], die jedenfalls die Auslegung zuläßt, daß das Gericht deutsches Aufwertungsrecht anwandte, weil es sich bei der betroffenen Forderung um eine Markforderung handelte.

1061 So Mann 280 mit Verweis auf Kahn-Freund, Annual Survey 1936,361.

1062 A.a.O. 325.

1063 Westminster Bank Ltd. v. Schnapper [1936] 1 Ch. 322.

Deutsche Entscheidungen zur Reichweite ausländischen ordnungspolitischen Schuldrechts mit Währungsbezug sind rar. Insbesondere fehlen Entscheidungen, bei denen das Verhältnis von Schuldstatut und Eingriffsrecht verschiedener Staaten zu prüfen gewesen wäre.

Bemerkenswert ist die einzige einschlägige Entscheidung des Bundesgerichtshofs aus dem Jahr 1965[1064] über die Beachtlichkeit eines polnischen Umstellungsgesetzes auf eine polnischem Recht unterliegende Forderung. Nach der Aufgabe der früher von der deutschen Rechtssprechung überwiegend angewandten Schuldstatutstheorie und der Annahme des Dogmas der strikten Territorialität ausländischen öffentlichen Rechts fehlte es an praktikablen Prinzipien über die Beachtung dieser ausländischen im Schnittpunkt von öffentlichem und privatem Recht angesiedelten Normen. Der Bundesgerichtshof übertrug auf diesen Fall seine im Rahmen der Bewältigung der deutsch-deutschen Währungszersplitterung als Folge der Währungsreformen 1948 entwickelten Grundsätze über die Ermittlung eines "unabhängigen Währungsstatuts[1065]", das die Schuldwährung neu bestimme. Dies führte zu Anwendbarkeit deutschen Rechts und der Bestimmung des Schuldinhalts nach § 242 BGB.

Diese konstruktiven Anstrengungen, die schließlich bei der Anwendung von § 242 BGB endeten, waren unnötig. Der Bundesgerichtshof hätte das polnische Umstellungsgesetz näher untersuchen müssen: Stellte die Umstellung eine Währungsänderung[1066] dar, so hätte das Gesetz als Bestandteil des polnischen interessenneutralen Währungsrechts berücksichtigt werden müssen. War das Gesetz hingegen allein aus hoheitlichen, wirtschaftspolitischen Staatsinteressen erlassen worden, wäre es unbeachtlich geblieben, und die Klägerin hätte den vollen Zloty-Betrag erhalten müssen. Hatte das UmstellungsG neben seinem enteignenden Charakter gleichzeitig die Funktion, die Geldschuldverhältnisse neu zu ordnen und dem wahren Wert der Zloty-Währung anzupassen, so hätte das Gericht es anwenden müssen, da es gleichzeitig Bestandteil des Schuldstatuts und das Recht der gewählten Schuldwährung war.

[1064] BGH 18.2.1965, BGHZ 43,162.

[1065] Zur Kritik an dieser Verwendung des Begriffs "Währungsstatut" schon oben S. 78.

[1066] Siehe oben S. 39ff.

IV. Zusammenfassung

Drei wesentliche Punkte lassen sich nach der Untersuchung der Berücksichtigung ausländischen Währungsrechts durch deutsche und englische Gerichte festhalten:

Die Berücksichtigung und Anwendung ausländischen interessenneutralen Währungsrechts unabhängig vom Schuldstatut und als Folge der jeweils geltenden Schuldwährung bereitet kaum Schwierigkeiten. Das interessenneutrale Währungsrecht der Schuldwährung wird (fast) immer ohne Umschweife angewendet.

Hinsichtlich der Berücksichtigung wirtschaftspolitischen Währungsrechts und ordnungspolitischen Schuldrechts mit Währungsbezug ist bemerkenswert, daß die englische Rechtsprechung und überwiegend die ältere deutsche Rechtsprechung durch die Anwendung der Schuldstatutstheorie zu weitgehend stringenten Ergebnissen gelangt. Die Schuldstatutstheorie demonstriert damit einen ihrer wesentlichen Vorteile: Die Vorhersehbarkeit des Ergebnisses und Rechtssicherheit. Trotzdem verbleibt ein Unbehagen, denn die Ergebnisse der Entscheidungen sind teilweise schwer erträglich.

Insbesondere bei der deutschen Rechtsprechung nach dem Zweiten Weltkrieg fällt auf, daß es offenbar nicht gelungen ist, die auftauchenden währungsrechtlichen Probleme kohärent zu lösen. Der Rechtsprechung ist zuzugestehen, daß sich dazu nur selten Gelegenheit bot; die Urteile sind weitgehend Einzelstücke, aber keine Solitäre. Mangelnde Differenzierung bei der Anwendung des Territorialitätsprinzips und zwischen den für die Bestimmung der Schuldwährung geltenden Regeln und den auf die Schuldwährung anwendbaren währungsrechtlichen Vorschriften kennzeichnen die Mehrzahl dieser Urteile.

§ 6: Kollisionsrechtlicher Ausblick

Währungsrecht oder Währungseingriffsrecht, das einen unmittelbaren kollisionsrechtlichen Gehalt besitzt, ist selten. Beispiele hierfür sind § 86 AufwertungsG von 1925[1067] und das Gesetz über Fremdwährungs-Schuldverschreibungen von 1936[1068], wonach Anleihen, die auf ausländische Währung lauteten, bei (gesetzlich angeordneter) Abwertung in abgewerteter Währung zurückzuzahlen waren[1069]. Modernes gesetzliches Währungskollisionsrecht, das den Anwendungsbereich von Währungsrecht bestimmen würde, gibt es nicht. Deshalb ist für die Ermittlung der Reichweite eigenen und der Wirkung fremden Währungsrechts auf allgemeine gesetzliche und gewohnheitsrechtliche Kollisionsgrundsätze zurückzugreifen. Wegen der Struktur- und Interessenunterschiede ist die Dreiteilung in interessenneutrales Währungsrecht, wirtschaftspolitisches Währungsrecht und ordnungspolitisches Schuldrecht mit Währungsbezug beizubehalten.

Der folgende kollisionsrechtliche Ausblick beschränkt sich auf das deutsche Recht. Es sollen aus der Aufarbeitung der währungsrechtlichen Grundlagen und der umfangreichen Rechtsprechung zum Anwendungsbereich von Währungsrecht Ansätze zu einer modernen kollisionsrechtlichen Behandlung von Währungsrecht aufgezeigt werden. Ein geschlossenes System kann nicht vorgestellt werden, sondern die Ansätze bedürfen der Verbesserung im Detail.

I. Interessenneutrales Währungsrecht

Bei der Aufarbeitung der umfangreichen deutschen und englischen Rechtsprechung hat sich gezeigt, daß die Bestimmung des Anwendungsbereichs eigenen und der Berücksichtigung fremden interessenneutralen (statischen) Währungsrechts wenig Schwierigkeiten bereitet und in der Praxis ganz überwiegend zutreffend gelöst wurde. Die kollisionsrechtliche Regel lautet hier:

[1067] Siehe dazu oben N. 724.

[1068] RGBl. 1936 I 515.

[1069] Zu den Unklarheiten dieses Gesetzes siehe oben S. 120.

Interessenneutrales eigenes Währungsrecht ist unabhängig vom Schuldstatut immer anzuwenden, wenn die eigene Währung Schuld- oder Zahlungswährung ist. Ist eine ausländische Währung Schuldwährung, so ist das interessenneutrale Währungsrecht des Währungsstaates unabhängig vom Schuldstatut immer anzuwenden. Entsprechendes gilt bei ausländischer Zahlungswährung.

Dies und insbesondere die Anwendung ausländischen interessenneutralen Währungsrechts führt nicht zu einer Normenhäufung[1070], die charakteristisch für das Wirtschaftskollisionsrecht ist[1071], weil die jeweiligen ausländischen Währungsnormen verschiedene Sachverhalte regeln: Jedes nationale interessenneutrale Währungsrecht regelt jeweils nur die eigene Währung. Anderes kann es gar nicht regeln. Daraus folgt auch die Erstreckung der Regel auf die Zahlungswährung: es gibt kein anderes Recht, das die Konstitution und den Charakter der Währung bestimmen könnte[1072].

Zur Anwendung ausländischen interessenneutralen Währungsrechts kommt es nicht, wenn sich durch Auslegung der Zahlungsverpflichtung nach dem Schuldstatut ergibt, daß die vereinbarte Währung nur als zeitlich auf den Vertragsabschluß fixierter Wertmesser verwendet wurde: Dann ist die weitere Entwicklung der Währung unerheblich. Dies ist zum Beispiel der Fall, wenn der Vertrag die durch Auslegung nach dem Schuldstatut zu ermittelnde Vereinbarung einer Goldwertklausel oder einer ähnlichen Wertklausel enthält.

Aus der unlösbaren Verknüpfung einer Währung mit dem jeweiligen interessenneutralen Währungsrecht folgt weiter, daß interessenneutrales Währungsrecht zum Währungsstatut gehört, das zwingend aus der Wahl der Währung resultiert.

1070 Siehe hierzu etwa von Bar I Rn. 630 und Kegel 31 und 216f.

1071 Drobnig, RabelsZ 52(1988)7 und Kropholler 19.

1072 Eine andere Frage ist es, ob die lex fori die betroffene Währung völkerrechtlich anerkennt: Wenn sich z.B. ein Teil eines Staates aus dem Gesamtstaat gegen dessen Widerstand herauslösen will, seine Unabhängigkeit ausruft und unter anderem eine eigene Währung einführt und vor Anerkennung der Souveränität ein Gericht des Ursprungsstaates über einen Vertrag zu entscheiden hat, dessen Geldleistung in der neuen Währung des ehemaligen Teilstaats ausgedrückt ist, wird es das interessenneutrale Währungsrecht des Teilstaats wohl nicht anwenden wollen. Soll der Vertrag aber Bestand haben, wird das Gericht kaum vermeiden können, das interessenneutrale Währungsrecht (insbesondere die Norm, die das rekurrente Anschlußverhältnis der alten zur neu eingeführten eigenen Währung festlegt) des ehemaligen Teilstaats zu berücksichtigen, denn sonst ist die Bestimmung des Schuldinhalts auf vernünftige Art und Weise nicht möglich.

In diesem Sinn ist interessenneutrales Währungsrecht zwingendes Recht, weil es nicht abbedungen werden kann und universell auf die Währung, die es betrifft, angewendet werden will. Der universelle Anwendungswille wird zwar im Regelfall nicht aus dem Wortlaut der jeweiligen währungsrechtlichen Normen ablesbar sein; er folgt aber aus der Natur der Sache.

Obwohl interessenneutrales Währungsrecht im eben beschriebenen Sinn international zwingendes Recht ist, können sich die Parteien durch die Wahl einer anderen als der ursprünglichen Schuldwährung den Wirkungen des ursprünglich für ihren Vertrag geltenden interessenneutralen Währungsrechts entziehen. Mit Wahl einer neuen Währung unterwerfen sie sich aber zwangsläufig dem interessenneutralen Währungsrechts dieser Währung[1073].

Interessenneutrales Währungsrecht ist kein Eingriffsrecht nach klassischem Verständnis[1074], denn es enthält keine mit Sanktionen bewehrten Gebots- oder Verbotsvorschriften (wie zum Beispiel wirtschaftspolitisches Währungsrecht) und greift nicht unmittelbar in den Bestand eines Schuldverhältnisses ein (wie zum Beispiel ordnungspolitisches Schuldrecht mit Währungsbezug): Das Wertverhältnis eines Vertrags bleibt unangetastet, wenn etwa eine neue Währung eingeführt wird, denn es wird durch das rekurrente Anschlußverhältnis in die neue Währung überführt. Gleiches gilt, wenn die Goldbindung einer Währung aufgehoben wird: Die Aufgabe des Goldstandards alleine bleibt ohne unmittelbaren Einfluß auf das Wertverhältnis; geschuldet bleibt nach wie vor dieselbe Anzahl unverändert gebliebener Währungseinheiten. Wenn sich Leistungs- und Gegenleistungsverhältnis beziehungsweise der Wert der geschuldeten Geldsumme dadurch mittelbar verändern, weil der Außen- oder Binnenwert einer Währung in Folge der Aufgabe der Goldbindung oder einer ähnlichen Bindung sinkt, so ist das eine Folge von Marktmechanismen.

1073 Praktisch eher bedeutsam dürfte die Wahl einer neuen Schuldwährung und nicht die Wahl einer neuen Zahlungswährung sein, da immer die Schuldwährung den Inhalt und die Höhe der Schuld bestimmt. Eine andere Frage ist es, wie oft s tatsächlich zur Wahl einer neuen Schuldwährung kommt: Wenn der Wert einer Währung stark schwankt oder sich verschlechtert, wird es zwar regelmäßig im Interesse des Gläubigers liegen, eine andere, stabilere Schuldwährung zu vereinbaren, nicht dagegen im Interesse des Schuldners. Will der Gläubiger dieses Risiko ausschließen, bietet sich an, von vornherein eine alternative Währungsklausel zu vereinbaren, also nach Wahl des Gläubigers verschiedene Schuldwährungen. Dies ist heute in der Praxis üblich. Daß es durchaus Situationen gibt, in denen eine neue Schuldwährung gewählt wird, zeigt die Entscheidung BayObLG 24.6.1931, IPRspr. 1931 Nr. 5 S. 13 (Dazu oben N. 786).

1074 Vgl. nur MünchKomm-Martiny Art. 34 Rn. 10.

Ob und wie solche Wertveränderungen, die mittelbare Folge der Umsetzung interessenneutralen Währungsrechts sind, ausgeglichen werden, ist eine andere Frage, die regelmäßig nach dem Schuldstatut zu beurteilen ist. In besonderen Fällen können gesetzliche Ausgleichsregeln (ordnungspolitisches Schuldrecht mit Währungsbezug) gesondert angeknüpft werden; dazu sogleich[1075].

II. Wirtschaftspolitisches Währungsrecht

1. Wirtschaftspolitisches Währungsrecht der lex fori

Die Anwendung wirtschaftspolitischen Währungsrechts der lex fori richtet sich nach den allgemeinen Regeln über die Anwendung zwingender eigener Normen. Dies ist in Deutschland durch Art. 34 EGBGB und in England neuerdings durch s. 2 (1) in Verbindung mit Sch. I Contracts (Applicable Law) Act 1990[1076] vorgegeben, und die Kollisionsregel lautet dementsprechend:

> Deutsches [Englisches] wirtschaftspolitisches Währungsrecht ist unabhängig vom Schuldstatut, der Schuld- und der Zahlungswährung immer anzuwenden, wenn es den Sachverhalt materiell erfaßt und internationalen Geltungswillen besitzt.

Es ist also für jede in Betracht kommende Vorschrift dieser Art einzeln zu prüfen, ob sie sachlich, räumlich und persönlich international angewendet werden will. Der internationale Anwendungsbereich kann durch Völkerrecht und, wie bei § 3 Satz 2 WährungsG, durch EG-Recht eingeschränkt sein. Ferner bleibt daneben immer das interessenneutrale Währungsrecht der Schuld- und/oder Zahlungswährung anwendbar.

[1075] Siehe unten S. 220f.

[1076] Für englische Altfälle, also vor Inkrafttreten des Contracts (Applicable Law) Act 1990 abgeschlossene Verträge, und für Verträge, die nicht vom EVÜ erfaßt werden, gilt das Gleiche: Auch in diesen Fällen ist englisches wirtschaftspolitisches Währungsrecht immer über den positiven ordre public anzuwenden, wenn es internationalen Geltungswillen hat (siehe dazu oben S. 109 mit N. 567).

2. Ausländisches wirtschaftspolitisches Währungsrecht

Sehr viel schwieriger zu beurteilen ist die Anwendbarkeit oder Berücksichtigung ausländischen wirtschaftspolitischen Währungsrechts. Sowohl der deutsche als auch der englische Gesetzgeber haben sich grundsätzlich gegen eine selbständige Anknüpfung ausländischer, nicht zum Wirkungsstatut gehörender ("drittstaatlicher") Eingriffsnormen entschieden: Beide Staaten haben gegen Art. 7 Abs. 1 EVÜ, der eine Sonderanknüpfung dieser Vorschriften unter der Voraussetzung einer genügend "engen Verbindung" ermöglicht, gemäß Art. 22 Abs. 1 (a) EVÜ einen Vorbehalt eingelegt und diese Regelung nicht in das jeweilige nationale Recht übernommen[1077]. Daher ist die Behandlung ausländischer Eingriffsnormen keiner standardisierten Einheitslösung zugänglich[1078]. Durch die Einlegung des Vorbehalts ist die Entwicklung einer einzelfallbezogenen Sonderanknüpfungslösung nicht etwa völlig ausgeschlossen, denn es sollte lediglich der Zwang zur grundsätzlichen Prüfung drittstaatlicher Eingriffsnormen verhindert werden[1079].

Das Problem der Berücksichtigung ausländischer Eingriffsnormen wurzelt in dem Grundsatz, daß ein Staat nur seine eigenen hoheitlichen Interessen verfolgt und durchsetzt, nicht dagegen diejenigen von anderen Staaten. Deshalb ist jede Berücksichtigung ausländischer Eingriffsnormen eine Ausnahme[1080] und schon deswegen ist dabei Zurückhaltung geboten. Dies ist zu trennen von dem überholten Dogma der generellen "Unanwendbarkeit" ausländischen öffentlichen Rechts und dem angeblichen Grundsatz der strikten "Territorialität des öffentlichen Rechts"[1081]. Traditionell hat die die Frage nach der Berücksichtigung aus-

---

1077 Siehe hierzu aus deutscher Sicht z.B. Kreuzer, IPRax 1984,293ff.; Martiny, IPRax 1987,277-280; Hentzen, RIW 1988,509; Großfeld/Junker 93. Für England: S. 2 (2) Contracts (Applicable Law) Act 1990.

1078 Vgl. Kropholler 424.

1079 Basedow, NJW 1989,633; Martiny, IPRax 1987,278f.; Rehbinder in Immenga/Mestmäcker § 98 Abs. 2 Rn. 245.

1080 Vgl. Anderegg, Diskussionsbericht, RabelsZ 52(1988)262. Auch Großfeld/Junker 111 betonen den "Rangunterschied" zwischen inländischen und ausländischen Eingriffsnormen. Siehe ferner Remien, RabelsZ 54(1990)465 für das dem Währungsrecht teilweise ähnliche, teilweise wesentlich stärker politisierte Außenwirtschaftsrecht.

1081 Zutreffend Drobnig, FS Neumayer 160; Kreuzer, Ausländisches Wirtschaftsrecht 77f.; Mann, FS Wahl 145; Rehbinder in Immenga/Mestmäker § 98 Abs. 2 Rn. 243; Siehr, RabelsZ 52(1988)75. Siehe dagegen noch BGH 17.12.1959, BGHZ 31,367,371 und BGH 16.4.1975, BGHZ 64,183,189: "Öffentliches Kollisionsrecht wird vom Grundsatz der Territorialität beherrscht".

ländischer Eingriffsnormen zwei Aspekte: erstens geht es um Eingriffsnormen des Wirkungs- beziehungsweise Vertragsstatuts und zweitens um drittstaatliche (weder zur lex fori noch zur lex causae gehörende) Eingriffsnormen[1082]. Bei der Berücksichtigung ausländischen Währungseingriffsrechts kommen möglicherweise das Währungsrecht der Staaten der Schuld- und Zahlungswährung als weitere Gruppen hinzu, die anders als Eingriffsrecht des Schuldstatuts und anders als Eingriffsrecht irgendeines Drittstaates zu behandeln sein mögen.

a) Ablehnung der Einheitsanknüpfung

Der Ausgangspunkt weiterer Überlegungen ist, ob mit der Festlegung eines ausländischen Vertragsstatuts durch die Parteien oder aufgrund objektiver Anknüpfung[1083] grundsätzlich und unabhängig von Schuld- und Zahlungswährung auch das zwingende wirtschaftspolitische Währungsrecht dieses Staates erfaßt ist.

Nach den allgemeinen Regeln des englischen Rechts ist das wohl der Fall: Danach werden ausländische Eingriffsnormen immer dann und nur dann angewendet, wenn sie zum Schuldstatut gehören[1084]. Oben[1085] sind Entscheidungen erwähnt, die jedenfalls die Anwendung des Währungseingriffsrechts des Schuldstatuts grundsätzlich dann bejahen, wenn die Schuldwährung mit dem Schuldstatut identisch ist. Einschlägige Entscheidungen darüber, ob das Währungseingriffsrecht des Schuldstatuts auch dann anzuwenden ist, wenn die Währung eines dritten Staates geschuldet ist, gibt es anscheinend nicht. In einer oben berichteten englischen Entscheidung wurde hingegen die Anwendung ägyptischen Devisenrechts auf einen kanadischem Vertragsstatut unterliegenden Versicherungsvertrag abgelehnt, weil ägyptisches Recht nicht Schuldstatut war[1086]. Da wirtschaftspolitisches Währungsrecht Devisenrecht der Struktur und Wirkungsweise ähnlich ist, dürften diese Grundsätze auf die Berücksichtigung

[1082] Vgl. nur MünchKomm-Martiny, Art. 34 Rn. 19-23.

[1083] Art. 27ff. EGBGB, Art. 3ff. EVÜ (Für Verträge außerhalb des Anwendungsbereichs des EVÜ und für alle vor dem 1.4.1991 abgeschlossenen Verträge, die nach englischem IPR zu beurteilen sind, gilt weiterhin die Bestimmung des Vertragsstatuts nach den Grundsätzen der Ermittlung des proper law of the contract. Auch danach ist in erster Linie der ausrückliche oder stillschweigende Parteiwille maßgeblich; hilfsweise gilt das Recht, zu dem der Vertrag die engste Verbindung hat: Vgl. nur Dicey & Morris 1161ff. [Rule 180].)

[1084] Siehe schon oben S. 187 mit N. 974.

[1085] R. v. International Trustee for the Protection of Bondholders Aktiengesellschaft [1937] A.C. 500; siehe oben S. 193f.

[1086] Rossano v. Manufacturers' Life Insurance Co. [1963] 2 Q.B. 352; siehe oben N. 1037.

ausländischen wirtschaftspolitischen Währungsrechts nach englischem IPR zu übertragen sein.

Diese auf der Schuldstatutstheorie beruhende Einheitsanknüpfung[1087] war in Deutschland lange herrschend und schlug sich, wie oben gezeigt[1088], auch in deutschen Urteilen zur Anwendung fremden wirtschaftspolitischen Währungsrechts nieder[1089]. Der wesentliche Vorteil der Einheitsanknüpfung ist die Praktikabilität, die sie bei der Rechtsanwendung ex post bietet[1090]. Ihre zentrale Schwäche ist die Verknüpfung der mikrofunktionellen[1091], parteiautonomen Wahl des Vertragsstatuts, die dem interindividuellen Interessenausgleich der Parteien dient, mit den davon unabhängigen makrofunktionellen (wirtschaftspolitischen) Zielen des Staates des gewählten Vertragsstatuts, die er durch Eingriffe regelt, die gerade nicht der Disposition der Parteien unterliegen. Diese Schwäche tritt noch stärker zutage, wenn das Vertragsstatut mangels Vereinbarung objektiv angeknüpft wird. Da überdies der Gesetzgeber nach deutschem Recht durch Art. 34 EGBGB[1092] die Behandlung zwingender (eigener) Normen vom Vertragsstatut losgekoppelt hat, ist eine automatische Berufung fremder währungspolitischer

1087 Zur Terminologie Kreuzer, Ausländisches Wirtschaftsrecht 55ff. und ders., Parteiautonomie 95ff. sowie Kropholler 419.

1088 Siehe S. 188ff.

1089 In Deutschland wird sie u.a. noch vertreten von Mann, FS Wahl 139ff. und von Palandt-Heldrich Art. 34 EGBGB Rn. 6.

1090 Planbarkeit als Kriterium scheidet aus, denn die Parteien können wirtschaftspolitische Eingriffe nicht vorhersehen. Es ließe sich allenfalls argumentieren, die Parteien hätten sich bei ihrer Rechtswahl freiwillig einem bestimmten Recht unterstellt und müßten das Risiko von unerwünschten Änderungen tragen. Doch dies Argument trägt nicht, denn die Parteien haben sich zwar das materielle Privatrecht (in seinem jeweiligen Entwicklungsstand, also regelmäßig einschließlich künftiger Änderungen) eines Staates zur Regelung ihrer interindividuellen Interessen ausgesucht. Dies umfaßt aber nicht gleichzeitig die möglicherweise wechselnden wirtschaftspolitischen Interessen dieses Staates.

1091 Siehe hierzu schon oben S. 69 und Kreuzer, Parteiautonomie 107f.

1092 Entsprechendes gilt weitgehend nach englischem Recht durch die direkte Umsetzung von Art. 7 Abs. 2 EVÜ in nationales Recht.

Eingriffsnormen allein durch die Bestimmung des Schuldstatuts abzulehnen[1093]. Sie sind gesondert anzuknüpfen[1094].

b) Kriterien der Sonderanknüpfung ausländischen wirtschaftspolitischen Währungsrechts

(1) Grundsatz

Erforderlich für eine Sonderanknüpfung ausländischen wirtschaftspolitischen Währungsrechts ist eine enge Verbindung des Sachverhalts zum Erlaßstaat, die völkerrechtliche Kompetenz des Erlaßstaates zur Normsetzung und ein Anwendungsinteresse des Forumstaates[1095].

Wirtschaftspolitisches Währungsrecht, also nach der bisherigen Währungsgeschichte Goldklausel- und andere Wertsicherungsverbote sowie das Verbot, Fremdwährungsverbindlichkeiten einzugehen, ist dadurch charakterisiert, daß es - international betrachtet - den wirtschaftlichen Partikularinteressen des Erlaßstaates dient, der selbst für die Durchsetzung seiner Interessen sorgen muß. Es ist daher als ausländisches hoheitlichen Interessen dienendes Recht grundsätzlich nicht anzuwenden. Für diesen Grundsatz ist es nicht von Bedeutung, ob eine spezielle Vorschrift ohne weiteres ein mit einer Nichtigkeitssanktion belegtes Verbot ausspricht oder ob - wie nach § 3 Satz 1 und 2 WährungsG - erst die

---

1093 Ebenso für Eingriffsnormen allgemein: Drobnig, FS Neumayer 178; Basedow, RabelsZ 52(1988)19f.; ders. NJW 1989,629f.; Kreuzer, Ausländisches Wirtschaftsrecht 96; ders., Parteiautonomie 106-110; Martiny, IPRax 1987,279; MünchKomm-Martiny, Art. 34 Rn. 41; Rehbinder in Immenga/ Mestmäcker § 98 Abs. 2 Rn. 244; Kropholler 419 und 423; siehe insbesondere zum Außenwirtschaftsrecht: Remien, RabelsZ 54(1990)431, 462. A.A. Mann, FS Beiztke 608ff.; Siehr, RabelsZ 1988,73f.

1094 Nicht brauchbar für die Anknüpfung fremden wirtschaftspolitischen Währungsrechts ist die Machttheorie und das ihr nahestehende Territorialitätsprinzip (Siehe dazu z.B. den Überblick bei MünchKomm-Martiny, Art. 34 Rn. 28f.): Die Sanktion der Verletzung wirtschaftspolitischen Währungsrechts ist im allgemeinen lediglich die (zivilrechtliche) Nichtigkeit, also die Nichtdurchsetzbarkeit, ohne daß der Schuldner faktisch gehindert wäre, die übernommene Verpflichtung zu erfüllen. Die Machttheorie, die auf Macht des Erlaßstaates der Eingriffsnorm beruht, diese durchzusetzen, paßt daher nicht.

1095 Kreuzer, Ausländisches Wirtschaftsrecht 90-95 verlangt keine enge Beziehung des Sachverhalts zum Eingriffsstaat, sondern begnügt sich mit der Anforderung der Völkerrechtskonformität und der Förderung der Interessen des Forumsstaates. Dagegen mit Recht Basedow, JZ 1986,1054 und Drobnig, RabelsZ 52(1988)381.

Versäumnis, eine Genehmigung in einem Verwaltungsverfahren einzuholen, oder die Ablehnung der Genehmigung zur Nichtigkeit führt.

Ob und wie die tatsächlichen Wirkungen einer Eingriffsnorm im Rahmen der rechtlichen Abwicklung von Leistungsstörungen bei der Durchführung eines Vertrags zu berücksichtigen sind, richtet sich im Regelfall nach den entsprechenden Vorschriften des Schuldstatuts. Ob sich dies hier übertragen läßt, ist zweifelhaft. Denn im Bereich wirtschaftspolitischen Währungsrechts sind wenige Fälle denkbar, in denen die Folgen eines Verbots als Tatsache berücksichtigt werden könnten: Die Sanktionen der üblichen währungspolitischen Verbotsnormen sind nämlich rechtlicher und nicht tatsächlicher Art. So sind eine ohne Genehmigung der Bundesbank eingegangene Fremdwährungsverbindlichkeit (§ 3 Satz 1 WährungsG) oder ein Vertrag, der eine nicht genehmigte Wertsicherunsklausel enthält (§ 3 Satz 2 WährungsG), schwebend unwirksam, also rechtlich nach deutschem Recht nicht durchsetzbar. Die Parteien sind aber faktisch nicht daran gehindert, sich an ihre Vereinbarung zu halten; es ist nicht etwa verboten, den Fremdwährungsbetrag zu transferieren[1096] oder die Regelungen der vereinbarten Wertsicherungsklausel bei Währungsschwankungen durchzuführen. Wenn eine fremde wirtschaftspolitische währungsrechtliche Eingriffsnorm berücksichtigt werden soll, ist daran zu denken, daß ihre unmittelbaren Rechtsfolgen nach dem Recht des Eingriffsstaates (in aller Regel: Nichtigkeit) in das Schuldstatut entweder direkt oder - bei deutschem Schuldstatut - über § 134 BGB übernommen werden. Beide Wege sind möglich.

Tatsächlich bedeutsam könnten die Folgen der Verletzung einer ausländischen währungspolitischen Verbotsnorm sein, wenn zum Beispiel die Zahlung aufgrund einer (nichtigen) Fremdwährungsverbindlichkeit oder einer (nichtigen) Wertsicherungsklausel zwar nicht direkt verboten ist, aber indirekt sanktioniert wird: Denkbar ist etwa die steuerrechtliche Behandlung als verdeckte Gewinnausschüttung oder die gesellschaftsrechtliche Qualifikation als Verstoß gegen Kapitalerhaltungsvorschriften.

[1096] Wenn das Verbot der Eingehung einer Fremdwährungsverbindlichkeit mit einem entsprechenden Transferverbot gekoppelt ist, handelt es sich jedenfalls bei dem Transferverbot um eine devisenrechtliche Vorschrift, für deren internationalen Anwendungsbereich in aller Regel Art. VIII 2 (b) des Bretton-Woods-Abkommens maßgeblich ist.

(2) Wahl der Währung als Anknüpfungspunkt?

Denkbar ist, mit der Bestimmung der Schuldwährung durch die Parteien oder nach objektiven Gesichtspunkten gleichzeitig das jeweilige wirtschaftspolitische Währungs(eingriffs)recht des Staates der Schuldwährung zu berufen. Dieser Ansatz würde ähnlicher Kritik wie die Einheitsanknüpfung begegnen: Es bestünde eine vergleichbare Diskrepanz zwischen der Freiheit der Parteien, die Schuldwährung in ihrem gemeinsamen Interesse zu wählen, und den davon unabhängigen, für die Parteien regelmäßig nicht kalkulierbaren oder vorhersehbaren wirtschaftspolitischen Interessen des Währungsstaates. Auch hier wird die Diskrepanz besonders deutlich, wenn die Schuldwährung anhand objektiver Auslegungskriterien des Schuldstatuts festgestellt werden muß.

Zudem besteht bei der Wahl einer Währung noch weniger Verbindung zum Eingriffsrecht des Währungsstaats als bei der Wahl des Rechts eines Staates als Vertragsstatut mit dem Eingriffsrecht dieses Staates. Schließlich würde sich die vereinbarte oder anhand objektiver Kriterien bestimmte Währung als Anknüpfungspunkt nicht ohne weiteres eignen: Das Kriterium paßte zwar weitgehend für Verbote von Wertsicherungsklauseln, aber nicht für Verbote, Fremdwährungsverbindlichkeiten einzugehen, denn offensichtlich liegt in solchen Fällen nach dem Recht der gewählten Währung keine Fremdwährungsverbindlichkeit vor, und das Verbot eines Drittstaates wäre nicht anwendbar, weil seine Währung nicht gewählt ist.

Durch die bloße Vereinbarung einer bestimmten Währung wird also noch nicht das wirtschaftspolitische Währungsrecht des Währungsstaats berufen. Dies sollte selbst dann gelten, wenn die Währung des Staates des Vertragsstatuts als Schuldwährung gewählt wird.

Hieraus wird auch deutlich, daß die Wahl einer bestimmten Zahlungswährung oder deren Ermittlung nach objektiven Grundsätzen oder gar deren Festlegung nach dem Recht des Zahlungsorts nicht zur Anwendung des wirtschaftspolitischen Währungsrechts des Staates der Zahlungswährung führen kann.

(3) Ort der Wertbewegung

Das Kriterium der Wertbewegung, das teilweise im Außenwirtschaftsrecht und Devisenrecht zur Bestimmung einer genügend engen Verbindung zur Vornahme einer Sonderanknüpfung vorgeschlagen wurde[1097], paßt für das Währungsrecht nicht, denn es fehlt regelmäßig an einer Wertbewegung: Wirtschaftspolitisches Währungsrecht ist statisch. Es betrifft im Regelfall die Eingehung von Verbindlichkeiten oder den Bestand schon bestehender Verbindlichkeiten, nicht aber die Ausführung von Geldgeschäften und Finanztransaktionen.

(4) Auswirkungsprinzip

Wirtschaftspolitisches Währungsrecht wird im Regelfall zum Schutz der Stabilität und der Funktionsfähigkeit der eigenen Währung und des Währungssystems erlassen. Deshalb könnte als hinreichendes Kriterium für die Anwendung ausländischen wirtschaftspolitischen Währungsrechts die spürbare Auswirkung auf das Währungssystem des Erlaßstaates angesehen werden. Die Auswirkung einer Transaktion oder eines Verhaltens auf den inländischen Markt ist Meßlatte der Anwendung deutschen Wettbewerbs- und Kartellrechts[1098].

Im Zusammenhang mit der Auswirkung von Zahlungsverbindlichkeiten, die aus Verträgen resultieren, auf ein bestimmtes Währungssystem ist allerdings zu klären, was "Auswirkung" bedeuten soll. Denn es ist nicht ohne weiteres klar, worauf die Eingehung von Zahlungsverbindlichkeiten oder die Vereinbarung von Wertsicherungsklausen in welcher Art einwirkt. Nach deutschem Recht ist die Eingehung von Fremdwährungsverbindlichkeiten grundsätzlich unzulässig[1099]. Die Eingehung einer Fremdwährungsverbindlichkeit (zum Beispiel ein Darlehen zwischen Gebietsansässigen der Bundesrepublik Deutschland in Schweizer Franken) verstärkt die internationale Nachfrage nach der Währung, in der abgeschlossen wurde. Das wird für die Währung und das Währungssystem des betroffenen Staates (hier: Schweiz) im Regelfall positiv sein, kann aber auch unerwünscht sein. Wäre nun ein französisches Gericht berufen, über die Wirksamkeit der Fremdwährungsverbindlichkeit zu entscheiden, so würde ein eventuelles Schweizer Verbot, Fremdwährungsverbindlichkeiten einzugehen, außer Betracht bleiben, weil es sich aus Schweizer Sicht gerade nicht um eine Fremdwährungs-

---

1097 Zweigert, RabelsZ 14(1942)295; Wengler, ZvglRWiss 54(1941)168ff. für das Außenwirtschaftsrecht (dagegen Remien, RabelsZ 54(1990)466) und siehe MünchKomm-Martiny Art. 34 Rn. 115 und Anh. I nach Art. 34 Rn. 4 m.w.N.

1098 § 98 Abs. 2 GWB, dazu z.B. MünchKomm-Martiny Art. 34 Rn. 113 m.w.N. in N. 307; Basedow, NJW 1989,628ff.; Rehbinder in Immenga/Mestmäcker § 98 Abs. 2 Rn. 16ff.,227ff.; Basedow, RabelsZ 52(1988)23f.; Zweigert, 50 Jahre Institut 133ff.

1099 Der Grundsatz ist allerdings so stark ausgehöhlt, daß in der Praxis Fremdwährungsverbindlichkeiten regelmäßig zulässig sind.

verbindlichkeit handeln würde. Die Auswirkung auf das deutsche Währungssystem ist schwieriger meßbar, denn es müßte festgestellt werden, daß sich die "Nichteingehung" der Verbindlichkeit in deutscher Währung negativ auf das deutsche Währungssystem ausgewirkt hat[1100].

Trotz dieser praktischen Schwierigkeit, das Auswirkungskriterium sinnvoll zu handhaben, bietet es noch am ehesten einen brauchbaren Anhaltspunkt für eine enge Verbindung des Sachverhalts zum Erlaßstaat[1101]. Die Auswirkung auf ein Währungssystem ist daher eine notwendige Voraussetzung zur Berücksichtigung wirtschaftspolitischen Währungsrechts durch die lex fori.

(5) Anwendungsinteresse der lex fori

Die Auswirkung des Vertragsverhältnisses auf ein bestimmtes Währungssystem ist aber noch keine hinreichende Voraussetzung für die Anerkennung des wirtschaftspolitischen Währungsrechts dieses Staates. Dies führt zum Kern des Problems: Die Forumstaat wird vernünftigerweise fremdes wirtschaftspolitisches Währungsrecht nur dann anwenden, wenn dies nicht nur im Interesse des Erlaßstaates, sondern auch im Interesse des Forumstaats liegt[1102]. Anwendungsinteressen des Forumstaates können verschiedene Ursachen haben: Sie können supernational begründet sein, also auf den gleichgerichteten Interessen vieler Staaten beruhen. Hierfür hat das Außenwirtschaftsrecht Beispiele geliefert[1103]. Diese Gleichrichtung kann auf allgemeiner Anschauung oder auf multinationalen Vereinbarungen beruhen. Allgemeine Anschauung der Völker

1100 Dieses Problem ist bei der Frage der Berücksichtigung fremder Verbote von Wertsicherungsklauseln weniger scharf ausgeprägt, denn wenn der Inhalt einer in einer bestimmten Währung ausgedrückten Geldzahlungsverpflichtung an die Wertentwicklung eines anderen Wirtschaftsgutes oder bestimmter Leistungen verknüpft wird, so wirkt sich das jedenfalls auf das Währungssystem der Schuldwährung aus.

1101 Ebenso MünchKomm-Martiny, Nach Art. 34 Anh. I Rn. 8. Er schlägt als zusätzliche Kriterien zur Ermittlung einer engen Verbindung die Belegenheit von Vermögen und den Wohnsitz der Parteien vor. Dies mag in Einzelfällen weiterhelfen.

1102 Vgl. Anderegg, Diskussionsbericht, RabelsZ 52(1988)263 und Remien, RabelsZ 54(1990) 466; Hentzen, RIW 1989,510: "Wertegleichklang"; Kreuzer, Ausländisches Wirtschaftsrecht 92ff.: "Interessenidentität"; Kegel 717: "Interessengleichheit"; v. Bar I Rn. 266f.: "Umsetzung des Prinzips der Gegenseitigkeit". Für die Anwendung ausländischen Kartellrechts bei Interessengleichheit: Basedow, NJW 1989, 632ff.; Rehbinder in Immenga/Mestmäker § 98 Abs. 2 Rn. 245 m.w.N.

1103 Siehe den Überblick bei Großfeld/Junker 101ff.

wie bei dem nigerianischen Kunstschutzfall[1104] als Kriterium dürfte für den Bereich des wirtschaftspolitischen Währungsrechts ausscheiden, da Währungsrecht von seiner Struktur her grundsätzlich auf Einzelstaaten ausgerichtet ist, so daß sich eine allgemeine Anschauung der notwendigen Art nicht bilden wird.

Multinationale Vereinbarungen können dazu führen, daß jedenfalls die Interessen der Mitgliedstaaten hinsichtlich des Gegenstands der Vereinbarung gleichgerichtet werden. Im Bereich des Währungsrechts ist hier zum Beispiel an die Vereinbarungen der EG-Mitgliedstaaten zur Schaffung einer Europäischen Wirtschafts- und Währungsunion zu denken. Dies setzt im Kern möglichst stabile Währungen aller Teilnehmer voraus. Wenn ein Mitgliedstaat zur Verwirklichung dieses gemeinschaftlichen Zwecks international zwingendes wirtschaftspolitisches Währungsrecht erläßt, das seine Währung schützen soll, dann ist eine Berücksichtigung durch ein deutsches Gericht gerechtfertigt und angemessen.

c) Ergebnis

Als Ergebnis läßt sich also folgender Grundsatz festhalten:

> Ausländisches wirtschaftspolitisches Währungsrecht ist grundsätzlich nicht anzuwenden. Wirkt sich ein Vertragsverhältnis auf das Währungssystem eines fremden Staates aus, so ist dessen wirtschaftpolitisches Währungsrecht anzuwenden, wenn dieser Staat völkerrechtlich zu dessen Erlaß berechtigt ist und wenn die Anwendung auch den Interessen des Forumstaates dient. Dann ist es unabhängig vom Schuldstatut und der Schuld- und Zahlungswährung anzuwenden.

1104 BGH 22.6.1972, BGHZ 59,83.

III. Ordnungspolitisches Schuldrecht mit Währungsbezug

1. Recht der lex fori

Als Grundsatz gilt wie bei der Anwendung wirtschaftspolitischen Währungsrechts der lex fori:

> Ordnungspolitisches Schuldrecht mit Währungsbezug der lex fori ist unabhängig vom Schuldstatut, der Schuld- und der Zahlungswährung immer anzuwenden, wenn es den Sachverhalt materiell erfaßt und internationalen Geltungswillen besitzt.

Die wichtigste praktische Einschränkung dürfte sein, daß die Tatbestandsvoraussetzungen ordnungspolitischen Schuldrechts mit Währungsbezug in Fällen mit Auslandsberührung oft nicht erfüllt sein werden: So erfaßte das UmstellungsG von 1948 nur auf Reichsmark lautende Ansprüche und keine Fremdwährungsforderungen. Ob eine Vorschrift international zwingend ist, richtet sich nach ihrem durch Auslegung zu ermittelnden Inhalt.

Ein dogmatisches Problem stellt in diesem Zusammenhang der auf § 242 BGB beruhende Grundsatz der "freien Aufwertung" dar: Handelt es sich dabei um einen aus einer ungeschriebenen Eingriffsnorm abzuleitenden international zwingenden Grundsatz oder ist er über § 138 BGB oder gar den positiven ordre public anzuwenden? Im Ergebnis ist diese Frage wenig interessant, denn der Grundsatz der freien Aufwertung wird sich gegen ein fremdes Schuldstatut immer durchsetzen. Wegen seines ordnungspolitischen und gläubigerschützenden Hintergrundes scheint eine Einordnung als ungeschriebene Eingriffsnorm seinen Charakter am besten zu treffen. Daraus folgt aber, daß die Anforderungen an die Anwendungsvoraussetzungen der freien Aufwertung von Fremdwährungsforderungen sich nicht von denjenigen der freien Aufwertung von Forderungen in Inlandswährung unterscheiden sollten, soweit die Aufwertung von Fremdwährungsforderungen nicht gesondert anzuknüpfen ist.

2. Ausländisches ordnungspolitisches Schuldrecht mit Währungsbezug

Wie sich im Verlauf dieser Arbeit gezeigt hat, sind Vorschriften dieses Typs mindestens bifunktional und gelegentlich multifunktional: Sie dienen einerseits dem pauschalierten schuldrechtlichen Interessenausgleich, verfolgen aber zugleich erhebliche volkswirtschaftliche Staatsinteressen. Dieser Gemengelage ist bei der Ermittlung ihres Anwendungsbereichs Rechnung zu tragen. Trotz der wirtschaftspolitischen Interessen, die mit diesen Vorschriften **auch** verfolgt werden, ist eine andere Bewertung erforderlich als bei wirtschaftspolitischem Wirtschaftsrecht, das **ausschließlich** staatlichen Interessen dient.

Innerhalb des ordnungspolitischen Schuldrechts gibt es verschiedene Typen von Vorschriften, die unterschiedliche Interessen unterschiedlich stark gewichten. So läßt sich feststellen, daß die Aufwertungsgesetzgebung der Zwanziger Jahre wohl stärker den interindividuellen Interessenausgleich bezweckte als die Umstellungsregeln der Währungsreform 1948. In ihrer Multifunktionalität sind sie sich aber so ähnlich, daß die Berücksichtigung vergleichbarer ausländischer Vorschriften durch deutsche Gerichte grundsätzlich anhand derselben Kriterien erfolgen kann[1105]. Im folgenden werden Vorschriften dieser Art "Ausgleichsregeln" genannt.

Ziel der Berücksichtigung ausländischer Ausgleichsregeln muß sein, einen möglichst gerechten Ausgleich der Parteiinteressen zu erreichen. Ergebnisse wie in Anderson v. Equitable Assurance Society of the United States[1106] und In re Chesterman`s Trusts[1107] müssen vermieden werden. Jegliche Anwendung ausländischer Ausgleichsregeln muß allerdings unter dem Vorbehalt stehen, daß sie den Interessen des Forums nicht zuwiderläuft. Unter Berücksichtigung dieses Vorbehalts sollten ausländische Ausgleichsregeln mehrstufig angeknüpft werden:

Zunächst sollten die Ausgleichsregeln des Staates der Schuldwährung berufen werden[1108]. Denn diese sind wegen ihrer Sachnähe am ehesten geeignet, einen Interessenausgleich zu gewährleisten. Die Parteien können die Schuldwährung

---

1105 Eine andere Bewertung ist erforderlich, wenn der wirtschaftspolitische Zweck einer fremden Vorschrift des ordnungspolitischen Schuldrechts mit Währungsbezug offensichtlich im Vordergrund steht. Dann muß bei der Frage der Berücksichtigung dieser Vorschrift das Ziel des interindividuellen Interessenausgleichs zwischen den Parteien als Anwendungskriterium hinter allgemeine Kriterien der Berücksichtigung fremden Währungseingriffsrechts zurücktreten. Insoweit sollten die eben bei der Berücksichtigung fremden wirtschaftspolitischen Währungsrechts skizzierten Kriterien maßgebend sein.

1106 (1926) 134 L.T. 557; siehe oben S. 176.

1107 [1923] 2 Ch. 466; siehe oben S. 175.

1108 Zur Klarheit sei betont, daß diese Anknüpfung nicht etwa als "währungsrechtliche" (= öffentlich-rechtliche) Anknüpfung zu verstehen ist.

wählen, und es ist anzunehmen, daß sie die vom Währungsstaat vorgesehenen oder später erlassenen Ausgleichsregeln für den Fall gravierender Währungsveränderungen ebenfalls vereinbaren wollen. Das gilt auch dann, wenn die Schuldwährung aufgrund objektiver Kriterien bestimmt wird. Der Unterschied dieser Anknüpfung zur oben abgelehnten Einheitsanknüpfung von Eingriffsrecht liegt auf der Hand: Die Ausgleichsregeln dienen eben auch in erheblichem Ausmaß dem Interessenausgleich der Parteien und nur in eingeschränktem Maß staatlichen Interessen.

Enthält das Recht der Schuldwährung keine Ausgleichsregeln oder sind diese nicht auf den Sachverhalt anwendbar, so gelten die Ausgleichsregeln des Schuldstatuts, des eigentlich von den Parteien zu Regelung ihrer Rechtsbeziehungen gewählten Rechts. Den Ausgleichsregeln des Währungsstaates gebührt der Vorzug, weil das Schuldstatut selten Ausgleichsregeln für Währungsstörungen einer anderen Währung vorsehen wird.

Enthält auch das Schuldstatut keine Ausgleichsregeln oder sind sie nicht anwendbar, so greift im Fall eines Wertverfalls der Schuldwährung als dritte Stufe der Grundsatz der freien Aufwertung nach § 242 BGB ein.

Die Grundregel für Wertveränderungen von Währungen lautet also:

> Ändert sich der Wert der Schuldwährung eines Vertragsverhältnisses, so finden Anpassungen des Schuldinhalts nach den Ausgleichsregeln des Staates der Schuldwährung statt. Ist danach keine Anpassung vorzunehmen, richtet sich eine Anpassung nach den Ausgleichsvorschriften des Schuldstatuts. Kommt es auch hiernach zu keiner Anpassung, so ist der Schuldinhalt nach § 242 BGB anzupassen.

Im Fall von Währungsumstellungen sollten grundsätzlich die Umstellungsvorschriften des Staates der Schuldwährung angewendet werden. Andere beteiligte Rechtsordnungen (Schuldstatut, lex fori) werden im Regelfall keine Regeln darüber enthalten. Sind die Umstellungsvorschriften des Staates der Schuldwährung mangels internationalen Geltungswillens oder aus anderen Gründen nicht anwendbar, ist das Ergebnis der Nichtanwendbarkeit der Umstellungsregeln des Währungsstaates am deutschen ordre public zu prüfen. Bei deutschem Schuldstatut sind möglicherweise Korrekturen über § 242 BGB möglich. Genauere Aussagen lassen sich hierzu nicht machen.

IV. Folgerungen für den Inhalt des Währungsstatuts

Die für die Berücksichtigung ausländischen wirtschaftspolitischen Währungsrechts und ordnungspolitischen Schuldrechts mit Währungsbezug vorgeschlagenen Lösungsansätze führen zu einer Neubestimmung des Begriffs "Währungsstatut". Oben[1109] wurde noch offengelassen, ob diese Vorschriften zum Währungstatut gehören. Nun läßt sich feststellen, daß neben dem interessenneutralen Währungsrecht, an dessen Zugehörigkeit zum Währungsstatut überhaupt keine Zweifel bestehen, auch das ordnungspolitische Schuldrecht mit Währungsbezug zum Währungsstatut gehört. Dagegen folgt die Berücksichtigung ausländischen wirtschaftspolitischen Währungsrechts eigenen Regeln; es ist gesondert anzuknüpfen, und seine Berücksichtigung folgt nicht aus der Wahl oder Bestimmung der Schuldwährung.

[1109] S. 75.

Zusammenfassung der Ergebnisse

Die wichtigsten Ergebnisse dieser Untersuchung lassen sich thesenartig wie folgt zusammenfassen:

1. Der das deutsche Währungssystem beherrschende Grundsatz des technischen Nominalismus, wonach der Wert eines Geldzeichens durch seinen Nominalwert bestimmt wird, wurzelt im Währungsverfassungsrecht. Die Geltung des schuldrechtlichen Nominalismus ist keine Folge des pauschalierten allgemeinen Parteiwillens, sondern unmittelbare Konsequenz des technischen Nominalismus.

2. Währungsrecht ist öffentliches Recht und setzt sich aus Organisationsnormen, funktionellen Normen und Schutznormen zusammen. Normen, die lediglich einen Bezug zu Währung haben, sind kein Währungsrecht.

3. Bei Einführung einer neuen Währung ist für die Zwecke des internationalen Privatrechts streng zwischen dem rekurrenten Anschlußverhältnis und einem eventuellen Umstellungsverhältnis zu unterscheiden: Durch das rekurrente Anschlußverhältnis wird das mathematische Verhältnis der neuen Währungseinheit zu ihrer Vorgängerin festgelegt. Geldschuldverhältnisse werden dadurch nicht berührt, sondern ohne Änderung des jeweiligen Wertverhältnisses in das neue Währungssystem übertragen. Deswegen kann es kein differenziertes rekurrentes Anschlußverhältnis geben. Das rekurrente Anschlußverhältnis zwischen der Reichsmark und der Deutschen Mark bei der Währungsreform 1948 und zwischen der Mark der DDR und der Deutschen Mark bei der deutsch-deutschen Währungsunion 1990 betrug jeweils 1 : 1.

4. Das Umstellungsverhältnis bezieht sich auf Geldschuldverhältnisse und entspricht grundsätzlich dem rekurrenten Anschlußverhältnis. Aus ordnungspolitischen Erwägungen ist eine differenzierte Umstellung

verschiedener Arten von Geldschuldverhältnissen möglich: Dies war sowohl bei der Währungsreform 1948 als auch bei der Währungsunion 1990 der Fall.

5. Eine rechtlich beachtliche Währungsänderung liegt grundsätzlich nur dann vor, wenn sich die Identität der Währungseinheit verändert.

6. Für die Zwecke des internationalen Privatrechts ist eine Abgrenzung von Devisenrecht und Währungsrecht erforderlich, weil es für den Bereich des internationalen Devisenrechts eine völkerrechtliche Bestimmung (Art. VIII 2 b des Bretton-Woods-Abkommens) gibt, die die Beachtung ausländischen Devisenrechts für bestimmte Fälle ausdrücklich anordnet, und für den Bereich des internationalen Währungsrechts eine solche Bestimmung fehlt. Daher können nur Vorschriften, die nicht von Art. VIII 2 b des Bretton-Woods-Abkommens erfaßt werden, zum autonomen internationalen Währungsrecht gehören.

7. Devisenkontrollbestimmungen im Sinn von Art. VIII 2 b des Bretton-Woods-Abkommens sind Bestimmungen, die den Zahlungs- oder Kapitalverkehr eines Landes mit dem Ausland oder mit ausländischen Vermögenswerten direkt betreffen. Auf den jeweiligen Schutzzweck kommt es nicht an.

8. Die Unterscheidung zwischen Devisenkontrollbestimmungen und Währungsrecht erfolgt nach rein formalen Kriterien: Wenn eine Vorschrift den **Verkehr** mit Vermögenswerten mit dem Ausland regelt, so liegt eine Devisenkontrollbestimmung vor. Regelt eine Bestimmung dagegen das nationale Währungssystem oder die nationale Währung, ohne daß sie ein Verkehrselement enthält, so handelt es sich um eine währungsrechtliche Norm. Auf den Zweck der Vorschriften kommt es nicht an.

9. Für die Qualifikation einer Norm als als währungsrechtliche Eingriffsnorm im kollisionsrechtlichen Sinn ist es unerheblich, ob es sich um eine schuldrechtliche oder eine öffentlich-rechtliche Norm handelt. Stattdessen kommt es auf die der jeweiligen Norm zugrundeliegenden Interessen an. In diesem Zusammenhang lassen sich drei Gruppen währungsrechtlicher Normen unterscheiden: Interessenneutrales Währungsrecht, wirtschaftspolitisches Währungsrecht und ordnungspolitisches Schuldrecht mit Währungsbezug.

10. Bloßes Schuldrecht mit Währungsbezug ist kein währungsrechtliches Eingriffsrecht. Insbesondere ist § 244 BGB keine einseitige, währungsrechtlich begründete Kollisionsnorm; der Entstehungsgeschichte der Vorschrift ist nicht zu entnehmen, daß sie die einheimische Währung privilegieren soll. § 244 BGB ist auch keine Norm des zwingenden Schuldrechts, da sie abwählbar ist und das Ziel des historische historischen Gesetzgebers, dem Schuldner das Zahlen zu erleichtern, wegen der modernen Zahlungsmöglichkeiten nicht mehr besteht. § 244 BGB ist eine rein sachrechtliche Norm des Schuldrechts.

11. Interessenneutrales Währungsrecht besteht aus den für den Bestand eines Währungssystems konstitutiven währungsrechtlichen Rahmenvorschriften, also aus währungsrechtlichen Organisations- und Funktionsnormen, die Ausfluß der jeweiligen staatlichen Währungssouveränität sind. Hierzu gehört unter anderem die Umsetzung von Entscheidungen des Gesetzgebers, eine neue Währung einzuführen, das rekurrente Anschlußverhältnis festzulegen oder vom Goldstandard einer Währung abzurücken.

12. Zum wirtschaftspolitischen Währungsrecht gehören Normen, die wirtschaftspolitische Ziele verfolgen und den Bestand des Währungssystems sowie die Funktionsfähigkeit der Währung schützen sollen. Diese Normen sind Eingriffsnormen im klassischen Sinn. Hierzu gehören insbesondere Verbote, Fremdwährungsverbindlichkeiten einzugehen (§ 3

Satz 1 WährungsG), Wertsicherungsklauseln oder Goldklauseln zu vereinbaren (§ 3 Satz 2 Währungsgesetz). Diese Vorschriften nehmen keine Rücksicht auf die von ihnen betroffenen Privatinteressen.

13. Ordnungspolitisches Schuldrecht mit Währungsbezug ist mindestens bifunktional: Es wurzelt nicht nur im staatlichen Interesse, sondern dient gleichzeitig dem interindividuellen Interessenausgleich Privater. Hierzu zählen unter anderem die Aufwertungsregelungen nach der Inflation in den Zwanziger Jahren und die Umstellungsregelungen für Geldschuldverhältnisse im Rahmen der Währungsreform 1948 und der Währungsunion 1990.

14. Eigenes interessenneutrales Währungsrecht ist unabhängig vom Schuldstatut immer anzuwenden, wenn die eigene Währung Schuld- oder Zahlungswährung ist. Fremdes interessenneutrales Währungsrecht ist unabhängig vom Schuldstatut immer anzwenden, wenn die Währung des betreffenden Staates Schuld- oder Zahlungswährung ist, denn nur das Recht dieses Staates kann den Charakter und die Organisation seiner Währung regeln. Die Anwendung des fremden Rechts ist also erforderlich, um den Inhalt der Schuld bzw. die Art des Zahlungsmittels feststellen zu können. Darüber hinaus ist die Ausübung fremder Währungssouveränität anzuerkennen.

15. Eigenes wirtschaftspolitisches Währungsrecht ist Eingriffsrecht und setzt sich immer durch. Es ist anzuwenden, wenn es den jeweiligen Sachverhalt materiell erfaßt und internationalen Geltungswillen besitzt. Die Anwendung darf allerdings nicht gegen EG-Recht verstoßen: Die 4. Richtlinie des Rates zur Liberalisierung des Kapitalverkehrs verwirklicht die Kapitalverkehrsfreiheit umfassend und statuiert unmittelbare Individualrechte. Der Kapitalverkehr darf also durch die Anwendung wirtschaftspolitischen Währungsrechts nicht behindert werden. § 3 Satz 2 Währungsgesetz, wonach die Vereinbarung von Wertsicherungsklauseln der Genehmigung bedarf, stellt eine unzulässige "Maßnahme gleicher Wirkung" dar, weil die Beschränkung der Vereinbarung von Wertsicherungsklauseln zu einer Beeinträchtigung des

Kapitalverkehrs führt: Nach § 3 Satz 2 Währungsgesetz unwirksame Wertsicherungsklauseln können nicht durchgesetzt werden. Damit die Anwendung dieser Vorschrift nicht gegen den EWG-Vertrag verstößt, ist ihr Anwendungsbereich auf Vereinbarungen zwischen Gebietsansässigen beschränkt.

16. Fremdes wirtschaftspolitisches Währungsrecht ist als ausländischen ordnungspolitischen Staatsinteressen dienend grundsätzlich auch dann nicht anzuwenden, wenn das Recht des Erlaßstaates Schuldstatut oder die Währung des Erlaßstaates Schuldwährung ist. Es ist ausnahmsweise anzuwenden, wenn sich ein Vertragsverhältnis auf das Währungssystem des Erlaßstaates auswirkt und die Anwendung auch im Interesse des Forumstaates liegt.

17. Eigenes ordnungspolitisches Schuldrecht mit Währungsbezug ist ebenso wie wirtschaftpolitisches Währungsrecht immer dann anzuwenden, wenn es den Sachverhalt materiell erfaßt und internationalen Geltungswillen hat.

18. Ausländisches ordnungspolitisches Schuldrecht mit Währungsbezug dient gleichzeitig fremden Staatsinteressen und dem Interessenausgleich Privater. Im Regelfall enthält es Ausgleichsregeln zur Bewältigung tiefgreifender Währungsstörungen oder Währungsreformen. Um einen möglichst gerechten Ausgleich der Parteiinteressen zu erreichen, sind diese Ausgleichsregeln unter dem Vorbehalt, daß ihre Anwendung nicht gegen die Interessen des Forums verstößt, mehrstufig anzuknüpfen: Zunächst werden die Ausgleichsregeln des Staates der Schuldwährung berufen. In zweiter Linie sind die Ausgleichsregeln des Schuldstatuts anwendbar. Im Fall von Wertveränderungen der Währung ist schließlich der aus § 242 BGB abgeleitete Grundsatz der freien Aufwertung anzuwenden.

19. Zum Währungsstatut gehört neben dem interessenneutralen Währungsrecht und den öffentlicherechtlichen geldrechtlichen Vorschriften des Währungsstaates auch das ordnungspolitische Schuldrecht mit Währungsbezug, nicht dagegen das wirtschaftspolitische Währungsrecht. Das Währungsstatut ergibt sich aus der Schuldwährung, die ihrerseits nach den Regeln des Schuldstatuts bestimmt wird. Das Währungsstatut bestimmt nicht, in welcher Währung ein Anspruch entsteht oder zu erfüllen ist.

Anhang

Die für diese Untersuchung wichtigsten Bestimmungen des Umstellungsgesetzes von 1948 lauteten auszugsweise:

Teil II Schuldverhältnisse

Erster Abschnitt Allgemeine Bestimmungen

§ 13 Begriffsbestimmungen

(1) Schuldverhältnisse im Sinne dieses Gesetzes sind alle auf die Zahlung einer Geldsumme gerichteten Forderungen (einschließlich Gerichtskosten und Strafen) mit Ausnahme der Guthaben bei Geldinstituten.

(2) Allgemeine Schuldverhältnisse im Sinne dieses Gesetzes sind alle Schuldverhältnisse (Abs. 1) mit Ausnahme der Ansprüche aus Pfandbriefen und verwandten Schuldverschreibungen sowie der Versicherungsansprüche (einschließlich der Ansprüche aus Bausparverträgen).

(3) Reichsmarkverbindlichkeiten und Reichsmarkforderungen im Sinne dieses Gesetzes sind alle Verbindlichkeiten und Forderungen aus vor dem 21. Juni 1948 begründeten Schuldverhältnissen (Abs. 1), die auf Reichsmark, Rentenmark oder Goldmark lauten oder nach den vor dem Inkrafttreten des Währungsgesetzes in Geltung gewesenen Vorschriften in Reichsmark zu erfüllen gewesen wären. Auf Reichsmarkverbindlichkeiten, die bei Beginn des 21. Juni 1948 bereits erloschen waren, findet dieses Gesetz keine Anwendung.

(4) Angehörige der Vereinten Nationen im Sinn dieses Gesetzes sind:

a) natürliche Personen, die zu irgendeinem Zeitpunkt zwischen dem 1. September 1939 und dem 27. Juni 1948 Staatsangehörige einer der Vereinten Nationen waren oder, bei doppelter Staatsangehörigkeit, die Staatsangehörigkeit einer der Vereinten Nationen besaßen, mit Ausnahme von Personen mit solcher doppelter Staatsangehörigkeit, die zu irgendeinem Zeitpunkt zwischen dem 1. September 1939 und dem 8. Mai 1945 in Deutschland wohnhaft waren und im vollen Genuß der deutschen Staatsbürgerrechte standen;

b) juristische Personen und Personenvereinigungen, die am 8. Mai 1945 gemäß den Gesetzen einer der Vereinten Nationen bestanden und am 27. Juni 1948 gemäß den Gesetzen einer der Vereinten Nationen bestehen[1].

§ 14 Verbindlichkeiten des Reichs und gleichgestellte Verbindlichkeiten

Vorbehaltlich einer allgemeinen Regelung für die Ansprüche der im § 13 Abs. 4 bezeichneten Personen und Vereinigungen finden die Vorschriften im zweiten, dritten und vierten Abschnitt von Teil II dieses Gesetzes auf folgende Reichsmarkverbindlichkeiten keine Anwendung:

1. Verbindlichkeiten des Reichs,

2. Verbindlichkeiten der NSDAP, ihrer Gliederungen und angeschlossenen Verbände, sowie aller übrigen Organisationen, die von der Militärregierung aufgelöst worden sind,

3. vor dem 9. Mai 1945 begründete Verbindlichkeiten der Reichsbahn und der Reichspost, soweit sie nicht von den Bahn- und Postverwaltungen im Währungsgebiet übernommen werden,

4. Verbindlichkeiten der Reichsbank, soweit sie nicht von den Landeszentralbanken übernommen werden,

---

1 § 13 Abs. 4 in der Fassung des Gesetzes Nr. 55 der AHK vom 31.5.1951 (AHKABl. S. 917).

5. vor dem 9. Mai 1945 begründete Verbindlichkeiten der Metallurgischen Forschungsgemeinschaft, der Wirtschaftlichen Forschungsgesellschaft und anderer für die Zwecke der Kriegsfinanzierung oder Kriegsführung errichteter Gesellschaften im unmittelbaren oder mittelbaren Besitz eines der vorstehend bezeichneten Rechtsträger.

§ 15 Verbindlichkeiten gegenüber Angehörigen der Vereinten Nationen

(1) Die Vorschriften im Teil II dieses Gesetzes finden auch auf Reichsmarkverbindlichkeiten gegenüber Angehörigen der Vereinten Nationen Anwendung. Dies gilt nicht, wenn der Gläubiger die Annahme einer anch den Vorschriften dieses Gesetzes angebotenen oder bewirkten Leistung verweigert oder bis zum 20. August 1948[2] durch Erklärung gegenüber dem Schuldner der in diesem Gesetz vorgeschriebenen Umstellung des Schuldverhältnisses auf Deutsche Mark widerspricht.

(2) Im Falle des Abs. 1 Satz 2 ist das Land, in dem sich der Wohnsitz, Sitz oder Ort der Niederlassung des Schuldners befindet, dem Schuldner gegenüber verpflichtet, ihn von allen Verbindlichkeiten zu befreien, die ihm gegebenenfalls auf Gurnd des Vorbehalts des Gläubigers über die Verpflichtungen hinaus auferlegt werden, die sich für ihn bei einer Umstellung des Schuldverhältnisses nach den Vorschriften des § 16 ergeben würden. Der Schuldner darf die zusätzliche Verbindlichkeit und den Befreiungsanspruch gegenüber dem Land erst dann als Passivum bzw. Aktivum in seine Bilanz einsetzen, wenn die Höhe der Verpflichtung endgültig feststeht.

(3) Ist ein Angehöriger der Vereinten Nationen vertraglich berechtigt, wegen einer ihm gegen einen deutschen Schuldner zustehenden Forderung in deutscher oder ausländischer Währung von einem anderen Deutschen Befriedigung zu verlangen, so ist das Land, in dem sich der Wohnsitz, Sitz oder Ort der Niederlassung des Zweitschuldners befindet, verpflichtet, diesen von allen etwaigen zusätzlichen Verbindlichkeiten im Sinne des Abs. 2 zu befreien.

---

2 Durch die 7. DVO zum UmstellungsG geändert in "20. Oktober 1948".

(4) Im Falle des Abs. 1 Satz 2 können Ansprüche aus dem Schuldverhältnis nicht geltend gemacht werden, solange das Schicksal der Reichsmarkverbindlichkeiten gegenüber Angehörigen der Vereinten Nationen nicht endgültig geregelt worden ist.

(5) Eine in ausländischer Währung eingegangene Verbindlichkeit kann nur mit Zustimmung des Gläubigers in Deutscher Mark erfüllt werden.

§ 16 Umstellung der Reichsmarkverbindlichkeiten auf Deutsche Mark

(1) Die Reichsmarkforderungen werden grundsätzlich mit der Wirkung auf Deutsche Mark umgestellt, daß der Schuldner an den Gläubiger für je zehn Reichsmark eine Deutsche Mark zu zahlen hat.

(2) ...

(3) Die Heranziehung der Schuldnergewinne zum Lastenausgleich obliegt der deutschen Gesetzgebung.

§ 18 Sonderregelung für bestimmte Reichsmarkverbindlichkeiten

(1) Folgende Reichsmarkverbindlichkeiten werden in Abweichung von § 16 mit der Wirkung auf Deutsche Mark umgestellt, daß der Schuldner für jede Reichsmark eine Deutsche Mark zu zahlen hat:

1. Löhne und Gehälter, Miet- und Pachtzinsen, Altenteile, Renten, Pensionen und andere regelmäßig wiederkehrende Leistungen, die nach dem 20. Juni 1948 fällig geworden sind oder fällig werden,

2. Verbindlichkeiten aus Kaufverträgen und Werkverträgen, wenn und soweit die Gegenleistung vor dem 21. Juni 1948 noch nicht bewirkt war,

3. Verbindlichkeiten aus der Auseinandersetzung zwischen Gesellschaftern, Miterben, Ehegatten, geschiedenen Ehegatten, Eltern und Kindern, Verbind-

lichkeiten gegenüber Pflichtteilberechtigten und Vermächtnisnehmern sowie Verbindlichkeiten, die der Übernehmer eines guts oder eines Vermögens dem anderen Vertragsteil gegenüber zur Abfindung eines Dritten eingegangen ist,

4. alle am 19. und 20. Juni 1948 eingegangenen Reichsmarkverbindlichkeiten.

(2) Absatz 1 findet keine Anwendung auf wiederkehrende Leistungen, die für einen vor dem 1. Juni 1948 liegenden Zeitraum geschuldet werden.

(3) Alle Reichsmarkverbindlichkeiten aus Schuldverhältnissen zwischen Geldinstituten im Währungsgebiet erlöschen.

Sachverzeichnis

§ 3 Satz 1 Währungsgesetz
- Anwendungsbereich 112

§ 3 Satz 2 Währungsgesetz
- internationaler Anwendungsbereich 125ff.

§ 49 AWG 111

§ 244 BGB 87ff.
- währungsrechtliche Kollisionsnorm 87
- Entstehungsgeschichte der Norm 89f.
- zwingendes Recht 101

Abwertung 3, 44, 132ff.

Aufwertung 3, 44, 134ff.
- Anleihen 142
- ausländische Währung 144ff.
- fremdes Schuldstatut 147ff.
- von Fremdwährungsforderungen 146
- Hypothek 138ff.
- Kriegsanleihen 146
- ordre public 150
- Versicherungsansprüche 143, 171, 175

Aufwertungsgesetz 136ff.

Aufwertungsrecht 131

Aufwertungsvorschriften
- Disponibilität 86

ausländische Eingriffsnormen, s. Eingriffsnormen

Außenwirtschaftsgesetz 55

Bank Charter Act 1844 19

Bank of England 19
- Aufgaben 29

Banknoten
- Emissionsrecht 30

Bretton-Woods-Abkommen, s. Devisenrecht

Bundesbank
- Aufgaben 28f.

Carter Freeze Order vom 14.11.1979 61

coinage 7

currency 6

currency unit 32; s.a. Währungseinheit

D-Mark
- Außenwert 23

Darlehenskassenscheine 17

Deflation 42

deutsch-deutsche Währungsunion 83f., 132, 165

Deutscher Zollverein 10, 15

Devisen
- Begriff 52

Devisenbeschränkungen 59

Devisenkontrakt 57

Devisenkontrollbestimmung 56ff., 63, 168, 197

Devisenkontrolle 59
- England 115f.

Devisenrecht 51ff.
- ausländisches autonomes 67
- der lex fori 55
- Recht der Kapitalverkehrskontrolle 53
- und Bretton-Woods-Abkommen 23, 51, 56ff., 168

Devisenrestriktion 59

discriminatory currency arrangement 63

EG-Recht 126

Eingriffsnormen 81, 180
- ausländische 167, 180ff., 187, 211
- Berücksichtigung 186
- währungsrechtliche 179

Eingriffsrecht 167, 209
Einheitsanknüpfung 187, 212ff.
Eisenbahnanleihen 9, 10, 104, 106, 169
Emissionsgesetz 21
Europäische Zentralbank 24
Europäisches System der Zentralbanken 24
Europäisches Übereinkommen über den Ort der Zahlung von Geldschulden vom 16.5.1972 73
Europäisches Übereinkommen über Fremdwährungsverbindlichkeiten vom 11.12.1967 73
Europäisches Währungssystem 24
European Currency Unit 24
exchange contract 57
exchange control legislation 54
exchange control regulation, s. Devisenkontrollbestimmung
exchange restriction 59

Fremdwährungsschulden 110ff., 111, 113, 148, 150
- Beschränkungen 110
Fremdwährungsverbindlichkeiten 215
- Verbot von 196

Geld
- Bargeld 45, 46
- Begriff 45
- Buchgeld 47
- Funktionen 29
- Geldmenge M 3 45
- Geldzeichen 45
- Giralgeld 45, 46f.
- Recheneinheit 29
- Sachgeld 46
- Schuldentilgungsfunktion 29
- Tauschmittel 29
- Thesaurierungsfunktion 29
- Währungsgeld 46
Geldbegriff
- gegenständlicher 7
- institutioneller 7
Geldbetragsschulden 14
Geldrecht 45ff.
- im engeren Sinn 50
Geldschuldrecht 50f.
Geldsummenschulden 8, 13, 14f.
Geldverfassung 6
Geldwertschulden 14f.
Geldwertveränderung 13
Geldverfassung 25
Geldzeichen
- Recht der 50
Gesetz über Fremdwährungs-Schuldverschreibungen 120, 121
gesetzliches Zahlungsmittel
- Anerkennung 172
Gold Standard (Amendment) Act 1931 12, 31, 173
Golddeckungspflicht 18
Goldkernwährung 18, 33, 41
Goldklausel 117, 121, 175
- England 118
- Verbot von 31, 120, 190ff.
Goldmarkklausel 117
Goldmünzen
- als gesetzliches Zahlungsmittel 16, 18
Goldmünzklausel 117, 118
Goldpreisklausel 117
Goldsovereign 75, 169
Goldstandard
- Abrücken vom 173
- England 20
Goldumlaufwährung 18, 33, 41
Goldwährung 10, 16, 18
Goldwertklausel 105, 108, 117, 173
Goldwertschuld 108

Homburger Plan 123

Inflation 17, 42, 175
- zurückgestaute 20
Internationaler Währungsfonds 23

internationales Devisenrecht 168

Joint Resolution 31, 120, 190ff., 198
- deutsche Rechtsprechung 191
- englische Rechtsprechung 193

Kapitalverkehr 54
Kapitalverkehrsfreiheit 127
Kapitalverkehrsrichtlinien 126
Kaufkraft 13
Kölnische Mark 15, 94
Kriegsanleihen 171
Kurswerttheorie 9

Lateinische Münzunion 169
law of the currency 75
legal tender legislation 7, 29, 172
liquidated sum 14
Londoner Schuldenabkommen 87, 153, 154

Machttheorie 214
Mark = Mark-Gesetz 122, 124
Mark = Mark-Grundsatz 12, 134
Maßnahme gleicher Wirkung 127
medium of exchange 7
Metallismus 8
monetary unit 32; s.a. Währungseinheit
money of account 72
money of payment 72
MRG 51 122
multiple currency practices 63
Münzregal 30

Nennwertprinzip s. Nominalismus
Nominalismus 7ff., 174ff.
- geldschuldrechtlicher 13
- geldtheoretischer 8
- Geltungsbereich 12
- im geltenden Recht 12
- schuldrechtlicher 8
- strikter 13
- technischer 8, 13, 169
- Währungsverfassungsrecht 13
nominalistic principle s. Nominalismus
Nominalwertprinzip s. Nominalismus
Normenhäufung 208

ordnungspolitisches Schuldrecht mit Währungsbezug 83ff., 131ff., 220ff.
- ausländisches 200ff.
ordre public 110
overriding statutes 109

Papierwährung 9, 23, 33, 41
penal laws 182
Prozeßrecht
- englisches 103
public law 181
public policy 109

Rechnungseinheit 6
Reichsbank 16
Reichskassenscheine 16f.
Reichsmark 18
Reichsmünzordnung von 1559 5, 92, 94
Reichswährung
- gemeinsame 16
rekurrenter Anschluß 22, 33f., 105
rekurrentes Anschlußverhältnis 36, 39ff., 153
Rentenmark 18

Schuldrecht mit Währungsbezug 79, 87ff.
Schuldstatut 180
Schuldstatutstheorie 187, 213
Schuldwährung 72, 77, 209
- Bestimmung der 72
Sonderanknüpfung 110, 180, 211
- ausländischen wirtschaftspolitischen Währungsrechts 214ff.
- Auswirkungsprinzip 217
Staatsvertrag 21f., 37, 111, 165

Statutenwechsel 147, 158
Statutsspaltung 188
Sterling
- Name 18
Substitutionsbefugnis 74, 87ff.
- in England 96ff.
- rechtshistorischer Rückblick 94
- zwingendes Recht 101

Territorialitätsprinzip 180, 214
Transferrubel 165

Umstellung 152ff.
- ausländische Währung 161f.
- deutsche Währung 156
- deutsches Schuldstatut 156
- fremdes Schuldstatut 163
- Versicherungsansprüche 156
- von DDR-Mark-Schulden 37, 40
- von Reichsmarkforderungen 36
Umstellungsgesetz 21, 36, 38, 107, 132, 153ff.
- § 15 155
Umstellungsrecht
- Rechtsnatur 158
Umstellungsverhältnis 39ff.
Umstellungsvorschriften
- Disponibilität 86
unit of account, s. Währungseinheit
unliquidated sum 14

valor impositus 9
Valorismus 8, 11
Valutakontrolle 59
Valutarestriktion 59

Währung 5ff.
- Außenwert 3, 24
- Begriff 5ff.
- Definition 6
- Kaufkraft 53
- Untergang 105
Währungsklausel
- bunte 10
Währungsänderung 31ff., 194
- äußere 32, 35
- Begriff 32
- Deflation 42
- extrinsic 32
- Inflation 42
- innere 32
- intrinsic 32
- materielle 32, 35
Währungscharakter
- Änderung 41
Währungseinheit 32
- Definition 32
Währungsgebiet
- Zersplitterung 35
Währungsgeschichte 7
- Deutschland 15ff.
- England 18ff.
Währungsgesetz 21
- § 3 Satz 1 110ff., 113
- § 3 Satz 2 118, 122ff., 124, 125ff.
- § 21 114
Währungshoheit 168
- Anerkennung 169
Währungskollisionsrecht 78, 168
Währungsrecht 25ff.
- als Eingriffsrecht 78
- Berücksichtigung ausländischen 167ff.
- der lex fori 103ff.
- funktionelle Normen 25, 28f.
- Grundbegriffe des 5ff.
- interessenneutrales 79ff., 104ff., 168ff., 207ff.
- kollisionsrechtliche Implikationen 70
- Organisationsnormen 25, 27f., 169
- Rechtsnatur 26
- Schutznormen 25, 31
- wirtschaftspolitisches 81ff., 109ff., 179ff., 210ff.

Währungsreform 1948 20ff., 85, 107, 124, 153
Währungsstatut 3, 75ff., 77, 160, 161, 163, 197, 208, 223
Währungsunion
- Bundesrepublik - DDR 21, 37, 111, 165
Währungszersplitterung 78
Wechselkurs 23
Wertsicherung
- in England 129f.
Wertsicherungsklauseln 21, 117ff.
- Beschränkung 117ff.
- Überblick 117
- Verbot von 198
Wiener Münzvertrag 10, 15
Wirtschaftskollisionsrecht 69, 208

Zahlungsmoratorium 188
Zahlungsort 73
Zahlungsverkehr 54
Zahlungswährung 72
- Bestimmung der 73
Zinskoupons 10, s.a. Eisenbahnanleihen
Zwangskursverordnung
- belgische 170
zwingendes Recht 110, 209

Bei Fragen zur Produktsicherheit wenden Sie sich bitte an:
If you have any questions regarding product safety,
please contact:

Walter de Gruyter GmbH
Genthiner Straße 13
10785 Berlin
productsafety@degruyterbrill.com